# LE VRAI VISAGE DE PIERRE ELLIOTT TRUDEAU

FRANÇOIS-XAVIER SIMARD

LES INTOUCHABLES

Les Éditions des Intouchables bénéficient du soutien financier de la SODEC, du Programme de crédits d'impôt du gouvernement du Québec et sont inscrites au Programme de subvention globale du Conseil des Arts du Canada.

Nous reconnaissons l'aide financière du gouvernement du Canada par l'entremise du Programme d'aide au développement de l'industrie de l'édition (PADIÉ) pour nos activités d'édition.

LES ÉDITIONS DES INTOUCHABLES
2316, avenue du Mont-Royal Est
Montréal, Québec
H2H 1K8
Téléphone : (514) 526-0770
Télécopieur : (514) 529-7780
www.lesintouchables.com

DISTRIBUTION : PROLOGUE
1650, boulevard Lionel-Bertrand
Boisbriand, Québec
J7H 1N7
Téléphone : (450) 434-0306
Télécopieur : (450) 434-2627

Impression : Marquis Imprimeur inc.
Infographie et conception de la couverture : Benoît Desroches
Photographie de la couverture : Bettmann/Corbis

Dépôt légal : 2006
Bibliothèque et Archives nationales du Québec
Bibliothèque nationale du Canada



ISBN 2-89549-217-4

# Le vrai visage de Pierre Elliott Trudeau

*Je dédie ce livre à René Lévesque*

*« La première page de la vraie belle histoire du Québec*
*vient de se terminer.*
*Dorénavant, il fera partie de la courte liste*
*des libérateurs de peuple[1]. »*

FÉLIX LECLERC

1. Inscription sur la pierre tombale de René Lévesque au cimetière de Saint-Michel de Sillery (Québec).

# REMERCIEMENTS

Mes remerciements s'adressent d'abord à ma sœur Lorraine qui m'a conseillé dès les premières versions de cet ouvrage.

Je suis reconnaissant à mes amis René Blouin, Fernand Gauthier et Lucien Tessier de leurs commentaires et de leurs encouragements à poursuivre ce travail de longue haleine.

Je remercie aussi mon ami généalogiste, Bernard Lebeuf, qui m'a permis d'enrichir le chapitre sur les ancêtres patriotes et loyalistes de l'homme politique qu'était Trudeau.

Merci à Monsieur Guy Rivest pour la traduction fidèle des nombreuses citations en anglais; je sais qu'il ne sera pas offusqué que je me sois permis quelques modifications.

Je remercie aussi Monsieur Jocelyn M. Garneau de ses talents de graphiste pour la réalisation des diagrammes de parenté et pour sa patience lors de la mise en forme de la volumineuse bibliographie.

J'exprime ma gratitude à Me Eugénie Brouillet, professeure de droit constitutionnel à la Faculté de droit de l'Université Laval, qui a vérifié avec diligence mes références juridiques, malgré ma demande tardive.

Je suis reconnaissant envers mon éditeur, Monsieur Michel Brûlé, qui n'a pas hésité à publier cet essai d'un illustre inconnu.

Enfin, mes remerciements s'adressent à Madame Brigitte Garneau, anthropologue, pour la préface de mon livre et pour ses précieux conseils en cours de rédaction, en particulier pour le chapitre portant sur les identifications.

Je veux, en terminant, témoigner de ma reconnaissance à mon père, Thomas Simard, ouvrier à l'Alcan, au Saguenay, et à ma mère, Luce Boivin, institutrice, qui ont donné naissance à neuf enfants. Ils ont consacré leur vie à l'éducation et à l'instruction de leurs enfants, dont les cinq derniers ont pu faire des études universitaires grâce, entre autres, au travail précoce des quatre premiers. Mes parents, porteurs de la huitième génération des Simard et de la neuvième génération des Boivin au Québec, ont nourri les racines profondes de mon identité québécoise. La relève est assurée par mes enfants, Luce, Hélène et Mireille, et par mes petits-enfants.

François-Xavier Simard,
avril 2006

# PRÉFACE

François-Xavier Simard retrace ici le destin d'un homme qui a modifié le nôtre. Pas à pas, l'auteur nous amène à voir comment, après avoir été reconnu et aimé de son père, Trudeau l'a finalement combattu jusqu'à la fin de sa vie à travers le peuple québécois.

Dans cet ouvrage, nous découvrons les racines françaises et écossaises de Pierre Elliott Trudeau, les rapports qu'il entretenait avec son père et avec sa mère, les nombreux repères identitaires auxquels il a eu accès par ses grands-pères et par ses grands-mères. Nous prenons conscience que, loin d'avoir été investi par le seul côté maternel, il a aussi beaucoup reçu du côté paternel. Par la suite, nous assistons, impuissants, au choix qu'il a fait, fixé qu'il était à ses traits de caractère et freiné par son incapacité à surmonter ses deuils, de ne pas faire sienne la culture de son père.

Saluons ici la technique de l'auteur qui, à partir de citations judicieusement choisies, a su composer un tableau étonnamment nouveau et intime de la personnalité de cet homme public. Le regard scrutateur qu'il porte sur Trudeau nous incite nous-mêmes à l'introspection et nous invite à ne pas mépriser la part de nos pères dans ce que nous sommes et, par là, à conquérir notre véritable identité.

Le mérite de François-Xavier Simard ne se limite cependant pas à lever le voile sur la nature profonde de Trudeau (1919-2000). À travers l'analyse des écrits de ce dernier, de ses commentaires, de ses actions, de ses décisions et des lois dont il a favorisé l'adoption, l'auteur refait le parcours de l'histoire politique du peuple québécois pendant toute la deuxième moitié du XXe siècle.

Trudeau est toujours là, dans l'ombre ou au pouvoir, sous l'emprise de son agressivité envers le Québec. À 30 ans (juin 1950), sous le règne de Maurice Duplessis, nous décrivant « en voie de devenir un dégueulasse peuple de maîtres chanteurs ». À 41 ans (mars 1961), pendant la Révolution tranquille, jugeant que les Québécois n'ont « ni la capacité, ni l'intelligence » d'exercer des pouvoirs. À l'aube de ses 51 ans (16 octobre 1970), au milieu de la nuit, faisant emprisonner poètes et écrivains québécois sous différents prétextes. À 57 ans (février 1977), trois mois après l'avènement du Parti québécois au pouvoir, déclarant à Washington que le morcellement du Canada serait « un crime contre l'histoire de l'humanité ». À 60 ans (mai 1980), à la veille du premier référendum sur la souveraineté du Québec, accusant René Lévesque de ne pas le considérer comme un vrai Québécois. À 62 ans (5 novembre 1981), lors de la nuit dite des longs couteaux, utilisant délibérément une stratégie sournoise pour imposer une modification de la constitution canadienne qui diminuera les pouvoirs du Québec en matière de langue d'enseignement. À 68 ans (27 août 1987), sortant de sa retraite pour s'opposer à la tentative de Mulroney de réparer, par l'entente du lac Meech, l'isolement du Québec dont il avait été l'artisan principal en 1981. À 69 ans (30 mars 1988), demandant, en anglais, au Sénat canadien de rejeter l'entente du lac Meech et allant jusqu'à évoquer les camps de concentration pour décrire le sort qui pourrait être celui des Anglo-Québécois si elle était adoptée. À 72 ans (2 octobre 1992), s'adressant à plus de 300 personnes pour vilipender l'Accord de Charlottetown et remémorant la déportation pour décrire le sort qui attendrait les Québécois ne parlant pas français si le Québec devait être reconnu comme une société distincte. À 76 ans (27 octobre 1995), trois jours avant le deuxième référendum sur la souveraineté du Québec, même les stratèges fédéralistes jugent préférable de ne pas l'exhiber, à Montréal, pendant la soi-disant manifestation d'amour des Canadiens envers les Québécois. C'est isolé, au 25e étage de son bureau situé boulevard René-Lévesque qu'il y assistera.

Saluons ici la ténacité de François-Xavier Simard qui, par son travail de moine, ses connaissances pointues et son écriture sobre, nous offre aujourd'hui une vision québécoise de l'histoire politique du Québec. Le ROC (*Rest of Canada*) avait la sienne, voilà que nous avons maintenant la nôtre.

BRIGITTE GARNEAU,
Ph. D. en anthropologie sociale et culturelle

# INTRODUCTION

Pourquoi cet autre ouvrage sur la vie de Pierre Trudeau? Est-ce que tout n'a pas déjà été écrit? Robert McKenzie et Lotta Dempsey du *Toronto Daily Star* (1968); Edith Iglauer du *New Yorker* (1969); Catherine Breslin du *Chatelaine* de Toronto (1969); George Radwanski, seul biographe « encouragé » (1979); Richard Gwyn du *Toronto Daily Star* (1981); Michel Vastel du groupe Unimédia (2000); Stephen Clarkson et Christina McCall (1990); le collectif de Nancy Southam, journaliste et voisine montréalaise (2005); André Burelle, conseiller et rédacteur de discours pour Trudeau (2005), tous ces auteurs n'ont-ils pas déjà fouillé les moindres détails de la vie de cet homme politique?

À quelques rares exceptions, toutes les personnes qui ont écrit des textes significatifs à propos de Pierre Elliott Trudeau faisaient partie de ses admirateurs du ROC (*Rest Of Canada*). Malgré tout, plusieurs d'entre eux ont noté chez lui des aspects énigmatiques, en particulier son attitude par rapport au Québec. John T. Saywell pose ainsi le problème: « Pour bien des gens, Pierre Elliott Trudeau représentait une énigme et un paradoxe: [...] un Canadien français fier de son identité et de sa culture et pourtant un critique acerbe de la société canadienne-française, déterminé à détruire ses mythes et ses illusions[1]. »

Trudeau ne représente pas vraiment un paradoxe. Il était certes un critique mordant des Québécois d'origine canadienne-française, mais ses écrits montrent qu'il n'était pas fier de son

1. Saywell, John T. in Trudeau, Pierre Elliott, *Federalism and the French Canadians*, Toronto, The McMillan Co. of Canada, 1968, Introduction, p. VII.

identité franco-québécoise. André Laurendeau allait encore plus loin: «Il est un Canadien français déçu des siens. [...] Je crois qu'il a honte d'avoir de tels pères[2].»

Mais Trudeau représente bien une énigme. Ouvertement nationaliste dans sa jeunesse jusqu'à sa rupture amoureuse avec une Montréalaise de l'élite francophone, il est devenu ensuite un critique virulent du peuple québécois. À quel phénomène est due cette conversion qui allait en faire le héros du ROC quelque vingt ans plus tard?

Jim Coutts, qui fut son secrétaire principal alors qu'il était premier ministre, a donné une réponse partielle à cette question: «Tout comme la jeunesse de Trudeau a façonné sa personnalité, elle a aussi contribué à façonner sa pensée politique[3].» Trudeau lui-même nous a indiqué la route à suivre pour tenter de résoudre son énigme personnelle: «Si l'on me psychanalysait à la lumière des mes actes ou de mes œuvres, je crois qu'on décèlerait chez moi une certaine hostilité envers l'autorité qui m'amène à tant aimer la liberté[4].»

Dans cet essai, je relève le défi lancé par Trudeau. Je retrace l'origine de certains de ses traits de caractère et je tente de découvrir leur influence sur ses idées politiques, ses actes et ses œuvres. J'essaie, entre autres, de trouver ce que recouvrent chez lui ces termes généraux: hostilité, autorité, liberté. Le matériel[5] que j'ai utilisé pour cette analyse est constitué des écrits de Trudeau, de ses déclarations, de ses commentaires, de ses actions, de ses décisions et des lois dont il a favorisé l'adoption, le tout tel que rapporté par les médias et par ses biographes, sans que j'aie cherché à interroger qui que ce soit.

Après une biographie schématique de Trudeau, je retrace son évolution depuis le conflit œdipien et les identifications, j'analyse leur influence sur ses traits de caractère et sur son identité sociale et nationale, et, de là, sur ses choix politiques à

---

2. Laurendeau, André, *Le Devoir*, 6 octobre 1956.

3. Coutts, Jim, Cohen et Granatstein, 1999, p. 151.

4. Trudeau, Pierre Elliott, Radwanski, 1979, p. 51.

5. Matériel: «Ensemble des éléments (paroles, comportements, associations libres, rêves, etc.) susceptibles d'être interprétés par l'analyse (psychanalyse). Matériel analytique.» (*Le nouveau Petit Robert*, 1993)

l'égard du Québec, et ce, jusqu'à quelques années avant sa mort, en 2000. À l'exemple du contenu de son ouvrage intitulé *Trudeau, l'essentiel de sa pensée politique*[6], je regroupe de courtes citations de Trudeau sous différents thèmes comme autant de petites touches impressionnistes; de plus, des commentaires de différents observateurs québécois, mais parfois aussi du ROC, sont juxtaposés à ces citations de Trudeau. Enfin, je propose des repères psychanalytiques pour ceux et celles qui voudraient explorer plus loin sur la piste analytique.

Les Québécois qui, comme moi, se sentent interpellés par le cas Trudeau, sont en droit d'en faire une analyse critique. C'est ce qu'écrivait le psychanalyste et ancien collaborateur de *Cité libre*, André Lussier, dans une adresse posthume qu'il destinait à l'ancien premier ministre du Canada: « Puisque vous étiez un personnage public, c'est dans la règle du jeu que de voir vos paroles publiques soumises à examen[7]. »

---

6. Trudeau, Pierre Elliott, avec la collaboration de Ron Graham, *Trudeau: l'essentiel de sa pensée politique*, Montréal, Le Jour éditeur, 1998, 208 p.

7. Lussier, André, *Le nationalisme québécois sur le divan*, Montréal, Fides, 2002, p. 112.

# CHAPITRE 1

## BIOGRAPHIE SOMMAIRE DE PIERRE TRUDEAU

**Nom :** Joseph Philippe Pierre-Yves Elliott Trudeau.
**Naissance :** le 18 octobre 1919 à Outremont, au centre de l'île de Montréal.

Son parrain était son grand-père paternel, Joseph Trudeau.

Il est le troisième des quatre enfants de Charles-Émile Trudeau et de Grace Elliott. L'aîné est un garçon, qui est décédé l'année de sa naissance, le deuxième est une fille et le dernier, un garçon.

« Son âge exact est un mystère. Sa sœur a dit qu'il était né en 1919, son frère, que c'était en 1920. Le guide parlementaire propose 1921. La biographie officielle de Trudeau, rendue publique par son organisation de campagne, affirmait qu'il avait vu le jour le 18 octobre 1921[1]. »

Trudeau a tenté en effet de se rajeunir un peu, au début de sa carrière politique. Ainsi, lors d'une conférence de presse à Winnipeg, le 23 mai 1968, il dit : « J'ai 48 ou 46 ans, je n'en suis pas tout à fait certain[2]. »

Par la suite, il retarde de deux à trois ans le décès de son grand-père paternel, mort en réalité quelques mois après sa

---

1. McKenzie, Robert and Dempsey, Lotta, « Pierre Trudeau : "I became accustomed very young to rowing against the current" », *Toronto Daily Star*, 8 avril 1968, p. 8.

2. Shaw, Brian dans *The gospel according to Saint Pierre*, Richmond Hill, Pocket Books, 1969, p. 169.

naissance: « Il a survécu à ma naissance deux ou trois ans, mais pas plus[3]. »

Il retarde aussi de trois ans le décès de sa grand-mère Elliott, morte alors que la mère de Pierre avait neuf ans: « ma mère a perdu sa mère quand elle avait, je pense, douze ans[4]. »

Drôle de calcul car, ce faisant, il ne se rajeunissait pas lui-même, au contraire!

## LANGUE MATERNELLE

Selon Richard Gwyn, Trudeau s'adressait à sa mère « en anglais, tandis qu'il parlait français avec son père, à tel point qu'en quatrième année il ne savait toujours pas qui il était réellement. Enfant, il mélangeait facilement les deux langues[5] ».

Mais après la mort du père, les choses se précisèrent, selon Clarkson et McCall: « Maintenant que Charlie n'était plus là pour interroger les enfants sur leurs études, leurs sports, leurs amis, leurs ambitions, les Trudeau se parlaient presque uniquement en anglais[6]. »

« D'après elle [Suzette], on parlait normalement anglais à la maison sauf lorsque les enfants allaient rendre visite à leurs grands-parents paternels à St-Michel[7]. »

***

« Pierre parle d'habitude en anglais avec sa sœur [Suzette], une dame de Montréal, et en français avec son frère, un architecte[8]. »

---

3. Dans Stanké, Alain, *Pierre Elliott Trudeau: Portrait intime*, Montréal, Stanké, 1977, p. 50. Tiré d'une émission de Télé-Métropole, le 6 mai 1977.

4. *Ibid.*, p. 50.

5. Gwyn, Richard, *Le Prince*, Montréal, France-Amérique, 1981, p. 27.

6. McCall, Christina et Clarkson, Stephen, *Trudeau: L'homme, l'utopie, l'histoire*, Les Éditions du Boréal, Montréal, 1990, p. 34.

7. Dans McKenzie et Dempsey, *loc. cit.*, p. 8.

8. Gzowski, Peter, « Portrait of an Intellectual in Action », *Maclean's*, 24 février 1962, p. 29.

## RELIGION CATHOLIQUE

Il a été baptisé dans la paroisse catholique Saint-Viateur, à Outremont. « Il manque rarement la messe dominicale ; avant la trentaine, il assistait quotidiennement à l'office avec sa mère[9]. »

## RÉSIDENCES FAMILIALES

Il a d'abord habité au 5779, rue Durocher, à Outremont :

« Je suis né dans une famille, une maison et un quartier modestes. À l'époque, le nord de la rue Durocher faisait partie d'Outremont[10]. »

***

« Je me souviens de nos premiers voisins, c'était une femme juive, très cultivée, assez avant-gardiste, et je m'étais lié d'amitié avec les enfants de cette famille. Les voisins, un peu plus loin, c'était des Canadiens français, un peu plus loin encore c'était des Irlandais, et ainsi de suite ; c'était une rue fort cosmopolite. C'est de cette façon que dans ma rue j'ai appris le français, l'anglais avec mes camarades, et même peut-être un peu de yiddish[11]. »

***

« Plus tard, lorsque Trudeau avait 11 ans, son père acheta une maison au 84, avenue McCulloch » à Outremont, celle-là même qui « allait demeurer la maison de Trudeau jusqu'à ce qu'il devienne premier ministre[12] ».

## CLIMAT DE L'ENFANCE

« C'était un climat heureux. Enfin, j'étais un enfant pas très malade ; j'étais pas fort peut-être, mais mon père me faisait

---

9. Gwyn, *op. cit.*, p. 35-36.

10. Trudeau, Pierre Elliott, *Mémoires politiques*, Montréal, Le Jour éditeur, 1993, p. 15.

11. Dans Trudeau, Pierre Elliott, « Entrevue, 29 septembre 1968, Francine Laurendeau », Fonds du très honorable Pierre Elliott Trudeau, Archives nationales du Canada, MG 26 0 13, p. 1-2.

12. Radwanski, George, *Trudeau*, Montréal, Fides, 1979, p. 64.

faire faire [sic] beaucoup d'exercice sportif alors j'étais assez en santé; j'ai eu des maladies d'enfant, mais même ces maladies c'était pas des périodes pénibles [...] Non, les quelques douleurs dont je me souviens bien c'était plutôt le dentiste, c'était plutôt, peut-être, se faire enlever les amygdales, mais vraiment tout ça c'était plutôt heureux[13].»

## ÉTUDES PRIMAIRES

«Je fis donc très tôt mon entrée dans la "classe des bébés" de l'école Bonsecours, maison dirigée par des religieuses. C'était la maternelle de l'époque. [...] À l'école Querbes, dans la paroisse Saint-Viateur d'Outremont, [...] je fus inscrit du côté anglophone, à la suite de je ne sais quelles considérations de la part de mes parents. [...] En quatrième année, je fus muté du côté français[14].»

***

«J'étais d'abord avec les Anglais, quand j'étais en classe anglaise, et je me battais volontiers contre les Canadiens français, puis [pour] ensuite passer dans la canadienne-française, [où] c'était l'inverse[15].»

***

«Les trois enfants Trudeau — Pierre, son jeune frère Charles et Suzette, sa sœur plus âgée — étaient conduits à l'école par le chauffeur de la famille[16].»

***

«À l'école primaire Querbes de Montréal, instituteurs et camarades de classe se le rappellent comme un individualiste entêté qui s'adonnait fréquemment à des bousculades et à des

13. Trudeau, 29 septembre 1968, *loc. cit.*, p. 16-17.

14. Trudeau, Pierre Elliott, *Mémoires politiques*, Montréal, Le Jour, 1993, p. 15, 18, 29.

15. Dans Trudeau, 29 septembre 1968, *loc. cit.*, p. 4A.

16. McKenzie et Dempsey, *loc. cit.*, p. 8.

mauvais tours, mais aussi comme un élève studieux qui se classait presque toujours premier[17]. »

***

« “ Je lui ai pété la gueule une ou deux fois ”, se souvient Michel Chartrand qui fréquentait la section française. Jusqu'à l'adolescence, Pierre Trudeau va et vient de l'anglais au français[18]. »

## VACANCES DE SON ENFANCE

« On allait l'été ou aux vacances de Noël visiter la parenté, du côté du comté de Napierville, Sévigny [St-Rémi], Saint-Michel à Napierville même ; on voyait des cousins, la parenté ; [...] mes cousins étaient très forts ; ils jouaient très bien au hockey ; moi, je me trouvais un enfant de la ville plutôt chétif et malin [malingre][19]. »

***

« Pour les grandes vacances, mes parents possédaient, au lac Tremblant, une petite maison de bois dépourvue de tout luxe : on allait chercher l'eau au puits et on s'éclairait à la lanterne. [...] Nous y passions l'été[20]. »

***

« Plus tard, quand Pierre eut sept ou huit ans, la famille commença à partager ses étés entre le lac Tremblant et le bord de la mer, d'abord à Ocean Park, dans le Maine, puis à Old Orchard[21]. »

---

17. Parti libéral du Canada, *Pierre Elliott Trudeau, premier ministre du Canada : une biographie*, Ottawa, 1981, p. 6.

18. Vastel, Michel, *Trudeau le Québécois*, Montréal, Les Éditions de l'Homme, nouvelle édition 2000, p. 24.

19. Dans Trudeau, 29 septembre 1968, *loc. cit.*, p. 14-15.

20. Trudeau, Pierre Elliott, *Mémoires politiques*, Montréal, Le Jour, éditeur, 1993, p. 20-23.

21. Radwanski, George, *Trudeau*, Montréal, Fides, 1979, p. 66.

***

« On se rendait en voiture. On partait toute la famille, les bagages, les chats, les chiens, les oiseaux, les poissons dans un bocal, la bonne ou parfois un ou deux cousins ou des amis du voisinage. [...] Plus tard, mon père et ma mère nous envoyaient avec le chauffeur qui faisait le voyage[22]. »

***

« [Je possédais] un goût très vif pour la nature sauvage que j'avais appris à fréquenter, d'abord au lac Tremblant, puis chez les scouts, enfin dans le camp de jeunes Ahmek où j'ai passé deux étés. Je m'étais initié aux techniques du camping, du canot, de la voile, des randonnées en forêt[23]. »

***

« Deux années d'affilée, Pierre est envoyé au camp Ahmek de Taylor Statten, dans le parc algonquin, en compagnie d'autres garçons de son âge qui pour la plupart sont originaires du sud de l'Ontario[24]. »

À l'âge de 13 ans, en 1933, il fait un voyage de deux mois en Europe avec ses parents, sa sœur, son frère et son grand-père Elliott.

## MORT DE SON PÈRE EN 1935

Pierre n'avait que 15 ans lors de la mort de son père à l'âge de 47 ans : « Mon père est décédé au début de mon adolescence et ce fut une tragédie[25]. »

« Trudeau reconnaît dans la mort de son père un point tournant de son évolution, bien qu'il se dise incapable de

---

22. Dans Trudeau, 29 septembre 1968, *loc. cit.*, p. 10.

23. Trudeau, Pierre Elliott, *Mémoires politiques*, Montréal, Le Jour, 1993, p. 36.

24. McCall, Christina et Clarkson, Stephen, *Trudeau : L'illusion héroïque*, Montréal, Les Éditions du Boréal, 1995, p. 28.

25. Trudeau, Pierre Elliott, « Entrevue, 23 février 1982, Global T.V., David Frost, » Fonds Pierre-Elliott-Trudeau, Archives nationales du Canada, MG 26 0 13, p. 11.

préciser comment le changement s'est opéré chez lui. "Ce fut traumatique, profondément traumatique", rappelle-t-il[26]. »

Sa sœur a raconté qu'« après la mort de leur père elle le consultait souvent, même si elle était plus âgée que lui et censée prendre les décisions[27] ».

## ÉTUDES CLASSIQUES (SECONDAIRES ET COLLÉGIALES)

Pierre Trudeau commence son cours classique en 1932 au Collège Jean-de-Brébeuf, car « il était naturel pour les bourgeois d'Outremont de placer leurs garçons dans ce collège, le plus rapproché de leur domicile[28] ».

« Il réussissait bien en classe et, impitoyablement compétitif, obtenait parfois les plus grands honneurs, bien que par la suite, des étudiants de Brébeuf contestèrent qu'il ait toujours été le meilleur étudiant, en prétendant l'avoir parfois surpassé[29]. »

***

« Ses camarades d'alors se rappellent qu'il était un étudiant brillant, toujours au premier rang de sa classe. La plupart d'entre eux, cependant, s'accordent à dire qu'il n'avait pas une personnalité aimable. Déjà, à son entrée à Brébeuf, il s'appliquait à affirmer son individualité au moyen d'une combinaison d'espièglerie, de rébellion, d'excentricité et de pugnacité. Hautain et arrogant, il avait le verbe acéré dans ses échanges avec la plupart des étudiants; il était, de fait, le chef d'une petite clique de riches garçons d'Outremont, tous aussi brillants les uns que les autres et que l'on appelait — urnom évocateur — les Snobs[30]. »

***

26. Radwanski, George, *Trudeau*, Montréal, Fides, 1979, p. 68.

27. Dans Fraser, Sylvia, « The Private Trudeau », *Star Weekly*, 29 juin 1968, p. 7.

28. Trudeau, Pierre Elliott, *Mémoires politiques*, Montréal, Le Jour, 1993, p. 29.

29. McCall-Newman, Christina, *Les rouges*, Montréal, Les Éditions de l'Homme, 1983, p. 81.

30. Radwanski, George, *Trudeau*, *op. cit.*, p. 67.

« Walter Stewart nous apprend de lui qu'il était perçu comme un étudiant intelligent mais arrogant et impopulaire au collège Brébeuf. C'était un bon athlète mais qui refusa toujours de faire partie des équipes sportives du collège[31]. »

Ses confrères ont tracé le portrait suivant alors qu'il était vice-président du conventum de rhétorique (13e année) en 1938 :

« La parfaite harmonie entre le sérieux et le badin... Du reste, on ne peut savoir quand il est l'un ou l'autre. Ce qui est sûr, c'est qu'il est l'un et l'autre. Rien ne le désarme : il a toujours le mot, terrible parfois, mais sans malice, et sous une naïveté ingénieuse qui le fait accepter. Il sait sourire — et très finement — des autres et de lui-même. Il n'y a peut-être qu'une chose qu'il prend au sérieux chez lui : c'est cette mentalité badine et souriante qu'il a... D'autre part, premier de classe, vrai sportif, copain chic et dévoué. » (Brébeuf, 11 mai 1938)

L'étudiant finissant son cours classique (15e année) a été décrit ainsi dans l'hebdomadaire dont il était le rédacteur en chef :

« Philosophe, homme de science... tragédien, comédien... sauvage, sociable... studieux, grand sportif... tels sont les paradoxes de notre vice-président. Simple, là où les autres sont fats, et fantastique là où les autres sont simples. Cet ambitieux ardent accueille sans morgue de nombreux succès. Mais il nous étonne avec ses cravates cubistes et ses " brosses " (parlant, bien entendu, des cheveux). Chez lui le " je-m'enfoutisme " [sic] découle d'une philosophie de la vie dans laquelle les propositions de l'opinion publiques [sic] sont ramenées à leur juste valeur. " Irish " difficile à convaincre, il fut un " tue-temps " en classe. Ses autres défauts [censuré par la rédaction]. Une personnalité si riche, nous en sommes convaincus, fera de lui un homme, et il sera l'éminent défenseur de tous nos droits. » (Brébeuf, 12 juin 1940)

En 1940, il termine son cours classique, sanctionné par un baccalauréat ès arts et reçoit une médaille d'argent du Gouverneur général.

---

31. Savoie, Claude, *Les crises de Pierre Elliott Trudeau*, Montréal, Guérin, 1979, p. 10.

## SOUVENIRS DE SA SŒUR

« Pierre était un frère comme les autres. Il me taquinait. Il travaillait d'arrache-pied. [...] S'il voulait savoir comment on jouait du violon, il prenait quelques leçons. S'il voulait connaître la sensation de skier sur l'eau derrière un cerf-volant, il le faisait. Un jour, il m'a rendue furieuse en brisant ma poupée pour voir ce qu'il y avait à l'intérieur. Pierre faisait tout ce qu'il voulait faire[32]. »

## LA GUERRE 1939-1945

« En tant qu'étudiant, il fut exempté du service militaire, mais il fit son entraînement au Corps étudiant [école] des Officiers canadiens. Même là, il fut, de son propre aveu, si rebelle à l'autorité, qu'on dut l'expulser pour indiscipline et le faire muter aux Fusiliers Mont-Royal, où l'on était beaucoup plus dur[33]. »

Au plébiscite d'avril 1942, le Québec a voté massivement contre la conscription, contrairement au reste du Canada. Six mois plus tard, en novembre 1942, Trudeau, l'étudiant en droit, faisait un discours pour Jean Drapeau, candidat des opposants à la conscription dans le comté d'Outremont.

Commentant les mémoires télévisés de Trudeau, Michel Vastel écrit : « Trudeau avoue encore avoir manqué le bateau pendant la Seconde Guerre, dont il a refusé d'en reconnaître l'importance et de s'en mêler [sic]. » (Le Soleil, 31 août 1993)

## ÉTUDES UNIVERSITAIRES

### L'étudiant à Montréal

Trudeau s'inscrit à la Faculté de droit de l'Université de Montréal en 1940 ; il « obtient la licence et est reçu au Barreau de la province de Québec en 1943[34] ».

Il effectue son stage en droit en 1943-1944 chez Hyde & Ahern à Montréal.

---

32. Dans Fraser, Sylvia, « The Private Trudeau », *loc. cit.*, p. 7.

33. Radwanski, George, *Trudeau*, *op. cit.*, p. 76.

34. Parti libéral du Canada, *Pierre Elliott Trudeau, premier ministre du Canada : une biographie*, Ottawa, 1981, p. 2.

### L'étudiant à Harvard

De 1944 à 1946, il étudie en sciences politiques à l'Université Harvard de Cambridge (Massachusetts): « Une fois réussis les examens oraux qui lui auraient permis d'entreprendre un doctorat à Harvard, il décide de ne pas se lancer dans une thèse et choisit de faire une maîtrise. Il reçoit son diplôme [en sciences politiques] le 6 juin 1946[35]. »

### L'étudiant à Paris

En 1946-1947, Trudeau étudie à « l'École des sciences politiques et à la faculté de droit de la Sorbonne à Paris, afin d'étoffer la maîtrise obtenue à Harvard par des travaux de perfectionnement en droit, en économique et en sciences politiques[36] ».

« Il n'y reste que huit mois pendant lesquels il assiste à des cours à l'École libre des sciences politiques. » Il partage « une chambre à la Maison des étudiants canadiens avec son turbulent ami Roger Rolland. » Il s'astreint à « l'envoi périodique d'un article au journal libéral de Montréal, *Le Canada*[37] ».

### L'étudiant à Londres

Après une année scolaire à Paris, il décide de poursuivre ses études universitaires à Londres:

« À l'automne de 1947, Trudeau s'inscrit à un programme *ad hoc* de recherche et d'étude — ce qui signifie qu'il n'a pas besoin de passer les examens requis pour un diplôme spécifique — de la London School of Economics. [...] Les mois passent et on ne voit Trudeau qu'occasionnellement à la London School of Economics où il laisse encore moins de traces qu'il n'en a laissées à Harvard. [...] Lorsque Trudeau ne se présente pas dans la salle commune des diplômés, il est l'objet des plaisanteries de ses camarades canadiens qui assurent qu'il a dû enfourcher sa grosse Harley-Davidson écarlate et filer vers Paris[38]. »

***

35. McCall et Clarkson, *op. cit.*, p. 38.

36. Parti libéral du Canada, *op. cit.*, p. 6.

37. McCall et Clarkson, *op. cit.*, p. 39.

38. *Ibid.*, p. 40-41.

« C'est à la London School of Economics que j'ai réalisé la synthèse de tout ce que j'avais appris jusqu'alors en droit, en économie, en sciences et philosophie politiques. [...] J'avais complété à Harvard ma scolarité de doctorat; il me restait à rédiger ma thèse. Cette obligation me servirait de prétexte pour entreprendre un tour du monde[39]. »

## RÉSIDENCES PERSONNELLES

Pierre Trudeau tarde à quitter le nid familial : « À quarante ans, Pierre vivait encore à la maison avec sa mère sur l'avenue McCulloch[40] », au numéro 84.

En avril 1968, il emménage dans la résidence officielle du premier ministre :

« Jusqu'à présent, j'ai toujours eu mon pied-à-terre chez ma mère, quand je me trouvais à Montréal. J'avais aussi un bureau, [au 4565] rue Saint-Denis, qui me servait de garçonnière. Puis, peu de temps après avoir commencé l'enseignement du droit, j'ai loué, rue Sherbrooke, un appartement minuscule qui m'a permis d'apprivoiser le centre-ville de Montréal[41]. »

Selon Richard Gwyn, « après le décès [en 1973] de sa mère, il déménagea tous ses livres de Montréal au 24 Sussex », la résidence officielle du premier ministre à Ottawa[42].

Ce n'est qu'à l'âge de 60 ans, fin 1979, qu'il a acheté sa première maison, au 1418, avenue des Pins Ouest, à Montréal. C'est aussi au cours de l'été 1979, alors séparé de son épouse depuis deux ans et chef de l'opposition pour quelques mois, qu'il a appris une tâche domestique usuelle avec trois enfants, comme l'a raconté Heather Johnston, l'épouse d'un ami de Trudeau : « "Vous m'avez montré, cet été-là, comment fonctionne une machine à laver", me rappela Pierre avec un sourire, quelques années plus tard. Je dois reconnaître que

39. Trudeau, Pierre Elliott, *Mémoires politiques*, Montréal, Le Jour, 1993, p. 53.

40. Breslin, Catherine, « The Other Trudeaus », *Châtelaine*, septembre/octobre 1969, p. 85.

41. Trudeau, Pierre Elliott, *Mémoires politiques*, *op. cit.*, p. 89.

42. Gwyn, Richard, *Le Prince*, Montréal, France-Amérique, 1981, p. 381.

j'avais été étonnée de découvrir qu'il n'avait jamais eu l'occasion de s'en servir auparavant[43].»

## LOISIRS ET SPORTS

Trudeau pratiquait de nombreux sports: ski, canotage, plongée sous-marine, boxe, judo (ceinture brune). Il aimait la motocyclette (Harley-Davidson), les voitures sport coûteuses (Jaguar, puis Mercedes). Il a été apprenti pilote d'avion.

Devenu premier ministre du Canada, il aimait, de même que son épouse, «aller à son chalet de bois rond, à Morin Heights, dans les Laurentides[44]». Par la suite, il demanda, selon Nancy Southam, au célèbre architecte Arthur Erikson de dessiner les plans de sa maison de campagne qui était située sur le bord du «lac privé de Pierre, baptisé "Jusami" en l'honneur de ses trois fils[45]», Justin, Sacha, Michel.

## GOÛTS ARTISTIQUES

«Grâce à mon frère cadet plus porté vers les arts que je ne l'étais moi-même, je m'initiai à la musique avec un groupe de ses amis[46].»

Selon son biographe, «il est même allé jusqu'à prendre des leçons de ballet et de violon, pour le simple plaisir de voir ce qui en était[47].»

«Ce que je ferai après ma retraite. [...] Peut-être apprendre à mieux jouer du piano. [...] Il me semble que j'ai toujours souhaité pouvoir être davantage créateur au sens artistique. J'aurais adoré être un bon musicien, un bon poète ou un bon romancier. Je crois pouvoir écrire en prose assez bien, mais je n'ai pas ce désir d'apprendre ou [...] que ma mère avait ou, je

---

43. Dans Southam, Nancy, (sous la direction de), *Trudeau tel que nous l'avons connu*, Montréal, Fides, 2005, p. 360.

44. Trudeau, Margaret, *À cœur ouvert*, Montréal, Les Éditions Optimum, 1979, p. 55.

45. Southam, Nancy, (sous la direction de), *Trudeau tel que nous l'avons connu*, Montréal, Fides, 2005, p. 48.

46. Trudeau, Pierre Elliott, *Mémoires politiques*, Montréal, Le Jour, 1993, p. 34.

47. Radwanski, George, *Trudeau*, Montréal, Fides, 1979, p. 47.

l'espère, qu'auront mes enfants. J'ai de l'imagination, mais je n'ai pas le génie créateur d'un véritable artiste[48]. »

## VOYAGES ET EXCURSIONS AU CANADA (AVANT D'ÊTRE ÉLU DÉPUTÉ)

Trudeau a d'abord visité son pays : « Déjà, en famille c'est-à-dire en voiture, j'avais visité les provinces de l'Ouest jusqu'à la Colombie-Britannique inclusivement. De sorte que très tôt j'ai connu le Canada dans son entier[49]. »

1941 : Baie d'Hudson en canot par les rivières des Outaouais et Harricana avec Guy Viau et les deux cousins Desrosiers.

1942 : Tour de la Gaspésie à pied avec Guy Viau et Jean Gélinas.

1943 : Visite des provinces maritimes en moto avec Guy Viau.

1944 : Avec Gabriel Filion et Carl Dubuc, expédition de La Tuque à Péribonka à travers la forêt, le long de la rivière Croche, un peu comme le héros François Paradis dans le roman *Maria Chapdelaine* de Louis Hémon. « Je n'ai jamais revu Pierre Trudeau après cette expédition. Chacun de nous a pris le chemin qu'il devait suivre : lui, vers le Canada ; moi, vers le Québec, » a révélé Gabriel Filion en 2005[50].

1957 : Descente du fleuve Mackenzie avec Frank Scott.

## VOYAGES À L'ÉTRANGER (AVANT D'ÊTRE ÉLU DÉPUTÉ)

1933 : À 13 ans, il fait un voyage de deux mois en Europe avec ses parents, sa sœur, son frère et son grand-père Elliott.

1944 : Au Mexique, en train, avec un groupe (incluant sa sœur) pour étudier l'espagnol.

1944-46 : Étudiant à Boston.

1946-47 : Étudiant à Paris. Il avait pris le bateau pour la France, de New York au Havre

1947-48 : Étudiant à Londres.

---

48. Trudeau, Pierre Elliott, « Entrevue, 23 février 1982, Global T.V., David Frost, » Fonds Pierre-Elliott-Trudeau, Archives nationales du Canada, MG 26 0 13, p. 21.

49. Trudeau, Pierre Elliott, *Mémoires politiques*, Montréal, Le Jour, 1993, p. 37.

50. Dans Southam, *op. cit.*, p. 91.

1948 : Au printemps, France et Espagne en moto avec Andrée Desautels : « Pour Trudeau, il s'agit de la première étape d'un tour du monde qu'il entend amorcer dès la fin de la session d'été, en juillet[51]. »

***

Circuit touristique de onze mois avec différents compagnons en Europe, mais en solitaire au Moyen-Orient et en Asie : Allemagne, Autriche, Tchécoslovaquie, Pologne, Hongrie, Yougoslavie, Bulgarie, Grèce, Turquie (où il aurait traversé le Bosphore à la nage), Syrie, Liban, Jordanie, Palestine, Iraq, Afghanistan, Pakistan, Inde, Birmanie, Indochine française (Thaïlande, Cambodge, Viêtnam), Chine, puis retour en bateau par Yokohama au Japon, Hawaii et San Francisco. Retour au Canada en mars 1949.

***

Trudeau a raconté qu'il empruntait « les moyens de transport de monsieur et madame Tout-le-monde : la marche à pied sac au dos, la troisième classe des chemins de fer, les cars chinois ou autres et, sur les fleuves ou la mer, les cargos sans luxe[52] ».

***

Louise Cousineau rappelle qu'à « Jérusalem en guerre, en compagnie de commandos palestiniens, il sera jeté en prison, soupçonné d'espionnage ». (La Presse, 31 août 1993)

« Poursuivant sa route vers l'Est, il se laissa pousser la barbe, opta pour les turbans, les longues tuniques flottantes et les sandales, et adopta le salut oriental qui consiste à incliner la tête, les mains jointes, en un geste qui signifie : "Je salue l'esprit divin qui réside en vous." Même si Trudeau se trouvait aussi loin de chez lui qu'il était possible de l'être, il n'en demeurait pas moins en butte à ses conflits personnels. Une semaine, il s'abandonnait dans la contemplation ; la suivante, son agressivité reprenait le

51. McCall et Clarkson, *op. cit.*, p. 42.

52. Trudeau, Pierre Elliott, *Mémoires politiques*, Montréal, Le Jour, 1993, p. 53.

dessus [...] provoquant parfois des incidents à seule fin de satisfaire son besoin persistant de plastronner. C'est ainsi qu'il aboutit en prison une ou deux fois, fut poursuivi par la police, intercepté par des gardes frontaliers[53]. »

Il livre « parfois le compte rendu de ses voyages au journal *Le Devoir*, [...] vivant quand il le peut avec des étudiants d'université[54] ».

1951 : En Afrique pendant six mois, puis en Europe.

1952 : Avec cinq autres Canadiens, il est invité à une conférence économique internationale à Moscou. Il se rend à Moscou via la France, l'Autriche et la Tchécoslovaquie, « en se faisant passer officiellement pour un correspondant du *Devoir*[55] ».

1955 : Il est invité par l'Institut canadien des affaires internationales à la « Conférence sur les relations du Commonwealth à Lahore, au Pakistan, à la suite de quoi il passe six mois à Paris et à Londres[56] ».

1957 : Séminaire du Service universitaire mondial au Ghana ; le groupe d'étudiants canadiens dont fait partie Trudeau arrive au Nigeria, puis passe par le Dahomey (Bénin) et le Togo avant d'atteindre le Ghana.

1958 : Philippines, Japon, Taiwan.

1959 : Allemagne.

1960 : Le 30 avril, Trudeau tente une traversée périlleuse avec Alphonse Gagnon et Vilmor Francoeur de Chicoutimi : « Gagnon voulait traverser les détroits de Floride jusqu'à Cuba dans un canot à rames qui pouvait se mouvoir par la force des pieds [...] accompagné par un crevettier que Gagnon avait affrété. [...] Les trois aventuriers ont ramé toute la journée, mais vers 7 h de l'après-midi, ils avaient franchi 50 milles en 19 heures, les vents atteignaient 40 milles à l'heure et ils ont dû renoncer à leur tentative[57]. »

---

53. Clarkson, et McCall, *Trudeau : l'homme, l'utopie, l'histoire*, Montréal, Les Éditions du Boréal, 1990, p. 47-48.

54. Parti libéral du Canada, *op. cit.*, p. 7.

55. Somerville, David, *Trudeau Revealed By His Actions and Words*, Richmond Hill (Ontario), BMG Publishing Ltd, 1978, p. 53.

56. Radwanski, George, *Trudeau*, Montréal, Fides, 1979, p. 82.

57. Somerville, *op. cit.*, p. 137-139.

1960 : En octobre, Trudeau est invité par Amitié Québec-Chine à faire un voyage dans ce pays avec Jacques Hébert, Madeleine Parent, Denis Lazure et Madeleine Legendre, via Londres et Moscou.

1961 : Algérie et France.

1964 : En avril, Trudeau est invité à Cuba avec un groupe de huit Canadiens.

## PENSÉE PHILOSOPHIQUE

« Je suis devenu adepte du personnalisme, une philosophie qui réconcilie l'individu avec la société[58]. »

***

« Il avait compris qu'il était " une personne à part entière, (…) [s]on propre juge et [s]on propre maître". Trudeau qualifia ce phénomène de reconnaissance et d'acceptation du " concept d'incarnation (…) comme disent les personnalistes[59] " ».

Étant donné qu'il avait trente ans lors de son « incarnation » en « une personne à part entière », David Frost a demandé à Trudeau s'il s'attendait à ce que ses enfants atteignent ce moment plus jeunes et si son développement avait été tardif. Trudeau lui a répondu :

« Je ne sais pas. Je suppose que vous devriez poser ce type de question à un psychologue clinicien. […] Ce que je souhaiterais le plus pour mes enfants, ce serait qu'ils deviennent peut-être des personnes à part entière un peu plus jeunes que je l'ai fait à 30 ans, sans l'extrême rigueur, et même sans le sentiment d'intolérance à l'égard de personnes qui avaient d'autres valeurs, que j'avais pendant mon adolescence[60]. »

## PENSÉE POLITIQUE

Pendant ses études à la London School of Economics (LSE), Trudeau « se lie à Harold Laski, célèbre théoricien politique. […]

58. Trudeau, Pierre Elliott, *Mémoires politiques*, Montréal, Le Jour, 1993, p. 46.

59. Clarkson et McCall, *op. cit.*, p. 54 et note 7, p. 366, d'après une entrevue de Trudeau à CTV avec David Frost le 23 février 1982.

60. Trudeau, Pierre Elliott, « Entrevue, 23 février 1982, Global T.V., David Frost, » Fonds Pierre-Elliott-Trudeau, Archives nationales du Canada, MG 26 0 13, p. 8-9.

Les positions de Laski sur le fonctionnalisme, le fédéralisme, le pluralisme, l'égalitarisme, l'antinationalisme et le libéralisme allaient trouver un écho dans l'évolution de Trudeau dans les années 50. [...] Le politologue canadien Robert McKenzie, qui étudie à la LSE à cette époque, se souviendra d'un Trudeau si méprisant à l'égard de socialistes de salon qu'il donne, lui, l'impression d'être un homme de gauche[61] ».

## TRAVAIL AVANT SA CARRIÈRE POLITIQUE

1943-1944: « Une fois son diplôme obtenu, Trudeau commence à pratiquer le droit comme stagiaire chez Hyde & Ahern, un cabinet du centre-ville situé [...] rue St-Jacques[62]. » Il n'aimait pas la pratique du droit: « J'ai exercé un an et j'ai trouvé cela tout simplement insupportable[63]. »

1947: Il passe « un été entier à travailler dans les mines d'or Louvicourt et Sullivan, en Abitibi[64] ».

1949: De retour de son voyage autour du monde en mars, il s'implique en avril dans la grève d'Asbestos:

« Pendant quelques jours, je m'associai à la lutte des mineurs, prenant la parole dans les assemblées des grévistes. Je découvrais là un Québec que je connaissais mal, celui des travailleurs exploités par les patrons, dénoncés par le gouvernement, matraqués par la police et pourtant animés d'un ardent militantisme[65]. »

***

« Ce bref séjour ferait plus tard partie de sa légende: comment Pelletier et lui avaient été détenus brièvement par la police; comment Trudeau avait harangué les mineurs réunis dans une salle paroissiale avec une virulence telle que Jean Marchand, responsable syndical et organisateur de la grève, en avait eu froid dans le dos; comment les grévistes avaient

61. McCall et Clarkson, *op. cit.*, p. 40-41, et note 51, p. 405.

62. *Ibid.*, p. 36.

63. Dans Radwanski, George, *Trudeau*, Montréal, Fides, 1979, p. 79.

64. Trudeau, Pierre Elliott, *Mémoires politiques*, Montréal, Le Jour, 1993, p. 37.

65. *Ibid.*, p. 64-65.

surnommé Trudeau “saint Joseph” à cause de sa barbe et de sa ferveur oratoire[66]. »

1949 (septembre) à 1951 (octobre): fonctionnaire au Conseil privé à Ottawa.

« On me confiait des trucs qui traînaient, des boulots sur lesquels les analystes politiques plus aguerris que moi n'avaient pas de temps à perdre[67]. »

***

« Dans le cadre de ses fonctions, Trudeau élabora un document d'une cinquantaine de pages qui récapitulait la situation des relations fédérales-provinciales. Ce travail fut la base des connaissances approfondies qu'il acquit par la suite sur les questions constitutionnelles[68]. »

***

À Ottawa, Trudeau « rencontrait d'autres fonctionnaires canadiens-français pour discuter des événements qui se déroulaient au Québec et à Ottawa; le groupe se désignait souvent par un nom de code, “les Grecs”. [...] Par cette expression, ces intellectuels imprégnés d'une formation classique voulaient exprimer leur supériorité intellectuelle sur les Romains (les Canadiens anglais), détenteurs du pouvoir[69] ».

***

« J'ai fait là, en un peu plus de deux ans, un apprentissage qui devait par la suite se révéler très utile. Mais je n'avais pas le tempérament d'un fonctionnaire et je décidai de changer d'orientation. À Montréal, la plupart de mes amis étaient déjà engagés dans l'action[70]. »

---

66. Clarkson et McCall, *op. cit.*, p. 52.

67. *Ibid.*, p. 54.

68. McCall-Newman, Christina, *Les rouges*, Montréal, Les Éditions de l'Homme, 1983, p. 88.

69. Clarkson et McCall, *op. cit.*, p. 54, et note 5, p. 366.

70. Trudeau, Pierre Elliott, *Mémoires politiques*, Montréal, Le Jour, 1993, p. 66-67.

1950 : Il est « cofondateur et codirecteur de la revue *Cité libre*[71] ».

Au début des années 50, « Trudeau joue un rôle important en rédigeant la charte de l'ICAP [Institut canadien d'affaires publiques] et en organisant ses conférences d'été[72] ».

1951 : Trudeau « pratique le droit dans la province de Québec, se spécialisant dans le droit ouvrier et les causes de droit public[73] ».

« Durant quelques années, il mettra ses connaissances professionnelles au service de la Confédération des travailleurs catholiques du Canada — la C.T.C.C. — une organisation syndicale qui est devenue aujourd'hui la C.S.N. — la Confédération des Syndicats nationaux[74]. »

***

« Trudeau a joué un certain rôle — à titre de conseiller juridique, d'essayiste ou de simple manifestant — dans la plupart des grands conflits de travail au Québec pendant les années 1950, notamment pendant les grèves d'Arvida, de Murdochville, de Louiseville et de Noranda[75]. »

1955 : Trudeau prépare pour la Fédération des unions industrielles du Québec, la future FTQ, un mémoire soumis à la Commission royale d'enquête sur les problèmes constitutionnels (Commission Tremblay) ; créée par Duplessis, la Commission remet son rapport en 1956.

1956 à 1960 : Il succède à sa mère au conseil d'administration du parc Belmont. À l'hiver 1960, « il tente de démontrer à quel point le colonel J.-Roméo Gauvreau et l'ancienne équipe de direction ont administré les affaires du parc avec " malhonnêteté et incompétence". [...] On ne saura jamais si ce qu'avançait Pierre Elliott Trudeau était bel et bien justifié.

71. Parti libéral du Canada, *op. cit.*, p. 2.

72. McCall et Clarkson, *op. cit.*, p. 65.

73. Parti libéral du Canada, *op. cit.*, p. 2.

74. Pellerin, Jean, *Le phénomène Trudeau*, Paris, Seghers, 1972, p. 37.

75. McKenzie, Robert and Dempsey, Lotta, « Pierre Trudeau : "I became accustomed very young to rowing against the current" », *Toronto Daily Star*, 8 avril 1968, p. 10.

Toutes ces accusations et propositions sont balayées du revers de la main[76] ».

1961 : Trudeau voulait « enseigner à l'Université de Montréal, mais on le lui refusera à trois reprises[77] ». Enfin, « en 1961, l'Université de Montréal lui offre un poste de professeur adjoint de droit constitutionnel[78] ».

« Trudeau prit possession de son bureau dans le nouvel Institut de recherche en droit public, rattaché à l'Université, et entreprit d'enseigner le droit constitutionnel[79]. »

***

« J'y ai trouvé l'atmosphère plutôt stérile ; un vocabulaire de gauche servait maintenant à y couvrir une préoccupation unique : la contre-révolution séparatiste[80]. »

***

« Pierre Trudeau, comme on le sait, fut, dès 1960, contesté par la jeunesse étudiante et, à l'université, quand il y enseignait, il connut pour cette raison des déboires considérables[81]. »

1964 : Dans l'affaire Coffin, il défend « Jacques Hébert, qui subit un long procès pour outrage au tribunal après avoir publié un livre où il prétendait qu'on avait commis une erreur judiciaire en pendant un homme[82] ».

---

76. Proulx, Steve, *Les saisons du Parc Belmont : 1923-1983*, Montréal, Libre Expression, 2005, p. 123-124.

77. McCall, Christina et Stephen Clarkson, *Trudeau : l'illusion héroïque*, Montréal, Les Éditions du Boréal, 1995, p. 59.

78. Parti libéral du Canada, *Pierre Elliott Trudeau, premier ministre du Canada : une biographie*, Ottawa, 1981, p. 9.

79. Clarkson, Stephen et McCall, Christina, *Trudeau : l'homme, l'utopie, l'histoire*, Les Éditions du Boréal, Montréal, 1990, p. 74.

80. Trudeau, Pierre Elliott, *Le fédéralisme et la société canadienne-française*, Montréal, Hurtubise HMH, 1967, p. VII.

81. Vadeboncoeur, Pierre, *Un génocide en douce*, Montréal, L'Hexagone/Parti pris, 1976, p. 63.

82. Radwanski, George, *Trudeau*, Montréal, Fides, 1979, p. 97.

## ACTIVITÉS POLITIQUES AVANT SA CARRIÈRE À OTTAWA

1938 : Selon François-J. Lessard, Trudeau est admis au sein de l'association patriotique des Frères Chasseurs, « une société secrète fondée à l'époque de l'insurrection de 1837-38, vouée à l'indépendance du Québec. [...] J'introduisis Pierre Trudeau dans cette association, à titre de membre admis d'emblée auprès de jeunes dirigeants de la relève d'il y a 40 ans[83] ».

1942 : Il prononce, le 25 novembre, un discours pour Jean Drapeau, candidat des opposants à la conscription, lors de l'élection partielle dans Montréal-Outremont.

1950 : En juin, Trudeau commence à écrire des articles politiques et polémiques dans *Cité libre.*

1952 : À la suite d'une proposition transmise par Gérard Pelletier, Trudeau est tenté un moment par la politique québécoise, comme il l'écrit à ce dernier :

« Eh bien ! oui, "l'idée (me) séduirait d'une candidature au provincial, probablement *dans l'amiante,* avec l'*entier appui* des forces syndicales et des copains, bien entendu". [...] Ne te demande pas si je suis sérieux – je le suis[84]. »

Cette lettre du 16 mars 1952, postée de Paris, est signée « Trudienko », alors en route vers une conférence économique à Moscou. « L'idée (qui mourra dans l'œuf) de trois ou quatre candidatures syndicales aux élections de l'été » 1952 venait de Jean Marchand[85].

Au début des années 50, il avait fait campagne « pour Thérèse Casgrain, chef du Parti social-démocratique du Québec, l'aile canadienne-française du CCF[86] [...] lorsqu'elle avait brigué un siège au fédéral[87] ».

« Chartrand tenta de persuader Trudeau de devenir chef du parti socialiste CCF au Québec et il demanda quelques fois

83. Lessard, François-J., *Messages au «frère» Trudeau*, Pointe-Fortune (Québec), Éditions de ma grand-mère, 1979, p. 9.

84. Dans Pelletier, Gérard, *Les années d'impatience 1950-1960*, Montréal, Stanké, 1983, p. 179-180.

85. *Ibid.*, p. 186.

86. Cooperative Commonwealth Federation (CCF), futur NPD, Nouveau parti démocratique.

87. Clarkson et McCall, *op. cit.*, p. 84.

à son ami d'accompagner sa femme dans des réunions politiques surchauffées afin de lui tenir lieu de garde du corps[88]. »

Selon Michel Chartrand, « il a affirmé un jour que pour un petit peuple comme les Canadiens français, il n'y avait pas d'autre solution que le socialisme. Et il a dit ça dans sa Jaguar[89] ».

1956 : À la demande de Frank Scott, il réunit une série d'essais de différents auteurs en un livre intitulé *La grève de l'amiante*, paru au début de l'été, et dont il rédige le premier chapitre et l'épilogue. Pour ceux « qui connaissent bien les deux hommes et ont comparé leurs travaux, Scott a eu sur Trudeau une influence profonde et durable, dans le style comme dans le contenu[90] ».

Selon Ramsay Cook, Frank Scott « s'opposait fermement à l'idée de souveraineté du Québec. En cela, il était très proche de son ami et partenaire de canot [...], Pierre Elliott Trudeau. Trudeau n'a-t-il pas déjà déclaré : "*Tout ce que je sais, c'est Frank qui me l'a appris*" ? [...] La nouvelle Constitution de 1982, rejetée par le gouvernement du Québec, est empreinte de l'interprétation historique de Scott. » (*Le Devoir*, 4 juillet 2005, p. A 7)

Claude Couture, professeur de sociologie à l'Université de l'Alberta, juge sévèrement la contribution de Trudeau à « *La grève de l'amiante*, en 1956, un texte encore lu dans quantité d'universités, bien qu'il brosse un portrait on ne peut plus caricatural des Canadiens français ». (*Le Devoir*, 29 septembre 2000, p. A 3)

1956 : Fondation le 8 septembre du Rassemblement dont Pierre Dansereau est élu président et Trudeau, vice-président. Selon les termes de sa constitution :

« *Le Rassemblement* est un mouvement d'éducation et d'action démocratiques dont l'intention première est de fournir au peuple du Québec le milieu et les instruments nécessaires à

88. Westell, Anthony, *Trudeau, le paradoxe*, Montréal, Les Éditions de l'Homme, 1972, p. 354-355.

89. Pierre Elliott Trudeau, 1919-2000, His life and Legacy, Toronto, *Maclean's*, 2000, p. 27.

90. McCall et Clarkson, *op. cit.*, p. 61.

l'acquisition d'une solide formation politique.» (*VRAI*, 22 septembre 1956)

Trudeau a été le troisième et dernier président du Rassemblement ; Thérèse Casgrain a noté que « pendant qu'il en assumait la présidence, il fit un voyage outre-mer et, à son retour, le Rassemblement n'existait plus[91] ».

***

« Le Rassemblement ne suscitera aucun changement et ne laissera aucune trace dans le paysage politique québécois. C'est à se demander si l'on en parlerait encore n'eût été du rôle qu'a joué Trudeau par la suite[92]. »

1957 : Trudeau publie un article contre *Les octrois fédéraux aux universités.* (*Cité libre*, février 1957)

1958 : Trudeau publie un texte de 31 pages intitulé *Un manifeste démocratique* :

« Les forces politiques réformistes dans cette Province sont trop pauvres pour faire les frais de deux révolutions simultanément : la libérale et la socialiste, sans compter la nationaliste. La conclusion est claire. Regroupons les hommes libres autour d'un objectif commun, la démocratie. [...] Pour atteindre cet objectif et propager cette idéologie — préalables à la renaissance de l'État civil —, tendons vers la formation d'un mouvement nouveau : l'union démocratique. » (*Cité libre*, octobre 1958, p. 22)

Selon Michel Vastel, c'est un « *Manifeste démocratique* qu'il rédige seul. Et autour duquel il ne parviendra jamais à faire consensus[93] ».

1959 : Trudeau est l'inspirateur et l'un des signataires d'un manifeste pour l'union des partis d'opposition au Québec, l'Union des forces démocratiques, rendu public le 10 avril : « Il faut d'abord réaliser la démocratie. Ceci fait, le peuple souverain pourra opter pour le parti ou la tendance politique de son choix. » (*Le Devoir,* 11 avril 1959)

91. Dans Clarkson et McCall, *op. cit.*, p. 84.

92. Brunelle, Dorval, *Les trois colombes*, Montréal, VLB Éditeur, 1985, p. 130.

93. Vastel, Michel, *Trudeau le Québécois*, Montréal, Les Éditions de l'Homme, nouvelle édition 2000, p. 85.

La signature de ce manifeste par 21 personnalités politiques, syndicales et du milieu universitaire ne suscitera pas la création d'un parti politique d'opposition au régime Duplessis, mais mettra fin à ce projet appelé le Rassemblement.

« L'influence de Trudeau à la fin des années cinquante? " Marginale, dit sans hésiter Gérard Filion. Si Pelletier, Trudeau et Marchand n'étaient pas entrés en politique, on ne parlerait plus de *Cité libre.* C'était une petite revue, mal présentée, mal foutue, qui paraissait de façon intermittente et dans laquelle il y avait des idées intéressantes pour l'époque tout au plus[94] ". »

1960 : « M. Trudeau lance un appel aux lecteurs de *Cité libre*, leur demandant d'appuyer les libéraux à l'élection provinciale de 1960[95]. »

***

« On a souvent prétendu que Monsieur Trudeau avait été l'inspirateur de la Révolution tranquille, il n'en est rien. Pierre Elliott Trudeau était à peu près inconnu en 1960 au moment où le régime de l'Union nationale est renversé. Il s'oppose d'ailleurs au nouveau gouvernement libéral de Jean Lesage. Par gauchisme d'abord puis, après 1963, au moment où la revue *Cité libre* est débordée sur sa gauche par la revue *Parti Pris*, il continue de s'opposer au gouvernement libéral, le trouvant trop *nationaliste*[96]... »

1963 : « Il fait campagne pour le professeur [Charles] Taylor [NPD] dans le comté de Mount Royal[97]. »

***

« Quand, au début des années 60, le Nouveau Parti démocratique lui succéda [au CCF] en lançant la formule de deux-nations-réunies-au-sein-d'un-État-unique, Trudeau se

94. *Ibid.*, p. 106.

95. Parti libéral du Canada, *op. cit.*, p. 9.

96. Savoie, Claude, *Les crises de Pierre Elliott Trudeau*, Montréal, Guérin, 1979, p. 12-13.

97. *Ibid.*, p. 38.

déclara dégoûté par ce qu'il considérait comme une décision dangereuse qui faisait le jeu des séparatistes[98]. »

C'est aux environs de 1963 que Trudeau aurait rencontré François-J. Lessard :

« Tu te rappelles ce jour où tu me convoquas d'urgence à ton bureau de l'Université, à l'époque où déferlaient les premières vagues d'attentats felquistes. [...] Tu me fis part du trouble dans lequel te jetait la révélation dont tu venais d'être l'objet : certains de tes étudiants trempaient dans ces eaux-là. Sachant pertinemment, parce que tu en étais toi-même membre, que j'étais l'un des leaders d'une société secrète indépendantiste pacifique, tu me demandes mon avis sur la conduite que tu devais tenir. Sauf de les dénoncer naturellement[99]. »

1964 : En mai, Trudeau est l'un des sept signataires du manifeste *Pour une politique fonctionnelle* : « Il importe, dans le contexte politique actuel, de revaloriser avant tout la personne, indépendamment de ses accidents ethniques, géographiques ou religieux. » (*Cité libre*, mai 1964, p. 11)

1965 : Au printemps, il rédige à la demande de la CSN, présidée par Jean Marchand, un mémoire devant être soumis au Comité de la Constitution de l'Assemblée législative du Québec[100], créé le 22 mai 1963 ; mais le projet est refusé par le nouveau président, Marcel Pépin. Trudeau publiera lui-même son essai en décembre 1967[101], soit quelques mois avant la course à la direction du Parti libéral du Canada.

## CARRIÈRE POLITIQUE

À l'automne de 1965, Pierre Elliott Trudeau, Gérard Pelletier et Jean Marchand se portent en même temps candidats pour le Parti libéral du Canada (PLC). Le correspondant à Québec du *Toronto Star*, Bob McKenzie, les appela « *The Three Wisemen* » :

« Ce qui fut erronément traduit, au Québec, par les "les trois colombes", plutôt que par les "trois sages". [...] Dire, comme

98. McCall, Christina et Clarkson, Stephen, *Trudeau : l'homme, l'utopie, l'histoire*, Montréal, Les Éditions du Boréal, 1990, p. 84.

99. Lessard, *op. cit.*, p. 124.

100. Voir Brunelle, Dorval, *Les trois colombes*, Montréal, VLB Éditeur, 1985, p. 219.

101. Trudeau, Pierre Elliott, *Le fédéralisme et la société canadienne-française*, Montréal, Éditions Hurtubise HMH, 1967, p. 7-59.

certains, que les trois colombes devinrent par la suite trois faucons serait sans doute excessif. Reste néanmoins que leurs commentaires sur les nationalistes québécois et, surtout, leur attitude durant la crise d'Octobre en 1970, brisèrent les derniers liens les liant avec plusieurs de leurs connaissances au Québec.» (Mario Fontaine, *La Presse,* 29 septembre 2000, p. A 13)

***

«Si la hiérarchie libérale avait décidé de le présenter dans le comté montréalais de Mont-Royal, c'était d'abord parce qu'il s'agissait d'un siège libéral assuré et que, d'autre part, sa population, majoritairement anglophone et fortement juive, passait pour suffisamment évoluée pour accepter un candidat "inhabituel" de la trempe d'un Trudeau[102].»

1965: Le 8 novembre, il est élu député libéral du comté fédéral de Mont-Royal.

1967: Le 4 avril, il est nommé ministre de la Justice et Procureur général du Canada.

1968: Du 11 mars au 19 avril, il est président intérimaire du Conseil privé à Ottawa.

Le 6 avril, après 3 tours de scrutin, il est élu chef du Parti libéral du Canada.

Du 20 avril 1968 au 3 juin 1979, il est premier ministre du Canada.

1974: Selon Clarkson et McCall, «entre 1974 et 1979, dans les principaux domaines de son activité politique, tout s'effondra pour Pierre Trudeau»: début des problèmes conjugaux en 1974, élection du Parti québécois en 1976, séparation conjugale en 1977, défaite aux élections de mai 1979[103].

1979: Une biographie décrit ainsi Trudeau à l'été et l'automne 1979: «Trudeau s'était refermé sur lui-même. Il n'affichait plus son insouciance coutumière, ne portait plus de rose à sa boutonnière; il souffrait d'accès de dépression. Pour la

102. Radwanski, George, *Trudeau*, Montréal, Fides, 1979, p. 106.

103. Clarkson et McCall, *op. cit.*, p. 128.

première fois, son apparence et son discours accusaient le poids de l'âge et de la défaite[104]. »

Trudeau démissionne comme chef du PLC le 21 novembre 1979, mais il décide un mois plus tard, le 18 décembre, de conserver son poste à l'annonce du référendum québécois de mai 1980; c'est pourquoi le Canada le rappelle aux commandes le 18 février 1980.

1980: Le 3 mars, il redevient premier ministre du Canada.

1984: Il annonce sa démission le 29 février et quitte ses fonctions le 29 juin 1984.

1987: Sortie de Trudeau à Ottawa contre l'Accord du lac Meech (le 27 août).

1992: Pamphlet contre l'Accord de Charlottetown dans *L'actualité* et *Maclean's*.

## MARIAGE

Le 4 mars 1971, à 51 ans, il épouse Margaret-Joan Sinclair, âgée de 22 ans, à l'église St-Stephen de Vancouver. « Les mariés se connaissaient depuis 1967 alors qu'ils étaient en vacances à Tahiti. Margaret est une jeune bohème romantique[105]. »

## ENFANTS

Son épouse a donné naissance à un enfant tous les deux ans[106], soit trois garçons, dont deux sont nés le jour de Noël:

1971: Naissance de Justin Pierre James le 25 décembre.

1973: Naissance d'Alexandre Emmanuel, surnommé Sacha, le 25 décembre.

1975: Naissance de Michel Charles-Émile, surnommé Micha, le 2 octobre; il est décédé accidentellement le 13 novembre 1998

104. *Ibid.*, p. 142.

105. *Almanach du peuple 2001*, « Pierre Elliott Trudeau, La mort d'un homme d'État », p. 349-383, Montréal, Groupe Polygone Éditeurs, p. 379.

106. En ayant un enfant tous les deux ans, Pierre Trudeau a fait montre d'un comportement culturel propre au Québec traditionnel catholique, par exemple dans un village de Charlevoix, où « autrefois, les familles étaient nombreuses, on n'avait pas le droit " d'empêcher la famille ", il fallait s'en confesser; les prêtres lors des visites paroissiales interrogeaient les femmes sur le fait qu'elles n'étaient pas encore enceintes (elles devaient accoucher aux deux ans) ou sur les raisons d'un allaitement prolongé. » (Chantal Collard, « Parenté et communauté à Rivière-Frémiotte, 1880-1960 », *Anthropologie et Sociétés*, 1985, vol. 9, nº 3, p. 66-67).

au lac Kokanee, près de Nelson, « emporté dans une avalanche dans les montagnes Kootenay en Colombie-Britannique[107] ».

Les trois garçons ont étudié au Collège Jean-de-Brébeuf comme leur père. Selon Jane O'Hara, « Sacha possède un diplôme de philosophie de l'Université McGill, où Justin a également obtenu un diplôme. (Michel a obtenu son diplôme de l'Université Dalhousie à Halifax.) [...] Sauf pendant une brève période, au moins l'un d'entre eux a vécu avec lui jusqu'à sa mort[108]. »

## SÉPARATION

Le 27 mai 1977, un communiqué annonce la séparation de Pierre Elliott Trudeau et de Margaret Sinclair :

« Pierre et Margaret annoncent que, conformément au désir de Margaret, ils vont désormais vivre séparément. Margaret renonce à tous ses privilèges comme épouse du premier ministre et souhaite mettre fin à son mariage pour poursuivre sa propre carrière. Pierre aura la garde de leurs trois fils et Margaret pourra les voir librement. Pierre se plie avec regret à la décision de Margaret et tous les deux espèrent que leurs relations s'amélioreront à la suite de cette séparation[109]. »

Selon Jane O'Hara, « en 1977, quand Trudeau et Margaret se sont séparés, les enfants ont fait la navette entre le 24, promenade Sussex, et une maison que possédait Margaret trois coins de rue plus loin[110]. »

Il a confié à Jerry Levitan en 1995 : « Des gens m'ont dit qu'il faut douze mois pour se sentir à nouveau humain après une séparation [...]. Ils avaient tort. Je crois plutôt que c'est deux ans[111]. »

---

107. *Almanach du peuple 2001*, *loc. cit.*, p. 382.

108. *Maclean's*, « Pierre Elliott Trudeau, 1919-2000, His Life and Legacy », Toronto, 2000, p. 55.

109. Vastel, Michel, *Trudeau le Québécois*, Montréal, Les Éditions de l'Homme, nouvelle édition 2000, p. 224.

110. *Maclean's*, *op. cit.*, p. 52.

111. In Southam, Nancy, (sous la direction de), *Trudeau tel que nous l'avons connu*, Montréal, Fides, 2005, p. 399.

## DIVORCE

Pierre Elliott Trudeau divorce le 2 avril 1984, quelques semaines avant le remariage de Margaret et quelques mois avant de quitter son poste de premier ministre.

## LIAISON AVEC LIONA BOYD

« Au cours des huit années pendant lesquelles Pierre et moi nous sommes fréquentés, de 1976 à 1983, nous avons passé plusieurs nuits et plusieurs jours magnifiques au lac pendant les mois d'été et d'automne. [...] À quelques reprises, Pierre a laissé entendre que, même s'il avait l'intention de ne plus jamais se remarier, il serait heureux que nous vivions ensemble et élevions un enfant. [...] " Si tu décides un jour de te marier, tu dois m'accorder le premier choix", avait-il murmuré, mais je savais bien qu'avec son esprit indépendant, il serait plus heureux s'il vivait seul[112]. »

## UNE FILLE DE DEBORAH COYNE

« Ex-conseillère constitutionnelle de Clyde Wells pendant les négociations de l'Accord du lac Meech, M^me^ Coyne s'est farouchement opposée à cet accord, tout comme à l'Accord de Charlottetown qui l'a suivi. [...] Elle a reconnu avoir partagé le lit de l'ancien premier ministre dans le but de se faire faire un enfant par cet homme qu'elle admirait pour ses qualités intellectuelles[113]. »

Pierre Elliott Trudeau avait 71 ans lors de la naissance de sa fille Sarah Elisabeth à Saint-Jean, Terre-Neuve. Elle a reçu le même prénom que son arrière-grand-mère paternelle, Sarah Sauvé.

Sarah Scott a noté que « même si ses fils figuraient en bonne place dans les *Mémoires politiques* de Trudeau [1993], il n'y fait aucunement allusion à son quatrième enfant — sa fille Sarah, née le 5 mai 1991 — ou à sa mère, l'avocate en droit constitutionnel Deborah Coyne. Pourtant, la fille et la mère lui rendaient régulièrement visite à la campagne[114] ».

---

112. Boyd, Liona, *In My Own Key: My Life in Love and Music*, Toronto, Stoddart, 1998, p. 145, 160, 213-214.

113. Buzetti, Hélène, *Le Devoir*, 8 décembre 2005, p. A 2.

114. *Maclean's*, *loc. cit.*, p. 132.

Selon Charles Mongeon, « alors que Deborah Coyne vivait à Toronto avec son mari, Michael Valpy, qui écrit pour le *Globe and Mail*, Pierre Trudeau rendait visite à sa fille régulièrement et a souvent été vu marchant dans les rues de la ville avec Sarah. M^me^ Coyne habite maintenant Ottawa avec sa fille et son jeune fils, Matthew ». (*Le magazine 7 jours*, 14 octobre 2000, p. 15) Sarah Élisabeth était présente aux funérailles de son père, le 3 octobre 2000.

## LA VIE APRÈS LA POLITIQUE

« Je mène aujourd'hui une vie qui fait mon bonheur. Je travaille, je voyage, je prends plaisir à la compagnie de mes enfants, je rencontre des gens intéressants, je cède à ma passion pour la vie au grand air, dans la nature. [...] À Montréal, j'habite avec mes fils une maison de style art déco construite en 1930 par le grand architecte canadien-français Ernest Cormier. Je l'ai achetée en 1979, y compris les meubles de Cormier, dessinés par lui-même. Elle est située au centre-ville, à flanc de montagne. L'Université McGill est à quelques minutes seulement, si près que mes enfants peuvent courir jusqu'à leurs salles de cours. [...] Je travaille comme avocat-conseil principal chez Heenan Blaikie, une firme du centre-ville[115]. »

Selon Sarah Scott, « la plupart des weekends, Trudeau se réfugiait dans sa maison des Laurentides, à 85 km au nord-ouest de la ville, où il possédait 2 000 acres de terre et deux lacs. La petite maison sur la propriété avait été conçue par un ami de Trudeau, le célèbre architecte canadien Arthur Erikson[116]. »

## HABITUDES DE VIE

« Je n'étais pas très robuste ou en santé. Je suis devenu très exigeant envers moi-même en ce qui concernait les choses qui pourraient améliorer ma santé. Je me suis abstenu de fumer, de boire du café ou de prendre de l'alcool[117]. »

115. Trudeau, Pierre Elliott, *Mémoires politiques*, Montréal, Le Jour, 1993, p. 313-316.

116. *Maclean's*, *loc. cit.*, p. 132.

117. Trudeau, Pierre Elliott, « Entrevue-11 mars 1975-BBC-Lord Chalfont », Archives nationales du Canada, Fonds du très honorable Pierre Elliott Trudeau, MG 26 0 13, p. 17.

***

« Durant cette phase de son adolescence [...] il commença à manifester une profonde aversion pour les gens qui boivent sans retenue, une répulsion qui, plus d'un demi-siècle plus tard, ne l'a toujours pas quitté. Un spécialiste des sciences humaines qui a fort bien connu Trudeau au début des années 60 interprète cette attitude de la façon suivante : " J'ai toujours pensé que si Pierre éprouvait une telle antipathie pour le monde des affaires, c'était, entre autres raisons, parce que bon nombre d'hommes d'affaires de sa génération buvaient immodérément, comme le faisait son propre père, et qu'il ne pouvait manifestement pas supporter la façon dont les gens se conduisent quand ils sont sous l'emprise de l'alcool[118] ". »

Selon Patrick Gossage, l'un des secrétaires de presse de Trudeau, « où qu'il soit, il lui fallait du jus d'orange et des biscuits dans sa chambre d'hôtel[119]. »

La journaliste Edith Iglauer faisait partie du groupe qui a accompagné Trudeau lors de son voyage dans le Grand Nord canadien à l'été 1968 : « En voyage, il lui fallait absolument ses huit heures de sommeil et, de préférence, neuf ou dix[120]. »

## ACCIDENTS ET MALADIES

Fractures en ski : une jambe en 1939, un os du pied en 1958.

Fracture de la clavicule à la suite d'une chute en moto durant les années 50.

En 1946, à Paris, il a subi une appendicectomie.

Le 31 décembre 1999, il est hospitalisé pendant neuf jours à l'hôpital Royal-Victoria, souffrant d'une pneumonie.

## DÉCÈS

Il décède le 28 septembre 2000, à l'aube de ses 81 ans ; selon un communiqué officiel, « M. Trudeau, en plus de souffrir de

---

118. McCall, Christina et Clarkson, Stephen, *Trudeau : l'homme, l'utopie, l'histoire*, Montréal, Les Éditions du Boréal, 1990, p. 35-36.

119. Southam, Nancy, (dir.), *Trudeau tel que nous l'avons connu*, Montréal, Fides, 2005, p. 78.

120. *Ibid.*, p. 110.

la maladie de Parkinson, était atteint d'un cancer de la prostate». (*Dernière heure*, 14 octobre 2000, p. 16)

Des funérailles d'État ont eu lieu le 3 octobre à la basilique Notre-Dame de Montréal.

## PORTRAITS DE L'HOMME

«Le cheveu rare, le zygoma proéminent, l'œil en amande, le squelette athlétique[121].»

***

«Insaisissable, ce masque à l'orientale, ces pommettes saillantes, ce grand nez qui plisse, cette bouche qui se pince et cette voix qui lui monte au nez quand il s'emporte. [...] Tantôt cajoleur, tantôt rude, parfois mesquin, souvent arrogant et toujours distant[122].»

***

«Ce riche mène une vie frugale, austère même. Depuis des années, il règle scrupuleusement son emploi du temps. C'est un sportif dans toute la force du terme, et qui s'impose une discipline quasi spartiate. Il ne boit presque pas d'alcool et il ne fume pas. [...] Cet homme volage et excentrique, cet as du volant, cet athlète souvent entouré de jeunes filles éblouissantes, a toujours caché, sous son masque de *playboy*, un intellectuel exigeant et rigoureux. Sous des dehors volages, sa vie s'apparente bien plus à celle d'un moine qu'à celle d'un libertin[123].»

## PORTRAITS DU POLITICIEN

Jacques Poisson a tracé le portrait suivant de l'homme politique:

---

121. Falardeau, Claude, [Québec-Presse, 6 août 1972], dans Potvin, André, Létourneux, Michel, et Smith, Robert, *L'anti-Trudeau, Choix de textes*, Montréal, Éditions Parti Pris, 1972, p. 135.

122. Vastel, Michel, *Trudeau le Québécois*, Montréal, Les Éditions de l'Homme, nouvelle édition 2000, p. 15-16.

123. Pellerin, Jean, *Le phénomène Trudeau*, Paris, Seghers, 1972, p. 25-26.

« Tout compte fait, la personnalité publique de M. Trudeau associe, à des degrés variables, l'enfant tyrannique, le despote constitutionnel, le logicien de la déraison, le manieur éperdu de marionnettes humaines, le démon du paradoxe, le professionnel de la menace et de l'intimidation, le toxicomane du mépris, l'empoisonneur du climat politique canadien, le Narcisse en quête d'une glace planétaire où se mirer. La constitution, c'est MOI ; la démocratie, c'est MOI ; la raison, c'est MOI ; le sens commun, c'est MOI. » (*Le Devoir*, 9 février1981, p. 12)

Lors de son décès, Caroline Montpetit a tracé, quant à elle, ce portrait :

« Plus de trente ans après son entrée en politique active, il a laissé chez les uns l'image d'un politicien brillant, cultivé, audacieux et inégalé sur plusieurs fronts, et chez les autres, celle d'un homme arrogant, voire méprisant, qui a durement frappé le peuple québécois, notamment lors de la Crise d'octobre 1970, marquée par la Loi des mesures de guerre. » (*Le Devoir*, 29 septembre 2000, p. A3)

# CHAPITRE 2

## DES ANCÊTRES PATRIOTES ET LOYALISTES

### LES DEUX RACINES, QUATRE GÉNÉRATIONS AVANT LUI

Pierre Trudeau avait des racines à la fois francophones et anglophones dont la généalogie remonte jusqu'à la France, l'Écosse et l'Acadie. La lignée masculine de son père, d'homme à homme, nous mène à Étienne Truteau (sic) : venu en Nouvelle-France de La Rochelle en 1659 et marié à Adrienne Barber à Ville-Marie en 1667, il a fait baptiser ses enfants dans une église catholique. La lignée masculine de sa mère remonte, quant à elle, à un certain Robert Elliott, né en Écosse vers 1765 et marié à Sorel à Louise Elisabeth Savoie en 1788 dans une paroisse protestante[1]. Le père de cette dernière, Simon Savoie, était né en Acadie en 1739, mais avait fui au Québec lors de la déportation des Acadiens en 1755[2].

---

1. « En 1783, il y avait environ 746 familles anglaises dans le Bas-Canada, dont 40 résidaient en permanence à Sorel. La paroisse anglaise de Sorel fut donc désignée sous le nom de Christ Church et on affirme que ce fut la première paroisse protestante au Québec. » (Auger, Roland-J., « La Christ Church de Sorel » dans Mongeau, A., Laliberté, J. M., *Les mariages de Sorel*, Sillery, Éditions B. Pontbriand, 1967)

2. Les « Savoye s'étant réfugiés à point dans la région de Yamachiche, [...] originaires de Chipoudy et de Port-Royal, ils échappèrent à la déportation et évitèrent la dislocation de leurs familles, en fuyant dans les bois. Ils passèrent, ainsi cachés, l'hiver de 1755. » (Bergeron, Adrien, *Le grand arrangement des Acadiens au Québec : Notes de petite histoire, Généalogies France, Acadie, Québec, de 1625 à 1925*, vol. VII (7), Montréal, Éditions Élysée, 1981, p. 277-278)

Cette quête des ancêtres de Pierre Trudeau nous amène à faire un périple du côté de son père à travers une suite de mariages entre catholiques francophones sur plusieurs générations, alors que, du côté de sa mère, on découvre une succession de mariages interculturels entre Écossais, Acadiens et Canadiens français, entre catholiques et protestants, entre anglophones et francophones.

Les racines paternelles et maternelles de Pierre Trudeau des quatre générations l'ayant précédé sont indiquées au tableau 1.

**Tableau 1: Les deux racines de Pierre Trudeau sur quatre générations avant lui**

<table>
<tr>
<td rowspan="8">TRUDEAU,<br>Joseph<br>(Charles-Émile)<br><br>n. 1887-07-05<br>d. 1935-04-10,<br>Orlando, Flo.<br>s. 1935-04-15,<br>Saint-Rémi<br><br>m. 1915-05-11,<br>église<br>Saint.-Louis-<br>de-France,<br>Montréal<br><br>ELLIOTT,<br>Mary Agnes<br>Emilia Grace<br><br>n. 1890-04-16,<br>Montréal<br>b. 1890-08-23,<br>St-Zotique<br>d. 1973-01-16,<br>Montréal</td>
<td rowspan="4">TRUDEAU,<br>Joseph<br><br>n. 1848-12-13<br>d. 1919-12-13,<br>St.-Rémi<br><br>m. 1874-10-19,<br>St.-Constant,<br>Laprairie<br><br>CARDINAL,<br>Marie Malvina<br><br>n. 1849-07-21<br>d. 1931-02-13,<br>Montréal</td>
<td rowspan="2">TRUDEAU,<br>Louis-Olivier<br>n. 1809-03-16,<br>Saint-Constant<br><br>m. 1838-11-19,<br>Saint-Philippe,<br>Laprairie<br><br>DUPUIS/DUPRÉ,<br>Marie-Louise<br>n. 1812</td>
<td>TRUDEAU, Louis<br><br>m. 1808-07-11,<br>Laprairie<br><br>GAGNÉ,<br>Marguerite</td>
</tr>
<tr>
<td>DUPUIS, Michel<br><br>m. 1807, Laprairie<br><br>BOIRE, Josephte</td>
</tr>
<tr>
<td rowspan="2">CARDINAL,<br>Marc Solime Pierre<br>n. 1815-04-25<br>d. 1897-02-02<br><br>m. 1842-01-31,<br>Saint-Isidore,<br>Laprairie<br><br>SURPRENANT,<br>Marguerite<br>d. 1873-03-15</td>
<td>CARDINAL, Pierre<br><br>m. 1814, Laprairie,<br><br>SAINTE-MARIE,<br>Marie Anne</td>
</tr>
<tr>
<td>SURPRENANT,<br>Joseph<br><br>m. 1811, Laprairie,<br><br>DUBUC, Archange</td>
</tr>
<tr>
<td rowspan="4">ELLIOTT,<br>Philip Amstrong<br><br>n. 1859-02-09,<br>Saint-Gabriel-<br>de-Brandon<br>b. 1859-03-06,<br>Church of<br>England,<br>Berthier<br><br>m.1886-07-08,<br>St-George<br>Anglican<br>Church,<br>Sainte-Anne-<br>de-Bellevue<br><br>SAUVÉ,<br>Sarah Rebecca<br>n. 1857-04-12,<br>St-Zotique<br>d. 1899-08-08,<br>St-Zotique</td>
<td rowspan="2">ELLIOTT,<br>Edward Simon<br><br>n. 1830-12-28<br>b. 1931-01-16,<br>Brandon Episcopal<br>Church<br>d. 1919<br><br>m. 1855-10-28,<br>Brandon Episcopal<br>Church, Berthier<br><br>MORRISON,<br>Amelia<br>n. 1833<br>d 1903</td>
<td>ELLIOTT, Simon<br>n. 1793-10-10,<br>Lanoraie<br>d. 1865-01-30,<br>Saint-Gabriel-<br>de-Brandon<br><br>m. 1824-09-09,<br>Sorel Christ Church<br><br>ARMSTRONG,<br>Rebecca<br>n. 1798-08-15,<br>Lavaltrie<br>d. 1878-04-20</td>
</tr>
<tr>
<td>MORRISON, William,<br>n. 1812<br><br>2e m. 1832-01-22,<br>Sorel Christ Church<br><br>ARMSTRONG,<br>Elizabeth,<br>n. 1813</td>
</tr>
<tr>
<td rowspan="2">SAUVÉ, Séraphin<br>n. 1821-07-06<br>d. 1899<br><br>m. 1849-10-23,<br>Saint-Polycarpe,<br>Soulanges<br><br>CLARK, Agnès<br>n. 1830-11-09<br>d. 1920-05-25</td>
<td>SAUVÉ, François<br><br>m. 1820, Les Cèdres<br><br>LALONDE, Eugénie</td>
</tr>
<tr>
<td>CLARK, William<br><br>m.<br><br>CLÉMENT, Félicité</td>
</tr>
</table>

b.: baptême; n.: naissance; m.: mariage; d.: décès; s.: sépulture.

# LA RACINE FRANÇAISE ET PATRIOTE

## LE GRAND-PÈRE TRUDEAU

**Nom:** Joseph Trudeau.

**Naissance:** le 13 décembre 1848 à Saint-Michel-de-Naperville.

### ORIGINE PATERNELLE

Le père de Joseph Trudeau, Louis-Olivier, descend d'Etienne Truteau, arrivé en Nouvelle-France en 1659:

« Etienne Truteau, charpentier de grosses œuvres, fils de François et de Catherine Matiner, de la paroisse Notre-Dame de Cogne, à La Rochelle, Charente-Maritime, est l'ancêtre commun de toutes les familles Truteau et Trudeau du Canada et des États-Unis. [...] Venu en Nouvelle-France avec la recrue de 1659 sur le Saint-André, il s'établit à Ville-Marie où il épousa Adrienne Barber, le 10 janvier 1667[3]. »

***

« Dès l'expiration de son contrat comme engagé militaire, Etienne se fit concéder une terre à Montréal le 10 janvier 1665. [...] Le 12 mars 1675, il reçut à Longueuil une concession de 3 arpents sur le fleuve sur 20 de profondeur. [...] À partir de 1684, il fait baptiser ses enfants à Boucherville, son église sur la rive sud[4]. »

Joseph (Charles-Émile), le père de Trudeau, appartient à la huitième génération de Trudeau au Québec (tableau 2).

---

3. Gareau, G.-Robert, *Étienne Truteau, maître charpentier*, 1977, p. 8.

4. Lebel, Gérard, « Nos origines: l'ancêtre des Trudeau », *Revue Sainte-Anne-de-Beaupré*, octobre 1975, p. 425.

**Tableau 2: Ascendance paternelle de Joseph (Charles-Émile) Trudeau sur huit générations**

| Ascendants | Épouses | Dates de mariage | Lieux de mariage |
|---|---|---|---|
| I-Etienne Truteau [sic] | Adrienne Barber | 1667-01-10 | Ville-Marie |
| II-Pierre Trudeau | Charlotte Ménard | 1698-11-10 | Montréal |
| III-Pierre-Joseph Trudeau | Marie-Joseph Boudreau dit Graveline | 1735-06-06 | Longue-Pointe (Montréal) |
| IV-Jean-Louis Trudeau | Marie Larchevêque | 1768-08-01 | Longue-Pointe (Montréal) |
| V-Louis Trudeau | Marguerite Gagné | 1808-07-11 | St-Philippe-de-Laprairie |
| VI-Louis-Olivier Trudeau | M.-Louise Dupuis dit Dupré | 1838-11-19 | St-Philippe-de-Laprairie |
| VII-Joseph Trudeau | Marie Malvina Cardinal | 1874-10-19 | St-Constant, Laprairie |
| VIII- Joseph (Charles-Émile) Trudeau | Mary Agnes Emilia Grace Elliott | 1915-05-11 | Montréal |

## DES TRUDEAU PATRIOTES

Le 20 mars 1805, un groupe de Bas-Canadiens de la région de Saint-Constant a adressé une pétition à « Sa Majesté l'Empereur des Français, Napoléon Premier », dans laquelle ils affirmaient « les intentions bien prononcées du peuple canadien de retourner sous l'Empire de la France et de porter de nouveau le nom glorieux de Français ». Le nom de Pierre Trudeau, âgé de 55 ans, paroisse de Saint-Philippe, apparaît en tête des douze signataires du document porté en France par l'un d'eux, Jean-Baptiste Noreau, à l'été 1805. (*Cap-aux-Diamants*, nº 81, printemps 2005, p. 22-25)

Il y a douze Trudeau dans la liste des Patriotes de 1837-1838, dont deux frères, commerçants de bois de Longueuil : Louis, âgé de 28 ans, et Narcisse qui était membre de la société secrète des Frères Chasseurs. Louis, célibataire, fut arrêté le 2 novembre 1838.

« À titre d'exemple, il y avait cette maison de ferme un peu à l'ouest de Laprairie, le long du Saint-Laurent. Lorsque Pierre Elliott Trudeau et sa sœur Suzette se faisaient conduire à Saint-Rémi pour rendre visite à leur grand-mère pendant les années 1920, ils attendaient que la tante Graziella leur désigne la maison et leur dise comment un des membres de la famille avait joué les Paul Revere pendant les rébellions politiques de 1837 en traversant le comté, une nuit, pour avertir les gens que les soldats allaient arriver[5]. »

Deux autres patriotes, Joseph Trudeau, capitaine, et Germain Trudeau, font partie des huit cents hommes présents à Napierville, au sud de Laprairie, le 4 novembre 1838, lorsque le docteur Robert Nelson réitère « la proclamation de l'indépendance du Bas-Canada et de sa constitution en république[6] ».

## ORIGINE MATERNELLE

La mère de Joseph Trudeau, Marie-Louise Dupuis, dit Dupré, est la fille de Michel Dupuis, d'origine française et catholique, et de Josephte Boire.

5. Breslin, Catherine, « The Other Trudeaus », *Châtelaine*, septembre/octobre 1969, p. 108.

6. Bernard, Jean-Paul, *Les rébellions de 1837-1838*, Montréal, Boréal Express, 1983, p. 128.

**Langue maternelle :** le français.
**Religion :** catholique.

## ALPHABÉTISATION

« Même après avoir finalement appris à écrire son propre nom, il [Joseph Trudeau] ne l'a jamais orthographié deux fois de la même façon[7]. »

## OCCUPATION : FERMIER À SAINT-MICHEL-DE-NAPIERVILLE

« Mes grands-parents Trudeau, cultivateurs typiques de la campagne québécoise, fixés depuis toujours sur le bien familial qu'ils avaient hérité de leurs parents[8]. »

## MARIAGES

1er mariage de Joseph Trudeau avec Marie Giroux, le 29 janvier 1867, à Saint-Michel-d'Iberville ; elle est décédée en 1872. Une enfant, Marie-Louise, est née en 1869 et a épousé Gustave Cardinal.

2e mariage de Joseph Trudeau avec Marie Malvina Cardinal, le 19 octobre 1874, à Saint-Constant-de-Laprairie. Elle donne naissance à 12 enfants ; le huitième, Joseph, surnommé Charles-Émile, sera le père de Pierre.

## RÉSIDENCE

À Saint-Michel de Napierville, « Joseph Trudeau exploitait une terre agricole de quelque 70 acres sur le rang de la Petite-Côte et habitait une maison de brique rouge voisine des fermes de son père et de trois de ses quatre frères. » En 1902, Joseph « a déménagé trois milles plus loin dans une maison de briques de six pièces située devant la forge de Saint-Rémi, un village agricole assez prospère de plusieurs milliers d'habitants[9]. »

7. Breslin, *op. cit.*, p. 108.

8. Trudeau, Pierre Elliott, *Mémoires politiques*, Montréal, Le Jour, 1993, p. 15.

9. Breslin, *loc. cit.*, p. 109.

### PORTRAIT

« Les Trudeau avaient la réputation d'être des hommes durs, sévères et travailleurs qui "tenaient à leurs idées". Mais Joseph était également facile à vivre. C'était un homme de petite taille, maigre et nerveux, qui aimait la compagnie des gens et les réjouissances. [...] Malgré son amabilité, il était reconnu comme étant un dur négociateur, "un homme économe. Il ne dépensait pas", se souvenait le curé du village[10]. »

### DÉCÈS

Joseph Trudeau décède le 13 décembre 1919 à Saint-Rémi-de-Napierville à l'âge de 71 ans alors que son petit-fils Pierre, né le 18 octobre de la même année, n'avait pas encore deux mois.

### CE QUE PIERRE A DIT DE LUI

« Mon grand-père paternel, c'était mon parrain. [...] Je ne sais pas si c'est vrai, mais mon père me disait qu'il était très fort, mes tantes aussi me disaient cela[11]. »

## LA GRAND-MÈRE TRUDEAU

**Nom :** Marie Malvina Cardinal.

**Naissance :** le 21 juillet 1849.

**Père :** Marc Solime Pierre Cardinal, fils de Pierre Cardinal et de Marie-Anne Sainte-Marie ; il était maire du village de Saint-Constant et conseiller scolaire.

**Mère :** Marguerite Surprenant, dite Lafontaine, fille de Joseph Surprenant, dit Lafontaine, et d'Archange Dubuc.

**Langue maternelle :** le français.

**Religion :** catholique.

**Mariage :** avec Joseph Trudeau le 19 octobre 1874 à Saint-Constant-de-Laprairie.

**Enfants :** elle eut 12 enfants.

« Des huit [plutôt sept] enfants qui avaient survécu (cinq autres étaient morts en bas âge), quatre fils étudièrent dans un

10. *Ibid.*, p. 109.

11. Stanké, Alain, *Pierre Elliott Trudeau : Portrait intime*, Montréal, Stanké, 1977, p. 50, 53. Tiré d'une émission de Télé-Métropole, le 6 mai 1977.

collège classique, dont deux devinrent avocats et un troisième dentiste, tandis qu'une des filles épousa un avocat et l'autre le propriétaire d'un magasin général[12]. »

### PORTRAIT SELON SON PETIT-FILS PIERRE

« Elle était toujours habillée de noir, il me semblait. Avec les cheveux tirés et ramassés en arrière ; un air assez sévère. Mais par ailleurs, une belle vieille ; le visage très plissé, très croyante, très stricte dans ce sens-là. [...] Mais c'était une bonne vieille qui nous racontait des histoires, qui nous enseignait nos prières. C'est avec elle que j'ai associé le plus l'apprentissage du français ; elle ne parlait évidemment rigoureusement pas l'anglais[13]. »

### DÉCÈS

Elle est décédée à Montréal le 13 février 1931 à l'âge de 81 ans : « Ma grand-mère paternelle a vécu jusqu'à ce que j'aie l'âge, je pense, peut-être de dix ou douze ans. Je l'ai assez connue », raconte Pierre Trudeau[14].

## LE PÈRE

**Nom :** Joseph Trudeau, le huitième enfant de la famille, a été baptisé simplement Joseph[15] et « a grandi en se faisant appeler Charles-Émile[16] ». "Charley" pour les intimes.

---

12. McCall, Christina et Clarkson, Stephen, *Trudeau : l'homme, l'utopie, l'histoire*, Montréal, Les Éditions du Boréal, 1990, p. 25.

13. Trudeau, Pierre Elliott, « Entrevue, 29 septembre 1968, Francine Laurendeau », Fonds du très honorable Pierre Elliott Trudeau, Archives nationales du Canada, MG 26 0 13, p. 14.

14. *Ibid.*, p. 13.

15. Dans une communication personnelle en 2005, Brigitte Garneau signalait que, dans les familles catholiques québécoises, le prénom de Joseph peut être transmis comme seule dénomination pour conjurer le sort de la mort chez un nouveau-né. Il n'est pas inutile de rappeler que le père de Pierre Trudeau est né après deux enfants morts l'un à la suite de l'autre, Joseph-Alfred (1882-1882) et Marie-Cyrilda (1885-1886), et qu'un autre de ses frères, appelé Josephat, est mort l'année de sa naissance (1891-1891).

16. Breslin, *loc. cit.*, p. 108.

**Naissance:** le 5 juillet 1887 «dans une ferme à Saint-Michel-de-Napierville[17].»

**Parents**: Joseph Trudeau et Marie Malvina Cardinal.

**Langue maternelle**: le français.

**Religion:** catholique.

**Études classiques** à Montréal au Collège Sainte-Marie dont il est expulsé en dernière année; il termine son cours classique au Collège Loyola.

**Études universitaires** à la Faculté de droit de l'Université de Montréal qui relevait alors de l'Université Laval; il est licencié en droit en 1912.

**Mariage** avec Grace Elliott le 11 mai 1915 à l'église Saint-Louis-de-France de Montréal.

## ENFANTS

Jacques-Charles Elliott, né en 1916, décédé la même année.

Marie Grace Suzette Émilie Elliott, née le 18 octobre 1918.

Joseph Philippe Pierre-Yves Elliott, né le 18 octobre 1919, décédé le 28 septembre 2000.

Jacques Léon Charles-Étienne Elliott, né en1922, décédé le 8 août 1994.

## RÉSIDENCE

Après son mariage, «leur premier foyer a été un appartement de cinq pièces à l'intersection des rues Atwater et St-Jacques, à deux pas du bureau de Charley[18].»

Ils habitent ensuite au 5779, rue Durocher, à Outremont. Au début des années 30, la famille déménage au 84, avenue McCulloch, à Outremont.

## TRAVAIL

Il pratique le droit plusieurs années avec un frère et un beau-frère. En 1921, il fonde l'Automobile Owner's Association: «À mesure que son affaire prospérait, il délaissa peu à peu la pratique du droit[19].»

17. Trudeau, *Mémoires politiques*, Montréal, Le Jour, 1993, p. 15.

18. Breslin, *loc. cit.*, p. 113.

19. Clarkson et McCall, *op. cit.*, p. 29.

À son garage principal, « accablé par les responsabilités, il jurait et vociférait à tout bout de champ ; on l'avait vu en venir aux poings avec ses mécaniciens[20] ».

« Au début des années 30, [...] grâce à la vente de son entreprise (garage et chaîne de stations-services), qu'il avait bâtie à force de travail acharné, mon père réalisa une somme importante qui lui permit d'investir ensuite en Bourse et dans plusieurs entreprises telles les mines Sullivan, le parc Belmont, l'équipe de baseball des Royaux[21]. »

***

« Au cours des trois années qui avaient précédé sa mort, [...] [il] avait presque triplé le montant reçu en paiement de ses stations-service et avait laissé une fortune évaluée à trois millions de dollars[22]. »

## VACANCES FAMILIALES

Le dimanche, « après la messe, il conduisait souvent Grace et les enfants à St-Rémi où sa sœur Graziella, la "vieille-fille Trudeau", tenait toujours maison pour sa mère Malvina[23]. »

« Les vacances, c'était la campagne, [...] c'était au lac Tremblant, un point fort reculé à ce moment-là, et c'était dans la nature, c'était les joies de la forêt, du lac, du canot, de la natation, de la course à pied, les escalades de montagne[24]. »

***

« En 1928, ils ont fondé une colonie canadienne estivale florissante à Old Orchard sur la côte rocheuse du Maine, près de Kennebunk. Pendant deux mois, les enfants vivaient sur

20. *Ibid.*

21. Trudeau, Pierre Elliott, *Mémoires politiques*, Montréal, Le Jour, 1993, p. 25.

22. Clarkson et McCall, *op. cit.*, p. 42.

23. Breslin, Catherine, « The Other Trudeaus », *Châtelaine*, septembre/octobre 1969, p. 78.

24. Trudeau, Pierre Elliott, 29 septembre 1968, *loc. cit.*, p. 5-6.

l'immense plage, et quand il venait le weekend [sic], Charles-Émile nourrissait sa propre passion pour les sports[25]. »

## ACTIVITÉS POLITIQUES

« En politique, Charlie était resté conservateur ou "bleu", tout comme ses parents avant lui. Il avait appuyé le flamboyant maire de Montréal, Camillien Houde, quand celui-ci s'était présenté en 1929 à la direction de l'aile provinciale du Parti conservateur. Puis il avait levé des fonds pour Maurice Duplessis, ancien condisciple de la faculté de droit[26]. »

***

« Houde, qui participait à la course à la chefferie du Parti conservateur du Québec avait obtenu de l'essence gratuite dans les stations de Trudeau. Houde arrivait et disait à Trudeau père : "J'ai besoin d'oxygène". C'était sa façon de demander un prêt[27]. »

## HABITUDES DE VIE

Selon son fils, Charles-Émile Trudeau avait de nombreux amis : « À la ville comme à la campagne, mais moins souvent, mon père invitait à la maison beaucoup d'amis[28]. »

Un de ses amis était Rodrigue Choquette :

« Roddy Choquette, âgé de 68 ans, était un comptable du coût de revient devenu gérant général des stations et un ami personnel du père de Trudeau. [...] D'après Choquette, c'était un joueur de poker invétéré. Il jouait plusieurs nuits par semaine "des sommes assez élevées". Chaque soir, les enjeux grimpaient à 1,000 $ ou 1,500 $. [...] Choquette se rappelle fort bien qu'à 5h15 de l'après-midi, il laissait tomber ce qu'il faisait pour aller à la maison voir ses enfants. Il leur faisait faire

25. Breslin, *loc. cit.*, p. 79.

26. Clarkson et McCall, *op. cit.*, p. 31.

27. McKenzie, Robert and Dempsey, Lotta, « Pierre Trudeau : "I became accustomed very young to rowing against the current" », *Toronto Daily Star*, 8 avril 1968, p. 8.

28. Trudeau, Pierre Elliott, *Mémoires politiques*, Montréal, Le Jour, 1993, p. 25.

leurs devoirs, leur parlait de leur journée et, habituellement à 6h30, il partait à nouveau pour dîner avec ses amis en ville[29]. »

***

« Charles se consacrait entièrement à ses enfants une heure par jour, à partir de dix-sept heures, puis il disparaissait pendant les vingt-trois autres heures[30]. »

Les auteurs d'une biographie de Pierre Elliott Trudeau ont reçu ces confidences :

« " Charlie pouvait se montrer brutal ", raconta bien des années plus tard un vieil ami de la famille. " Il est possible que son bruyant aplomb ait amusé ses camarades avec qui il jouait au poker, au club Saint-Denis fondé par des Canadiens français, exclus des clubs anglais. Mais, pour sa famille, son entrain n'avait rien de drôle. Quand il piquait une crise ou que, complètement ivre, il se mettait à hurler, il était difficile de lui tenir tête[31] ". »

## PORTRAIT

« Charlie, comme tout le monde l'appelait, était mince, assez petit, avec une moustache en brosse ; vif d'esprit et facilement grossier, c'était un homme hardi et insolent, aimant le jeu et les athlètes, entreprenant, énergique et autoritaire[32]. »

## DÉCÈS EN 1935 EN FLORIDE

« À 47 ans, il avait entrepris son voyage annuel au camp d'entraînement d'hiver de l'équipe de baseball des Royaux, près de Deland en Floride ; il y est mort d'une pneumonie[33]. »

***

29. McKenzie et Dempsey, *loc. cit.*, p. 8.

30. Gwyn, Richard, *Le Prince*, Montréal, France-Amérique, 1981, p. 22.

31. Clarkson et McCall, *op. cit.*, p. 29.

32. Gwyn, *op. cit.*, p. 22.

33. McKenzie et Dempsey, *loc. cit.*, p. 8.

« Il y attrapa un virus qui, en trois jours à peine, déclencha une pneumonie pour dégénérer en une défaillance cardiaque[34]. »

***

« Un jour du début d'avril [1935] Charley était sorti sous la pluie printanière. Il avait attrapé une "petite grippe" qui s'est transformée en pneumonie. Pendant un certain temps, Trudeau a semblé se rétablir, puis il a subi une rechute. Le 10 avril, Grace Trudeau et sa fille de 17 ans, Suzette, sont arrivées par avion de Montréal avec le médecin de la famille, le Dr Turgeon. Ils sont arrivés au Orange General Hospital quelques heures seulement avant le décès de Charles-Émile[35]. »

## CE QUE L'AÎNÉE A DIT DE SON PÈRE

« Un homme de fort caractère. Il était petit, plus petit que Pierre, mais vif et très enjoué. Il avait beaucoup d'amis et s'intéressait aux nôtres. Pendant ses vacances, il s'intéressait toujours à nos jeux. Il n'était pas souvent avec nous, mais quand il y était, il se montrait très présent… Il s'intéressait beaucoup à nos études. Il venait souper, puis il repartait, mais il demandait toujours à voir nos devoirs et nos notes. Il était très strict et, en revanche, très large d'esprit. Il était très sévère lorsqu'il nous défendait de faire quelque chose : il n'y avait pas à discuter et si on n'écoutait pas, on avait la fessée[36]. »

Suzette Trudeau, épouse d'un Rouleau, a aussi confié à une journaliste : « C'était un homme d'affaires de talent, un bon travailleur et une personne très respectée. Il s'attendait à ce que nous excellions tous et, à mon avis, Pierre était celui qui était réellement en mesure de réaliser ses attentes[37]. »

---

34. Radwanski, George, *Trudeau*, Montréal, Fides, 1979, p. 68.

35. Breslin, *loc. cit.*, p. 80.

36. Radwanski, *op. cit.*, p. 59-60.

37. Fraser, Sylvia, « The Private Trudeau », *Star Weekly*, 29 juin 1968, p. 7.

### CE QUE PIERRE A DIT DE SON PÈRE

« C'était un homme d'esprit qui blaguait, qui avait beaucoup d'amis, qui semblait fort physiquement, et tout ça[38]. »

***

« Grand à mes yeux, il l'était aussi à ceux de ses amis. C'était un meneur, un homme d'esprit et physiquement... comment dire, je persiste à croire qu'il était fort, quoique, je suppose, mes enfants me pensent fort, moi aussi. [...] C'était un homme débordant de vie, de jovialité, de force et d'esprit, toujours entouré d'amis[39]. »

### CE QUE LE PÈRE PENSAIT DE PIERRE

« Pierre était son préféré », dit Choquette[40].

# LA RACINE ÉCOSSAISE ET LOYALISTE

## LE GRAND-PÈRE ELLIOTT

**Nom** : Philip Armstrong Elliott.

### ASCENDANTS

La première trace au Québec des ascendants de Philip Armstrong Elliott, le père de Grace, est le mariage à Sorel, en 1788, de Robert Elliott avec Louise Élisabeth Savoie, d'origine acadienne (tableau 3).

38. Stanké, *op. cit.*, p. 45-46.

39. Radwanski, *op. cit.*, p. 60, 62.

40. McKenzie et Dempsey, *loc. cit.*, p. 8.

**Tableau 3: Ascendance paternelle de Grace Elliott sur cinq générations**

| Ascendants | Épouses et époux | Dates de mariage | Lieux de mariage |
|---|---|---|---|
| I-Robert Elliott | Louise Élisabeth Savoie | 1788-05-13 | Sorel Christ Church |
| II-Simon Elliott | Rebecca Armstrong | 1824-09-09 | Anglican Church, Louiseville |
| III-Edward Simon Elliott | Amelia Morrison | 1855-10-28 | Brandon Episcopal Church, Berthier |
| IV-Philip Armstrong Elliott | Sarah Rebecca Sauvé | 1886-07-08 | St-George Anglican Church, Ste-Anne-de- Bellevue |
| V-Mary Agnes Emilia Grace Elliott | Charles-Émile Trudeau | 1915-05-11 | Montréal |

Robert Elliott est né en Écosse vers 1765. Les Elliott se seraient d'abord installés en Nouvelle-Angleterre avant de venir au Québec, à Sorel. Ils feraient partie des Loyalistes venus au Québec après la Déclaration d'indépendance des 13 colonies anglaises de la Nouvelle-Angleterre, en 1776 ; elles deviendront les États-Unis d'Amérique dont l'indépendance sera reconnue par le traité de Versailles en 1783.

On sait que « les premières familles anglaises de Sorel se composaient principalement de Loyalistes[41] ». Dans un relevé de la population établie dans les nouveaux *townships* de la région de Sorel le 12 octobre 1784 et intitulé « État nominatif des officiers et soldats licenciés et des loyalistes qui sont établis dans le township n° 8 », on trouve les noms de John Elliott et Thomas Elliott[42].

L'ancêtre Robert Elliott, marié avec Louise Élisabeth Savoie, eut un fils, Simon, qui naquit à Lanoraie, au Québec, en 1793. On retrouve ses traces dans la région de Saint-Gabriel-de-Brandon, au nord de Joliette, aux alentours de 1820 :

« En 1815 aucun colon ne s'était encore fixé dans Saint-Gabriel. On n'y venait que pour couper le bois de choix. [...] La tradition nous apprend que le premier colon qui vient se bâtir une maison au lac fut David Armstrong, un Anglais protestant, qui se tailla dans le Cordon un vaste domaine. [...] Armstrong arriva en 1818. Il fut bientôt rejoint par John et Simon Hibbart, Samuel Hibbart (et Louise Bernier), soldats licenciés [...] Vers 1820 arrivèrent encore Simon Elliott, Charles et Hector Dunn, Josiah, Timothy et John Page[43]. »

D'autres sources confirment ainsi la trajectoire des Elliott de l'Écosse à la Nouvelle-Angleterre, puis au Québec :

« Les Elliott écossais se sont d'abord installés en Nouvelle-Angleterre, mais pendant la révolution américaine, ils sont

41. Auger, Roland-J., "La Christ Church de Sorel", dans Mongeau, A., Laliberté, J. M., *Les mariages de Sorel*, Sillery, Éditions B. Pontbriand, 1967.

42. Brymner, Douglas, *Rapport sur les Archives du Canada, 1891*, S. E. Dawson, imprimeur, Ottawa, 1892, p. 15.

43. *Histoire de Saint-Gabriel-de-Brandon et de ses démembrements: Saint-Damien, Saint-Didace, Saint-Charles-de-Mandeville, Saint-Cléophas, Saint-Edmond, etc.*, Montréal, Ducharme, G., éditeur, 1917, p. 18-20.

demeurés loyaux envers la Couronne. Après la guerre, [...] les Elliott et trois autres familles loyalistes — les Dunn, les Armstrong, les Hibbart — sont montés vers ce qui était alors le territoire britannique du Bas-Canada[44] [...] Ces quatre familles restèrent proches les unes des autres et furent les pionniers (sic) d'une paroisse protestante à Saint-Gabriel-de Brandon, au nord de Sorel. [...] Philippe était un loyaliste fidèle à l'Empire britannique[45]. »

Le père de Philip Armstrong, Edward Simon Elliott, fils de Simon Elliott et de Rebecca Armstrong, « était un véritable homme des bois qui avait passé la majeure partie de sa vie dans les forêts légendaires le long de la rivière Saint-Maurice, au nord de Trois-Rivières[46] ». Edward Simon Elliott a épousé Amelia Morrison, fille de William Morrison et d'Elizabeth Armstrong, à la Brandon Episcopal Church de Berthier en 1855 ; Amelia est décédée en 1903.

**Langue maternelle** : l'anglais.

« Philip [...] parlait couramment français[47]. »

***

« Mon grand-père Elliott s'adressait en anglais à ma mère mais passait au français pour discuter avec mon père[48]. »

**Religion :** anglicane.

## OCCUPATION

« Mon grand-père Elliott, homme d'affaires et de plusieurs métiers, tour à tour tenancier d'une taverne, agent immobilier, commerçant, bref un Écossais plein d'initiative. Il avait

44. « Fidèle à la ligne de conduite qu'il s'était tracée, le gouvernement de l'époque favorisait de tout cœur l'émigration anglaise, afin de noyer l'élément français. Il établissait de préférence les émigrés dans les cantons de l'est et du nord-ouest de la province afin d'encercler la race canadienne-française et d'empêcher son expansion au loin. » (Ducharme, *op. cit.*, p. 37).

45. Breslin, *loc. cit.*, p. 100-111.

46. *Ibid.*, p. 110.

47. *Ibid.*, p. 110-111.

48. Trudeau, Pierre Elliott, *Mémoires politiques*, Montréal, Le Jour, 1993, p. 29.

épousé une Canadienne française, Sarah Sauvé, et faisait carrière à Montréal[49]. »

**Mariage** avec Sarah Rebecca Sauvé, le 8 juillet 1886 à la St-George Anglican Church de Sainte-Anne-de-Bellevue. Elle était la fille de Séraphin Sauvé et d'Agnès Clark.

## ENFANTS

Grace, née en avril 1890, a été baptisée catholique.
Allan, né en 1892, a été baptisé anglican.
Gordon, né en 1894, a été baptisé anglican.

## RÉSIDENCE

« La maison des Elliott se situait au 110, rue Sherbrooke. C'était une maison de pierre grise de quatre étages avec, à l'arrière, une écurie pour leurs trois chevaux[50]. »

Après le décès de son épouse en 1899, Philip Armstrong Elliott loge sa famille au-dessus de sa taverne, rue Aylmer, près du magasin Morgan, puis dans une maison de la rue du Parc. Il se retire ensuite à Longueuil ; après l'incendie de sa petite maison, il revient habiter à Montréal, rue Saint-Denis.

## PORTRAIT

« J'ai connu mon grand-père maternel qui était une sorte de vieil Écossais assez rusé, assez futé, qui avait fait tous les commerces, et qui avait des souvenirs de partout dans le monde, et qui semblait avoir tout fait et tout connu[51]. »

Pierre se souvient que son grand-père Elliott, veuf, passait l'été avec sa fille et ses petits-enfants au lac Tremblant :

« C'est un homme qui savait tout faire, c'est un homme qui nous donnait conscience [confiance ?] aussi, [...] qui nous enseignait à scier, [...] il savait également nous faire travailler, nous apprendre des choses[52]. »

---

49. *Ibid.*, p. 15.

50. Breslin, *loc. cit.*, p. 111.

51. Stanké, Alain, *Pierre Elliott Trudeau : Portrait intime*, Montréal, Stanké, 1977, 175 p. Tiré d'une émission de Télé-Métropole, le 6 mai 1977, p. 50.

52. Trudeau, Pierre Elliott, « Entrevue, 29 septembre 1968, Francine Laurendeau », Fonds du très honorable Pierre Elliott Trudeau, Archives nationales du Canada, MG 26 0 13, p. 12-13.

### SON INFLUENCE SUR PIERRE

Pierre a adopté, pendant quelque temps à l'adolescence, le prénom Philippe, hérité au baptême de son grand-père maternel, et plus tard le nom de famille de ce dernier, Elliott.

## LA GRAND-MÈRE ELLIOTT

**Nom**: Sarah Rebecca Sauvé.

**Naissance**: le 12 avril 1857 à Saint-Zotique, à l'ouest de Valleyfield.

**Son père**: Séraphin Sauvé.

Il était fermier à Côteau Landing, municipalité détachée de Saint-Zotique, près de Valleyfield.

Les ancêtres des Sauvé sont arrivés en Nouvelle-France en 1696.

**Sa mère**, Agnès Clark, d'origine écossaise par son père, était la fille de William Clark et de Félicité Clément. « Agnès Clark ne parlait que le français[53]. »

**Langue maternelle**: le français.

« Pourtant, Sarah parlait elle-même anglais à ses propres enfants, et son frère, John Sauvé, était membre de l'Irish Hibernian Lodge à Montréal[54]. »

**Religion**: catholique.

« La mère de Grace, Sarah Sauvé, était canadienne-française. Conformément à la coutume alors fréquente dans les cas de mariages mixtes, ses deux fils, Allan et Gordon, furent élevés dans le protestantisme à l'instar de leur père, tandis que sa fille fut baptisée à l'église catholique[55]. »

**Profession**: commis.

**Mariage** avec Philip Armstrong Elliott le 8 juillet 1886 à la St-George Anglican Church de Sainte-Anne-de-Bellevue.

### ENFANTS

Grace, née en avril 1890.

Allan, né en 1892.

53. Breslin, *loc. cit.*, p. 111.

54. *Ibid.*

55. Clarkson et McCall, *op. cit.*, p. 26.

Gordon, né en 1894.

**Décès:** le 8 août 1899 à Montréal, à la suite d'une pneumonie à l'âge de 37 ans. « Lorsque sa femme est décédée en 1899, Philip a fait venir sa mère de la campagne afin qu'elle s'occupe de ses trois petits-enfants, Grace, alors âgée de neuf ans, et ses deux jeunes frères, Gordon et Allan[56]. »

## LA MÈRE

**Nom de naissance:** Mary Agnes Emilia Grace Elliott.

**Nom d'épouse:** « Grace Elliott Trudeau, comme elle aimait se faire appeler[57]. »

**Naissance:** le 16 avril 1890 à Montréal, mais baptisée à Saint-Zotique, le 23 août 1890.

### PARENTS

Elle « avait pour père un Écossais qui avait épousé une Canadienne française »: Philip Amstrong Elliott marié à Sarah Rebecca Sauvé[58].

**Langue maternelle:** l'anglais.

Grace « et ses deux frères avaient appris le français lorsqu'ils passaient leurs étés sur la ferme de la grand-mère Sauvé. [...] Elle parlait un français hésitant, avec un accent anglais[59] ».

**Religion:** catholique.

### RÉSIDENCE

Grace a vécu, « après le décès de sa mère [en 1899], au-dessus de la taverne de son père, *The Captain's Saloon*, rue Aylmer. [...] Les Elliott déménagèrent sur la rive sud après l'incendie de leur taverne et Charlie Trudeau prit l'habitude de

56. McCall, Christina, et Clarkson, Stephen, *Trudeau: l'illusion héroïque*, Montréal, Les Éditions du Boréal, 1995, p. 22

57. Breslin, *loc. cit.*, p. 80.

58. Parti libéral du Canada, *Pierre Elliott Trudeau, premier ministre du Canada: une biographie*, Ottawa, 1981, p. 6.

59. Breslin, *op. cit.*, p. 111-113.

traverser à pied le fleuve gelé pour aller courtiser Grace pendant les soirées d'hiver[60] ».

## ÉTUDES

Grace a d'abord étudié au Couvent Hochelaga dans l'Est de Montréal du vivant de sa mère, francophone et catholique, décédée alors qu'elle n'avait que neuf ans.

Quelques années plus tard, et « peu de temps après le décès de sa grand-mère [Amelia Morrison], en 1903, on retire Grace du couvent montréalais dans lequel elle étudie pour l'envoyer au Dunham Ladies' College, un pensionnat anglican[61] ». C'est là que Grace Elliott « alla "parfaire" son éducation aux côtés des filles de la haute société anglo-protestante du Québec, quoiqu'elle fût catholique[62] ». La ville de Dunham, au sud de Sherbrooke, dans les Cantons-de-l'Est, est située dans le premier canton concédé aux colons loyalistes venus du Vermont vers 1820.

« Lorsqu'elle sera vieille et malade, sa famille versera une contribution annuelle au collège (alors rebaptisé Saint Helen's School) en souvenir de l'"enfance heureuse" qu'elle y a passée[63]. »

Elle apprend ensuite « les rudiments de la gestion dans un collège de secrétariat[64] ».

**Travail** : secrétaire pendant quelques années.

## MARIAGE

Elle épouse Joseph (Charles-Émile) Trudeau le 11 mai 1915, en l'église Saint-Louis-de-France à Montréal.

60. Clarkson et McCall, *op. cit.*, p. 26.

61. Clarkson, Stephen et McCall, Christina, *Trudeau : l'illusion héroïque*, Montréal, Les Éditions du Boréal, 1995, p. 22.

62. McCall, Christina et Clarkson, Stephen, *Trudeau : l'homme, l'utopie, l'histoire*, Montréal, Les Éditions du Boréal, 1990, p. 26.

63. McCall et Clarkson, *op. cit.*, p. 23.

64. *Ibid.*

## ENFANTS

Jacques-Charles Elliott, né en 1916, décédé la même année.

Marie Grace Suzette Émilie Eliott, née le 18 octobre 1918.

Joseph Philippe Pierre-Yves Elliott, né le 18 octobre 1919, décédé le 28 septembre 2000.

Jacques Léon Charles-Étienne Elliott, né en 1922, décédé le 8 août 1994.

## NIVEAU DE VIE

Elle « élevait trois enfants avec l'aide d'une bonne à tout faire venue de la campagne et d'un chauffeur-factotum du nom de Grenier, qui travailla pour les Trudeau pendant quarante ans[65]. »

## PORTRAIT

« Elle était plus belle que jolie, assez grande, avec des yeux d'un bleu vif et des dents proéminentes ; elle parlait d'une voix douce, avait du tact, était distinguée et, surtout, réservée[66]. »

Selon un ami de la famille, « Madame Trudeau était une femme timide, très économe[67]. »

Une autre amie de la famille se rappelle une M$^{me}$ Trudeau « "qui paraissait très distinguée, très correcte, très anglaise". [...] D'autres la considéraient comme "une femme tranquille, intelligente et solitaire, une femme très terre-à-terre qui avait beaucoup de respect pour autrui[68]" ».

**Maladie :** « À Noël 1970, Grace Trudeau, souffrant d'artériosclérose, ne quittait plus son lit et n'était lucide que par intervalles[69]. »

**Décès :** le 16 janvier 1973, à l'âge de 82 ans, à sa maison de l'avenue McCulloch, à Outremont.

---

65. Clarkson et McCall, *op. cit.*, p. 30.

66. Gwyn, Richard, *Le Prince*, Montréal, France-Amérique, 1981, p. 24.

67. McKenzie, Robert and Dempsey, Lotta, « Pierre Trudeau : "I became accustomed very young to rowing against the current" », *Toronto Daily Star*, 8 avril 1968, p. 8.

68. Breslin, *loc. cit.*, p. 80, 85.

69. Clarkson et McCall, *op. cit.*, p. 122.

## CE QUE L'AÎNÉE A DIT DE SA MÈRE

« Elle était calme, rappelle Suzette, alors que mon père était tout exubérance. Elle avait beaucoup d'amis, autant anciens que nouveaux. Elle avait un bon sens de l'humour et je pense qu'elle comprenait tout le monde. Elle ne critiquait jamais[70]. »

## CE QUE PIERRE A DIT DE SA MÈRE

« Une mère, c'est une mère, quoi ! C'était une bonne mère, qui passait beaucoup de temps avec nous[71]. »

70. Radwanski, George, *Trudeau*, Montréal, Fides, 1979, p. 62.

71. *Ibid.*

# CHAPITRE 3

## LE CONFLIT ŒDIPIEN

*« En fait, je ne l'aimais pas beaucoup. On ne savait jamais à quoi s'attendre, avec lui*[1]. »

Après avoir dressé la généalogie de Pierre Elliott Trudeau, nous allons maintenant tenter de découvrir comment il a vécu le conflit œdipien et sa reviviscence à l'adolescence, et ce, d'après les images parentales retenues chez l'adulte. On peut définir le complexe d'Œdipe ou l'œdipe comme un « ensemble organisé de désirs amoureux et hostiles que l'enfant éprouve à l'égard de ses parents. [...] Selon Freud, le complexe d'Œdipe est vécu dans sa période d'acmé entre trois et cinq ans, lors de la phase phallique ; son déclin marque l'entrée dans la période de latence. Il connaît à la puberté une reviviscence et est surmonté avec plus ou moins de succès dans un type particulier de choix d'objet [d'amour]. Le complexe d'Œdipe joue un rôle fondamental dans la structuration de la personnalité et dans l'orientation du désir humain[2]. »

Le complexe d'Œdipe se présente, dans sa forme complète, à la fois sous sa forme positive et sa forme négative, et ce, à des degrés variables. Selon Daniel Lagache, « chez le garçon, le

---

1. Trudeau dans McCall, Christina et Clarkson, Stephen, *Trudeau : l'homme, l'utopie, l'histoire*, Montréal, Les Éditions du Boréal, 1990, p. 32.

2. Laplanche, Jean et Pontalis, J.-B., *Vocabulaire de la psychanalyse*, Paris, P.U.F., 7e édition, 1981, p. 79-80.

*complexe d'Œdipe positif* consiste dans le fait que, intensifiant son amour pour sa mère, il ressent un conflit entre son amour pour son père (basé sur son identification au père) et sa haine contre le père (basé sur les privilèges paternels qui lui sont refusés) ; l'angoisse de castration l'amène à renoncer à la possession exclusive de la mère ; on parle de *complexe d'Œdipe négatif* lorsque c'est la mère qui est ressentie comme gênant l'amour pour le père[3]. »

## LE FILS ET SA MÈRE

### UNE « PRÉSENCE CONSTANTE ET ATTENTIVE »

Parlant de sa mère, Trudeau a confié à son biographe "encouragé", George Radwanski[4] : « Son amour et sa présence, bien sûr, ne se sont jamais démentis. Depuis ma plus tendre enfance, je me rappelle avoir passé beaucoup de temps auprès d'elle[5]. »

Il a aussi révélé à une journaliste : « Elle ne passait pas son temps dans des réceptions[6]. »

Dans ses *Mémoires politiques*, Trudeau rappelle ses souvenirs d'enfance : « La présence constante et attentive de ma mère nous consolait de cette relative absence paternelle[7]. »

---

3. Lagache, Daniel, *La psychanalyse*, Paris, P.U.F., coll. « Que sais-je ? », 1982, p. 31.

4. Selon Patrick Gossage, George Radwanski était un « scribe au *Financial Times* qui n'avait pas encore, à l'époque, la triste notoriété qu'il s'est récemment acquise. Il reste que ce journaliste était le fier auteur d'une biographie de Trudeau. On lui avait permis d'interviewer le premier ministre pendant plusieurs heures — permission on ne peut plus inhabituelle — et il en était tout gonflé d'aise. » Southam, Nancy, (dir.), *Trudeau tel que nous l'avons connu*, Montréal, Fides, 2005, p. 77-78.

5. Radwanski, George, *Trudeau*, Montréal, Fides, 1979, p. 62. Le biographe a écrit dans son avant-propos : « En plus de me consacrer lui-même de son temps, Trudeau a également encouragé ses adjoints, ses ministres, et même sa sœur, à accepter mes demandes d'entrevue et à être francs dans leurs réponses à mes questions. », p. 13.

6. Iglauer, Edith, « Prime minister/Premier ministre », *The New Yorker*, 5 juillet 1969, p. 38.

7. Trudeau, Pierre Elliott, *Mémoires politiques*, Montréal, Le Jour, 1993, 4 tr., p. 25.

## « UNE PRISON DORÉE »

Trudeau a parlé de sa mère à Alain Stanké : « Parce qu'elle ne me retenait pas, j'étais très attaché à elle, et quand je revenais de mes périples, je restais volontiers à la maison paternelle, à la maison familiale, je ne m'y sentais pas esclave ou contraint[8]. »

Mais « les amis de Pierre Trudeau [...] s'inquiétèrent quand celui-ci renonça à la possibilité d'enseigner à l'Université Laval, pendant les années 50, parce que Québec était trop loin d'Outremont. Trudeau avait beau répéter que sa mère l'avait toujours encouragé à agir à sa guise, le confort douillet de l'avenue McCullough leur apparaissait [à ses amis] comme une prison dorée[9]. »

Richard Gwyn raconte que « Trudeau a vécu avec la sienne [sa mère] jusqu'à l'âge de quarante ans. Devenu premier ministre, il lui téléphonait presque quotidiennement, même pendant les campagnes électorales. [...] Après le décès de sa mère [en 1973], il déménagea tous ses livres de Montréal au 24 Sussex », la résidence officielle du premier ministre à Ottawa[10].

À l'âge de 58 ans, en 1978, Trudeau confie à George Radwanski :

« Je n'ai jamais eu une maison à moi pendant de si longues années. D'ailleurs, je n'en ai pas encore ; je veux dire que si je perds mon poste de premier ministre, je n'ai pas d'endroit où déménager mes pénates. Mais j'aimais vivre à l'hôtel. Les gens avaient des appartements et tout, tandis que moi, quand j'essayais de m'en choisir un, je me voyais mal en train de faire mon lit et de changer les draps et les taies d'oreiller ; pour moi, vivre à l'hôtel, c'était un grand luxe[11], tandis que vivre en appartement, c'était avoir à me débrouiller tout seul[12]. »

---

8. Stanké, Alain, *Pierre Elliott Trudeau: Portrait intime*, Montréal, Stanké, 1977, p. 46-48, tiré d'une émission de Télé-Métropole, le 6 mai 1977.

9. Clarkson, et McCall, *op. cit.*, p. 68.

10. Gwyn, Richard, *Le Prince*, Montréal, France-Amérique, 1981, p. 25, 381.

11. Repère psychanalytique proposé, la rationalisation : « Procédé par lequel le sujet cherche à donner une explication cohérente du point de vue logique, ou acceptable du point de vue moral, à une attitude, une action, une idée, un sentiment, etc., dont les motifs véritables ne sont pas aperçus. » (Laplanche, et Pontalis,, *op. cit.*, p. 387).

12. Radwanski, George, *Trudeau*, Montréal, Fides, 1979, p. 84.

## L'ESCORTE DE SA MAMAN

Selon des biographes, « Jean LeMoyne [...] l'avait souvent rencontré à Montréal, au cours des années 40, escortant "sa maman, ou une jeune fille, ou les deux" à des bals ou à des concerts fréquentés par la bourgeoisie canadienne-française[13]. »

Un autre biographe raconte que Trudeau « manque rarement la messe dominicale; avant la trentaine, il assistait quotidiennement à l'office avec sa mère[14] ».

Une amie de Trudeau, Marie Choquet, confiait à une journaliste en 1968: « Jusqu'à tout récemment, Pierre avait l'habitude d'accompagner sa mère à des concerts et autres événements [...] Je sais que Pierre l'admire énormément[15]... »

## EN MOTO

En 1947, âgé de vingt-huit ans, le fils avait encore le goût de partager des aventures avec sa mère qui approchait alors de la soixantaine: « Elle aimait voyager à l'étranger et elle est même allée, du temps où Pierre y était étudiant, jusqu'à monter derrière lui sur sa motocyclette pour sillonner tapageusement les rues de Paris[16]. »

## À LA PLAGE

Clarkson et McCall nous montrent une photo qui aurait sans doute fait fantasmer Freud. On y voit le fils et sa mère s'amusant sur une plage, en maillot de bain: « Pierre Trudeau à trente-deux ans portant sa mère [debout] sur ses épaules[17]. »

Selon George Radwanski, la mère s'adonnait encore, à l'approche de ses soixante-dix ans, à ce jeu avec son fils: « Presque septuagénaire, il lui arrivait encore, sur la plage, de monter sur les épaules de Pierre pour montrer aux neveux et nièces de ce dernier quelque tour d'acrobatie[18]. »

---

13. Clarkson et McCall, *op. cit.*, p. 61-62.

14. Gwyn, *op. cit.*, p. 35-36.

15. Fraser, Sylvia, « The Private Trudeau », *Star Weekly*, 29 juin 1968, p. 7.

16. Radwanski, George, *op. cit.*, p. 61-62.

17. Clarkson et McCall, *op. cit.*, p. 96.

18. Radwanski, *op. cit.*, p. 62.

## LE COMPAGNON DE VOYAGE

Les auteurs d'une biographie écrivent que Trudeau « continuait de vivre avec sa mère, avenue McCullough, et de se comporter en fils attentionné, accompagnant Grace Elliott Trudeau à des concerts et à des soirées, séjournant avec elle en Europe ou s'arrangeant pour que des amies comme Thérèse Casgrain les invitent à voyager à l'étranger[19] ».

## « LE GRAND AMOUR DE SA VIE »

Un vieil ami de Trudeau, Jacques Hébert, a confié à une journaliste : « Il avait beaucoup de respect pour sa mère. Il était très attentif, plein de prévenance et lui disait des choses gentilles comme " Tu as l'air bien aujourd'hui[20] ". »

Selon un autre des amis de Trudeau, « il était visible qu'il l'adorait et je me souviens que l'un de nos amis murmura alors : " Sa mère est le grand amour de sa vie[21]. " »

L'épouse de Trudeau a reçu des confidences de la famille : « La sœur de Pierre [...] me parla de l'enfance de Pierre durant laquelle sa mère joua un rôle très important[22]. »

Trudeau l'a reconnu : « J'étais très attaché à elle[23]. »

## *PUER AETERNUS ?*

Des biographes ont cité le *Puer Aeternus* de Marie-Louise von Franz pour expliquer son comportement :

« Les contemporains de Trudeau retrouvaient chez lui les traits de l'archétype psychologique jungien du *puer aeternus*, ou l'éternel adolescent, celui qui " conserve trop longtemps la psychologie de l'adolescent [...] les caractéristiques affectives normales chez un jeune de dix-sept ou dix-huit ans persistent dans la vie adulte et s'accompagnent, dans la plupart des cas, d'une trop grande dépendance à l'endroit de la mère[24]. " »

19. Clarkson, et McCall, *op. cit.*, p. 67-68.

20. Breslin, *loc. cit.*, p. 85.

21. Clarkson, et McCall, *op. cit.*, p. 69.

22. Trudeau, Margaret, *À cœur ouvert*, Montréal, Les Éditions Optimum, 1979, p. 75.

23. Stanké, Alain, *Pierre Elliott Trudeau : Portrait intime*, Montréal, Stanké, 1977, p. 48. Tiré d'une émission de Télé-Métropole, le 6 mai 1977.

24. McCall et Clarkson, *op. cit.*, p. 67, 371.

# LE FILS ET SON PÈRE

## « CETTE RELATIVE ABSENCE PATERNELLE »

Trudeau a confié à son biographe au sujet de son père : « Il ne passait pas beaucoup de temps avec moi ; il travaillait très fort[25]. »

Dans ses *Mémoires politiques*, Trudeau précise :

« Chaque jour ou presque, mon père rentrait à la maison pour prendre le repas du soir, jeter un coup d'œil sur nos cahiers d'écoliers, puis il retournait au " garage" où il avait son bureau. C'était le seul moment de la journée où nous jouissions de sa compagnie[26]. »

## LEÇONS D'AUTONOMIE

Louise Cousineau raconte l'événement : « À six ans, le père a forcé l'enfant à aller demander au directeur de l'école de le faire monter tout de suite en deuxième année. » (*La Presse*, 31 août 1993)

Le fils se souvient de la réponse de son père à sa demande :

« – Tu pourrais pas le lui demander, toi, papa ?

– Non ! C'est ton affaire. Frappe à sa porte et demande-le-lui toi-même.

Mon père a toujours insisté pour que ses enfants soient autonomes. Même dans notre enfance, s'il nous croyait capables de nous débrouiller seuls, il refusait d'agir à notre place[27]. »

Trudeau cite une autre leçon d'autonomie pendant un voyage familial en Europe en 1933, alors qu'il n'avait que treize ans :

« Fidèle à ses convictions pédagogiques, mon père nous confiait des tâches qui mettaient à l'épreuve notre audace et notre sens de l'initiative. [...] En Allemagne, quand notre voiture s'arrêtait devant l'hôtel où nous voulions descendre, il m'envoyait en éclaireur. Armé de mes cinq mots d'allemand, je devais me débrouiller pour découvrir s'il y restait les chambres

25. Radwanski, *op. cit.* p. 60.

26. Trudeau, Pierre Elliott, *Mémoires politiques*, Montréal, Le Jour, 1993, p. 24.

27. Trudeau, *Mémoires politiques*, Montréal, Le Jour, 1993, p. 18-19.

libres qu'il nous fallait et pour en conclure la location. Ce n'était pas toujours facile[28]. »

## LA SÉVÉRITÉ PATERNELLE

Dans une entrevue à la télévision en 1977, Trudeau parle ainsi de son père :

« C'était sévère. Il avait des principes : quand on blaguait, on blaguait, mais quand c'était sérieux, c'était drôlement sérieux. Puis il m'imposait certainement une discipline, il m'a appris à me créer ma propre discipline[29]. »

## « EN SOMME UN BON PÈRE »

Trudeau a confié à son biographe :

« C'était en somme un bon père, se rappelle Trudeau, parce qu'il ne punissait pas souvent, préférant de beaucoup la récompense au châtiment. [...] C'était, voyez-vous, un homme que j'admirais en tout parce que, du moins aux yeux du monde où je vivais, il avait réussi. [...] Je ne pense pas avoir vraiment rien haï ni méprisé chez mon père. Je ne me rappelle pas avoir jamais douté de lui : en ce sens, c'était, à mes yeux, le père idéal[30] ».

Mais la journaliste américaine Edith Iglauer a révélé aux auteurs Clarkson et McCall, lors d'une entrevue le 7 décembre 1988, une autre confidence que Trudeau aurait faite au sujet de son père à une connaissance étonnée : « Il déclarera devant un interlocuteur[31] stupéfait : " En fait, je ne l'aimais pas beaucoup. On ne savait jamais à quoi s'attendre, avec lui[32]. " »

---

28. *Ibid.*, p. 28.

29. Stanké, *op. cit.*, p. 46.

30. Radwanski, George, *Trudeau*, *op. cit.*, p. 60-61.

31. Plus précisément, une connaissance : « He said to an astonished acquaintance, "Actually, I didn't like him very much. You never knew what to expect." » (Clarkson, Stephen and Christina McCall, *Trudeau and Our Times, volume I, The Magnificent Obsession*, Toronto , McClelland & Stewart, 1990, p. 33)

32. McCall et Clarkson, *op. cit.*, p. 32, 360.

## LA MORT DU PÈRE

Trudeau a révélé à son biographe son attitude par rapport à son père :

« Il avait de l'autorité, ce qui lui gagnait mon respect ; c'est sans doute aussi ce qui, durant les dernières années de sa vie, m'a amené à le défier de temps à autre, comme tout adolescent. Mais il est mort avant que je sois jamais entré ouvertement en conflit avec lui[33]. »

Dans ses *Mémoires politiques*, Trudeau décrit ses sentiments lorsqu'il a appris la mort de son père : « J'ai vraiment ressenti ce départ comme l'abolition d'un monde, je ne trouve pas d'autre mot. [...] D'un coup, je devenais chef de famille ou presque ; lui disparu, j'avais l'impression de monter en première ligne[34]. »

« Le psychiatre montréalais André Lussier a confié à Edith Iglauer — qui a publié en 1969 dans la revue *New-Yorker* un remarquable portrait de Trudeau — que l'ambivalence de Pierre Trudeau, face à la mort de son père, s'accompagnait probablement d'un sentiment irrationnel de crainte et de culpabilité qui aurait accentué son besoin compulsif de s'affirmer comme un être unique, comme « un original », selon l'expression même de Trudeau[35]. »

## UNE INVITATION AUX PSYCHOLOGUES

Lors de son entretien télévisé en 1977, Trudeau confie à Alain Stanké :

« Eh bien, mon père était plein de ressources, très différent de moi. Il y a probablement là un mécanisme[36] que les

33. Radwanski, *op. cit.*, p. 60.

34. Trudeau, Pierre Elliott, *Mémoires politiques*, Montréal, Le Jour, 1993, p. 38.

35. Clarkson et McCall, *op. cit.*, p. 35.

36. Mécanisme de défense : « D'une façon générale, la notion de mécanisme de défense englobe tous les moyens utilisés par le moi pour maîtriser, contrôler, canaliser les dangers internes et externes. » (Dorion, Roland et Parot, Françoise, *Dictionnaire de Psychologie*, Paris, P.U.F., 1991, p. 177)

psychologues expliqueraient. Je me sentais inférieur à lui en tout point[37]. »

Pour sa part, le psychiatre Denis Lazure analyse ainsi les relations que Trudeau entretenait avec ses deux parents :

« Trudeau est très près de sa mère, Grace Elliott. Son père, qui avait grandi dans la paroisse de Saint-Michel-de-Napierville, compagnon de classe de mon père, était devenu un avocat et homme d'affaires prospère. Il était de notoriété publique [...] qu'il était plutôt un « père absent ». Pierre n'a pas été proche de lui, comme il ne sera pas non plus très près du peuple québécois, s'identifiant plus naturellement à la mentalité anglo-saxonne de sa mère[38]. »

37. Stanké, *op. cit.*, p. 45.

38. Lazure, Denis, *Médecin et citoyen, souvenirs*, Montréal, Les Éditions du Boréal, 2002, p. 96.

# CHAPITRE 4

## LES IDENTIFICATIONS

> *« C'est un homme qui savait tout faire, [...] c'était l'homme universel : il parlait anglais, français, ayant voyagé, [...] c'était un homme, vous comprenez ; il incarnait pour moi la sagesse universelle*[1]. »

L'identification peut être définie comme le « processus psychologique par lequel un sujet assimile un aspect, une propriété, un attribut de l'autre, et se transforme, totalement ou partiellement, sur le modèle de celui-ci. La personnalité se constitue et se différencie par une série d'identifications[2] ».

Dans l'*Almanach du peuple 2001*, le gouvernement du Canada a acheté 45 pages de publicité consacrées à la mémoire de Pierre Elliott Trudeau dans lesquelles on reconnaît l'importance des modèles parentaux : « Le "personnage" Trudeau, lui, avait été modelé dès son enfance. Né à Montréal le 18 octobre 1919 d'un père francophone, Charles-Émile Trudeau, et d'une mère d'origine écossaise, Grace Elliott[3]. »

---

1. Trudeau au sujet de son grand-père Elliott, dans Trudeau, Pierre Elliott, « Entrevue, 29 septembre 1968 — Francine Laurendeau », Fonds du très honorable Pierre Elliott Trudeau, Archives nationales du Canada, MG 26 0 13, p. 12-13.

2. Laplanche, Jean et Pontalis, J.-B., *Vocabulaire de la psychanalyse*, Paris, P.U.F., 7e édition, 1981, p. 187.

3. *Almanach du peuple 2001*, « Pierre Elliott Trudeau, La mort d'un homme d'État », p. 349-383., Montréal, Groupe Polygone Éditeurs inc., p. 353.

Une photo de juin 1933, à bord du paquebot *Champlain* en partance pour l'Europe, révèle les affinités familiales de Pierre, alors âgé de 13 ans. Sur cette photo, on peut distinguer deux ensembles: le clan Elliott à gauche et le clan Trudeau à droite (figure 1[4]).

**Figure 1: La famille Trudeau en 1933, à bord du paquebot Champlain**[244]

Pierre se tient au centre de l'ensemble Elliott qu'il forme avec son grand-père maternel et sa mère, la main gauche sur l'épaule de cette dernière. De son côté, le père de Pierre se tient au centre de l'ensemble Trudeau avec l'aînée Suzette à sa gauche et le benjamin Charles-Émile devant lui, la main gauche derrière l'épaule de ce dernier.

Dans ce chapitre, j'analyse quelques aspects des modèles parentaux de Pierre Elliott Trudeau et je tente de percevoir dans quelle mesure chacun de ceux-ci a été assimilé.

4. Croquis de la photo présente entre autres dans Breslin, Catherine, «The other Trudeaus», *Châtelaine*, septembre 1969, p. 33.

# LA LANGUE

## MODÈLES PARENTAUX

Le français était la langue de tous ses ancêtres paternels (parents, grands-parents, arrière-grands-parents); mais contrairement à ce que l'on pourrait croire, l'anglais n'était pas la langue de tous ses ancêtres maternels (figure 2).

**Figure 2: Transmission de la langue**

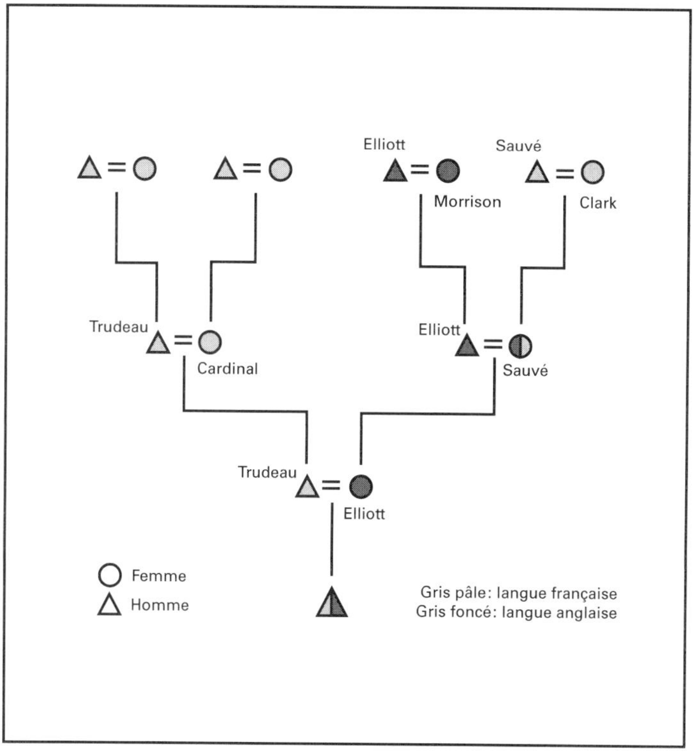

En effet, ses arrière-grands-parents Sauvé (Séraphin et Agnès Clark) parlaient français: «Séraphin, le père de Sarah était issu d'une fière famille canadienne-française enracinée au Québec depuis 1696, et sa mère, Agnès Clark, ne parlait que le français[5].»

Leur fille, Sarah Sauvé, était «une Canadienne française» selon les mots de Trudeau[6]. «Pourtant, Sarah elle-même parlait anglais à ses propres enfants[7].» De plus, son frère s'identifiait aux Irlandais anglophones: «Son frère, John Sauvé, était membre de l'Irish Hibernian Lodge à Montréal[8].»

Suivant l'exemple d'abord de sa mère (morte alors qu'elle n'avait que 9 ans), et ensuite celui de sa famille, Grace Elliott parlait elle aussi anglais à ses enfants, comme l'a confié son aînée, Suzette Rouleau, aux journalistes du *Toronto Daily Star* en 1968: «Elle dit qu'on parlait habituellement anglais à la maison, sauf quand les enfants rendaient visite à leurs grands-parents paternels [Joseph Trudeau et Malvina Cardinal] à St-Michel[9].» Selon Richard Gwyn, «Grace Elliott n'a jamais pu parler français couramment[10].»

Mais dans ses *Mémoires politiques*, Trudeau laisse entendre que sa mère parlait plus souvent en français que ne l'avait dit sa sœur: «Mon père nous parlait toujours en français, ma mère dans l'une ou l'autre langue, selon les sujets et selon sa fantaisie[11].»

Ainsi, même si le français était la langue de ses ancêtres paternels et aussi celle d'une partie de ses ancêtres maternels (les Sauvé et les Clark), l'anglais constituait pour Pierre Trudeau un fort support identitaire qui lui venait d'abord de sa mère, ensuite de ses ancêtres Elliott et Morrison.

---

5. Breslin, Catherine, «The Other Trudeaus», *loc. cit.*, p. 110-111.

6. Trudeau, Pierre Elliott, *Mémoires politiques*, Montréal, Le Jour, 1993, p. 15.

7. Breslin, Catherine, *loc.. cit.*, p. 111.

8. *Ibid.*, p. 111.

9. McKenzie, Robert and Dempsey, Lotta, «Pierre Trudeau: «I became accustomed very young to rowing against the current», *Toronto Daily Star*, 8 avril 1968, p. 8.

10. Gwyn, Richard, *Le Prince*, Montréal, France-Amérique, 1981, p. 27..

11. Trudeau, Pierre Elliott, *Mémoires politiques*, Montréal, Le Jour, 1993, p. 29.

## L'IDENTIFICATION

Pierre Trudeau a appris le français surtout avec sa grand-mère paternelle, Malvina Cardinal: « C'est avec elle que j'ai associé le plus l'apprentissage du français; elle ne parlait évidemment rigoureusement pas l'anglais[12]. »

Selon Richard Gwyn, Trudeau s'adressait à sa mère « en anglais, tandis qu'il parlait français avec son père, à tel point qu'en quatrième année il ne savait toujours pas qui il était réellement. Enfant, il mélangeait facilement les deux langues[13]. » Pour Michel Vastel, c'était « un enfant difficile peut-être, ce Trudeau tiraillé entre deux cultures, privé de son père en pleine adolescence[14]. »

Mais après la mort du père, les choses se précisent selon Clarkson et McCall:

« Maintenant que Charlie n'était plus là pour interroger les enfants sur leurs études, leurs sports, leurs amis, leurs ambitions, les Trudeau se parlaient presque uniquement en anglais. [...] Durant cette phase de son adolescence, Pierre Trudeau feignit de renoncer à prendre son père comme modèle. Il abandonna le parler populaire de Charlie et opta plutôt pour le français classique de Molière et de Racine, prenant même des cours de diction après ses heures de classe pour perfectionner son accent[15]. »

Dans un deuxième volume, ces auteurs ajoutent que « les jeunes Trudeau prennent des cours d'élocution pour parfaire leur diction anglaise et pour effacer toute trace d'accent populaire dans leur français[16]. »

Au sein de la fratrie, Pierre ne parlait pas avec sa sœur la même langue qu'avec son frère: « Pierre parlait habituellement

---

12. Trudeau, Pierre Elliott, « 29 septembre 1968 », *op. cit.*, p. 14.

13. Gwyn, Richard, *Le Prince*, Montréal, France-Amérique, 1981, p. 27.

14. Vastel, Michel, *Trudeau le Québécois*, Montréal, Les Éditions de l'Homme, nouvelle édition 2000, p. 307.

15. McCall, Christina et Clarkson, Stephen, *Trudeau: l'homme, l'utopie, l'histoire*, Montréal, Les Éditions du Boréal, 1990, p. 34-35.

16. McCall, Christina et Clarkson, Stephen, *Trudeau: l'illusion héroïque*, Montréal, Les Éditions du Boréal, 1995, p. 27-28.

en anglais à sa sœur [Suzette], une dame de Montréal, et en français à son frère, un architecte[17]. »

Lors de l'annonce de sa candidature à la direction du Parti libéral du Canada en 1968, Trudeau déclare :

« J'espère que personne ne votera pour moi, pour la seule raison que je suis canadien-français et j'espère que personne ne votera contre moi parce que je suis canadien-anglais, par ma mère, etc. Tout cela n'a aucune importance[18]. »

Quelque temps après son mariage, Margaret lui a demandé :

« Pierre, quand tu rêves, rêves-tu en français ou en anglais ? [...]

– Je ne pense pas en mots, Margaret, je pense dans l'abstrait[19]. »

David Frost a posé une question semblable à Trudeau en 1982 :

« Q. Si on vous réveillait soudainement au milieu de la nuit en vous secouant, vos premières paroles seraient-elles en français ou en anglais ?

R. *Dear*... en me secouant.

Q. D'une manière tendre ou violente, peu importe. Il ne s'agit pas ici de qualifier la manière de secouer.

R. Ça pourrait être un grognement ; ça pourrait dépendre beaucoup de la personne que je croirais se trouver dans ma chambre à ce moment précis. Je ne sais pas. Parfois, j'emploierais l'anglais, parfois... [...]

Q. C'est pour cette raison que j'ai dit que la personne vous secouait. Elle ne parlait pas pour ne pas vous donner cet indice, voyez-vous[20]. »

Frost n'a donc pu obtenir une réponse plus précise que celle que Trudeau a donnée à son épouse.

---

17. Gzowski, Peter, « Portrait of an Intellectual in Action », *Maclean's*, 24 février 1962, p. 29.

18. Trudeau, Pierre Elliott, *Réponses de Pierre Elliott Trudeau*, Montréal, Éditions du jour, 1968, p. 64.

19. Trudeau, Margaret, *À cœur ouvert*, Montréal, Les Éditions Optimum, 1999, p. 66.

20. Trudeau, Pierre Elliott, « Entrevue, 23 février 1982, Global T.V., David Frost », Fonds Pierre-Elliott-Trudeau, Archives nationales du Canada, MG 26 0 13, p. 18.

Selon Richard Gwyn, Trudeau « écrit mieux en français et lorsqu'il est fatigué, il lui arrive de chercher ses mots en anglais[21] ». Mais c'était plutôt le contraire d'après son ancien ministre et successeur, John Turner: « Il s'exprimait mieux en anglais qu'en français: sa mère était une femme très forte[22]. » Turner était alors interviewé par Mary Janigan, en juillet 2000; cette entrevue ne devait pas être publiée avant la mort de Trudeau, survenue en septembre de la même année.

Le consul américain à Québec, Francis Cunningham, a rapporté à son ambassade, au début de 1968, les commentaires du premier ministre René Lévesque au sujet de la langue de Trudeau. Jean-François Lisée en a fait un résumé:

« Trudeau possède tout un intellect, dit Lévesque. Il est cultivé et parle français superbement. C'est une langue, disons, presque acquise, suggère-t-il. Car Trudeau est fondamentalement britannique, explique Lévesque. Ça lui vient de sa mère, Mme Elliott, très " british ", et de ses études à Oxford[23]. »

## LA RELIGION

### MODÈLES PARENTAUX

Le père de Pierre, ses grands-parents et ses arrière-grands-parents paternels étaient catholiques, comme c'était la tradition chez les Québécois francophones (figure 3).

21. Gwyn, Richard, *Le Prince*, Montréal, France-Amérique, 1981, p. 27.

22. « Pierre Elliott Trudeau, 1919-2000, His Life and Legacy », Toronto, *Maclean's*, 2000, p. 108.

23. Lisée, Jean-François, *Dans l'œil de l'Aigle: Washington face au Québec*, Montréal, Les Éditions du Boréal, 1990, p. 108.

**Figure 3: Transmission de la religion**

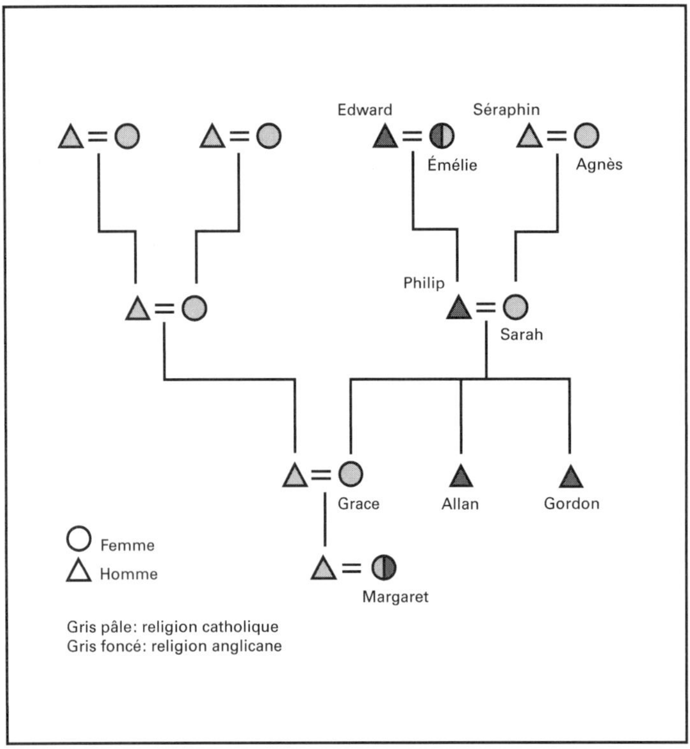

La mère de Pierre était aussi catholique, contrairement à ses deux frères à elle, à son père et à son grand-père paternel, Edward, qui étaient tous anglicans. Comment Grace pouvait-elle être catholique, alors qu'elle était née d'un père écossais anglican ? La confession catholique lui avait été transmise par sa mère, Sarah, qui avait été autorisée à élever sa fille dans le catholicisme, contrairement à ses deux fils :

« La mère de Grace, Sarah Sauvé, était canadienne-française. Conformément à la coutume alors fréquente dans les cas de mariages mixtes, ses deux fils, Allan et Gordon, furent élevés dans le protestantisme à l'instar de leur père, tandis que sa fille fut baptisée à l'église catholique[24]. »

Les grands-parents maternels de Grace, Séraphin Sauvé et Agnès Clark, y étaient sans doute pour quelque chose :

« Le premier enfant des Elliott, Grace, née en avril 1890, a été baptisée dans la foi catholique — une décision que doit avoir influencée la grand-mère Sauvé, puisque la cérémonie avait eu lieu à St-Zotique lorsque Sarah avait amené sa fille âgée de quatre mois pour une visite estivale à la ferme. Mais les deux plus jeunes enfants, Allan et Gordon, avaient été baptisés selon le rite anglican[25]. »

La grand-mère paternelle de Grace, Émélie, née à Saint-Gabriel-de-Brandon, y avait peut-être aussi contribué, puisqu'au recensement de 1851, à 18 ans, elle se déclare catholique comme son père, Guillaume Morrisson. Toutefois, on peut en douter étant donné qu'au recensement de 1881, à 43 ans, avant la naissance de sa petite-fille Grace, elle se dit membre de l'Église d'Angleterre ("*Church of England*"), comme son mari Edward Elliott et comme sa propre mère, Elizabeth Armstrong[26].

---

24. McCall, Christina et Clarkson, Stephen, *Trudeau : l'homme, l'utopie, l'histoire*, Montréal, Les Éditions du Boréal, 1990, p. 26.

25. Breslin, Catherine, « The Other Trudeaus », *loc. cit.*, p. 111.

26. « Dans une population mixte comme l'était alors celle de St-Gabriel, beaucoup de catholiques se trouvaient alliés à des familles protestantes. » (Ducharme, G., éditeur, *Histoire de Saint-Gabriel-de-Brandon et de ses démembrements : Saint-Damien, Saint-Didace, Saint-Charles-de-Mandeville, Saint-Cléophas, Saint-Edmond, etc.*, Montréal, 1917, p. 104.

## L'IDENTIFICATION

À première vue, la religion catholique de Trudeau peut sembler un repère identitaire venu de ses ancêtres paternels, des Canadiens français. Mais en y regardant de plus près, il s'agit surtout d'une identification à la religion de sa mère : « Il manque rarement la messe dominicale ; avant la trentaine, il assistait quotidiennement à l'office avec sa mère[27]. » La religion catholique avait été transmise de mère en fille dans la lignée de sa mère (d'Agnès à Sarah à Grace), contrairement à la religion anglicane transmise, elle, dans la lignée Elliott de père en fils (d'Edward à Philip à Allan et Gordon).

L'importance que Trudeau accordait encore au catholicisme dans la cinquantaine était telle que son épouse, Margaret Sinclair, « anglicane protestante de par [s]on éducation[28] », a décidé d'« adhérer à l'Église catholique romaine en prévision de son futur mariage avec Pierre Trudeau, un catholique fervent[29] ». « Sans l'aide constante de Pierre, je ne me serais jamais convertie[30]. » Elle a raconté qu'elle a « entrepris d'apprendre les choses qu'il jugeait importantes : j'étudiai le français, je devins catholique[31] ».

Le catholicisme de Trudeau ne l'empêchera nullement de s'identifier à la lignée écossaise et anglaise de ses ancêtres maternels, bien qu'anglicans, et en particulier à son grand-père maternel, Philip Elliott :

« Peut-être que je l'idéalisais un peu, mais il parlait parfaitement le français et l'anglais — même avec un nom comme Elliott — et ce qui me frappait, enfant, c'est qu'il semblait avoir été partout ; [...] On l'aimait, il venait le dimanche invariablement se joindre à notre table. [...] Il avait rapporté un loden d'Autriche, d'ailleurs que j'ai trouvé dans

27. Gwyn, Richard, *Le Prince*, Montréal, France-Amérique, 1981, p. 35-36.

28. Trudeau, Margaret, *À cœur ouvert*, Montréal, Les Éditions Optimum, 1979, p. 68.

29. Cochrane, Felicity, *Margaret Trudeau*, Montréal, Les Éditions de l'Homme, 1978, p. 46.

30. Trudeau, Margaret, *À cœur ouvert*, Montréal, Les Éditions Optimum, 1979, p. 67-68.

31. Trudeau, Margaret, *Les conséquences*, Montréal, Les Éditions Optimum Internationales, 1982, p. 10.

les malles de ma mère, longtemps après sa mort, et que je porte encore, une sorte de grande cape qui vient d'Autriche[32]. »

## LE NOM

### MODÈLES PARENTAUX

L'anthroponymie québécoise a démontré à quel point l'étude des noms donnés à l'enfant révèle son identité[33]. La transmission du nom de famille chez les Québécois francophones se faisait traditionnellement de façon héréditaire[34], selon un mode patrilinéaire[35], c'est-à-dire du père à ses fils et à ses filles. Ce n'est que depuis le début des années 1980 qu'on ajoute parfois le nom de famille de la mère avant ou après celui du père. Or, dans le cas des enfants de Charles-Émile Trudeau nés entre 1916 et 1922, et à qui on a donné le nom de Trudeau suivant la règle, on a aussi transmis le nom de famille de la mère. Le nom Elliott n'a pas été ajouté seulement aux noms des trois garçons, mais aussi à celui

32. Stanké, Alain, *Pierre Elliott Trudeau: Portrait intime*, Montréal, Stanké, 1977, p. 50-51. Tiré d'une émission de Télé-Métropole, le 6 mai 1977.

33. Voir plus particulièrement le chapitre intitulé « Dis-moi comment tu t'appelles et je te dirai qui tu es » dans le volume de Rose Dufour, avec la collaboration de Brigitte Garneau: *Naître rien. Des orphelins de Duplessis, de la crèche à l'asile,* (Sainte-Foy, Multimonde, 2002, p. 127-149). En s'appuyant sur le système d'attribution des noms au Québec, l'auteure démontre comment les noms conférés aux enfants illégitimes, élevés depuis leur naissance dans des institutions tenues par des communautés religieuses, ne leur donnent pas accès à une identité véritablement porteuse d'insertion sociale. Cet article a été repris dans le collectif dirigé par Agnès Fine et Françoise-Romaine Ouellette intitulé *Le nom dans les sociétés occidentales contemporaines* (Toulouse, Presses Universitaires du Mirail, 2005, p. 93-119).

34. « Dès l'arrivée des premiers colons français au Québec, il semble qu'on était déjà habitué au "nom de famille" héréditaire puisqu'on peut le retrouver en ligne agnatique dans les documents utilisés par les généalogistes ». (Garneau, Brigitte, « Identité et noms de personne à Bois-Vert (Québec) », *Anthropologie et Sociétés,* vol. 9, n° 3, 1985, p. 39).

35. « L'importance qu'on accorde à perpétuer le "nom de famille" sur plusieurs générations, selon un mode de transmission patrilinéaire, ressort de toutes les généalogies orales [...] La satisfaction de pouvoir compter sur des garçons pour hériter et transmettre le patronyme est manifeste. » (Garneau, Brigitte, *loc. cit.*, p. 40).

de la fille, affirmant ainsi l'intention de le transmettre comme un patronyme classificatoire, et non comme un prénom. Trudeau était donc marqué des noms de famille de son père et de sa mère dès sa naissance en 1919 (voir figure 4).

De plus, par deux de ses quatre prénoms, il était investi autant du côté paternel (Joseph) que du côté maternel (Philippe) (voir figure 5). Ainsi, du côté paternel, contrairement à ses deux frères, il était le seul à avoir reçu le prénom de Joseph[36]. C'était là le seul prénom de baptême de son père qui «a été baptisé simplement Joseph [...] et a grandi en se faisant appeler Charles-Émile[37]». C'était là aussi le prénom de son grand-père paternel, son parrain. Même si l'un des prénoms usuels du père, Charles, a été transmis à son frère aîné mort à la naissance et à son frère plus jeune que lui, on constate que Pierre a été investi par le prénom du père autant qu'eux. Du côté maternel, Trudeau avait reçu le prénom de Philippe de son grand-père.

36. «La tradition veut qu'au Québec francophone catholique, on donne aux enfants nés filles le prénom de Marie et aux enfants nés garçons le prénom de Joseph. [...] Au Québec, cette tradition n'existe pas de façon générale chez les catholiques d'origine irlandaise. Deux aïeuls de Bois-Vert [au Saguenay] qui ne portent pas le prénom de Joseph disent que du temps de leurs parents, la dénomination de Joseph n'était pas obligatoire pour les hommes. [...] Quoi qu'il en soit, la tradition existe bel et bien [...] et ceux [...] qui échappent à ce marquage religieux sont peu nombreux.» (Garneau, Brigitte, «Identité et noms de personne à Bois-Vert (Québec)», *Anthropologie et Sociétés*, 1985, vol. 9, nº 3, p. 43) Dans une communication personnelle en 2005, Brigitte Garneau faisait remarquer que les garçons à qui on transmettait le prénom du saint de la paroisse, ceux-là mêmes qu'on destinait souvent à la prêtrise, ne portaient pas nécessairement le prénom de Joseph.

37. Breslin, Catherine, «The Other Trudeaus», *loc. cit.*, p. 108.

**Figure 4: Transmission du nom de famille**

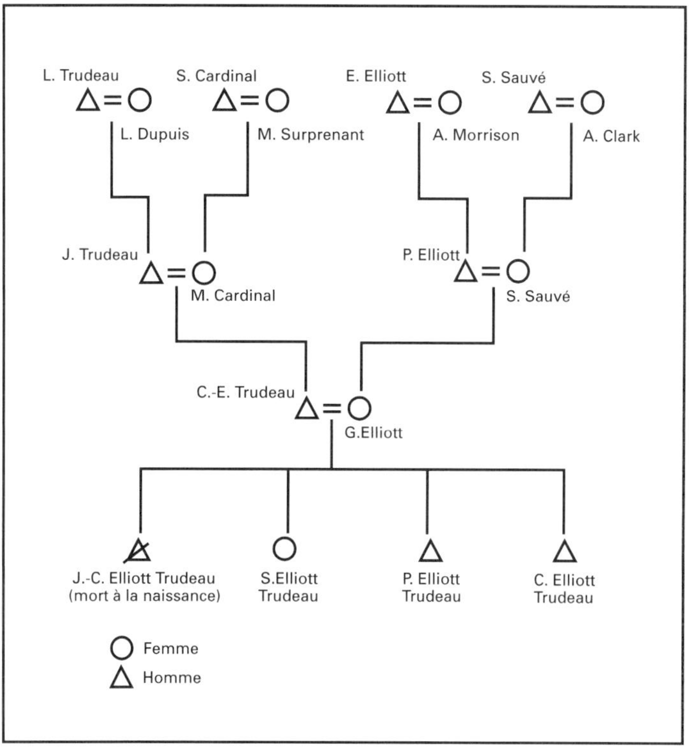

**Figure 5: Transmission du prénom en ligne masculine**

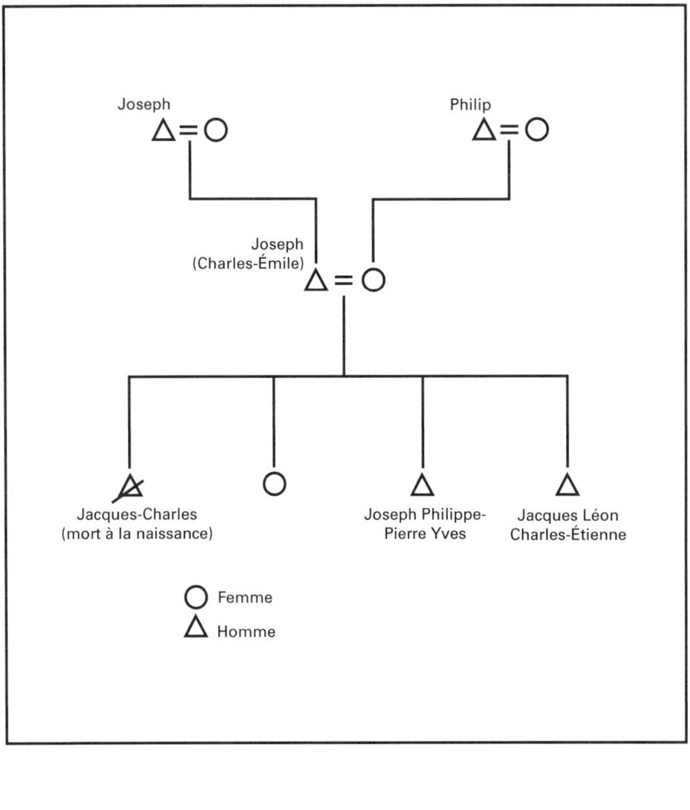

## L'IDENTIFICATION

Quelques années avant son entrée en politique, Trudeau confiait à un journaliste :

« Quand je suis arrivé au collège classique, se souvenait-il, il y avait un autre Pierre Trudeau et je suis devenu Pierre-Philippe. Philippe était un de mes noms de baptême[38]. » Rappelons que Philip était l'un des prénoms de son grand-père maternel.

Dans l'hebdomadaire étudiant *Brébeuf* du 13 octobre 1934, on peut lire le nom de Philippe-Pierre Trudeau au tableau d'honneur de la classe de Méthode (12e année).

Lors d'une entrevue télévisée en 1981, Michel Jasmin demanda à Trudeau :

« Dans les premières années de votre vie, vous portiez le nom de Pierre Trudeau. À un certain moment, vous avez rajouté Elliott. Pourquoi et à quel moment vous avez rajouté Elliott ?

M. Trudeau : Joseph-Pierre-Yves-Philippe-Elliott... Je les avais tous. Il y avait deux autres Pierre Trudeau au collège. Il s'est agi de choisir un nom qui était moins banal que les autres, qui ne me ferait pas identifier aux autres. Alors, j'ai trouvé celui qui était le moins banal, Elliott[39]. »

Son père est mort en 1935 ; quelques années plus tard, Trudeau utilise le nom de Elliott accolé à celui de son père. C'est ainsi qu'il signe Pierre Elliott TRUDEAU [sic] un premier article dans la revue étudiante *Brébeuf* du 12 février 1938 ; le journaliste en herbe est alors âgé de 18 ans.

Richard Gwyn a fait un lien entre l'ajout du nom Elliott et la mort du père : « Peu après la mort de son père [en 1935], il ajouta Elliott à son prénom (il a été baptisé Joseph Philippe Pierre Yves Elliott Trudeau[40]). » Par la suite, « la vie de la famille

38. Gzowski, Peter, « Portrait of an Intellectual in Action », *Maclean's*, 24 février 1962, p. 29.

39. Trudeau, Pierre Elliott, « Entrevue, 16 décembre 1981, TVA, Michel Jasmin », Fonds Pierre-Elliott-Trudeau, Archives nationales du Canada, MG 26 0 13, p. 5.

40. Gwyn, Richard, *Le Prince*, Montréal, France-Amérique, p. 25.

prend une saveur anglaise prononcée chez les Elliott Trudeau — c'est ainsi qu'ils commencent à signer[41]. »

Les auteurs d'une autre biographie, Clarkson et McCall, ont découvert que Trudeau s'était donné un autre prénom que Philippe avant d'ajouter, avec un trait d'union, Elliott à Trudeau :

« Il modifia son nom pour s'appeler successivement Pierre-Philippe Trudeau, puis Pierre Esprit Trudeau (sur le modèle de l'explorateur Pierre Esprit Radisson) et, finalement, Pierre Elliott-Trudeau, liant par un trait d'union les patronymes qui témoignaient de sa dualité ethnique[42]. »

Mais ce n'est que dans quelques-uns de ses écrits en français qu'il y a un trait d'union entre Elliott et Trudeau[43], et dans aucun de ceux écrits en français après son entrée en politique en 1965.

Selon son ami Gérard Pelletier, on ne peut certainement pas dire « que Trudeau se défende de son ascendance écossaise. Au contraire, il en est justement fier[44] ». Rappelons qu'au baptême, on avait ajouté le nom de famille Elliott, d'origine écossaise, au nom des quatre enfants Trudeau.

Trudeau lui-même a fourni, en 1962, une autre raison pour justifier l'utilisation de ce nom de famille :

« J'ai commencé à signer du nom d'Elliott, le nom de famille de ma mère que j'avais également reçu à mon baptême, et je ne nierai pas que c'était, au moins en partie, pour contrarier les nationalistes[45]. »

En privé, les intimes de Trudeau l'appelaient familièrement Elliott, selon un ancien journaliste du *Toronto Star* qui l'a un

41. Clarkson, Stephen et McCall, Christina, *Trudeau : l'illusion héroïque*, Montréal, Les Éditions du Boréal, 1995, p. 27.

42. Clarkson, Stephen et McCall, Christina, *Trudeau : l'homme, l'utopie, l'histoire*, Montréal, Les Éditions du Boréal, 1990, p. 35.

43. Ainsi, il signe "*Pierre ELLIOTT-TRUDEAU*" [sic] un article intitulé « Pearson ou l'abdication de l'esprit », paru dans *Cité libre* en avril 1963 (page 7) ; comme le prénom, les deux noms sont en italique, mais ils sont entièrement en majuscules et reliés par un trait d'union.

44. Pelletier, Gérard, Olivier, Pierre, *Réponses de Pierre Elliott Trudeau*, Montréal, Éditions du jour, 1968, p. 14.

45. Gzowski, Peter, « Portrait of an Intellectual in Action », *Maclean's*, 24 février 1962, p. 29.

jour entendu répondre à quelqu'un qui l'interpellait ainsi en public: « *Only my enemies call me Elliott.* » Trudeau pensait sans doute qu'au point de vue électoral, cela pourrait lui nuire au Québec. Le *Toronto Star* pensait que cela pourrait lui nuire même au Canada anglais:

« Le journaliste Bob MacKenzie, qui a travaillé pour *The Toronto Star* pendant 37 ans, [...] rappelle que c'est *The Toronto Star* et la famille Honderich en particulier qui ont enlevé le mot "Elliott" du nom de Pierre Elliott Trudeau. "Dans l'éternelle quête canadienne pour un "*Uncle Tom*", le nom de Pierre Trudeau sonnait beaucoup plus *French*, ce qui convainquait davantage le Canada anglais qu'il incarnait le Québec que si on devait écrire son nom au complet, Pierre Elliott Trudeau, comme l'ancien premier ministre l'aurait voulu[46]. »

C'est pourquoi le journal a supprimé le nom Elliott du titre de l'article du 6 avril 1968, paru deux jours après l'élection de Trudeau comme chef du Parti libéral du Canada. Cet article de Robert McKenzie et Lotta Dempsey dans le *Toronto Daily Star* était intitulé: « Pierre Trudeau: "*I became accustomed very young to rowing against the current.*" » C'était un portrait détaillé du futur premier ministre, portrait révélateur qui a inspiré la plupart de ses biographes, y compris l'auteur de ce livre. Robert McKenzie raconte que, par la suite, le journal a souvent supprimé le nom Elliott de ses articles sur Pierre Elliott Trudeau.

Selon Michel Vastel, « le jeune un peu bohème qu'on surnommait Piotr, le Pierre-Philippe un peu agaçant qui finit par s'appeler Pierre Elliott, celui dont les Anglais retiendront les initiales — PET —, [...] celui qui signait la correspondance officielle du premier ministre Pierre E. Trudeau a rarement été Pierre Elliott Trudeau tout simplement[47]. »

Son ancien attaché de presse, Patrick Gossage, affirme que Trudeau signait de différentes manières:

« Trudeau endossait lui-même divers noms selon qu'il signait des avis, des lettres ou des notes de service. Il y avait là une hiérarchie, et la signature que choisissait le premier ministre établissait le rang qu'il assignait à chacun. La

46. Philpot, Robin, *Le référendum volé*, Montréal, Les Intouchables, 2005, p. 116.

47. Vastel, Michel, *Trudeau le Québécois*, Montréal, Les Éditions de l'Homme, nouvelle édition 2000, p. 16.

correspondance de nature officielle portait une signature mécanographique (et parfois manuelle) formée d'un "PE Trudeau" qui, ne s'embarrassant d'aucune ponctuation, mêlait un extraordinaire P tourbillonnant à un non moins spectaculaire E. [...] Le premier ministre apposait personnellement ce même PE Trudeau à tout son courrier courant, à l'exception des lettres les plus banales [...] Mais quand il vous renvoyait une note de service (après en avoir corrigé la syntaxe), son paraphe se réduisait au PET tant redouté qu'il gribouillait sous ses notes marginales.

S'il s'agissait de communications plus amicales, elles étaient signées Pierre E. Trudeau. Si l'on était vraiment un proche du premier ministre, on pouvait se voir honorer d'un résolument intime Pierre Trudeau (bien que cette signature fût rarement utilisée). Figurait parfois au bas d'une note expédiée à un ami un simple Pierre E T. Sans ponctuation. Les vrais intimes avaient évidemment droit à leur Pierre[48]. »

Dans ses *Mémoires politiques* (1993), son nom d'auteur sous le titre est « Pierre Elliott Trudeau » (Trudeau est inscrit sous Pierre Elliott en lettres de la même grosseur), l'autographe « P. E. Trudeau » apparaît sous la photo de la page quatre, mais le nom « Pierre Trudeau » (sans Elliott) est inscrit à la fin de l'avant-propos (page douze). Dans *Trudeau, l'essentiel de sa pensée politique* (1998), Trudeau est aussi inscrit sous Pierre Elliott en page couverture, mais cette fois-ci en lettres plus grosses.

Qui était donc Trudeau en son for intérieur ? À quel nom de famille s'identifiait-il vraiment ? Essayait-il de tirer tous les avantages de sa double identité en restant ambigu ?

## LES HABITUDES DE VIE

### MODÈLES PARENTAUX

Trudeau a décrit ainsi les habitudes de vie de ses parents :

« Mon père était de nature expansive. Il parlait fort, s'exprimait vigoureusement. Ses amis aussi[49]. »

---

48. Patrick Gossage, dans Southam, Nancy, (dir.), *Trudeau tel que nous l'avons connu*, Montréal, Fides, 2005, p. 78.

49. Trudeau, Pierre Elliott, *Mémoires politiques*, Montréal, Le Jour, 1993, p. 23.

« Ma mère, c'était tout à fait le contraire. C'était la grâce, le charme, la discrétion, un peu gênée par les foules, n'aimant pas le bruit, aimant plutôt la musique et la tranquillité[50]. »

Dans ses *Mémoires politiques*, Trudeau a décrit le climat des vacances estivales au lac Tremblant :

« En semaine, la maison était assez tranquille, malgré la présence de nombreux enfants. La sérénité de ma mère y maintenait un calme [...] Paradoxalement, c'est le vendredi soir qu'elle connaissait la turbulence, quand mon père venait nous retrouver avec ses amis. [...] Ils aimaient jouer aux cartes, boire et faire ripaille. [...] Puis, en fin de journée, le dimanche, mon père et ses amis repartaient comme ils étaient venus et la maison retrouvait son calme[51]. »

## L'IDENTIFICATION

« Mon père [...] était beaucoup plus extroverti, plus expansif que moi[52]. »

« Du vivant de mon père, rappelle Trudeau, on passait son temps en effusions, en rires et en embrassades, mais après, ce furent un peu les mœurs anglaises qui prirent le dessus[53]. »

McCall et Clarkson pensent que la mort de son père a eu des conséquences sur l'évolution de son identité biculturelle :

« Le choc que lui cause cette mort soudaine et prématurée tout comme les changements qu'elle entraîne dans la maisonnée vont avoir une profonde influence sur son développement en général et sur l'évolution de son identité biculturelle en particulier[54]. »

50. Stanké, Alain, *Pierre Elliott Trudeau : Portrait intime*, Montréal, Stanké, 1977. Tiré d'une émission de Télé-Métropole, le 6 mai 1977, p. 46.

51. Trudeau, Pierre Elliott, *Mémoires politiques*, *op. cit.*, p. 23-24.

52. Stanké, *op. cit.*, p. 45.

53. Radwanski, George, *Trudeau*, Montréal, Fides, 1979, p. 69-70.

54. Clarkson, Stephen et McCall, Christina, *Trudeau : l'illusion héroïque*, Montréal, Les Éditions du Boréal, 1995, p. 27.

# L'ARGENT

## MODÈLES PARENTAUX

Selon un ami personnel du père de Pierre, Charles-Émile Trudeau, ce dernier était un gros joueur : « D'après Choquette, c'était un joueur de poker invétéré. Il jouait plusieurs nuits par semaine "des sommes assez élevées". Chaque soir, les enjeux grimpaient à 1,000 $ ou 1,500 $[55]. »

Mais la mère de Pierre, « M^me^ Trudeau, était une femme timide et très économe[56] ».

Trudeau a confié à Alain Stanké : « Je n'ai jamais eu cinq sous en poche. [...] On ne me donnait donc pas d'argent [...] Je ne m'en sentais pas autrement privé. C'est une sorte d'ascèse qui caractérise ma famille. Ma mère est d'origine écossaise, là est peut-être l'explication[57]. »

## L'IDENTIFICATION

Son épouse a fait aussi un lien avec la mère à ce sujet : « Pierre a aussi hérité du puritanisme et de la frugalité de sa mère. Durant les premiers temps de notre mariage, je riais toujours de le voir s'essuyer avec la plus petite serviette qu'il pouvait trouver [...] "C'est l'habitude", disait-il[58]. »

# L'AUTORITÉ OU LA LIBERTÉ

## MODÈLES PARENTAUX

Pierre trouvait que son père était plutôt autoritaire : « Le souvenir que je garde de mon père, comme la plupart des enfants, est celui d'un homme plutôt formidable et plutôt autoritaire[59]. »

---

55. McKenzie, Robert and Dempsey, Lotta, « Pierre Trudeau : « I became accustomed very young to rowing against the current », *Toronto Daily Star*, 8 avril 1968, p. 8.

56. *Ibid.*

57. Stanké, *op. cit.*, p. 30.

58. Trudeau, Margaret, *À cœur ouvert*, Montréal, Les Éditions Optimum, 1979, p. 78.

59. McKenzie, Robert and Dempsey, Lotta, *loc. cit.*, p. 8.

Mais dix ans plus tard, il a remis en question le côté « formidable » :

« Je n'irais pas jusqu'à dire qu'il était formidable, dit-il, parce que vous en déduiriez, j'en ai bien peur, que j'étais un enfant dominé, écrasé par son père. Telle n'est pas mon impression[60]. »

La mère, au contraire, représentait la liberté pour Pierre :

« Ma mère, c'était tout à fait le contraire, [...] aimant aussi dans un sens la liberté peut-être plus encore que mon père. Lui était très tolérant envers ses enfants, mais enfin, bien sûr, il avait la discipline paternelle ; mais elle, mon Dieu, si on exagérait un peu, ce n'était pas un drame[61]. »

***

« Ça me surprenait toujours d'être puni par ma mère, parce que je m'attendais plutôt à l'être par mon père. Elle aimait plus que lui la liberté[62]. »

***

« Elle savait mieux que personne doser discipline et liberté. [...] Son autorité était légère[63]. »

## L'IDENTIFICATION

En 1969, premier ministre du Canada depuis un an, Trudeau a confié à une journaliste :

« Mon père m'a enseigné l'ordre et la discipline et ma mère, la liberté et la fantaisie[64]. »

À David Frost qui lui demande, des années plus tard, s'il a essayé d'enseigner ces traits de caractère à ses enfants, Trudeau répond :

---

60. Radwanski, *op. cit.*, p. 61.

61. Stanké, Alain, *op. cit.*, p. 46.

62. Radwanski, *op. cit.*, p. 62.

63. Trudeau, Pierre Elliott, *Mémoires politiques*, Montréal, Le Jour, 1993, p. 25.

64. Iglauer, Edith, « Prime minister/Premier ministre », *The New Yorker*, 5 juillet 1969, p. 38.

« Je crois avoir réussi à leur enseigner l'ordre et la discipline. [...] La liberté et la fantaisie ? Je pense que oui également. [...] Mais j'ai l'impression qu'ils en apprendront davantage sur la liberté pendant le temps qu'ils passeront avec leur mère plutôt qu'avec moi[65]. »

## LA PROFESSION

### MODÈLES PARENTAUX

« Mon père et ma mère avaient tous deux fait de solides études », a-t-il écrit dans ses *Mémoires politiques*[66].

Plus précisément, le père a étudié et pratiqué le droit, puis fait carrière dans les affaires. Les études de la mère ont été ainsi décrites par McCall et Clarkson :

« Lorsqu'elle quitte [l'école de] Dunham, Grace brave les règles de conduite auxquelles doit se plier toute véritable *lady* anglaise en étudiant d'abord les rudiments de la gestion dans un collège de secrétariat, en travaillant ensuite dans un bureau pendant quelques années[67]. »

### L'IDENTIFICATION

Le fils a suivi les conseils du père : « Mon père m'avait toujours dit : "Étudie le droit, ça te fera un bon fond, et tu pourras ensuite faire d'autres choses comme moi[68]". »

Mais dans les *Mémoires politiques* de Trudeau[69], on ne trouve pas de mention explicite que son père était avocat ; le fils n'y dit presque rien sur ses propres études en droit, sauf de brèves allusions.

L'aînée de la famille, Suzette Trudeau, a confié à George Radwanski : « "Il détestait l'étude du droit", rappelle sa sœur,

---

65. Trudeau, Pierre Elliott, « Entrevue, 23 février 1982, Global T.V., David Frost, » Fonds Pierre-Elliott-Trudeau, Archives nationales du Canada, MG 26 0 13, p. 11.

66. Trudeau, Pierre Elliott, *Mémoires politiques*, *op. cit.*, p. 15.

67. Clarkson, Stephen et McCall, Christina, *Trudeau : l'illusion héroïque*, Montréal, Les Éditions du Boréal, 1995, p. 23.

68. Radwanski, *op. cit.*, p. 72.

69. Trudeau, Pierre Elliott, *Mémoires politiques*, *op. cit.*, p. 40, 98.

“ et je pense que s’il l’a terminé, c’était uniquement parce qu’il s’y était engagé. Il n’aimait pas ses classes[70]”. »

Selon Clarkson et McCall, « il avait déjà rejeté l’idée de marcher sur les traces paternelles en devenant avocat ou homme d’affaires, deux carrières où son héritage lui aurait facilement permis d’égaler ou de dépasser son père[71]. »

## L’INFLUENCE DES MODÈLES

### DES INFLUENCES COMPLÉMENTAIRES

En 1968, trois journalistes du *Telegram* de Toronto écrivent un livre qui « vise à satisfaire le désir des Canadiens de mieux connaître un premier ministre » en poste depuis quelques mois et dont ils citent les confidences :

« Mon père mourut alors que j’avais quatorze ou quinze ans ; donc il n’a pu m’influencer durant mon adolescence ni plus tard. Mais enfant, j’ai subi l’influence de l’un et de l’autre — un procédé heureusement complémentaire. Mon père m’a enseigné les sports ; il m’a appris à aimer l’étude et à chercher des réponses, et il a éveillé mon esprit aux joies d’un problème mathématique. Ma mère, c’était la musique, les arts et peut-être aussi moins de discipline et plus de tolérance[72]. »

### DES INFLUENCES ÉQUILIBRÉES

Une dizaine d’années plus tard, le premier ministre Trudeau confiait à son biographe que l’influence de son père avait été plus grande que celle de sa mère : « Le temps qu’il a vécu, son influence à lui a probablement été la plus forte. » Mais il se reprend aussitôt, selon Radwanski : « Non, je ne pense pas que ce soit juste. Je pense que les influences ont été bonnes, équilibrées[73]. »

70. Radwanski, *op. cit.*, p. 73.

71. McCall, Christina et Clarkson, Stephen, *Trudeau : l’homme, l’utopie, l’histoire*, Montréal, Les Éditions du Boréal, 1990, p. 48.

72. Stuebing, Douglas, Marshall, John et Gary, Oakes, *Trudeau, l’homme de demain !*, Montréal, Hurtubise HMH, 1969, p. 1, 19.

73. Radwanski, *op. cit.*, p. 62.

L'année précédente, au cours d'un entretien télévisé avec Stanké, Trudeau avait décrit les sentiments qu'il éprouvait envers son père: «Eh bien, mon père était plein de ressources, très différent de moi [...] Un enfant, c'est toujours en admiration devant son père, [...] sans doute je l'ai toujours admiré, et dans un sens, j'ai voulu l'imiter. Et il m'en donnait les moyens. Mais c'était sévère[74].»

De l'avis de Michel Lapierre, il n'aimait pas le côté bon vivant de son père:

«Pour Pierre Trudeau, le Québec porte un nom intime, celui de son propre père Charles-Émile, qui, mort prématurément, levait le coude, brassait des affaires, parlait joual et admirait Camillien Houde. C'est ce Québec bon vivant que Trudeau voudra assassiner, même s'il lui devait l'argent et l'assurance que procure l'argent[75].»

## «SE RETROUVER EN EUX, UN PEU?»

Au cours de son entretien télévisé avec Alain Stanké en 1977, Trudeau avoue qu'on retrouve chez les enfants certains traits de caractère des parents: «J'espère que mes enfants [...] apprendront, comme mes parents me l'ont appris, à être détachés ["des biens matériels,"] de tout cela. [...] J'étais très turbulent. [...] J'essayais toujours d'avoir le dernier mot avec mon père. [...] Je découvre cela chez mes enfants aussi.»

Alain Stanké demande ensuite à Trudeau: «Est-ce que ce n'est pas cela que l'on cherche, se retrouver en eux, un peu?»

Trudeau répond alors: «Je n'ai jamais été conscient de cela. [...] Oui, peut-être à l'occasion, trouver un trait qui nous rappelle soi-même, c'est intéressant. Mais cela ne domine pas. Je les vois surtout comme des êtres qui se font, qui se créent, qui s'inventent, sans modèle[76].»

---

74. Stanké, Alain, *op. cit.*, p. 45-46.

75. Lapierre, Michel, «Trudeau et le cynisme de l'histoire», *L'aut'journal*, n° 196, février 2001, www.lautjournal.info.

76. Stanké, Alain, *Pierre Elliott Trudeau: Portrait intime*, Montréal, Stanké, 1977, p. 31-32. Tiré d'une émission de Télé-Métropole, le 6 mai 1977.

## UN MODÈLE IDÉALISÉ

Un peu plus loin au cours du même entretien, avec Stanké, Trudeau rationnalisait un peu moins en évoquant son admiration pour son grand-père maternel, Philip Armstrong Elliott: « Mon grand-père paternel, c'était mon parrain. [...] Peut-être que je l'idéalisais un peu. [...] On l'aimait. »

Stanké lui demande alors: « Je pense qu'il incarnait un peu, aussi pour vous, cette connaissance universelle. »

Trudeau répond: « Eh bien, oui[77]. »

Trudeau avait déjà dit, une dizaine d'années plus tôt: « C'est un homme qui savait tout faire, [...] c'était l'homme universel: il parlait anglais, français, ayant voyagé, [...] c'était un homme vous comprenez; il incarnait pour moi la sagesse universelle[78]. »

## UN MODÈLE VENU DE « L'EXTÉRIEUR DU QUÉBEC »

Quelques années après la mort de son père, Trudeau a pu trouver, à dix-sept ans, un substitut au modèle paternel, et ce, en classe de Belles-lettres (12e année) au collège Brébeuf:

« "Je pense que l'homme qui m'a le plus influencé pendant mes études était le père Robert Bernier, un Canadien français du Manitoba", dit le premier ministre d'un ton chaleureux. [...] "Le père Bernier était l'homme le plus cultivé que j'aie jamais rencontré, et il confirme ce que je dis toujours — que vous pouvez être un très bon Canadien-français à l'extérieur du Québec. C'est Bernier qui me parlait de politique. Il était mon professeur de lettres — la littérature française [...] L'esprit de cet homme était merveilleux[79] !" »

« Les pères Robert Bernier et François Hertel de Brébeuf furent les professeurs qui l'influencèrent le plus[80]. » Mais par la

---

77. Stanké, *op. cit.* p. 50.

78. Trudeau, Pierre Elliott, « Entrevue, 29 septembre 1968, Francine Laurendeau », Fonds du très honorable Pierre Elliott Trudeau, Archives nationales du Canada, MG 26 0 13, 1968, p. 12-13.

79. Iglauer, Edith, « Prime minister/Premier ministre », *The New Yorker*, 5 juillet 1969, p. 39.

80. McCall-Newman, Christina, *Les rouges*, Montréal, Les Éditions de l'Homme, 1983, p. 80.

suite, Trudeau a renié François Hertel quand ce dernier a osé écrire en faveur de l'indépendance du Québec.

## « UNE CRISE D'IDENTITÉ PROLONGÉE »

Selon son biographe "encouragé", George Radwanski, Trudeau « ne put jamais s'identifier totalement » à l'une de ses deux racines identitaires :

« Trudeau eut, toutes les années de sa formation, un pied dans chacun des deux grands groupes linguistiques et culturels du Québec ; contrairement à la plupart des enfants de sa génération, il ne put jamais s'identifier totalement à l'un d'entre eux[81]. »

De leur côté, Stephen Clarkson et Christina McCall ont parlé de « l'ambivalence croissante qu'il ressentait à l'idée d'être canadien-français » :

« Pierre, qui arrivait au terme de son adolescence, [...] manifestait encore des conflits internes anormalement aigus, dus apparemment à son incapacité de concilier, d'une part, les valeurs intrinsèquement différentes de celle [sic] de ses parents[82] et, d'autre part, sa propre douleur et le sentiment de culpabilité engendrés chez lui par la mort de son père[83]. »

Cette crise d'identité avait déjà été vue par Christina McCall-Newman comme une classique crise d'adolescence, mais prolongée :

« Plutôt que de prendre la forme d'un conflit entre ses racines anglaises et françaises se disputant les faveurs d'un unique individu, les difficultés rencontrées par Trudeau à la suite du décès de son père se sont plus vraisemblablement concrétisées par une crise d'identité prolongée (la crise classi-

81. Radwanski, George, *Trudeau*, Montréal, Fides, 1979, p. 65.

82. Dans l'édition originale en anglais, on parlait de différences de valeurs entre sa mère et son père : « *the profond differences between the values of his mother and father* ». (Clarkson, Stephen and McCall, Christina, *Trudeau and Our Times, volume I, The Magnificent Obsession*, Toronto, McClelland & Stewart, 1990, p. 40.)

83. McCall, Christina et Clarkson, Stephen, *Trudeau : l'homme, l'utopie, l'histoire*, Montréal, Les Éditions du Boréal, 1990, p. 38.

que du "qui suis-je et que serai-je?") commune à la plupart des adolescents, mais avec laquelle il semble avoir été aux prises pendant une quinzaine d'années. [...] Les récits épars des amis de Trudeau décrivant les comportements de ce dernier entre 1935 et 1949 font ressortir l'image d'un adolescent puis d'un jeune adulte bourré de contradictions, d'un jeune homme contraint d'ériger une façade publique, derrière laquelle il s'abritait pour vivre ses doutes, ses espoirs et ses peurs[84].»

Cette période de crise commence donc à l'âge de 15 ans en 1935, l'année de la mort de son père, et se termine à l'âge de 30 ans, en 1949, l'année de son retour d'un voyage autour du monde et de son entrée comme fonctionnaire au Conseil privé à Ottawa, soit deux ans après sa rupture amoureuse avec Thérèse Gouin: «Au dire de tous, Trudeau vit le pire choc psychologique de sa vie de jeune homme lorsque Thérèse Gouin décide de mettre fin à leur relation au cours de l'été 1947[85].»

«Ces années passées à l'étranger, tout comme son échec amoureux, ont profondément changé le comportement de Trudeau qui montre désormais une double personnalité. Lorsqu'il est avec ses amis canadiens-français, il continue d'honorer cette réputation de héros bravache qui le suit depuis la petite école. [...] Mais dès qu'il se trouve en compagnie d'Anglais, il n'exprime ses croyances et ses ambitions qu'avec circonspection et réticence. Membre exceptionnellement privilégié d'une société toujours profondément colonisée, il devient un personnage postcolonial qui rejette la souveraineté britannique et l'infériorité qu'elle postule chez ses colonisés tout en adoptant quelques-unes de ses idées les plus puissantes[86].»

Vers 1950, après son immersion dans le ROC, cette crise d'identité se termine, selon ses propres termes, par une sorte «d'incarnation»:

«Sa décision de revenir [d'Ottawa] à Montréal [en 1951] était intimement liée à une révélation d'une importance capitale. [...] Cette renaissance "survenue à la fin de la

84. McCall-Newman, *op. cit.*, p. 81.

85. Clarkson, Stephen et McCall, Christina, *Trudeau: l'illusion héroïque*, Montréal, Les Éditions du Boréal, 1995, p. 39.

86. *Ibid.*, p. 42.

vingtaine ou au début de la trentaine" était la chose la plus exaltante et la plus importante qui lui fût jamais arrivé — plus exaltante et plus importante que son élection comme premier ministre, que son mariage, que la naissance de ses fils, que l'aboutissement de la réforme constitutionnelle ou que tout autre événement majeur de sa carrière mouvementée. Ce qu'il avait vécu était en effet une sorte de transfiguration spirituelle qui avait accompagné le moment critique de passage de la trentaine. Il avait compris qu'il était "une personne à part entière, [...] (s)on propre juge et (s)on propre maître". Trudeau qualifia ce phénomène de reconnaissance et d'acceptation du "concept d'incarnation [...] comme disent les personnalistes[87]".»

Son conseiller André Burelle y a plutôt vu un «déracinement communautaire»:

«Ce qui me paraît avoir procuré à Pierre Elliott Trudeau un sentiment d'ivresse à nul autre pareil, au seuil de la trentaine, c'est sa sortie de la coquille nationaliste, c'est-à-dire sa libération du poids oppressant de la société québécoise et son accession exaltante au statut d'adulte juge et maître de ses propres pensées. Mais contrairement à ce qu'il a confié à ses biographes, ce n'est pas la découverte de "l'incarnation personnaliste", mais celle du "déracinement communautaire" propre à l'individualiste républicain que Pierre Elliott Trudeau me paraît avoir vécue lors de cette épiphanie[88].»

## APRÈS LE "DÉRACINEMENT COMMUNAUTAIRE"

C'est en 1950, à la suite de son "incarnation", que Trudeau porte ce jugement négatif sur le peuple québécois dès le premier numéro de sa revue: «Nous sommes en voie de

87. McCall, Christina et Clarkson, Stephen, *Trudeau: l'homme, l'utopie, l'histoire*, Montréal, Les Éditions du Boréal, 1990, p. 54, d'après une entrevue de Trudeau à CTV avec David Frost le 23 février 1982.

88. Burelle, André, *Pierre Elliott Trudeau: l'intellectuel et le politique*, Montréal, Fides, 2005, p. 70.

devenir un dégueulasse peuple de maîtres-chanteurs.» (*Cité libre*, juin 1950, p. 24)

Trudeau avait vécu le conflit d'une «famille biculturelle», conflit semblable, mais en sens inverse, à celui dont parle Michel Tremblay dans le cas de Nelligan, sujet de l'opéra dont il a écrit le livret: «Ce qui m'intéressait, c'était la soi-disant "famille canadienne parfaite": une famille biculturelle comprenant un père anglophone, une mère francophone et des enfants qui choisissent d'adhérer à une des deux cultures. Ce qui explique [...] le conflit familial québécois qu'on vit parfois encore aujourd'hui.» (*Le Devoir*, 12 février 2005)

Bien qu'il ait porté le nom de famille de sa mère tantôt comme un prénom, tantôt comme un patronyme, bien qu'il ait dit avoir commencé à signer du nom d'Elliott en partie pour contrarier les nationalistes[89] québécois, bien que, comme premier ministre, il ait signé son nom en entier de toutes sortes de façons[90], parfois même sans Elliott, l'analyse de plusieurs aspects des identifications de Trudeau semble indiquer que les modèles du côté de la lignée maternelle ont été davantage assimilés que ceux du côté de la lignée paternelle.

Près d'un an après la mort de Trudeau, le professeur Pierre-André Julien concluait: «Il s'est toujours plus considéré comme un Elliott que comme un Trudeau.» (*Le Devoir*, 2 août 2001)

---

89. Gzowski, Peter, «Portrait of an Intellectual in Action», *Maclean's*, 24 février 1962, p. 29.

90. Patrick Gossage dans Southam, Nancy, (dir.), *Trudeau tel que nous l'avons connu*, Montréal, Fides, 2005, p. 78.

# CHAPITRE 5

## TRAITS DE CARACTÈRE

*« Les caractéristiques et les qualités qui se conjuguent pour conduire un homme au succès*[1]. »

Sigmund Freud a remarqué chez certaines personnes l'association fréquente de trois traits de caractère : « Les personnes que je vais décrire retiennent l'attention par le fait qu'elles réunissent régulièrement les trois caractéristiques suivantes : elles sont particulièrement ordonnées, économes, et entêtées. Chacun de ces mots couvre, en vérité, un petit groupe ou une série de traits de caractère apparentés les uns aux autres[2]. »

Trudeau a reconnu explicitement ou implicitement qu'il avait, à des degrés variables, ces trois traits de caractère :

– « C'est vrai que j'aime "l'ordre des choses[3]". »

– « Il y avait peut-être aussi chez moi un peu du grippe-sou[4]. »

– « Instituteurs et camarades de classe se le rappellent comme un individualiste entêté », selon sa biographie officielle

1. Parti libéral du Canada, *Pierre Elliott Trudeau, premier ministre du Canada : une biographie*, Ottawa, 1981, p. 5.

2. Freud, Sigmund, « Caractère et érotisme anal », [1908] dans *Névrose, psychose et perversion*, Paris, P.U.F., 1978, p. 143.

3. Radwanski, *Trudeau*, Montréal, Fides, 1979, p. 165.

4. *Ibid.*, p. 85.

publiée par le Parti libéral du Canada en 1981 alors qu'il était premier ministre[5].

## « L'ORDRE DES CHOSES »

Selon Freud, « le terme " ordonné " comprend aussi bien la propreté corporelle que la scrupulosité dans l'accomplissement des petits devoirs et le fait d'être digne de confiance ; le contraire en serait : désordonné, négligent[6]. »

Trudeau a confié à son biographe « encouragé » ce à quoi il songeait comme choix de carrière :

« Je me trouvais à un carrefour, une route donnant sur le Droit et l'autre, sur tout le domaine de l'esprit : psychologie, philosophie et le reste. Ce qui m'intéressait, c'était de savoir ce qui fait marcher une société, ce qui a pu amener l'ordre ou susciter le désordre, soit dans l'esprit par suite de troubles psychologiques, soit dans la société elle-même par suite de troubles juridiques ou financiers[7]. »

## « AMENER L'ORDRE... »

Depuis son jeune âge, Trudeau était préoccupé par les questions d'ordre et de discipline.

### L'ÉLÈVE

« Un ami qui le connaissait depuis qu'il avait dix ans à l'école Querbes affirmait que ce qu'il avait retenu de l'homme était sa " discipline[8] ". »

---

5. Parti libéral du Canada, *Pierre Elliott Trudeau, premier ministre du Canada : une biographie*, Ottawa, 1981, p. 6.

6. Freud, *op. cit.*, p. 143.

7. Radwanski, *op. cit.*, p. 72.

8. McKenzie, Robert and Dempsey, Lotta, « Pierre Trudeau, "I became accustomed very young to rowing against the current", *Toronto Daily Star*, 8 avril 1968, p. 9.

## LE COLLÉGIEN

« Un camarade d'école, Pierre Vadeboncoeur, se souvient que l'exigence qu'avaient les Jésuites en matière d'autodiscipline et de contrôle "lui allait comme un gant". [...] Il faisait preuve d'autodiscipline et travaillait avec autant d'ardeur à l'étude du droit qu'il l'avait fait à Brébeuf. Un ami et camarade de classe se souvenait que son emploi du temps était strict[9]. »

Radwanski précise : « Enfant, Trudeau était loin d'être sans amis, mais sa sœur se rappelle que leur rôle était soigneusement compartimenté. "Il avait des amis. Je ne sais pas s'il était populaire, mais il était toujours discipliné : il disposait d'un certain temps pour eux et, sitôt celui-ci écoulé, il leur fallait partir[10]". »

À Brébeuf, Trudeau « reçoit une Mention honorable de la Banque d'épargne "pour son esprit d'ordre et d'économie[11]". »

## LE SPORTIF

Selon son ami Joseph MacInnis, « vers l'âge de six ans, il a entrepris un rigoureux programme d'exercices physiques[12] ».

Son camarade de collège Roger Rolland se souvient que Trudeau avait « un sens aigu de la discipline, qu'il cultivait depuis son adolescence. Son travail comme ses loisirs ont toujours été minutieusement planifiés, car il a en horreur de perdre son temps[13]. »

« Ses amis soulignent également à quel point il était "systématique" et "organisé". Quand il part en randonnée, il organise sa journée de façon à ce qu'il y ait toujours deux repas vers la même heure. "Il n'a jamais aimé gaspiller son temps", dit Roger Rolland, [...] "il organisait sa journée de

9. Somerville, David, *Trudeau Revealed By His Actions and Words*, Richmond Hill, BMG Publishing Ltd, 1978, p. 5, 16.

10. Radwanski, *op. cit.*, p. 49.

11. Vastel, Michel, *Trudeau le Québécois*, Montréal, Les Éditions de l'Homme, nouvelle édition 2000, p. 28.

12. *Maclean's*, « Pierre Elliott Trudeau, 1919-2000, His Life and Legacy », Toronto, 2000, p. 128.

13. Rolland, Roger, *Pierre Trudeau, un chef exceptionnel*, Sélection du Reader's Digest, juillet 1984, p. 76.

manière à pouvoir consacrer du temps au ski et du temps à faire autre chose[14]". »

Lorsque Trudeau était collégien à Brébeuf, « tous les jours sans exception, il faisait de l'exercice[15]. »

Thérèse Gouin se souvient de Trudeau qui a été considéré comme son fiancé à l'époque où il était étudiant en droit à l'Université de Montréal : « Sa discipline me stupéfiait. Il avait acquis l'idée grecque selon laquelle il fallait développer à la fois l'esprit et le corps jusqu'à la perfection. Je me souviens qu'il trouvait important de bien plonger, non pas pour être en compétition, mais pour lui-même[16]. »

## L'ÉTUDIANT UNIVERSITAIRE

« Il a toujours fait preuve d'une force de discipline et de concentration qui a souvent confondu ses amis[17]. »

## L'ÉPOUX

« Pendant les premiers temps de félicité conjugale, Pierre se faisait un point d'honneur de rentrer déjeuner tous les jours, mais, méticuleux comme il était, l'heure du repas se résumait exactement à ça ; soixante minutes, pas une de plus. [...] Margaret avait dit, un jour, de son mari : " C'est une personne très, très disciplinée, très rationnelle[18]". »

Dans sa première autobiographie, M$^{me}$ Trudeau a écrit : « Pierre adore le rituel. [...] C'est un homme d'une maîtrise et d'une discipline peu communes [...] et qui s'accommode bien de la routine[19]. »

Dans la seconde, elle a ajouté : « À dix-huit heures quarante-cinq, Pierre arrivait et se dirigeait immédiatement

---

14. McKenzie et Dempsey, *loc. cit.*, p. 9.

15. Gwyn, Richard, *Le Prince*, Montréal, France-Amérique, 1981, p. 32.

16. Fraser, Sylvia, « The Private Trudeau », *Star Weekly*, 29 juin 1968, p. 4.

17. Clarkson, Stephen et McCall, Christina, *Trudeau : l'illusion héroïque*, Montréal, Les Éditions du Boréal, 1995, p. 52.

18. Cochrane, Felicity, *Margaret Trudeau*, Montréal, Les Éditions de l'Homme, 1978, p. 84, 150.

19. Trudeau, Margaret, *À cœur ouvert*, Montréal, Les Éditions Optimum, 1979, p. 65, 130-131.

vers la piscine intérieure qu'il avait fait construire derrière la maison[20] [...] se jetait à l'eau et nageait ses quarante-quatre longueurs. Jamais plus, jamais moins. [...] Pierre est d'une exactitude pointilleuse[21]. »

Leslie Kimberley-Kemper, qui a été la bonne des enfants après la séparation du couple, en sait quelque chose:

« Les soirées au 24 Sussex obéissaient elles aussi à une routine. [...] Il était prévu que monsieur Trudeau faisait d'abord quelques tours de piscine, puis que les enfants lui étaient amenés. [...] Monsieur Trudeau était exigeant au chapitre de la ponctualité. Il n'était pas question pour nous d'arriver une minute en retard et de nous entendre demander: "Alors, il y a eu un *problème* pour amener ici les enfants à l'heure[22] ?" »

Un biographe de Trudeau a raconté cette anecdote: « C'est un homme chez qui le hasard n'a pas droit de cité: il [...] a déjà renvoyé une domestique qui avait osé modifier l'ordre immuable de sa brosse à dents, de son dentifrice et de son nécessaire à rasage[23]. »

## LE PÈRE

« Margaret dit que Trudeau faisait preuve de la même rigueur et de la même discipline comme père qu'il le faisait dans les autres domaines », selon Jane O'Hara[24].

## LE POLITICIEN

Selon la journaliste Edith Iglauer, Trudeau « se décrivait souvent comme une personne "réglée au quart de tour" et il compensait ces heures perdues à dormir par une incroyable

---

20. Trudeau avait fait « mettre en chantier une piscine de près de 200 000 $ au 24, Sussex Drive. » (McCall-Newman, Christina, *Les rouges*, Montréal, Les Éditions de l'Homme, 1983, p. 181).

21. Trudeau, Margaret, *Les conséquences*, Montréal, Les Éditions Optimum Internationales, 1982, p. 71-72.

22. Southam, Nancy, (dir.), *Trudeau tel que nous l'avons connu*, Montréal, Fides, 2005, p. 189-190.

23. Gwyn, *op. cit.*, p. 246-247.

24. « Pierre Elliott Trudeau, 1919-2000, His Life and Legacy », Toronto, *Maclean's*, 2000, p. 55.

capacité de travail, une discipline sans faille et une intense concentration[25]. »

Selon son collaborateur Jim Coutts, « en homme qui se soumet à une discipline rigoureuse, il entrait au bureau à 8h45, en sortait entre 17h30 et 18h et avait quartier libre, sans exception aucune, les week-ends[26]. »

Trudeau a confié à Lord Chalfont à la BBC :

« J'aime dire que j'avais beaucoup de discipline, mais il fallait que je me l'impose moi-même. Je n'aimais pas que les autres m'imposent leur discipline. Mais je pense que j'ai eu une vie plutôt disciplinée, et une approche disciplinée envers la politique et les études[27]. »

Ses collaborateurs l'ont confirmé : « En le décrivant, un de ses collègues disait : "Tout en conservant sa perspective sur l'ensemble du tableau, il veut attacher chaque ficelle avant de passer au point suivant. Il a de la répugnance, presque du dégoût, pour le fait d'entreprendre les choses dans le mauvais ordre[28]. »

Selon George Radwanski, « pendant la plus grande partie de sa vie, raconte un conseiller et ancien adjoint, il a été ce que j'appellerais un "obsédé du contrôle", déterminé à rester maître de toutes les situations, à ne pas s'exposer[29]. »

## UN HOMME DISCIPLINÉ

« Si j'aimais m'imposer moi-même des contraintes, je supportais mal celles qui m'étaient dictées de l'extérieur[30]. »

Selon Richard Gwyn, « l'autodiscipline constitue le principe moteur de la personnalité soigneusement élaborée de Trudeau,

---

25. Southam, *op. cit.*, p. 110.

26. *Ibid*, p. 53.

27. Trudeau, Pierre Elliott, « Entrevue-11 mars 1975-BBC-Lord Chalfont », Archives nationales du Canada, Fonds du très honorable Pierre Elliott Trudeau, MG 26 0 13, p. 17.

28. Iglauer, Edith, « Prime minister/Premier ministre », *The New Yorker*, 5 juillet 1969, p. 58.

29. Radwanski, *op. cit.*, p. 237.

30. Trudeau, Pierre Elliott, *Trudeau en direct*, Montréal, Éditions du jour, 1972, p. 120.

une autodiscipline si rigoureuse[31] qu'elle équivaut presque à une forme de flagellation[32]. »

Son camarade de collège et collaborateur, Roger Rolland, pense que « la discipline, chez Pierre Trudeau, ne touche pas que l'emploi du temps : elle est avant tout discipline de l'esprit[33] ».

## DE L'ORDRE ET DE L'ÉQUILIBRE À LA LIBERTÉ

« C'est vrai que j'aime "l'ordre des choses". C'est vrai que je crois à l'ordre des choses, je crois que la véritable liberté est possible seulement dans l'ordre, pas dans l'anarchie[34]. »

Selon lui, « la dichotomie entre l'ordre et la liberté est artificielle[35] ».

Dans la biographie officielle de Trudeau, publiée par le Parti libéral du Canada, on le décrit ainsi :

« L'homme lui-même se définit comme un "idéaliste pragmatique"; un partisan du genre de liberté qui trouve sa force essentielle dans le sens de l'équilibre et des proportions. [...] La vie mouvementée de Pierre Elliott Trudeau témoigne de la recherche constante de cet équilibre de la liberté, du progrès et de l'ordre qui peut le mieux répondre aux besoins de l'individu et de la société[36]. »

---

31. Repère psychanalytique proposé : Ernest Jones parle du « désir d'acquérir une maîtrise de soi aussi parfaite que possible. [...] Il y a des gens qui ne sont jamais satisfaits de leur capacité de se maîtriser et qui se livrent sur eux à toutes sortes d'expériences destinées à l'accroître, soit physiquement, soit moralement. [...] Ils se livrent à toutes sortes d'exploits ascétiques afin de se rassurer quant à leur capacité de se contrôler et "de se prouver qu'ils en sont capables". » Parmi les sources de « ces pulsions ascétiques », Ernest Jones signale « l'influence durable de l'ambition de l'enfant cherchant à contrôler ses sphincters, sa première grande leçon dans ce domaine ». (Jones, Ernest, « Traits de caractère se rattachant à l'érotisme anal », [1919] *Théorie et pratique de la psychanalyse*, Paris, Payot, 1969, p. 386-387).

32. Gwyn, *op. cit.*, p. 32.

33. Rolland, Roger, « Pierre Trudeau, un chef exceptionnel », *Sélection du Reader's Digest*, juillet 1984, p. 76.

34. Trudeau in Radwanski, *op. cit.*, p. 165.

35. Trudeau, Pierre Elliott, *Trudeau en direct*, Montréal, Éditions du jour, 1972, p. 130.

36. Parti libéral du Canada, *Pierre Elliott Trudeau, premier ministre du Canada : une biographie*, Ottawa, 1981, p. 5.

## DE L'ÉQUILIBRE ET DU CONTREPOIDS AU FÉDÉRALISME

« La théorie des contrepoids [...] a toujours eu mon adhésion totale. Car elle traduit dans la pratique cette notion d'équilibre qui est inséparable de la liberté dans le domaine des idées. [...] Mon action politique, ou ma pensée, pour peu que j'en aie eu, s'exprime en deux mots : faire contrepoids[37]. »

Pour Trudeau, « le système fédéral se fonde sur les contrepoids[38] ».

Il a reconnu les raisons de son adhésion au fédéralisme : « J'ai dit ma préférence pour le fédéralisme, pour des raisons économiques, sociales et psycho-culturelles[39]. » Son refus du fédéralisme asymétrique provenait peut-être de son besoin d'ordre, de symétrie. Même le fédéralisme à la soviétique avait son adhésion :

« Les pays les plus forts et les plus prospères au monde sont souvent des pays fédératifs. [...] La Russie, le plus puissant pays au monde après les États-Unis, c'est une fédération[40]. »

À la veille d'un voyage en URSS, Trudeau cite la réussite du fédéralisme soviétique :

« C'est en restant ensemble qu'on sera fort. C'est peut-être un peu ça aussi que je vais discuter en Russie : comment ils ont réussi, eux, le deuxième plus puissant pays au monde, avec un système fédératif où il y a une multitude de langues, de provinces, à former ensemble un État fort[41]. »

D'où sa déception lors de l'effondrement du fédéralisme à la soviétique :

« Comme je laissais la politique, Gorbatchev arrivait au pouvoir [...] Au moment où Gorbatchev tentait de transformer

---

37. Trudeau, Pierre Elliott, *Le fédéralisme et la société canadienne-française*, Montréal, Hurtubise HMH, 1967, p. IX.

38. Trudeau, Pierre Elliott, avec la collaboration de Ron Graham, *Trudeau : l'essentiel de sa pensée politique*, Montréal, Le Jour, 1998, p. 176.

39. Trudeau, Pierre Elliott, *Le fédéralisme et la société canadienne-française*, *op. cit.*, p. 49-50.

40. Trudeau, Pierre Elliott, « Entrevue, 3 mai 1970, Télé-Métropole, "Une heure en compagnie du premier ministre du Canada" », Fonds Pierre-Elliott-Trudeau, Archives nationales du Canada, MG 26 0 13, p. 14.

41. Trudeau, Pierre Elliott, « Entrevue, "Format 30" », 20 octobre 1969, 7 mai 1971, Fonds Pierre-Elliott-Trudeau, Archives nationales du Canada, MG 26 0 13, p. 11.

son pays en un véritable État fédéral, nous [les Occidentaux] avons fait le nécessaire, en accordant de toute urgence la reconnaissance diplomatique à chaque république de Pierre, Jean, Jacques qui décidait de proclamer son indépendance, pour que l'Union soviétique se démembre[42]. »

## DE L'ÉQUILIBRE AU *STATU QUO*

Pour le sociologue Marcel Rioux, « ces notions de contrepoids et d'équilibre [...] sont les meilleures garanties théoriques du *statu quo*. [...] Qu'il y ait des classes, des groupes ethniques et des nations qui soient défavorisés dans un tel État où règnent l'ordre, la loi, la rationalité, l'équilibre et les contrepoids ne semble ne faire ni chaud ni froid au premier ministre du Canada[43]. »

## ORIGINE DE LA DISCIPLINE

En 1975, Trudeau est interviewé par Lord Chalfont à la BBC : « Sauf en ce qui concerne votre intérêt pour la bonne forme physique, êtes-vous particulièrement ascétique ? »

Trudeau répond :

« Je pense que fondamentalement, surtout quand j'étais plus jeune, je croyais aux vertus d'une certaine vie à la dure, aux plaisirs que procurait la vie au grand air dans des situations inconfortables et au fait d'accomplir des choses qui remettaient en question mon confort matériel. Une certaine rigueur, j'espère, axée sur l'intellect et qui se traduit dans mon comportement sur le plan physique[44]. »

Quelques années plus tard, Trudeau est interviewé par Alain Stanké :

« Vous êtes très exigeant pour vous-même.

– Assez exigeant pour moi-même. [...] Je lutte toujours un peu contre moi-même, je m'impose une discipline, je m'impose des standards. [...]

– De qui cela vient-il, de qui tenez-vous cette exigence envers vous-même ? Est-ce que cela vient d'une personne en particulier ? De votre père peut-être ?

---

42. Trudeau, Pierre Elliott, *Mémoires politiques*, Montréal, Le Jour, 1993, p. 316-318.

43. Rioux, Marcel, *La question du Québec*, Paris, Seghers, 1969, p. 137, 140.

44. Trudeau, *Mémoires politiques, op. cit.*, p. 31.

– Sans doute en grande partie de mon père, et plus tard, de certains de mes maîtres, mais cela vient peut-être aussi d'ailleurs. À tort ou à raison, quand j'étais jeune enfant, je croyais avoir une santé plutôt frêle[45], et n'avoir pas tellement de moyens, physiques ou autres; c'est pourquoi je pensais que pour arriver à la hauteur moyenne des autres, il me fallait faire plus d'efforts. Alors, je m'imposais des contraintes et une certaine rigueur que j'estimais nécessaires. Par exemple, j'ai toujours pensé, qu'étant moins en santé que les autres, il fallait que je fasse moins d'abus, ne pas fumer, alors que d'autres fumaient. J'en suis très content maintenant, mais c'était cela le mobile, je crois[46].»

### LA DISCRÉTION D'UNE PSYCHOLOGUE

Intriguée par cette quête de discipline, la journaliste Sylvia Fraser a interrogé la professeure de psychologie Thérèse Gouin Décarie qui avait autrefois éconduit l'amoureux Trudeau:

«Pourquoi Trudeau s'imposait-il une telle discipline? Quels étaient ses buts?

– Ce sont des questions auxquelles je ne peux pas répondre, et même si je le pouvais, je ne le ferais pas, a fermement répondu M^me^ Décarie. Ce sont des questions à poser à M. Trudeau[47].»

## «...OU SUSCITER LE DÉSORDRE»

Malgré son goût pour l'ordre, Trudeau laissait parfois transparaître une tendance contraire[48], en particulier par des propos et des gestes relevant de la scatologie[49].

45. Repère psychanalytique proposé: la rationalisation (voir définition en annexe).

46. Stanké, Alain, *Pierre Elliott Trudeau: Portrait intime*, Montréal, Stanké, 1977, p. 20, 22. Tiré d'une émission de Télé-Métropole, le 6 mai 1977.

47. Fraser, Sylvia, «The Private Trudeau», *Star Weekly*, 29 juin 1968, p. 4.

48. Repère psychanalytique proposé: «Les traits de caractère apparentés au goût de l'ordre, comme par exemple la minutie et la précision, sont souvent étroitement associés aux traits opposés.» (Abraham, Karl, «Compléments à la théorie du aractère anal» in *Œuvres complètes / II, 1915-1925*, Paris, Payot, 1965, p. 242).

49. Scatologie: «Écrit, propos grossier, où il est question d'excréments; grossièreté de tels écrits.» (Rey-Debove, Josette et Alain Rey, *Le nouveau Petit Robert*, Paris, Les Dictionnaires Le Robert, 1993).

Selon Freud, « le fait d'être propre, ordonné et digne de confiance donne tout à fait l'impression d'une formation réactionnelle[50] contre l'intérêt pour ce qui n'est pas propre, ce qui dérange et ne fait pas partie du corps (*Dirt is matter in the wrong place*[51]). »

## « UNE MATIÈRE MOLLE ET GLUANTE »

« C'était au dortoir, le premier soir de mon internat. [...] Que faire contre une soupe aux pois et une double assiété [sic] de "binnes" ! [...] Son rhume de cerveau n'enjolivait guère le son. Je me levai donc ; je saisis entre le pouce et l'index la proéminence faciale du délinquant et... "Sale cochon !" m'écriai-je malgré moi. Mes doigts avaient rencontré une matière molle et gluante qui laissait une impression écœurante. Le nez, le rhume... Ah ! mes aïeux, quelles sensations ! Comment pouvais-je deviner que le ronfleur, fatigué de se faire tirer le nez, se l'était enduit d'une épaisse couche de vaseline ? » (Trudeau, *Brébeuf*, 12 février 1938)

## « DU JUS DE FÈVES AU LARD »

« Ces Chinois ingénieux, combinant le principe de la combustion à celui de la fusée, avaient imaginé un mécanisme actionné par de l'essence de banane et du jus de fèves au lard. » (Trudeau, *Le Quartier latin*, 10 mars 1944)

## « LE CLOAQUE DE LA VANITÉ »

« Mais la tragédie sans rémission serait de ne pas voir que la nation canadienne-française est trop anémiée culturellement, trop dépourvue économiquement, trop attardée intellectuellement, trop sclérosée spirituellement, pour pouvoir survivre à une ou deux décennies de stagnation pendant lesquelles elle aura

50. Repère psychanalytique proposé, la formation réactionnelle : « Attitude ou habitus psychologique de sens opposé à un désir refoulé, et constitué en réaction contre celui-ci (pudeur s'opposant à des tendances exhibitionnistes par exemple). » (Laplanche, Jean et Pontalis, J.-B., *Vocabulaire de la psychanalyse*, Paris, P.U.F., 7e édition, 1981, p. 169)

51. Freud, Sigmund, « Caractère et érotisme anal », [1908], *Névrose, psychose et perversion*, Paris, P.U.F., 1978, p. 146.

versé toutes ses forces vives dans le cloaque[52] de la vanité et de la "dignité" nationales.» (Trudeau, *Cité libre*, avril 1962, p. 12)

Moins d'un an avant de quitter ses fonctions de premier ministre, il parle encore publiquement de «cloaque» dans une entrevue accordée à Gilbert Lavoie et Maurice Jannard: «M. Trudeau a déploré ensuite la décision de M. Lévesque de relancer le débat sur l'indépendance. [...] "Que d'énergies intellectuelles et émotives vont encore être jetées dans le cloaque du nationalisme étroit".» (*La Presse*, 7 mai 1983, p. A 9)

Le mois suivant, lors d'une entrevue au *Devoir*, Trudeau se demande s'il est «encore possible que l'on verse les énergies de ce petit peuple minoritaire dans le cloaque d'un autre référendum[53] ?»

## «BOTTER LE CUL»

Le 16 juillet 1969, à Régina, Trudeau avertit un jeune manifestant qui lui lançait du blé: «Si tu n'arrêtes pas, je vais te botter le cul[54].»

## «MANGER DE LA MARDE»

Rappelons qu'en 1970, «le ministère fédéral des Postes retire à la compagnie Lapalme son contrat de transport du courrier en sous-traitance. [...] Pierre Elliott Trudeau, premier ministre du Canada, les invite à "manger de la marde[55]"».

Les gars de Lapalme manifestaient devant le Parlement le 2 février 1971; selon Eric Kierans, alors ministre responsable des Postes, «la contribution de Trudeau aux relations de travail a

52. Cloaque, en anatomie: «orifice commun des cavités intestinale, urinaire et génitale de nombreux animaux.» (Rey-Debove, Josette et Rey, Alain, *Le nouveau Petit Robert*, Paris, Les Dictionnaires Le Robert, 1993)

53. Trudeau, Pierre Elliott, «Entrevue, 16 juin 1983, *Le Devoir*», Fonds Pierre-Elliott-Trudeau, Archives nationales du Canada, MG 26 0 13LD, p. 35.

54. «Pierre Elliott Trudeau, 1919-2000, His Life and Legacy», Toronto, *Maclean's*, 2000, p. 34.

55. Horguelin, Christophe, *FLQ. Manifeste d'octobre 1970*, Montréal, Comeau & Nadeau, 1998, p. 21-22.

été de pousser le bouton pour descendre sa vitre d'auto, de faire un pied de nez aux piqueteurs et de crier son mépris[56]. »

Selon Roger Duhamel, « il est facile d'épiloguer sur la grossièreté scatologique du premier ministre s'adressant aux malheureux *gars de Lapalme*. La phrase incriminée dépasse son objet immédiat. En abaissant la glace de sa limousine pour dire avec hauteur et mépris aux camionneurs congédiés de " manger de la m... ", c'est à tout le peuple canadien-français qu'il exprime son sentiment profond, dans une réaction non contrôlée de son subconscient. » (*L'Action nationale*, mai 1984, p. 828)

## " FUDDLE-DUDDLE "

Anthony Westell a tenté de lire sur les lèvres de Trudeau ce qu'il avait en tête le 16 février 1971, à la Chambre des communes à Ottawa :

« Le pire de tout se produisit lorsqu'il répondit aux pointes de l'Opposition en remuant ses lèvres pour former des mots que l'Opposition interpréta comme " Fuck off". M. Trudeau insista qu'il n'avait rien dit mais fut d'accord pour avouer qu'il avait le genre d'idées qui pourraient être exprimées par les mots " Fuddle-duddle", un substitut poli de " Fuck off" et une admission tacite qu'il avait les mots dans la bouche sinon sur les lèvres. [...] Trudeau, malgré toute sa culture, pouvait parler de façon vulgaire. [...] Lorsqu'un reporter lui demanda, à une autre occasion, s'il avait encore eu les mots " Fuck off" à la bouche en Chambre, Trudeau lui répondit : " Non, mais vas-y donc (te faire foutre[57]) ". »

## « SI VOTRE URINE... »

Lors d'une entrevue télévisée, le 1er janvier 1978, Bruce Phillips demande au premier ministre : « Donc, je vais vous demander si au milieu de vos problèmes d'ordre familial, Monsieur le Premier ministre, vous avez senti que votre capacité de faire votre travail a été affectée de quelque façon

56. Kierans, Eric, et Stewart, Walter, *Remembering*, Toronto, Stoddart, 2001, p. 163.

57. Westell, Anthony, *Trudeau, le paradoxe*, Montréal, Les Éditions de l'Homme, 1972, p. 144.

que ce soit ? Croyez-vous que vous pensez davantage à votre vie privée ? »

Trudeau répond, entre autres : « Je ne devrais pas m'inquiéter à savoir si vous avez digéré convenablement votre petit déjeuner ce matin ou si votre urine est saine[58]. »

## « SE REMUER LE CUL »

Le 8 avril 1979, Trudeau « dit aux manifestants de "se remuer le cul" lors d'une manifestation de chômeurs à Vancouver[59] ».

## « DOIGT D'HONNEUR »

Comme l'a écrit Éric Desrosiers, « on se souvient aussi du doigt d'honneur qu'il avait réservé une première fois à des manifestants [de Salmon Arms] en Colombie-Britannique, et une autre fois (photographiée celle-là) à des journalistes (Michel Vastel en l'occurrence !). » (*Le Devoir*, 28 septembre 1999)

Selon le journaliste Patrick Nagle, « le fait que le premier ministre ait épousé Margaret Sinclair, originaire de la Colombie-Britannique, de même que la naissance de leurs enfants, n'ont réduit en rien le vif antagonisme entre les citoyens de cette province et leur dirigeant à Ottawa. Un jour, des protestataires ont même décidé d'attendre le premier ministre près d'une voie ferrée à Kamloops pour lui exprimer leur mécontentement alors qu'il était en vacances avec ses enfants. L'homme fut à la hauteur de la situation. Depuis la fenêtre de son wagon privé, il leur a signifié le salut international des proctologues[60]. »

## « DEVANT LA PRESSE INTERNATIONALE »

Richard Gwyn a aussi noté qu'en 1978, « en juillet, Trudeau partit pour Bonn où se tenait le Sommet économique des pays

---

58. Trudeau, Pierre Elliott, « Entrevue, 1er janvier 1978, CJOH-TV, Bruce Phillips », Fonds Pierre-Elliott-Trudeau, Archives nationales du Canada, MG 26 0 13, p. 39.

59. « Pierre Elliott Trudeau, 1919-2000, His Life and Legacy », Toronto, *Maclean's*, 2000, p. 103.

60. Southam, Nancy, (dir.), *Trudeau tel que nous l'avons connu*, Montréal, Fides, 2005, p. 120.

occidentaux ; il s'y fit remarquer [...] en se permettant un geste obscène devant la presse internationale[61]. »

### « EMMERDEUR »

Lors de la présentation de ses mémoires télévisés, le 30 août 1993, Trudeau est importuné par le faux journaliste Pierre Brassard, alias Raymond Beaudoin, de l'émission télévisée *Taquinons la planète* : « Trudeau, pour tenter d'éloigner l'insolent personnage, lui a lancé : " Hé, ta fly est baissée... " pour enfin le traiter d'" emmerdeur ". » (André Pratte, *La Presse*, 31 août 1993, p. A 2)

### EN RÉSUMÉ

Un mois avant que Trudeau ne quitte son poste de premier ministre, Jean Genest a rappelé toutes « les grossièretés qu'il a lancées aux fermiers, aux ouvriers, aux nationalistes, aux journalistes, à tous ceux qui ne pensaient pas comme lui. » (*L'Action nationale,* mars 1984, p. 781)

## « À LA PERFECTION »

La sœur de Pierre Trudeau, Suzette, a raconté « qu'il aimait faire les choses à la perfection et cela remonte à ses premières années de classe[62] ».

Pour Ernest Jones, la perfection est apparentée à la triade de traits de caractère analysée par Freud : « méthode, parcimonie, obstination ou entêtement. Ces traits forment le triade cardinale [...] l'esprit de méthode, par exemple, se transforme en perfectionnisme dans l'accomplissement des devoirs[63] ».

### L'ÉTUDIANT

Dès le cours primaire, Trudeau voulait exceller :

« Je me souviens aussi que certaines années, je décrochais beaucoup de prix ; à ce stade-là ce n'était pas l'amour du savoir,

61. Gwyn, Richard, *Le Prince*, Montréal, France-Amérique, 1981, p. 394.

62. Radwanski, George, *Trudeau*, Montréal, Fides, 1979, p. 45.

63. Jones, Ernest, « Traits de caractère se rattachant à l'érotisme anal », [1919], *Théorie et pratique de la psychanalyse*, Paris, Payot, 1969, p. 379-380.

l'amour de connaître, c'était plutôt d'exceller à un jeu qui s'appelle "lire ou écrire" comme en récréation on essaie d'exceller au ballon-panier ou à autre chose[64]. »

***

« À dire la vérité, j'avais presque la manie d'apprendre [...] Il fallait que je connaisse toute la science. C'était une obsession. Un peu maladive[65]... »

Sa sœur l'a confirmé : « Nous avions, le benjamin et moi, raconte sa sœur, de la facilité à étudier et nous faisions ce qu'il fallait, sans plus, tandis que Pierre travaillait toujours plus fort que nous. J'ai cru d'abord que c'était parce qu'il avait plus de difficulté, mais je me rends compte, maintenant, que c'était plutôt qu'il aimait faire les choses à la perfection et cela remonte à ses premières années de classe[66]. »

Trudeau ne nie pas : « J'ai réalisé que je ne faisais pas partie des génies et que je devrais travailler davantage si je voulais atteindre un certain degré d'excellence[67]. »

Un ami d'enfance, devenu un adversaire politique, témoigne :

« Cet ami se souvient que Trudeau travaillait "d'arrache-pied" pendant qu'il étudiait le droit à l'Université de Montréal. [...] "Il était toujours aussi précis qu'une horloge, méticuleux dans tout ce qu'il faisait, que ce soit en travaillant ou en jouant. Mais ce sont justement ces traits de caractère qui constituent son plus grand défaut[68]. »

Selon Pierre Carignan, un confrère à Harvard en 1945-46 : « Quand il était dans sa chambre, il travaillait si fort qu'il ne

---

64. Trudeau, Pierre Elliott, « Entrevue, 29 septembre 1968, Francine Laurendeau », Fonds du très honorable Pierre Elliott Trudeau, Archives nationales du Canada, MG 26 0 13, 1968, p. 5.

65. Trudeau, Pierre Elliott, « Entrevue, 16 décembre 1981, TVA, Michel Jasmin », Fonds Pierre-Elliott-Trudeau, Archives nationales du Canada, MG 26 0 13, p. 4-5.

66. Radwanski, *op. cit.*, p. 45.

67. Trudeau, Pierre Elliott, « Entrevue, 23 février 1982, Global T.V, David Frost », Fonds Pierre-Elliott-Trudeau, Archives nationales du Canada, MG 26 0 13, p. 2.

68. McKenzie, Robert and Dempsey, Lotta, « Pierre Trudeau : "I became accustomed very young to rowing against the current" », *Toronto Daily Star*, 8 avril 1968, p. 9.

répondait à personne. Pour y entrer, nous devions glisser sous la porte une feuille de papier sur laquelle nous avions écrit “Nous voulons te voir[69]”. »

## LE SPORTIF

Un ami qui a connu Trudeau à l'école primaire raconte: « Un jour, il a décidé que personne n'allait l'emporter sur lui. Il se lança à corps perdu dans le sport: la boxe, le plongeon, le ski, et ainsi de suite[70]. »

Selon Clarkson et McCall, « il se lança à corps perdu dans ces sports éminemment solitaires, renforçant cet individualisme et ce perfectionnisme qui, plus tard, caractériseraient son comportement dans d'autres domaines[71]. »

« Trouver sa satisfaction dans le dépassement de soi est une méthode qu'il a appliquée toute sa vie. Au judo, par exemple, il perfectionna sa technique jusqu'à ce qu'il eût obtenu la ceinture brune, laquelle n'est surclassée que par la noire, réservée aux maîtres de ce sport[72]. »

À la suite de son expédition à la baie d'Hudson avec trois compagnons en 1941, il écrit dans son article intitulé « L'ascétisme en canot » que « le voyage doit idéalement se terminer seulement quand les coéquipiers n'en tirent plus de perfectionnement ». (*Journal JEC*, juin 1944[73])

Roger Rolland était un ami depuis le collège Brébeuf: « Je ne connais personne de plus sérieux que lui. S'il fait du plongeon, ce ne sera pas seulement pour le plaisir mais il essaiera aussi d'améliorer sa technique. [...] S'il décide de s'amuser, il doit en prévoir les circonstances[74]. »

---

69. Somerville, David, *Trudeau Revealed By His Actions and Words*, Richmond Hill, BMG Publishing Ltd, 1978, p. 19.

70. McKenzie and Dempsey, *loc. cit.*, p. 9.

71. Clarkson, Stephen et McCall, Christina, *Trudeau: l'homme, l'utopie, l'histoire*, Montréal, Les Éditions du Boréal, 1990, p. 35.

72. Stuebing, Douglas, Marshall, John et Oakes, Gary, *Trudeau, l'homme de demain !*, Montréal, Hurtubise HMH, 1969, p. 23.

73. Trudeau, Pierre Elliott, *À contre-courant, textes choisis, 1939-1996*, Montréal, Stanké, 1996, p. 22.

74. Iglauer, Edith, « Prime minister/Premier ministre », *The New Yorker*, 5 juillet 1969, p. 42.

Ce que Trudeau confirme:

« En sport, je recherchais la compagnie des garçons qui excellaient dans une discipline particulière afin d'y exceller à mon tour. [...] Je tenais également à savoir jusqu'où mon esprit pouvait se rendre et jusqu'où, physiquement, je pouvais atteindre[75]. »

## LE JOURNALISTE

Gérard Pelletier, collègue de Trudeau à *Cité libre*, dit de lui: « Il n'avait pas l'écriture facile. La recherche du mot juste et de la tournure expressive exigeait de lui beaucoup de soin. Jamais content d'un premier jet, il travaillait et retravaillait ses écrits jusqu'à l'heure de tombée[76]. »

Nina Bruneau, alors secrétaire à *Cité libre*, raconte: « Souvent, quand nous étions ensemble, Pierre pouvait prendre une demi-heure seulement pour réfléchir à un problème. Il régnait alors un silence absolu, et ensuite, il reprenait la conversation[77]. »

En 1958, son ami Jacques Hébert avait demandé à Trudeau d'écrire une série d'articles sur la démocratie pour son hebdomadaire *Vrai*: « "Il écrivait ses articles à la main avec énormément d'application et de circonspection", se souvient Hébert. Parfois, même au moment où l'édition hebdomadaire en était à l'étape du montage, Trudeau pouvait arriver en courant et dire: "Je sais qu'il est peut-être trop tard, mais est-ce que je pourrais changer cette virgule[78] ?" »

Son ami Gérard Pelletier le confirme: « À la moindre de ses chroniques hebdomadaires pour le journal *Vrai*, il consacrait des heures. Et souvent, j'en fus témoin, il se précipitait à l'imprimerie, au tout dernier moment, pour changer un mot ou une tournure de phrase dont il n'était pas satisfait[79]. »

---

75. Trudeau, Pierre Elliott, *Mémoires politiques*, Montréal, Le Jour, 1993, p. 34.

76. Trudeau, Pierre Elliott, *À contre-courant, textes choisis, 1939-1996*, Montréal, Stanké, 1996, p. 11.

77. Fraser, Sylvia, « The Private Trudeau », *Star Weekly*, 29 juin 1968, p. 2.

78. Somerville, *op. cit.*, p. 118-119.

79. Pelletier, Gérard, *Les années d'impatience 1950-1960*, Montréal, Stanké, 1983, p. 132.

Le journaliste Jean Pellerin l'a bien connu: « Pierre Trudeau est une sorte de fanatique de la précision, de l'exactitude et de la mesure[80]. »

## LE PREMIER MINISTRE:

Patrick Gossage a été le secrétaire de presse de Trudeau de 1976 à 1982:

« Le premier ministre ne tolérait pas les conversations futiles en voiture ou en avion; la raison à cela était qu'il voulait se concentrer exclusivement sur la tâche à abattre[81]. »

À peu près à la même époque, Jim Coutts était le secrétaire principal de Trudeau:

« Son obsession pour l'écriture et la parole lui causait d'interminables frustrations. [...] Il se sentait très mal à l'aise quand les lettres étaient acceptées sans qu'il en ait vu les réponses. [...] Il passait des heures à réécrire plusieurs d'entre elles [...] Trudeau était également réticent à employer des rédacteurs de discours. [...] Alors que des tempêtes faisaient rage dans les corridors et les salles de réunion autour de lui, il pouvait s'asseoir à son bureau pendant des heures et se concentrer sur une lettre, un discours, un livre ou un dossier[82]. »

Trudeau le reconnaît: « Je corrige surtout les textes que les autres me font. Ils me trouvent fort exigeant[83] ! »

David P. Silcox a été un compagnon de canoë en 1979, alors que Trudeau était devenu chef de l'opposition pendant neuf mois:

« Il était un perfectionniste. Cela se voyait d'innombrables manières. [...] Par exemple, lorsque c'était à lui de faire la vaisselle, il s'exécutait avec plus de soin que n'importe qui d'autre. Un jour [...] je l'entendis s'arrêter devant le feu que quelqu'un d'autre venait de préparer et dire « *Merde** »,

---

80. Pellerin, Jean, *Le phénomène Trudeau*, Paris, Seghers, 1972, p. 139.

81. Southam, Nancy, (dir.), *Trudeau tel que nous l'avons connu*, Montréal, Fides, 2005, p. 79.

82. Cohen, Andrew and Granatstein, J. L., *Trudeau's Shadow: The Life and Legacy of Pierre Elliott Trudeau*, Toronto, Vintage Canada, 1999, p. 147-148.

83. Trudeau, Pierre Elliott, « Entrevue, 16 décembre 1981, TVA, Michel Jasmin », Fonds Pierre-Elliott-Trudeau, Archives nationales du Canada, MG 26 0 13, p. 7.

moitié surpris, moitié mécontent. [...] Après quoi, il reconstruisit le foyer avec les mêmes pierres, mais correctement et certainement de façon plus fonctionnelle[84]. »

## « UN PEU DU GRIPPE-SOU »

Trudeau a confié à son biographe George Radwanski : « Il y avait peut-être aussi chez moi un peu du grippe-sou[85]. »

### « UNE VIE FRUGALE »

Selon une amie, Diane Giguère : « " Ce n'est pas un *playboy* a dit M^lle^ Giguère en faisant référence à l'image publique de Trudeau. Il n'aime pas le gaspillage — qu'il s'agisse de personnes ou de choses[86]. " »

« Ce riche mène une vie frugale, austère même. [...] Sous des dehors volages, sa vie s'apparente bien plus à celle d'un moine qu'à celle d'un libertin[87]. »

Selon le caricaturiste politique Terry Mosher (Aislin), « malgré sa personnalité flamboyante, Trudeau était si frugal dans sa vie privée qu'il s'est fait une réputation de pingre[88]. »

Trudeau a confié à Alain Stanké, lors d'une entrevue télévisée :

« Les possessions, il y en a, mais je n'aime pas m'y attacher trop.

– Vous ne vous attachez pas aux objets ?

– Je ne dirais pas que je ne m'y attache pas. Je dois lutter, je ne veux pas être esclave des objets, j'ai possédé une automobile beaucoup plus tard que la plupart de mes collègues, jeunes avocats. Je préférais la moto, la bicyclette[89]. »

---

84. Southam, *op. cit.*, p. 325.

85. Radwanski, *op. cit.*, p. 85.

86. McKenzie and Dempsey, *op. cit.*, p. 10.

87. Pellerin, Jean, *Le phénomène Trudeau*, Paris, Seghers, 1972, p. 25-26.

88. Southam, *op. cit.*, p. 283.

89. Stanké, Alain, *Pierre Elliott Trudeau : Portrait intime*, Montréal, Stanké, 1977, p. 23. Tiré d'une émission de Télé-Métropole, le 6 mai 1977.

Selon son ami Marc Lalonde, « du côté financier, c'est un Écossais, un conservateur du genre " c'est avec des cents qu'on fait des piastres[90]". »

## « UNE RÉPUTATION DE LADRE »

Une biographe a décrit la réputation du jeune adulte auprès de ses amis :

« Il s'acquit une réputation de ladre, qui prenait rarement la peine de payer de reconnaissance l'hospitalité d'autrui et qui insistait toujours pour partager l'addition. Et à l'âge mûr, il lui arriva encore de passer plusieurs jours chez un ami vivant de son salaire de maître auxiliaire et de partir sans même songer à lui offrir une bouteille de vin[91]. »

## AU RESTAURANT

Marcel Rioux a été étudiant à Paris en même temps que Trudeau en 1946-47 : « Rioux se souvient avoir parfois éprouvé un malaise lorsque Trudeau qui, de même que Rolland, avait apporté sa Harley-Davidson à Paris et qui était de toute évidence bien nanti, passait soigneusement en revue son addition après le repas[92]. »

Son ami Jacques Hébert mangeait souvent avec Trudeau à Montréal à l'époque de *Cité libre* : « Le bureau de Pierre était tout près, et nous avions l'habitude de manger dans un restaurant vraiment très ordinaire au coin de la rue [...] Eh bien, Pierre n'est pas le genre d'homme à payer le repas de ses amis — même s'il n'est que de 1,50 $ — parce que cela enlèverait de la bonne vieille dignité à leur relation[93]. »

L'auteur de la biographie *Le Prince* décrit le comportement de Trudeau au restaurant : « Sa pingrerie, sauf envers ceux pour qui il éprouve de l'attachement, est légendaire. À Montréal, il allait au restaurant sans pardessus, au beau milieu de l'hiver, pour ne pas avoir à payer de vestiaire. Il offre rarement de

90. Radwanski, *op. cit.*, p. 277.

91. McCall-Newman, Christina, *Les rouges*, Montréal, Les Éditions de l'Homme, 1983, p. 85.

92. Somerville, David, *Trudeau Revealed By His Actions and Words*, Richmond Hill, BMG Publishing Ltd, 1978, p. 21.

93. Iglauer, *op. cit.*, p. 47.

régler l'addition d'un autre et n'a généralement pas assez d'argent sur lui pour payer la sienne[94]. »

John Turner, qui a été un ministre de Trudeau et aussi premier ministre du Canada après lui, est allé souvent au restaurant avec son chef :

« Il n'aimait pas payer quoi que ce soit de sa propre poche. Nous avons dû sortir ensemble environ 25 fois, et il n'a jamais ramassé l'addition sauf une fois, en Jamaïque, lorsque Margaret l'a forcé à le faire. [...] Nous étions allés dîner dans un restaurant suisse en Jamaïque [en 1971 ou 1972]. Et Margaret l'avait mis carrément au pied du mur : " C'est ton tour, finalement, Pierre". J'avais l'habitude d'en rire avec ses bons amis Jean Marchand et Gérard Pelletier. Ils ne se rappelaient pas que Pierre ait un jour ramassé l'addition[95]. »

Pour Conrad Black, Trudeau était « un hôte d'une rare courtoisie — peut-être un peu lent à attraper la note de restaurant, même quand c'était lui qui invitait[96]. »

Margot Kidder, qui a connu Trudeau pendant vingt ans, raconte :

« Il y avait des moments où il me contrariait. Par exemple, [...] prétextant d'aller aux toilettes, je retournais dans la salle à manger du grand restaurant où nous avions particulièrement bien dîné, pour laisser sur la table le billet de dix dollars qui compenserait le pourboire de misère qu'il avait laissé plus tôt[97]. »

## LE PAPIER ET LES TIMBRES

« D'après ses amis intimes, Trudeau fait preuve de prudence à d'autres égards. Il est prudent en ce qui concerne l'argent et tout type de gaspillage. Quand il était à *Cité libre*, il avait l'habitude d'écrire ses articles au dos de feuilles de papier qui avaient déjà servi à autre chose. Un ami racontait qu'il avait écrit à Trudeau et posé sur l'enveloppe un timbre

94. Gwyn, Richard, *Le Prince*, Montréal, France-Amérique, 1981, p. 26.

95. « Pierre Elliott Trudeau, 1919-2000, His Life and Legacy », Toronto, *Maclean's*, 2000, p. 112.

96. Southam, *op. cit.*, p. 230.

97. *Ibid.*, p. 302.

de cinq sous alors qu'il n'était nécessaire que d'en mettre un de quatre sous. Trudeau avait souligné ce fait quand il avait répondu à sa lettre[98]. »

## UN LIVRE

« Un membre de la Tribune de la presse à Ottawa s'était rendu au bureau de Trudeau pour obtenir un exemplaire de son dernier livre parce qu'il n'avait pu en trouver un dans une librairie du coin. Trudeau était arrivé au moment où un de ses assistants lui tendait le volume et avait suggéré que les journalistes qui voulaient ses livres devraient partir et aller les acheter[99]. »

## L'ARGENT DE POCHE

« Il est vrai que l'homme a horreur de sortir un sou de sa poche, la plupart du temps vide d'ailleurs! [...] Il lui est souvent arrivé d'emprunter quelques dollars à un adjoint, ou à sa secrétaire, pour régler quelque note personnelle urgente. Et la plupart du temps, il oubliait de rembourser[100]. »

Roméo LeBlanc en a fait l'expérience lors d'une campagne de souscription pour la recherche sur la fibrose kystique de Shinerama: « Après avoir fait cirer ses souliers, M. Trudeau s'est aperçu qu'il n'avait pas d'argent et a demandé de la monnaie au secrétaire de presse Roméo LeBlanc. Puis il s'est emparé du torchon et a frotté les chaussures de M^lle^ Arsenault, » une jeune étudiante de l'Université d'Ottawa. (*Le Devoir*, 19 septembre 1969, p. 1)

## UN PARRAINAGE CHARITABLE

Le photographe de presse Peter Bregg, qui a souvent suivi le premier ministre, raconte qu'il a un jour sollicité un soutien de Trudeau:

« C'est en 1972, je crois, que j'ai décidé de participer à la Marche pour des millions organisée par Oxfam. [...] J'ai donc abordé le premier ministre en lui demandant de me parrainer,

---

98. McKenzie and Dempsey, *loc. cit.*, p. 10.

99. *Ibid.*

100. Vastel, Michel, *Trudeau le Québécois*, Montréal, Les Éditions de l'Homme, nouvelle édition 2000, p. 76.

et il m'a proposé 25 cents le mile [sic]. Effrontément, j'ai répliqué que je venais juste d'obtenir 25 cents de Mitchell Sharp et que, à titre de premier ministre, il pourrait peut-être aller jusqu'à 50 cents. Piqué au vif, Trudeau s'est éloigné en me lançant: "Oubliez ça. Pas question de négocier avec vous." [...] Vingt minutes plus tard, de retour à mon bureau, j'ai reçu un coup de fil de Joyce Fairbairn. Elle m'a dit qu'elle avait convaincu Trudeau que j'avais agi pour une bonne cause et qu'il devait revenir sa décision. Ce qu'il a fait, avec une commandite passée de 25 à 50 cents le mile[101].»

## UNE HAUSSE DE TAXE

«En 1975, alors qu'il était toujours premier ministre, il contesta publiquement une hausse de taxe de huit dollars décrétée par la municipalité de Saint-Adolphe d'Howard pour sa propriété des Laurentides[102].»

## EN TAXI

Un de ses biographes cite un exemple de pourboire généreux donné par Trudeau en 1979, pendant son court intermède comme chef de l'opposition: «À Toronto, après une course de six dollars, il donna vingt-cinq sous comme pourboire au chauffeur et lui demanda: "Est-ce que ça suffit?" L'ayant reconnu, celui-ci ne fit aucune remarque[103].»

## DES VÊTEMENTS

Trudeau est conservateur... pour sa garde-robe: «Il y a beaucoup de choses qui remontent à 20 ans, à 30 ans que ma femme m'empêche de porter mais que je me refuse de jeter par la fenêtre[104].»

Mais il sait aussi être libéral. Par exemple, lors de la campagne électorale de 1980, alors qu'il était le chef de l'opposition, «Trudeau accepta de s'habiller pour avoir "la tête

101. Southam, *op. cit.*, p. 121-122.

102. Gwyn, *op. cit.*, p. 26.

103. *Ibid.*, p. 407.

104. Trudeau, Pierre Elliott, «Entrevue, "Appelez-moi Lise"», 2 avril 1973, Fonds Pierre-Elliott-Trudeau, Archives nationales du Canada, MG 26 0 13, 1973, p. 7.

de l'emploi," déclarant qu'il porterait tout ce que Grafstein croyait à propos, sa seule condition étant que ce soit le Parti libéral qui paie la note[105]. »

Selon Patrick Gossage, l'un de ses secrétaires de presse, « il fallait entretenir minutieusement sa chère et capricieuse Rolex, responsabilité régulièrement dévolue à un magasin spécialisé de Toronto[106]. »

## UNE AMIE

Selon Jennifer Rae, qui a été une amie intime de Trudeau en 1968, « on ne peut pas dire qu'il aimait gaspiller son argent. Quand nous allions au cinéma, il avait rarement de l'argent sur lui et m'empruntait la somme nécessaire, ou encore à son chauffeur. Le seul "cadeau" qu'il m'ait fait pendant toute notre liaison fut une paire de chaussures de tennis usagées, qui appartenait manifestement à une autre de ses amies, et qu'il repêcha dans le coffre de sa voiture avec satisfaction[107]. »

## UN LENDEMAIN DE NOCES

L'officier de la RCMP, Victor Irving, a conduit les nouveaux mariés au condo des Sinclair à Whistler, le 4 mars 1971 :

« Le lendemain matin, le couple m'a demandé de lui apporter de la crème glacée et tous les journaux de Vancouver. Je me suis exécuté, puis j'ai laissé les jeunes mariés au salon, assis par terre en train de feuilleter les journaux. (Pierre me doit toujours 5,75 $[108].) »

## SON ÉPOUSE

Dans sa première autobiographie, Margaret Trudeau écrit : « Dès le premier jour de notre mariage, l'argent a été un sujet de querelle entre nous. [...] Pierre vérifiait chaque

---

105. McCall, Christina et Clarkson, Stephen, *Trudeau : l'homme, l'utopie, l'histoire*, Montréal, Les Éditions du Boréal, 1990, p. 166.

106. Southam, *op. cit.*, p. 79.

107. *Ibid*, p. 286.

108. *Ibid.*, p. 146.

dollar que je dépensais et semblait me donner à contrecœur le moindre superflu[109]. »

Dans une deuxième autobiographie précoce, elle ajoute : « Pierre, si tendre et généreux à bien des égards, a un point faible : il est avare de son argent. [...] Les valeurs morales et l'argent constituaient les deux principaux sujets de discussion[110]. »

Quelques années après la séparation du couple, alors que Pierre Trudeau vient de s'acheter une maison luxueuse à Montréal, Margaret lui demande, début janvier 1980 :

« " Peut-être Pierre, puisque tu seras en pleine campagne pendant quelques mois et que j'aurai la garde des enfants, tu pourrais m'aider un peu ? "

Pierre sortit très désinvoltement [sic] son portefeuille de sa poche. « Tiens, je n'ai pas beaucoup d'argent sur moi, Margaret. Cinquante dollars te suffiraient-ils ? » Ses yeux plissés et son sourire railleur semblaient se moquer de moi. [...] Une maison de trois cent mille dollars, et le voilà qui m'offrait cinquante dollars. C'était non seulement mesquin, mais humiliant[111]. »

## À LA RÉSIDENCE OFFICIELLE

Heidi Bennet a été gouvernante au 24, Sussex Drive après la séparation du premier ministre :

« Monsieur Trudeau avait la réputation de ne jamais gaspiller de l'argent, ce que j'ai pu constater à l'occasion. Il était de la génération qui croit qu'une paire de chaussettes trouées peut être raccommodée, pas jetée ; que nos effets personnels méritent qu'on en prenne soin, qu'on leur accorde une seconde vie. Il était fier de dire que ses bottes de randonnée préférées avaient appartenu à son père. Il les nettoyait et les astiquait lui-même[112]. »

---

109. Trudeau, Margaret, *À cœur ouvert*, Montréal, Les Éditions Optimum, 1979, p. 260-261.

110. Trudeau, Margaret, *Les conséquences*, Montréal, Les Éditions Optimum Internationales, 1982, p. 16, 75.

111. *Ibid.*, p. 125-126.

112. Southam, *op. cit.*, p. 197-198.

## LES CADEAUX

« Il y a peut-être là un trait familial. Nous n'avons jamais été une famille démonstrative, expansive, et très tôt, je veux dire sitôt l'enfance passée, nous avons décidé d'un commun accord, en quelque sorte, de ne pas passer notre vie à échanger des cadeaux à nos anniversaires, à Noël, au Jour de l'An et à Pâques. [...] Ça, c'est entre adultes ; quant aux enfants, oui, je prends toujours une journée ou deux avant Noël pour tâcher de trouver quelque chose pour mes nièces et mon neveu. Mais je ne me donne pas la peine de faire des emplettes pour ma sœur ou mon frère[113]. »

La veille de Noël 1970, sa fiancée est inquiète :

« " Où sont les cadeaux ? " lui demandai-je. " Il n'y a pas de cadeaux, dit-il, surpris par ma question. Nous ne donnons pas de cadeaux à Noël. " [...] Quand Pierre aperçut ma mine scandalisée, il se mit à rire. " D'accord. Allons voir dans le grenier quels cadeaux officiels nous pourrions chiper. " [...] Pierre se montra d'abord quelque peu hésitant à piller ces trésors, mais il se laissa entraîner[114]. »

Après leur séparation, Margaret assiste au déballage des cadeaux des enfants chez leur père, le matin de Noël 1979 : « Les emballages des garçons ne contenaient pas des cadeaux personnels, mais des bibelots que Pierre avait collectionnés çà et là au cours de diverses réceptions — des tracteurs modèles provenant d'une usine de tracteurs — et dont il avait confié l'emballage à la bonne[115]. »

Mais Pierre aime recevoir certains petits cadeaux : « Nous avons une passion en commun : le caviar. [...] Nous avions la chance d'en avoir une provision inépuisable, grâce à la générosité d'amis russes et iraniens qui savaient que nous en raffolions[116]. »

En 1974, alors qu'il était premier ministre, il « permit à Margaret Trudeau d'accepter le voyage au Japon que lui offraient des industriels nippons faisant affaire avec le Canada. Certains journalistes évaluèrent le coût de cette invitation à

113. Radwanski, *op. cit.*, p. 247.

114. Trudeau, Margaret, *À cœur ouvert*, *op. cit.*, p. 75.

115. Trudeau, Margaret, *Les conséquences*, *op. cit.*, p. 124.

116. Trudeau, Margaret, *À cœur ouvert*, *op. cit.*, p. 133.

20 000 $[117] ». C'est ainsi que « Margaret s'envola pour le Japon où elle passa douze jours aux frais de la princesse, en l'occurrence la compagnie *Heiva Shipping*. Sa sœur Heather et Charles, le frère de Pierre, l'accompagnaient[118] ».

Liona Boyd a fréquenté Trudeau après son divorce :

« "Voici un cadeau de Noël pour toi", dit-il, en me tendant deux boîtes de sirop d'érable qu'il avait tirées d'une caisse que lui avait donnée un ministre, Marc Lalonde. Pierre n'a jamais été généreux pour les cadeaux, et j'ai toujours payé mes billets d'avion pour aller à Ottawa ou en revenir. Même Margaret l'a accusé d'être "parcimonieux", et je soupçonne que ce soit en partie à cause de cet aspect de sa personnalité qu'elle a écrit ses livres candides, puisqu'il ne leur offrait, à elle et aux garçons, qu'un soutien minimum.

Un jour j'ai laissé entendre qu'un petit souvenir serait fort apprécié. [...] Poussé au pied du mur, il fouilla dans son tiroir et en sortit une arachide trempée dans l'or et montée sur un collier que lui avait donnée le frère de Jimmy Carter, Billy, et du thé du Ceylan dans une boîte de cuir repoussé qu'il avait ramené d'une Conférence au sommet au Sri Lanka. Ce n'était que des babioles pour lui, mais des trésors pour moi. [...] Heureusement pour nous, ni Margaret ni moi n'étions matérialistes parce que la générosité ne faisait pas partie des qualités de Pierre[119]. »

En juillet 1981, Liona Boyd est invitée à montrer ses talents de guitariste au Château Montebello devant les chefs d'État présents à la 20e Conférence économique au sommet. Elle raconte que Trudeau l'a comblée de cadeaux : « Il m'a inondée de souvenirs de la Conférence, des allumettes, des fruits et des barres de chocolat, que j'ai fourrés dans mon sac à main déjà rempli. Pierre était toujours généreux avec les articles promotionnels superflus des chambres d'hôtel[120]. »

---

117. McCall-Newman, Christina, *Les rouges*, Montréal, Les Éditions de l'Homme, 1983, p. 181.

118. Cochrane, Felicity, *Margaret Trudeau*, Montréal, Les Éditions de l'Homme, 1978, p. 105.

119. Boyd, Liona, *In My Own Key: My Life in Love and Music*, Toronto, Stoddart, 1998, p. 149.

120. *Ibid.*, p. 158.

Mais il ne voulait pas que ses enfants reçoivent de cadeaux de visiteurs, comme l'a raconté Gale Zoë Garnett qui, en mars 1981, avait donné une petite boîte à musique à Michel, alors âgé de cinq ans :

« – Regarde, papa ! Et Miche fit tourner la manivelle de la boîte à musique.

– Où as-tu eu ça ?

– C'est à Gale. Elle me l'a donnée.

Pierre fronça les sourcils, serra les lèvres.

– Non. Cela ne t'appartient pas. C'est à elle. Tu dois la lui rendre.

Médusée, j'intervins :

– Ce n'est pas grave, Pierre. Je voudrais bien la lui offrir.

– Non. Je ne veux pas que les enfants quémandent des cadeaux aux visiteurs.

– Il ne l'a pas « quémandée ». Je la lui ai réellement…

– S'il te plaît, Miche. Rends à Gale sa boîte à musique.

Ce qu'il fit. Nous avions tous deux triste mine[121]. »

## LES VOYAGES

« À mon premier voyage, j'ai fait […] le tour du monde avec une centaine de dollars […] On trouve beaucoup de satisfaction à se débrouiller avec les moyens du bord. Il y avait peut-être aussi chez moi un peu du grippe-sou[122]. »

Michel Vastel cite un exemple de débrouillardise de l'ancien premier ministre : « Au cours de l'été [1989], alors qu'il voulait faire visiter l'Asie à ses trois fils, Pierre Trudeau a demandé à la compagnie aérienne Canadien de lui offrir les quatre billets. Va pour la simplicité et la modestie[123]… »

## EN VISITE À TORONTO

Sarah Scott rapporte que « l'ancien premier ministre rendait souvent visite à sa fille à Toronto, où il demeurait à

121. Southam, *op. cit.*, p. 292.

122. Radwanski, *op. cit.*, p. 85.

123. Vastel, Michel, *Trudeau le Québécois*, Montréal, Les Éditions de l'Homme, nouvelle édition 2000, p. 16.

la résidence de l'université du même nom pour économiser de l'argent[124] ».

## DANS LES LAURENTIDES

Dans les années 90, Kristin Bennett a souvent accompagné Trudeau à sa maison de campagne conçue par Arthur Erikson:

« Pierre venait me prendre le samedi matin pour m'emmener avec lui dans le Nord et, à l'arrière de la Jeep, il y avait un carton avec les restes de la cuisine de la ville soigneusement emballés: un demi-litre de lait, quelques légumes un peu fatigués, des restes enveloppés dans du papier cellophane et un morceau de pain. Il était incapable de jeter de la nourriture[125]. »

## UNE CRISE DE CONSCIENCE?

« Pendant qu'il était à Harvard, Trudeau semble avoir traversé une crise de conscience. Il avait écrit une lettre à Pierre Vadeboncoeur, un ami du temps de ses études à Jean de Brébeuf, à Montréal, pour lui demander conseil. D'après Vadeboncoeur, Trudeau songeait à donner sa fortune personnelle. Vadeboncoeur dit qu'il lui avait répondu "en lui disant de ne pas donner cet argent parce qu'il allait probablement faire de la politique et qu'il aurait besoin de son indépendance financière[126]". »

L'année scolaire suivante (1946-1947), alors étudiant à Paris, Trudeau écrit à Thérèse Gouin: « Il lui a écrit des lettres torturées dans lesquelles il avoue éprouver de la culpabilité à cause des privilèges que lui confère son argent[127]. »

## UNE CHOSE ET SON CONTRAIRE

« Les amis de Pierre Elliott Trudeau disent qu'il affiche un [...] mélange de générosité et de prudence. [...] La vie de

124. « Pierre Elliott Trudeau, 1919-2000, His Life and Legacy », Toronto, *Maclean's*, 2000, p. 132.

125. Southam, *op. cit.*, p. 299.

126. Somerville, David, *Trudeau Revealed By His Actions and Words*, Richmond Hill, BMG Publishing Ltd, 1978, p. 18.

127. Clarkson, Stephen et McCall, Christina, *Trudeau: l'illusion héroïque*, Montréal, Les Éditions du Boréal, 1995, p. 39.

Trudeau était à certains égards assez spartiate, malgré ses complets de toute évidence dispendieux — souvent taillés par Savile Row à Londres —, ses coûteuses Mercedes sport et ses vacances à des endroits comme Tahiti[128]. »

La journaliste Sarah Scott a déjà travaillé pour *The Gazette* à Montréal :

« Trudeau a toujours eu la réputation d'être radin, mais il avait un côté charitable. " Quand il était à Harvard ", se souvient Vadeboncoeur, " je lui ai écrit une lettre dont le timbre était de 0,02 $ de plus que nécessaire. Il me l'a mentionné. Mais il était généreux avec ses amis, y compris avec moi. Quand j'ai acheté une maison en 1963, j'étais sans le sou et j'avais cinq enfants. Il a pris en charge la deuxième hypothèque. Il ne l'a pas fait que pour moi. Il l'a fait aussi pour un autre ami. Quand j'ai acheté ma maison et que nous étions en train de signer le contrat, il a fait ajouter au contrat une lettre disant qu'il était conscient du risque qu'il prenait, mais qu'il le prenait quand même. C'était insensé[129] ". »

L'auteur de la biographie de Trudeau intitulée *Le Prince* cite d'autres exemples : « Il finança les projets littéraires de plusieurs amis et, une fois, envoya un mandat de trois mille dollars à l'un d'eux qui se trouvait à Paris et n'avait plus un sou vaillant en poche[130]. »

L'épouse a aussi remarqué un comportement apparemment contradictoire[131] chez son mari par rapport à l'argent : « La générosité de Pierre [...] tout en étant près de ses sous[132] ».

Selon Gale Zoë Garnett, une amie de Trudeau après sa séparation, « il était célèbre pour sa frugalité (il cessa d'acheter du Perrier lorsque le prix augmenta de quelques cents), mais entre sa frugalité et sa chère gourmandise, c'est la gourmandise

---

128. McKenzie, Robert and Dempsey, Lotta, « Pierre Trudeau : "I became accustomed very young to rowing against the current" », *Toronto Daily Star*, 8 avril 1968, p. 8, 10.

129. « Pierre Elliott Trudeau, 1919-2000, His Life and Legacy », Toronto, *Maclean's*, 2000, p. 27.

130. Gwyn, Richard, *Le Prince*, Montréal, France-Amérique, 1981, p. 26.

131. Repère psychanalytique proposé, la formation réactionnelle (définition en annexe).

132. Trudeau, Margaret, *Les conséquences*, Montréal, Les Éditions Optimum Internationales, 1982, p. 104.

qui l'emportait. Notamment pour le caviar, le faisan, le chocolat fin et les escargots[133]. »

### UN AVERTISSEMENT

Selon Jane O'Hara, Margaret Trudeau a raconté qu'un jour Trudeau a servi cet avertissement à ses garçons: « Il leur a dit que si jamais il apprenait qu'ils se battaient encore entre eux, il allait les déshériter et donner tout son argent à des œuvres de charité et à des églises du Grand Nord canadien[134]. »

## « UN INDIVIDUALISTE ENTÊTÉ »

La biographie publiée par le Parti libéral du Canada au sujet du premier ministre Trudeau en 1981 nous apprend que dès l'école primaire, il avait la réputation d'être « un individualiste entêté[135] ».

Parmi les traits de caractère de la triade analysée par Freud, Ernest Jones a porté une attention particulière « à l'obstination et à tout ce qui s'y rattache, l'insistance à suivre son propre chemin sans se préoccuper des autres, le ressentiment contre toute intervention extérieure, la conviction que personne d'autre ne peut mener à bien une tâche donnée, etc. Les personnes de cette catégorie ont souvent une individualité très marquée[136] ».

## DE L'INDIVIDUALISME

« Je pense que j'ai été un peu pris par le personnage de Cyrano, qui se battait seul contre tous, qui était non conventionnel,

133. Southam, *op. cit.*, p. 296.

134. « Pierre Elliott Trudeau, 1919-2000, His Life and Legacy », Toronto, *Maclean's*, 2000, p. 55.

135. Parti libéral du Canada, *Pierre Elliott Trudeau, premier ministre du Canada: une biographie*, Ottawa, 1981, p. 6.

136. Jones, Ernest, « Traits de caractère se rattachant à l'érotisme anal », [1919], *Théorie et pratique de la psychanalyse*, Paris, Payot, 1969, p. 385-386.

qui jetait les prétentions de la société, qui était un individualiste.» (Trudeau, *La Presse,* 31 août 1993)

## L'ÉLÈVE

«À l'école primaire Querbes de Montréal, instituteurs et camarades de classe se le rappellent comme un individualiste entêté qui s'adonnait fréquemment à des bousculades et à des mauvais tours[137].»

***

«J'étais un de ces enfants turbulents souvent chassés de la classe et quelquefois de l'école [...] Si je jouais les rebelles, je pense que c'était dans l'unique but de prouver que moi, c'était moi[138].»

## LE SPORTIF

«Je pense que je rivalisais constamment avec moi-même; il y avait là une certaine dose d'immaturité. Prenez les sports, par exemple. Au collège, il n'y avait que des sports d'équipe. Je jouais au hockey et à la crosse, mais sitôt sorti du collège, je laissais tomber le sport d'équipe, y préférant le ski, le cyclisme, la plongée sous-marine, le canoëing [sic] ou les choses qui se font seul ou en compagnie restreinte. On s'y met à l'épreuve[139].»

Selon Roger Duhamel, «son individualisme forcené explique que cet excellent athlète n'ait toujours pratiqué que des sports solitaires. Dominateur de tempérament, il est allergique à tout esprit critique.» (*L'Action nationale,* mai 1984, p. 830)

## LE PERSONNALISTE

Trudeau était un adepte du personnalisme, une «philosophie qui fait de la personne humaine, du sujet individuel, la valeur essentielle, la fin principale[140]».

---

137. Parti libéral du Canada, *op. cit.*, p. 6.

138. Radwanski, *op. cit.*, p. 50.

139. *Ibid.*, p. 49.

140. *Le Petit Larousse*, Grand format, Paris, Larousse, 1992.

Il avait rencontré Emmanuel Mounier, le père du personnalisme en France, à Paris en 1946, avec Gérard Pelletier. Ce dernier a rappelé les enseignements du maître: «Mounier nous a encore libérés du dilemme qui ne laissait de choix qu'entre deux absolus: l'individualisme et le collectivisme. En substituant le concept de personne à celui d'individu, il nous a fait comprendre l'importance des liens communautaires, précisant toutefois que ces appartenances essentielles ne diminuent en rien les droits de la personne[141].»

Dans ses *Mémoires politiques*, Trudeau décrit son adhésion à la philosophie d'Emmanuel Mounier et de Jacques Maritain:

«Je suis devenu adepte du personnalisme, une philosophie qui réconcilie l'individu avec la société. La personne, selon ces deux maîtres, c'est l'individu enrichi d'une conscience sociale [...] C'est ainsi que dans ma pensée la notion fondamentale de justice vint s'ajouter à celle de liberté[142].»

Selon son rédacteur de discours, André Burelle, «la vérité vers laquelle Gérard Pelletier aiguillait inconsciemment mon regard et que j'ai mis du temps à reconnaître est que Pierre Trudeau était un individualiste anticommunautaire par passion et un personnaliste-communautaire par raison[143].»

## LE PENSEUR

«Par leur puissance, leur lucidité et leur style, ses écrits nous le montrent comme un penseur unidimensionnel. [...] Certaines des lacunes inhérentes aux écrits de Trudeau prennent, quand on s'y attarde, presque autant d'importance que ses analyses les plus poussées et les plus radicales. Aussi, a-t-il formulé, pour les masquer, sa théorie des "contrepoids", qui consiste à prendre le contre-pied des thèses conventionnelles[144].»

## LE TRAVAILLEUR

«Je me suis toujours considéré comme un solitaire. [...] Je n'étais pas un homme d'équipe. Je n'avais pas l'esprit d'équipe.

141. Pelletier, Gérard, *L'aventure du pouvoir, 1968-1975*, Montréal, Stanké, 1992, p. 186.

142. Trudeau, Pierre Elliott, *Mémoires politiques*, Montréal, Le Jour, 1993, p. 46.

143. Burelle, André, *Pierre Elliott Trudeau: l'intellectuel et le politique*, Montréal, Fides, 2005, p. 68.

144. Gwyn, Richard, *Le Prince*, Montréal, France-Amérique, 1981, p. 62-63.

Sauf à quelques très rares occasions, j'ai toujours agi seul et non en groupe[145]. »

***

« Je me suis senti seul dans la plupart de mes états d'âme ou de carrière. J'ai toujours aimé travailler seul, décider de mon horaire, fixer mes objectifs et mes buts et puis, je vous le disais, même dans la compétition, je suis en compétition seul contre moi-même plutôt que contre les autres. [...] Autrefois, je travaillais toujours individuellement, au bureau, à la Cour, en voyageant, en écrivant[146]. »

***

« J'ai plutôt tendance, explique Trudeau, à agir en solitaire, à vouloir faire les choses par moi-même[147]. »

## LE PREMIER MINISTRE

Selon un de ses ministres, Marc Lalonde, Trudeau « n'a jamais su traiter avec les gens. Quand il travaillait à un projet, c'était à titre individuel[148] ».

John T. S. Saywell a noté un paradoxe chez Trudeau, « un partisan de pouvoirs étendus pour l'État qui nie que quiconque puisse savoir mieux que lui ce qui est bon pour lui[149]. »

L'individualisme de Trudeau se retrouve dans la charte qu'il a imposée au Québec en 1982 : elle ne reconnaît que des droits individuels, et non pas les droits collectifs, aux membres de la minorité francophone au Canada, concentrée au Québec.

145. Trudeau, Pierre Elliott, « Entrevue-11 mars 1975-BBC-Lord Chalfont », Archives nationales du Canada, Fonds du très honorable Pierre Elliott Trudeau, MG 26 0 13, 1975, p. 28-29.

146. Stanké, Alain, *Pierre Elliott Trudeau : Portrait intime*, Montréal, Stanké, 1977, p. 26. Tiré d'une émission de Télé-Métropole, le 6 mai 1977.

147. Radwanski, George, *Trudeau*, Montréal, Fides, 1979, p. 196-197.

148. *Ibid.*, p. 242.

149. Trudeau, Pierre Elliott, *Federalism and the French Canadians*, Toronto, The McMillan Co. of Canada, 1968, p. 7.

### LE CHEF DE L'OPPOSITION

Interrogé à savoir s'il avait été en manque au point de vue de la politique pendant son intermède de huit mois comme chef de l'opposition, Trudeau répond: «Il n'y a pas eu de manque. Il y a peut-être eu un retour à la vie privée et un peu de la personne solitaire que vous décrivez, mais je ne me souviens d'aucune tristesse ou de symptômes de sevrage[150].»

### L'AVEU

«Je pense que je suis solitaire et que cela va avec les autres traits de caractère que je décrivais. Je crois que dans un sens, je suis mon propre juge et que, pour cette raison, je suis aussi, je l'espère, dans une large mesure mon propre maître. Et cela veut dire que je n'ai pas besoin de l'approbation des autres et, dans une certaine mesure, je n'ai pas besoin de leur compagnie[151].»

## DE L'ENTÊTEMENT

«J'étais impertinent avec mon père, avec mes professeurs — avec tout le monde. Cela m'a causé des ennuis, mais quand j'étais intimidé, il fallait que j'aie le dernier mot. En vieillissant, je me suis mis à exposer mon point de vue, puis à me rasseoir, ce qui est une forme de réponse[152].»

### AVEC SON PÈRE

«Pour moi qui tenais, depuis un bon moment, à toujours avoir le dernier mot, c'était une joie que de tester sans cesse jusqu'où je pouvais aller trop loin. Déjà, avec mon père, au début de mon adolescence, j'avais pratiqué ce genre d'exercice et j'ai continué de m'y adonner avec les professeurs de Brébeuf[153].»

150. Trudeau, Pierre Elliott, «Entrevue, 23 février 1982, Global T.V., David Frost,» Fonds Pierre-Elliott-Trudeau, Archives nationales du Canada, MG 26 0 13, p. 7.

151. *Ibid.*, p. 3.

152. Iglauer, Edith, «Prime minister/Premier ministre», *The New Yorker*, 5 juillet 1969, p. 36.

153. Trudeau, Pierre Elliott, *Mémoires politiques*, Montréal, Le Jour, 1993, p. 32.

## AVEC SES PROFESSEURS

« Son esprit rebelle et frondeur lui valait parfois de se faire mettre à la porte de la classe pour insubordination[154]. »

Marcel Casavan a été un camarade de Pierre Trudeau à l'école primaire, puis chez les scouts et ensuite au collège Brébeuf :

« J'aimais écouter Pierre quand il discutait de philosophie, de littérature et de tout le reste avec ses professeurs. Il n'était jamais facile de le convaincre qu'il avait tort, et si quelqu'un tentait de le corriger, il continuait tout simplement à argumenter[155]. »

## AVEC LES AUTONOMISTES QUÉBÉCOIS

Dès 1969, Claude Ryan dénonce l'entêtement centralisateur de Trudeau, « alors que le Québec se fait sans cesse plus exigeant en ce qui touche le respect de sa souveraineté. [...] Ces tendances opposées reflètent deux volontés collectives différentes, c'est-à-dire “ deux nations ” ou à tout le moins deux sociétés : or le refus de cette réalité est le fondement même de la position théorique de M. Trudeau. [...] Avec Trudeau, les problèmes sont restés les mêmes. Et il en sera ainsi aussi longtemps que M. Trudeau ne se départira pas de la rigidité qui caractérise sa position globale. » (*Le Devoir*, le 22 avril 1969)

## AVEC SON ÉPOUSE

Dans l'une de ses autobiographies précoces, Margaret Trudeau parle de « l'attitude sacerdotale et rigide de Pierre[156] ».

## AVEC LES INTELLECTUELS

« Un technocrate qui avait œuvré dans le milieu universitaire avant de venir travailler à Ottawa comme administrateur et planificateur fit remarquer : [...] « Sa morgue a rebuté maints penseurs compétents et originaux. Malgré sa propension à la

---

154. McCall, Christina et Clarkson, Stephen, *Trudeau : l'homme, l'utopie, l'histoire*, Montréal, Les Éditions du Boréal, 1990, p. 36.

155. Trent, Bill, « I Remember Pierre », *Toronto Star*, 12 octobre 1982, p. F1.

156. Trudeau, Margaret, *Les conséquences*, Montréal, Les Éditions Optimum Internationales, 1982, p. 142.

dialectique, il a du mal à accepter les opinions de ceux qui osent se mesurer à lui. Il méprise ceux de ses interlocuteurs qui ne brillent pas par leur esprit. Par contre, avec les individus brillants, il s'acharne à démontrer sa supériorité intellectuelle. Au bout du compte, il s'en tient aux idées qu'il a énoncées voilà vingt ou trente ans. Malheureusement, le premier ministre le plus intelligent de notre histoire se trouve coupé de ses semblables[157]. »

Même son ministre et ami Gérard Pelletier écrivait dès 1968 : « On reproche à Trudeau la rigidité de sa pensée. Je m'en plains moi-même, à l'occasion[158]. »

### AVEC TOUT LE MONDE

« Cet élan irrésistible qui le poussait à contredire tout le monde sur n'importe quel sujet avait le don d'agacer : « Il devait toujours avoir le dernier mot », confierait plus tard son frère Tip [Charles] à l'une de leurs relations[159]. »

## « LES BARRIÈRES DE MON FOR INTÉRIEUR »

En faisant référence à l'un des traits de caractère de la triade reconnue par Freud, Ernest Jones écrit que « l'entêtement [...] peut faire que ces sujets soient extrêmement mal préparés aux relations sociales[160]. »

Trudeau a confié à son biographe « encouragé », George Radwanski : « C'est là un élément bien visible de la composition de ma personnalité, que l'accès à mon for intérieur soit si difficile à tant de gens[161]. »

157. McCall-Newman, Christina, *Les rouges*, Montréal, Les Éditions de l'Homme, 1983, p. 366.

158. Pelletier, Gérard, *Réponses de Pierre Elliott Trudeau*, Montréal, Éditions du Jour, 1968, p.28.

159. Clarkson et McCall, *op. cit.*, p. 37.

160. Jones, Ernest, « Traits de caractère se rattachant à l'érotisme anal », 1919 in « Théorie et pratique de la psychanalyse », Paris, Payot, 1969, p. 398.

161. Radwanski, George, *Trudeau*, Montréal, Fides, 1979, p. 47.

## PENDANT L'ENFANCE

Selon George Radwanski, « si l'on peut retrouver les racines de son autodiscipline dans sa première enfance, il en est de même de la sensibilité qu'il cache si soigneusement derrière son attitude distante[162]. » Trudeau a d'ailleurs confié à Radwanski :

« Enfant, j'étais tellement sensible que le moindre reproche ou la moindre louange m'émouvait jusqu'aux larmes ; c'était là, je suppose, une réaction d'insécurité. Vous savez, je me rappelle des incidents qui remontent à mes premières années de classe, à huit ou neuf ans : dans les échanges de coups de poing avec des enfants plus grands que moi, je me rendais soudainement compte que je pouvais, non seulement me défendre, mais avoir le dessus sur de grandes brutes. Je me souviens plus particulièrement qu'une fois où, de retour en classe [à huit ou neuf ans], j'avais terriblement peur de me faire semoncer pour m'être battu durant la récréation. L'instituteur, au contraire, m'en avait félicité et j'avais fondu en larmes. [...] Je ne sais comment ça s'analyse, mais je me rappelle que j'étais comme ça. [...] C'était peut-être un mécanisme de défense[163] qui m'amenait à me dire : Eh ! bien, dans le monde où nous vivons, je vais recevoir beaucoup de reproches, mais peu d'appuis : autant m'entraîner tout de suite à m'en passer[164]. [...] En pleurant en classe, je me montrais bien faible. J'ai donc décidé de ne jamais plus me donner en spectacle. [...] J'étais un enfant très sensible et je crois que si l'on est ainsi, il faut se forger une armure pour ne pas être sans cesse abattu par le moindre froncement de sourcils ou exalté par le plus faible sourire. Je pense que c'est là un élément bien visible de la composition de ma personnalité, que l'accès à mon for intérieur soit si difficile à tant de gens. [...] C'est l'expression d'un trait de caractère acquis depuis longtemps et qui m'amène à n'ouvrir que prudemment les barrières de mon for intérieur[165]. »

162. *Ibid.*, p. 46.

163. Repère psychanalytique proposé : mécanisme de défense (définition en annexe).

164. Repère psychanalytique proposé : la rationalisation (définition en annexe).

165. Radwanski, *op. cit.*, p. 46-47.

Il a par la suite précisé : « Je pense avoir développé, très jeune, une sorte de tempérament de Cyrano[166], [...] et dans un sens peut-être que c'était une faiblesse, un complexe d'infériorité, je le sais. Mais je me suis obligé à me donner confiance en moi, et à ne pas être écrasé par la critique[167]. »

Dans ses mémoires écrits, Trudeau avoue : « J'avais toujours été, depuis ma jeunesse, un solitaire jaloux de sa liberté. Je maintenais soigneusement mes distances avec mon entourage, quel qu'il fût. [...] Je ne décris pas ce trait de caractère pour m'en vanter ; au contraire, j'en fais état pour expliquer les carences dont j'ai souffert en abordant le métier de chef[168]. »

Et dans ses mémoires télévisées, il ajoute, comme le rapporte André Pratte : « J'étais très timide, au point d'avoir les larmes aux yeux dès qu'on me parlait un peu fort. Alors, je me suis fait un système de défense, peut-être un peu exagéré. » (*La Presse,* 31 août 1993)

Dans ces mémoires, selon Michel Vastel, « il avoue que son père a poussé l'enfant timide et fragile qu'il était à « se faire une carapace. » (*Le Soleil,* 31 août 1993)

## UN TRAIT FAMILIAL

« " Je pense que nous étions tous aimés dans la famille, " dit Trudeau, " mais nous n'affichions pas facilement nos sentiments. Nous étions plutôt réservés en ce qui avait trait aux manifestations bruyantes ou joyeuses. Nous nous aimions bien, mais nous nous occupions de nos propres affaires. Je pense que c'est encore le cas. Nous sommes très unis dans la

---

166. « Dans la version télévisée française de ses *Mémoires politiques*, Trudeau se souvient que son père avait reçu d'un ami un exemplaire du livre qui portait une inscription décrivant Charlie Trudeau comme le Cyrano des hommes d'affaires canadiens-français. Dans la version anglaise, il mentionne avoir mémorisé les grandes tirades de Cyrano pour les récitations à l'école. » (Clarkson, Stephen et McCall, Christina, *Trudeau : l'illusion héroïque*, Montréal, Les Éditions du Boréal, 1995, p. 405, note 56).

167. Trudeau, Pierre Elliott, « Entrevue, 16 décembre 1981, TVA, Michel Jasmin », Fonds Pierre-Elliott-Trudeau, Archives nationales du Canada, MG 26 0 13, p. 12.

168. Trudeau, Pierre Elliott, *Mémoires politiques*, Montréal, Le Jour, 1993, p. 144.

famille, mais chacun respecte la liberté de l'autre[169] et il y a très peu de comptes à rendre ou d'explications à donner[170]". »

Une dizaine d'années plus tard, Trudeau a répété à peu près la même chose :

« Il y a peut-être là un trait familial. Nous n'avons jamais été une famille démonstrative, expansive [...] Nous savons que nous nous aimons, dans la famille, et nous ne passons pas notre temps à nous le dire. [...] Comme je vous le disais, c'est un défaut de nos caractères, un désir d'être absolument indépendant[171] et de tenir pour acquis que l'autre est pareil à soi et que, par conséquent, il n'est pas besoin de passer beaucoup de temps à lui dire qu'il est un bon homme, parce qu'il devrait le lire dans nos yeux, je suppose[172]. »

## AVEC SES AMIS

Trudeau a confié lors d'une entrevue : « Mes amis personnels ne parlent pas de moi en public. S'ils le font, ce ne sont pas des amis, mais des connaissances de passage[173]. »

Une amie intime, Marie Choquet, a confié à une journaliste : « C'est un célibataire énigmatique qui a érigé autour de lui-même un formidable mur de discrétion. Il y a des zones entières de sa vie — sa jeunesse, ses années d'université — dont il ne discute jamais[174]. »

« Ses connaissances trouvaient souvent qu'il était "l'homme le plus froid au monde". Ses amis, par ailleurs, réalisaient que Pierre était une personne qui tenait par-dessus tout à sa vie privée comme sa mère, son frère et sa sœur. Leur réticence et leur réserve — et les excentricités de Pierre — étaient souvent considérées comme de l'arrogance. "Personne n'est froid dans cette famille," dit Nina Bruneau-Choquette, "mais ils paraissent froids aux yeux des étrangers. Et discrets aussi[175]." »

---

169. Repère psychanalytique proposé : la rationalisation (voir définition en annexe).

170. McKenzie et Dempsey, *loc. cit.*, p. 8.

171. Repère psychanalytique proposé : la rationalisation (définition en annexe).

172. Radwanski, *op. cit.*, p. 247.

173. *The Best of Trudeau*, Toronto, Modern Canadian Library, 1972, p. 156.

174. Fraser, Sylvia, « The Private Trudeau », *Star Weekly*, 29 juin 1968, p. 7.

175. Breslin, Catherine, « The Other Trudeaus », *loc. cit.*, p. 85.

Selon Jane O'Hara, « avant d'arriver au pouvoir, cet avocat formé chez les Jésuites était timide et manquait de confiance en lui sur le plan social. Une femme qui le connaissait le trouvait tellement " réprimé sur le plan affectif" qu'elle n'aurait pas été surprise d'apprendre qu'il était finalement devenu moine[176].»

« Il est absolument imperméable à toute forme d'intimité, dit l'un de ses amis[177]. »

## AVEC SON ÉPOUSE

Trudeau avait prévenu sa future femme: « Ça ne sera pas une vie facile pour toi. Et ce ne serait pas une vie facile même si je n'étais pas premier ministre. J'ai cinquante ans, je n'ai jamais vécu longtemps avec une femme et je suis très solitaire par nature[178]. »

Margaret Trudeau a pu s'en rendre compte d'elle-même:

« Il n'aime pas l'indiscrétion. Durant toutes les années que j'ai vécues avec lui, j'ai appris beaucoup plus à son sujet par sa famille et ses vieux amis d'université que par lui-même. [...] J'ai commencé à découvrir un personnage curieusement solitaire. [...] En fait, j'en suis venue à voir clairement qu'il était fait pour être éternellement seul. [...] Il est aussi d'une extrême timidité, renfermé et tout à fait incapable d'exprimer ses sentiments de façon convaincante[179]. »

Dans sa deuxième autobiographie, Margaret Trudeau écrit: « J'en vins à voir en lui un homme désespérément seul (il préférait s'appeler solitaire) qui avait érigé entre lui et le monde une barrière si impénétrable qu'une véritable relation profonde et confiante entre adultes lui était impossible[180]. »

## AVEC SES ENFANTS

Son deuxième fils Alexandre, surnommé Sacha, confiait, lors d'une émission au réseau CTV en octobre 1999: « C'est un

---

176. « Pierre Elliott Trudeau, 1919-2000, His Life and Legacy », Toronto, *Maclean's*, 2000, p. 41.

177. Gwyn, Richard, *Le Prince*, Montréal, France-Amérique, 1981, p. 242.

178. Trudeau, Margaret, *À cœur ouvert*, Montréal, Les Éditions Optimum, 1979, p. 61.

179. *Ibid.*, p. 47, 52, 55, 199.

180. Trudeau, Margaret, *Les conséquences*, Montréal, Les Éditions Optimum Internationales, 1982, p. 175.

homme très distant. Il reste secret, même pour nous. J'imagine qu'il a mené une vie de solitaire... Je crois que cela fait partie de son personnage, de sa personnalité [...] et qu'il sera toujours d'un naturel distant[181]. »

## AVEC UNE BONNE D'ENFANTS

Leslie Kimberley-Kemper a été gouvernante de 1977 à 1979, après la séparation du couple Trudeau :

« Quand je travaillais comme bonne d'enfants auprès de Justin, Sacha et de Michel, monsieur Trudeau n'était pas du genre à distribuer sans raison les compliments ou les mots de remerciement. [...] Les compliments et les petits mercis de sa part étaient rarissimes, et d'autant plus appréciés. [...] Il était frappant de voir que les mots gentils arrivaient à mes oreilles de manière indirecte — le plus souvent par la bouche de la coordonnatrice des affaires domestiques, Maryalice Mullaly, et non pas de monsieur Trudeau lui-même[182]. »

## LE PREMIER MINISTRE

Il n'aimait pas les réunions sociales, comme l'explique sa biographe Christina McCall-Newman :

« Trudeau lui-même détestait les rencontres mondaines et les bavardages politiques en raison, entre autres, du malaise qu'il n'avait jamais cessé d'éprouver dans les réunions sociales, en dépit de l'importance de son poste. Il ne savait pas comment se comporter lorsqu'il ne pouvait se donner en spectacle, que ce soit à titre d'orateur, d'athlète, de danseur, de don Juan, d'animateur de séminaire ou dans tout autre rôle théâtral lui permettant de mettre des distances en[tre] lui-même et des interlocuteurs inconnus[183]. »

Selon le journaliste Jim Ferrabee, « Trudeau était timide, il n'était pas doué pour le bavardage et il n'était guère capable d'autodérision ou d'humour sur quelque sujet que ce soit[184]. »

---

181. Hamel, François, « Les funérailles de P. E. Trudeau », *Dernière heure*, 14 octobre 2000, p. 15.

182. Southam, *op. cit.*, p. 187.

183. McCall-Newman, Christina, *Les rouges*, Montréal, Les Éditions de l'Homme, 1983, p. 137.

184. Southam, *op. cit.*, p. 133.

Un des proches collaborateurs du premier ministre, Ivan Head, a remarqué que « Trudeau n'exprime que rarement sa pensée intime[185] ».

Jim Coutts, le secrétaire principal de Trudeau, ajoute :

« Comme tout un chacun, bien sûr, il avait quelques amis intimes, souvent des amis de toujours, mais il était également l'une de ces rares personnes qui aiment vraiment la solitude, qui se détendent plus souvent en étant seule qu'en société. [...] Pierre protégeait soigneusement son espace personnel. Il n'avait rien, pour ainsi dire, d'un pote. [...]

Il me paraît maintenant clair que, même en dehors de son petit cercle d'intimes, Pierre n'était pas tout à fait le loup solitaire ou l'intellectuel isolé qu'il avait pu paraître soit au travail, soit dans quelque activité physique pratiquée dans ses loisir[186]. »

Selon un secrétaire de presse de Trudeau, Ralph Coleman, « il n'était pas le genre d'homme sujet aux émotions extrêmes. Il n'était pas porté aux éloges ni aux claques dans le dos quand les choses tournaient bien, ni aux crises de colère lorsqu'elles tournaient mal[187]. »

Un de ses ministres, Donald MacDonald, a confié à un biographe de Trudeau : « S'il est un domaine où il a ses faiblesses, c'est celui des relations humaines. Vous savez, c'est un homme peu communicatif qui n'a pas, je pense, beaucoup d'inclination pour autrui, de sorte qu'il ne réussit pas toujours à comprendre la situation des gens ni à se trouver de la sympathie pour eux[188]. »

Selon un ancien ministre de Trudeau et son successeur, John Turner : « Il n'avait pas de talent pour manipuler les gens : il avait de la difficulté à établir des rapports avec eux. Tout se passait là. (Turner pointe un doigt vers sa tête[189]) »

David P. Silcox a été un compagnon de canoë en 1979, alors que Trudeau était devenu chef de l'opposition pendant

---

185. Radwanski, *op. cit.*, p. 239.

186. Southam, *op. cit.*, p. 52-54.

187. *Ibid.*, p. 63.

188. In Radwanski, *op. cit.*, p. 242.

189. « Pierre Elliott Trudeau, 1919-2000, His Life and Legacy », Toronto, *Maclean's*, 2000, p. 108.

neuf mois: «Il était timide et réservé. L'arrogance qu'on lui a souvent prêtée, je l'attribue à sa timidité[190].»

## «UN BLOC DE GLACE À LA PLACE DU CŒUR»

Pierre avait quinze ans à la mort de son père: «"Ce fut traumatique, profondément traumatique», rappelle-t-il. "Même aujourd'hui, je ne puis assister à des obsèques sans pleurer[191]".»

Son ministre Marc Lalonde a déclaré à Radwanski: «C'est un homme qui a beaucoup de cœur, un homme très sensible, quoi qu'on pense. Je l'ai vu pleurer aux funérailles d'un ami, du député libéral Albanie Morin; il a aussi pleuré à celles d'un vieil ami à nous deux. Les enfants l'émeuvent facilement. Il donne l'impression d'avoir un cœur de pierre, mais c'est faux[192].»

Mais selon un journaliste qui considérait Trudeau comme un ami, c'était plutôt un cœur de glace: «Il avait un bloc de glace à la place du cœur. C'est ce qui le rendait incomplet, c'est ce qui l'avait transformé en un handicapé affectif incapable de réagir de manière sincère, et c'est pourquoi les gens ont cessé de lui faire confiance. Nous le considérions comme l'homme au masque de fer. Il n'a jamais changé. Mais nous, oui[193].»

## RAISON OU PASSION?

Dans sa première autobiographie, à l'âge de trente ans, Margaret Trudeau a décrit une décoration de la résidence officielle du premier ministre: «Sur le palier de l'escalier [...] était suspendue une courtepointe conçue par Joyce Weyland et sur laquelle la devise de Pierre avait été amoureusement brodée dans un atelier de New York: "La raison avant la passion[194]".» Selon une amie de Trudeau, Nancy Southam, après sa retraite de la politique, c'est à son chalet

190. Southam, *op. cit.*, p. 325.

191. Radwanski, *op. cit.*, p. 68.

192. Radwanski, *op. cit.*, p. 56.

193. Newman, Peter C., «The iron mask», *Maclean's*, 6 avril 1998, p. 27.

194. Trudeau, Margaret, *À cœur ouvert*, Montréal, Les Éditions Optimum, 1979, p. 262.

des Laurentides qu'« était accrochée l'œuvre célèbre de Joyce Wieland, *La raison avant la passion*[195] ».

Mais il oubliait souvent cette devise quand il était question d'un statut particulier pour le Québec, comme l'écrivait Claude Ryan en rapportant les propos de Trudeau alors qu'il était ministre de la Justice : « Cette dernière thèse est, aux yeux de M. Trudeau, "une connerie", une "grande fumisterie intellectuelle". [...] Non seulement il rejette sans examen certaines idées pourtant très raisonnables. Il va jusqu'à descendre, dans sa manière de discuter, à un niveau d'irrationalité indigne de tout intellectuel qui se respecte. » (*Le Devoir*, 8 septembre 1967, p. 4)

Commentant le dernier livre de Trudeau dans lequel il présente « *L'essentiel de sa pensée politique*[196] », Pierre O'Neill montre que la passion passait encore avant la raison chez l'ancien premier ministre :

« Ce qui n'a pas changé chez lui, c'est le ton, aussi provocant que jadis. Une agressivité qui carbure à la haine des nationalistes québécois, qu'il qualifie de « pleurnichards ». [...] Même si son hostilité obsessionnelle à l'endroit du nationalisme québécois l'entraîne souvent à la dérive, le maître de l'irrévérence, le politicien arrogant du passé retrouve quelque peu dans ce recueil le sens de la réflexion fondamentale. » (*Le Devoir*, 17 septembre 1998, p. A 8)

## « UN ORIGINAL »

Bien que, sur le plan intérieur, Trudeau ait dès l'école primaire « décidé de ne jamais plus [se] donner en spectacle[197] », sur le plan extérieur, il a, au contraire, acquis à l'adolescence « un malin plaisir à être ce qu'on appelait en ce temps-là un original[198] ».

195. Southam, *op. cit.*, p. 48.

196. Trudeau, Pierre Elliott, avec la collaboration de Ron Graham, *Trudeau : l'essentiel de sa pensée politique*, Montréal, Le Jour, 1998.

197. Radwanski, George, *Trudeau*, Montréal, Fides, 1979, p. 47.

198. *Ibid.*, p. 49.

## LE COLLÉGIEN

Selon son biographe, « déjà, à son entrée à Brébeuf, il s'appliquait à affirmer son individualité au moyen d'une combinaison d'espièglerie, de rébellion, d'excentricité et de pugnacité[199]. »

Ainsi, « durant un cours d'économie politique du père Richard Arès, Trudeau se leva soudain : " J'en ai assez. Si on est tous d'accord, chantons « Ô Canada » et sortons d'ici[200] ". » « Il s'était joint à un groupe de jeunes effrontés qui s'appelaient eux-mêmes " Les Snobs[201] ". »

Trudeau a expliqué comment il est devenu « un original » :

« Me trouvant ainsi fait, résolu à me débrouiller seul et ne recherchant que ma propre approbation, j'ai soudainement pris un malin plaisir à être ce qu'on appelait en ce temps-là un original[202], dans ma façon de me vêtir, dans mes lectures et mes goûts artistiques. Je me suis donné du mal pour montrer que c'était une affaire de discipline et si vous lisez le journal de l'école de ces années-là, vous y trouverez des articles où je décriais la mode, les gens qui en étaient esclaves, ou des coutumes ou encore des vérités et des valeurs reçues[203]. »

***

« J'avais imaginé un truc qui consiste à se laisser tomber tout raide en avant vers le sol, et à prévenir au tout dernier moment la collision avec le parquet, en portant les mains

---

199. *Ibid.*, p. 67.

200. Stuebing, Douglas, Marshall, John et Oakes, Gary, « Trudeau, l'homme de demain ! », Montréal, Hurtubise HMH, 1969, p. 21.

201. McCall, Christina et Clarkson, Stephen, *Trudeau : l'homme, l'utopie, l'histoire*, Montréal, Les Éditions du Boréal, 1990, p. 36.

202. Repère psychanalytique proposé : « Il faut rappeler la conduite de bien des gens considérés comme des excentriques et dont la manière d'être se fonde en grande partie sur un caractère anal. Ils penchent dans les grandes choses comme dans les petites à agir contrairement aux habitudes des autres. Ils portent des vêtements aussi différents que possible de la mode du jour. [...] La parenté entre ce comportement et l'obstination, qui nous est familière comme trait de caractère, est incontestable. » (Abraham, Karl, « Compléments à la théorie du caractère anal », *Œuvres complètes / II, 1915-1925*, Paris, Payot, 1965, p. 243).

203. Radwanski, *op. cit.*, p. 49.

devant soi. Un peu cabotin, je me livrais à cet exercice pour épater la galerie. [...] Au beau milieu d'une réception ou même d'une rencontre plus sérieuse, nous nous laissions tomber l'un après l'autre, au grand désarroi de l'entourage. Un peu m'as-tu-vu? Sans doute. Mais tout de même amusant[204].»

«"L'art de la cabriole", avait prédit le père Roger Marcotte, son condisciple de Brébeuf[205].»

Les camarades de Trudeau à la fin du secondaire dressent un portrait de leur vice-président du conventum en classe de rhétorique: «La parfaite harmonie entre le sérieux et le badin... Du reste, on ne peut savoir quand il est l'un ou l'autre. Ce qui est sûr, c'est qu'il est l'un et l'autre. [...] Il n'y a peut-être qu'une chose qu'il prend au sérieux chez lui: c'est cette mentalité badine et souriante qu'il a...» (*Brébeuf*, 11 mai 1938)

## LE JOURNALISTE EN HERBE

Un an avant de terminer son cours classique, l'étudiant Trudeau a publié dans *Brébeuf*, l'hebdomadaire des élèves de ce collège, un essai humoristique:

«L'originalité n'est autre chose que le rare effet d'une personnalité vraie, d'une patience soutenue et de quelques autres causes. [...] C'est clair qu'il faut s'entraîner à passer pour des détraqués, si nous aspirons à poser des actes franchement honnêtes [...] soit de porter un lacet de bottine à la place de la cravate, soit de revêtir des culottes courtes; peut-être de se faire raser la tête, ou encore de se laisser pousser la barbe.» (*Brébeuf*, 24 février 1939)

Dans un autre article humoristique «Sur les pompiers», Trudeau, rédacteur en chef du *Brébeuf*, disserte sur l'originalité:

«Nous nous sommes complus [sic] aux dogmes stéréotypés et aux modes désuètes. Puis, pour dissimuler la platitude de nos concepts, nous avons peinturluré notre agir d'une façon d'originalité. [...] Nous avons compris que l'originalité de la pensée aussi existe, et qu'elle est essentielle à la personnalité.» (*Brébeuf*, 22 février 1940)

---

204. Trudeau, Pierre Elliott, *Mémoires politiques*, Montréal, Le Jour, 1993, p. 33.

205. Vastel, Michel, *Trudeau le Québécois*, Montréal, Les Éditions de l'Homme, nouvelle édition 2000, p. 141.

Trudeau a aussi publié dans l'hebdomadaire des étudiants de l'Université de Montréal un texte humoristique soi-disant en faveur de la conscription et intitulé « Plus rien n'importe, sauf la victoire » (*Le Quartier latin*, 20 novembre 1942). Dans cet article, il semble parodier le sénateur Léon-Mercier Gouin qui vient donner des cours sur la jurisprudence internationale. Ce sénateur libéral était le père de Thérèse Gouin, sa « fiancée ». « Il affecte une grande réserve lorsqu'il s'adresse au sénateur mais, quand il se retrouve avec ses amis, c'est pour railler ses manières pompeuses. Il se présente un jour rue McTavish [dans le Square Mile à Montréal] muni d'un paquet d'autocollants contre la conscription et murmure à Thérèse qu'il serait amusant d'en coller subrepticement un ou deux dans le dos de son père, qui ferait ainsi office d'affiche ambulante pour des idées auxquelles il s'oppose avec la dernière énergie[206]. »

À la fin de cette parodie, il signe :

« Pierre Elliott TRUDEAU, Chevalier True de la Roche-Ondine. »

Le Chevalier, sans doute une allusion aux prétentions du sénateur, est suivi d'un rébus qui évoque une partie du nom de Trudeau prononcé à l'anglaise, « True » (vrai en anglais), et une allusion au reste de son nom, « de la Roche-Ondine » (Pierre-D'eau),

Au début de cet article, une note précise qu'il s'agit de « boutades [...] dont l'exagération les rend d'ailleurs parfaitement inoffensives ». Ces « boutades » trahissaient peut-être des pensées inconscientes[207] ou inavouées, mais que par la suite Trudeau dévoilera par ses écrits, ses paroles ou ses actes. Voici quelques-unes de ces « boutades » révélatrices :

« Supposons, par impossible, que l'Angleterre eût eu des torts envers nous, Canadiens français. Imaginons, pour les nationaleux, que nous ayons quelque grief légitime contre la race majoritaire. Et après ? [...]

Quant à votre fierté nationale, étudiants, elle est vertu recommandable. Mais en temps et lieux. Après la Victoire

---

206. Clarkson, Stephen et McCall, Christina, *Trudeau : l'illusion héroïque*, Montréal, Les Éditions du Boréal, 1995, p. 35.

207. Repère psychanalytique proposé : le mot d'esprit. (Freud, Sigmund, « *Le mot d'esprit et ses rapports avec l'inconscient* », trad. M. Bonaparte et M. Nathan, Paris, NRF, 1905).

du droit sur la violence, de la justice sur l'iniquité, nous reprendrons, si vous y tenez encore, toutes ces questions de Dieu, d'humanisme intégral, de corporatisme, d'autonomie, de travail des femmes, de conscription d'enfants, et de je-ne-sais-quoi encore[208]. [...]

De votre part, étudiants, soyez tolérants; tendez la main vers vos concitoyens de langue anglaise; soyez aimables pour eux; sachez les servir au bon moment; et vous les verrez bientôt vous sourire.» (*Le Quartier latin*, 20 novembre 1942, p. 3)

Le journaliste en herbe Trudeau a enfin signé une critique littéraire sur *Les origines de l'homme américain* de Paul Rivet:

«Rivet a fait cette machine qui m'enthousiasme; j'y vois que tout se tient, tout s'enchaîne, tout s'explique. Point d'engrenage sans engrènement. Ni d'excentrique par excentricité. [...] Ah! que la science est belle sans fumisterie!» (*Le Quartier latin*, 12 novembre 1943)

Michel Vastel a relevé quelques surnoms dont Trudeau a gratifié des confrères: «Au moins doit-on au jeune étudiant piqué de bonne rhétorique quelques textes savoureux où, devenu Chevalier Truc de la Roche-Ondine, il surnomme les copains "Monsieur Hilfet de Lafrase", "Jean Féïtou", "Sassonne Lecreux", "A. Lhume Lalumière", ou son "cher Shé Taclé[209]".»

## L'ÉTUDIANT EN DROIT

«En période d'examens à la faculté de droit, il s'est un jour rasé la tête afin de n'être pas tenté d'interrompre son étude pour aller à une fête que donnaient les Gouin[210].»

---

208. Trudeau reprendra à peu près la même idée en 1959, mais cette fois sans le déguisement d'une boutade: «Ce qu'il faut chez nous, en termes très concrets, c'est secourir les miséreux, démolir les taudis, mettre les pauvres à l'école, ouvrir les portes à la culture, chasser les primaires de l'université et les bandits de la politique...Une fois cette révolution accomplie, s'il en sort un peuple qui parle encore français et qui aille encore à l'église, eh bien! tant mieux pour ceux qui voudront après coup qualifier l'opération de nationaliste.» (*Le Devoir*, 6 mai 1959, p. 6) Mais «une fois cette révolution [tranquille] accomplie» au Québec, il part à Ottawa pour combattre la «fierté nationale» et l'«autonomie» d'un «peuple qui parle encore français»!

209. Vastel, *op. cit.*, p. 29.

210. McCall et Clarkson, *op. cit.*, p. 52.

Une amie, Andrée Desautels, a rappelé le côté fantaisiste de Trudeau: «Il a le sens de... la *fantaisie*. Vous pouviez être en train de lui parler sérieusement pendant une réception et, au moment où vous vous y attendiez le moins, il pouvait se mettre debout sur les mains[211].»

Le finissant en droit s'amuse aussi à un jeu guerrier:

«Trudeau avait acheté une grosse moto Harley-Davidson [...] Un après-midi, pendant sa dernière année de droit, [...] Rolland avait revêtu l'uniforme allemand et Trudeau, l'uniforme français. Puis ils sont partis à toute vitesse à la campagne pour surprendre des amis qui passaient quelque temps à St-Adolphe-de-Howard[212] [sic].»

## «ASSEZ DE CATAPLASMES, PASSONS AUX CATACLYSMES»

Au plébiscite d'avril 1942, le Québec a voté massivement contre la conscription, contrairement au reste du Canada. Six mois plus tard, une élection partielle a lieu dans le comté d'Outremont; Jean Drapeau, candidat du Bloc populaire, fait la lutte au candidat libéral en faveur de la conscription, Léo Laflèche, ministre des Services armés et major général. Lors d'une assemblée électorale, l'étudiant en droit Trudeau, l'un des orateurs invités, s'est écrié: «Fini la flèche du conquérant, vive le drapeau de la liberté!» Ce jeu de mots est repris comme titre du compte rendu du *Devoir* dans lequel on cite entre autres l'orateur Trudeau:

«En démocratie, on m'a appris qu'on se présente comme citoyen et non comme le représentant d'une clique militaire. [...] En démocratie le peuple ne se trompe guère. Et si nous ne sommes pas en démocratie, qu'on commence sans tarder la révolution. [...] On demande au peuple le suicide. Citoyens du Québec ne vous contentez pas de chialer. Vive le drapeau de la liberté! Assez de cataplasmes, passons aux cataclysmes.» (*Le Devoir*, 26 novembre 1942, p. 3, 10)

---

211. Fraser, Sylvia, «The Private Trudeau», *Star Weekly*, 29 juin 1968, p. 6.

212. Somerville, David, *Trudeau Revealed By His Actions and Words*, Richmond Hill, BMG Publishing Ltd, 1978, p. 16.

## UN TALENT PRÉCOCE

Selon François-J. Lessard, le jeune Trudeau aurait fait partie des Frères Chasseurs,« une société secrète fondée à l'époque de l'insurrection de 1837-38, vouée à l'indépendance du Québec[213] ». Dans une lettre ouverte en 1977, François-J. Lessard rappelle à son Frère Chasseur d'autrefois ses talents de comédien:

« Tu te souviens, Pierre, de cette pièce allégorique, « Dollard », [...] en pleine bataille du référendum fédéral de 1942 [27 avril] sur la question du service militaire obligatoire qu'allait nous imposer la majorité anglophone des deux Canadas réunis: [...] une poignée d'indépendantistes québécois, femmes et hommes, groupés dans une société secrète dont l'origine et le nom remontaient déjà à plus d'un siècle, les Loges de Chasseurs, jouaient une adaptation contemporaine du combat du Long-Sault, en plein air, au pied du Mont-Royal. [...] Sur la scène, brillait dans son costume de grand sachem iroquois nul autre que le futur premier ministre libéral du Canada, Pierre Elliott Trudeau. [...]

Nous voilà [en 1943] transportés à l'école Le Plateau, au cœur d'un autre parc montréalais, le Lafontaine. [...] Aujourd'hui, [...] c'est le Frère PET, à la faveur d'un débat oratoire dont sa toute fraîche consécration officielle comme plaideur le rend l'un des protagonistes. Un débat sur la galanterie! Comment peut-on, en partant d'un tel sujet, contrecarrer les mesures de guerre? [...] Tu m'as réservé le clou de la fin. Je me lève et te crie: «Mais, Monsieur Trudeau, vous êtes-vous jamais demandé comment vous finirez vos jours si vous persistez à discourir de la sorte?» Tu commences par tirer un revolver de ta poche et par m'abattre. L'importun étant exécuté, tu daignes ensuite répondre à la question. Tu pivotes sur les talons afin de tourner le dos à la foule, tu étires le cou et, à l'image de Riel que tu aimes évoquer, tu joins les mains comme un pendu les a liées en arrière, à la hauteur du fessier, puis tu clames: " Avec un Union Jack là[214] ! " »

---

213. Lessard, François-J., *Messages au «frère» Trudeau*, Pointe-Fortune (Québec), Éditions de ma grand-mère, 1979, p. 9.

214. *Ibid.*, p. 125-127.

## LE VOYAGEUR AUTOUR DU MONDE

Trudeau avoue avoir été considéré comme un excentrique lors de ses démêlés avec la police arabe au Moyen-Orient, en 1948 : « J'étais un individu plutôt excentrique à leurs yeux, plus excentrique encore que semeur de trouble[215]. »

En 1952, il est invité gracieusement à une conférence économique à Moscou. Mais cela ne l'empêche pas de scandaliser ses hôtes : « Là-bas, au grand chagrin de son guide et interprète, il avait été découvert lançant des balles de neige contre une statue de Staline. [...] De tels gestes — dont les conséquences n'ont pas toujours été si heureuses — ont parfois fait en sorte que Trudeau ne soit considéré que comme un simple clown[216]. »

Jack Cowan faisait partie des cinq autres Canadiens invités à Moscou avec Trudeau : « Il adorait aller voir la troupe de ballet du Bolshoï. Il y faisait un truc que je l'avais vu faire plusieurs fois. Il n'applaudissait pas ; il se tenait debout dans l'allée et tombait simplement à plat sur les mains sans plier les genoux[217]. »

Jacques Hébert a également assisté à une excentricité de Trudeau lors d'un voyage en Chine en 1960 : « Nous marchions dans le foyer d'un grand hôtel. Il était flanqué d'un interprète et d'un économiste. Il leur parlait tout en marchant. Il a probablement été agacé ou quelque chose du genre parce que, tout à coup, il a fait une pirouette parfaite, puis a continué de parler comme si rien ne s'était passé[218]. »

## LE CANDIDAT LIBÉRAL

Au début des années 60, « Trudeau, le dandy d'Outremont qui roulait en Mercedes, n'impressionnait pas les cercles de gens

215. Trudeau, Pierre Elliott, « Entrevue-11 mars 1975-BBC-Lord Chalfont », Archives nationales du Canada, Fonds du très honorable Pierre Elliott Trudeau, MG 26 0 13, 1975, p. 22.

216. Gzowski, Peter, « Portrait of an Intellectual in Action », *Maclean's*, 24 février 1962, p. 29.

217. Somerville, David, *Trudeau Revealed By His Actions and Words*, Richmond Hill, BMG Publishing Ltd, 1978, p. 54.

218. « Pierre Elliott Trudeau, 1919-2000, His Life and Legacy », Toronto, *Maclean's*, 2000, p. 25.

qui avaient de l'importance dans le Québec francophone», selon Benoit Aubin[219].

Gus Bennett a décrit l'allure de Trudeau lors d'une réunion en 1964, avant la convention de nomination du candidat du Parti libéral du Canada dans le comté de Mont-Royal: «Il est venu assister à la première réunion, et ce fut un désastre. Sa chemise était ouverte presque jusqu'au nombril et il arrivé dans un cabriolet décapotable duquel dépassaient des bâtons de golf. Il avait l'air d'un hippie. Il semblait dire: “Si vous me voulez, je suis disponible[220]”.»

## LE MINISTRE DE LA JUSTICE

Son camarade de collège et collaborateur Roger Rolland raconte qu'«au moment où il entreprend son premier discours comme ministre de la Justice — il est chaussé de sandales et porte une cravate en forme de foulard[221]».

La journaliste du *New Yorker* avait noté ses excentricités:

«Quand il était un ministre célibataire, ses excentricités fascinaient le pays [...] Il se rendait à son bureau dans l'austère parlement d'Ottawa vêtu d'un veston sport, d'un foulard et de sandales; il pouvait se mettre sur la tête, marcher sur les mains, plonger tout habillé dans une piscine, ou glisser le long d'une rampe d'escalier dans un endroit public. Il pouvait conduire une moto ou le plus récent modèle de voiture sport, tout en portant un manteau de cuir, peut-être en compagnie d'une ravissante jeune femme qui faisait moins de la moitié de son âge[222].»

## LA TRUDEAUMANIE

Pendant la course à la direction du Parti libéral du Canada en avril 1968, «il posait pour les photographes, envoyait la

219. *Ibid.*, p. 75.

220. Somerville, *op. cit.*, p. 179.

221. Rolland, Roger, «Pierre Trudeau, un chef exceptionnel», *Sélection du Reader's Digest*, juillet 1984, p. 76.

222. Iglauer, Edith, «Prime minister/Premier ministre», *The New Yorker*, 5 juillet 1969, p. 36.

main à ses supporteurs de temps en temps, s'amusait à se lancer des raisins dans la bouche, ou jouait avec une fleur[223]. »

« La campagne électorale de juin 1968, ce sera la course de Monsieur Trudeau à travers le Canada ; ce sera des baisers, des fleurs, des sourires ; ce sera la trudeaumanie[224]. »

Laurent Soumis rappelle que c'est le début de « la "trudeaumanie", où l'image triomphe sur le contenu, et où — malgré sa devise — la passion en vient à dominer la raison ». (*Le Journal de Québec*, 29 septembre 2000, p. 3 A)

« Brillant, déterminé et sans aucun complexe, il offrira l'image d'un homme moderne portant la chevelure longue, arborant la rose à la boutonnière et des tenues vestimentaires originales qui en font un redoutable séducteur[225]. »

***

« Et qui plus est, les médias l'adoraient. Ils aimaient — nous aimions — son style : son côté irrévérencieux, son indépendance, son mode de vie de *playboy*, sa Mercedes convertible et son culot lorsqu'il apparaissait en sandales et foulard sur la colline parlementaire. [...] Quand la trudeaumanie balayait le pays, les dames tombaient en pâmoison et leurs filles mendiaient un baiser[226]. »

Le conservateur Dalton Camp a rappelé aux médias leur rôle dans la trudeaumanie : « C'est grâce à vous, les journalistes, qu'il est devenu un dieu. Il était si beau, si charmant, si superbe, si intellectuel, et il pouvait citer aussi bien Descartes que Socrate. Et tout le monde avait un orgasme chaque fois qu'il ouvrait la bouche. » (*Maclean's*, 6 avril 1998, p. 25)

Un admirateur en est même mort à Kamloops en 1980, comme l'a raconté George Wilson :

« Un vieil Indien répondant au nom d'Alfred Trudeau avait insisté pour rencontrer son lointain cousin, qu'il avait perdu de vue depuis des lustres. [...] Alfred Trudeau a eu à peine le

223. Radwanski, George, *Trudeau*, Montréal, Fides, 1979, p. 123.

224. Savoie, Claude, *Les crises de Pierre Elliott Trudeau*, Montréal, Guérin, 1979, p. 91.

225. *Almanach du peuple 2001*, « Pierre Elliott Trudeau, La mort d'un homme d'État », Groupe Polygone Éditeurs, Montréal, p. 365.

226. Stevens, Geoffrey, « Breaking the mould », *Maclean's*, 6 avril 1998, p. 24-25.

temps de poser un regard sur l'autre M. Trudeau avant de s'évanouir sur la scène. [...] Le lendemain matin, nous avons appris qu'Alfred Trudeau était mort[227]. »

Mais comme l'a rappelé Benoit Aubin, « Pierre Trudeau n'a jamais atteint, dans sa propre province, le statut de vedette dont le gratifiaient les Canadiens des autres provinces — frappés de stupeur et les yeux larmoyants — quand il a surgi sur la scène publique en 1968[228]. »

## « EN SPECTACLE »

D'après Jane O'Hara, se démarquant des premiers ministres précédents, « Trudeau est arrivé comme une vedette de cinéma, en costume et avec tous les accessoires. Il portait une cape noire et de somptueux chapeaux mous. [...] Que ce soit dans le rôle du dandy citadin ou de l'homme des bois vêtu de cuir, il est devenu la vedette de son propre film, le symbole distant et canaille qui faisait tomber les femmes en pâmoison[229]. »

Pendant la campagne électorale de 1968, « souvent, on l'a vu se retirer à l'écart et se tenir sur la tête durant quelques minutes à la façon des yogis[230]. »

« Le chef du gouvernement — tout comme l'ancien candidat à la direction du Parti libéral fédéral — se conduisit en plusieurs occasions en véritable pitre. Il se donnait en spectacle[231]. »

Laurent Soumis rappelle que c'est « tout un premier ministre, en fait, que ce *playboy* qui fréquente le *jetset* et qui maîtrise à merveille l'art des pirouettes, des calambours et des doigts d'honneur. » (*Le Journal de Québec*, 29 septembre 2000, p. 3 A)

Son épouse a aussi souligné son originalité : « Il tirait parti de tout ce qui lui tombait sous la main. Un jour apercevant une motocyclette de policier, il a sauté dessus et est parti dans

227. Southam, Nancy, (dir.), *Trudeau tel que nous l'avons connu*, Montréal, Fides, 2005, p. 104-105.

228. *Maclean's*, 2000, *loc. cit.*, p. 74.

229. *Ibid.*, p. 41.

230. Pellerin, Jean, *Le phénomène Trudeau*, Paris, Seghers, 1972, p. 107-108.

231. Brunet, Michel, *L'historien Michel Brunet juge Pierre Elliott Trudeau*, Montréal, Guérin, 2000, p. 56.

un vacarme assourdissant. Une autre fois, il y avait une piscine où il a fait la joie de tout le monde avec ses plongeons spectaculaires[232]. »

Selon Carl Mollins, « Trudeau était [...] particulièrement connu pour ses accès puérils de bouffonnerie, surtout lorsqu'il se trouvait dans le champ d'une caméra[233]. »

Thomas Axworthy, a été *principal secretary* de Trudeau 1981 à 1984 : « Il prenait sa fonction au sérieux, mais jamais lui-même. Il y avait en Pierre Trudeau un côté espiègle qui n'attendait que l'occasion de s'exprimer[234]. »

Selon Patrick Gossage, l'un des secrétaires de presse de Trudeau, « en voyage, il devait toujours disposer d'une rose rouge pour mettre à sa boutonnière[235]... »

C'est habillé en Mandrake le magicien que le premier ministre Trudeau est descendu des estrades pour remettre la Coupe Gray aux Alouettes de Montréal, en 1970. » (*Le Soleil*, 29 septembre 2000, p. A 4)

Robert Lewis a décrit ainsi une photo de Trudeau en janvier 1978 : « C'est le pistolero politique conscient des sondages, les pouces accrochés à sa ceinture comme John Wayne[236]. »

Dans sa lettre ouverte du 30 avril 1979, François J. Lessard se souvient de son « cher Pierre du Canada, les yeux [...] dévotement clos et la langue gracieusement tirée pour recevoir la communion des mains du nonce Angello Palmas, comme l'illustre sur quatre colonnes une photo de la propagande libérale destinée aux Québécois, en page 1 de la section F de *La Presse* du 17 mai 1978[237]. »

Peter C. Newman a rappelé des numéros de spectacle de Trudeau :

---

232. Trudeau, Margaret, *À cœur ouvert*, Montréal, Les Éditions Optimum, 1979, p. 203-204.

233. *Maclean's*, 2000, *loc. cit.*, p. 91.

234. *Ibid.*, p. 119.

235. Southam, Nancy, *op. cit.*, p. 78.

236. *Maclean's*, 2000, *loc. cit.*, p. 148.

237. Lessard, François-J., *Messages au « frère » Trudeau*, Pointe-Fortune (Québec), Éditions de ma grand-mère, 1979, p. 169.

« Il nous éblouissait. Il était l'homme qui [...] sautait sur des plateformes ou défendait farouchement ses positions, les pouces accrochés à la ceinture. [...] Il pouvait se baigner nu, faire des plongeons fabuleux et rouler sur un unicycle [...] avoir deux de ses trois fils nés le même jour que Jésus-Christ[238]. »

## AU PARLEMENT CANADIEN

Selon Mario Fontaine, « ce goût de la provocation, Pierre Elliott Trudeau l'étend à sa tenue vestimentaire. Il porte des manteaux à frange, se pointe aux Communes en sandales avec un foulard de soie autour du cou. Il arrive un jour avec un costume rayé tellement bizarre qu'un ténor de l'opposition demande au président de la Chambre pourquoi le premier ministre est venu siéger en pyjama. Touché. [sic] Trudeau répondit par un sourire contraint et ne revint plus jamais dans cet accoutrement. » (*La Presse*, 29 septembre 2000, p. A 8)

George Radwanski a rappelé l'un des spectacles de Trudeau à Ottawa : « Appuyer ses mains sur les bureaux de la Chambre des communes en balançant ses jambes vers l'opposition comme un gymnaste sur les barres parallèles. [...] C'était l'expression du comédien instinctif et de l'homme de spectacle en Trudeau[239]. »

« Certains le voient marcher sur les mains dans les sombres couloirs de l'austère bureau du premier ministre à Ottawa[240]. »

## LA CORDE AU COU

Peter Bregg, le photographe de la Presse canadienne chargé d'accompagner Trudeau, a reçu cet aveu : « Il m'a un jour avoué qu'une des raisons pour lesquelles il m'aimait bien était que je n'apportais pas de stylo. Seul l'appareil photo pouvait capter ce qu'il souhaitait mettre en évidence. » (*Maclean's*, 6 avril 1998, p. 2)

Peter Bregg a pris le fameux cliché qui montre Trudeau faisant semblant de se pendre avec sa cravate, la langue sortie :

---

238. Newman, Peter C., « The iron mask », *Maclean's*, 6 avril 1998, p. 27.

239. Radwanski, George, *Trudeau*, Montréal, Fides, 1979, p. 120.

240. Vastel, Michel, *Trudeau le Québécois*, Montréal, Les Éditions de l'Homme, nouvelle édition 2000, p. 74.

« Voilà la réaction que le premier ministre Trudeau a eue en étant nommé membre honoraire du club de presse d'Ottawa, le 17 septembre 1968. » (Presse canadienne, *Le Soleil,* 29 septembre 2000, p. A 4)

## CHEZ LE GOUVERNEUR GÉNÉRAL

Le 23 avril 1968, quelques jours après avoir été désigné premier ministre, Trudeau se rend secrètement chez le Gouverneur général pour lui demander de dissoudre le Parlement : « À la résidence du gouverneur, au lieu d'emprunter l'entrée principale, il a sauté le mur du jardin, comme un cambrioleur[241]. »

Peu après sa réélection à la tête d'un gouvernement minoritaire le 30 octobre 1972, Trudeau s'est une autre fois illustré chez le représentant de la reine : « Je me suis présenté plein d'assurance chez le gouverneur général, en blouson de cuir indien et voiture sport, pour bien marquer qu'il ne s'agissait pas d'une défaite mais d'un défi et qu'il n'était pas question pour moi d'abandonner la partie[242]. »

## DANS LE DOS DE LA REINE

Trudeau a exécuté une pirouette dans le dos de la reine en 1977 à Londres. Il a confié deux ans plus tard à Doug Ball, l'auteur de la fameuse photo, ses intentions de ce moment-là, comme le rappelle Éric Desrosiers : « Ravi de faire la connaissance de l'auteur de cette célèbre image, le premier ministre lui a expliqué qu'il n'avait pas voulu manquer de respect à l'égard de la reine mais qu'en tant que Canadien, il n'aimait pas non plus avoir l'air trop servile à son égard. » (*Le Devoir,* 28 septembre 1999, p. A 8)

Jim Coutts, qui était alors *principal secretary* de Trudeau, a révélé la planification et la signification de ce célèbre pas de danse, sans doute appris lors de son cours de ballet au début des années cinquante :

« La plupart des gens tenaient pour acquis que la célèbre pirouette de Trudeau au palais de Buckhingham, en présence de la reine Élisabeth, était simplement un geste impulsif et

241. Pelletier, Gérard, *Le temps des choix, 1960-1968*, Montréal, Stanké, 1986, p. 378.

242. Trudeau, Pierre Elliott, *Mémoires politiques*, Montréal, Le Jour, 1993, p. 141-144.

indécent, — et spontané. En fait, il l'avait préparé des heures à l'avance parce qu'il s'opposait fermement au protocole du palais qui distinguait les chefs d'État des chefs de gouvernement. La pirouette maintes fois répétée à l'avance était une façon de montrer son objection[243] sans dire un mot[244]. »

## EN CHEF DE L'OPPOSITION

En août 1979, Trudeau était devenu chef de l'opposition depuis deux mois. Sa conseillère Joyce Fairbairn a décrit l'allure de Trudeau lors de sa conférence de presse à l'annonce du décès de John Diefenbaker :

« Pierre ne s'était pas rasé de l'été et, apparemment, ce n'était pas très beau à voir, bien qu'il semblât, lui, immensément satisfait de son apparence. [...] C'était vraiment la barbe la plus miteuse qu'il m'ait été donné de voir — mélange insolite de gris, de rouge, de blanc et de brun[245]. »

## EN VOYAGE OFFICIEL À L'ÉTRANGER

Selon Jacques Poisson, « M. Trudeau se balade aux quatre coins du monde pour se faire voir sous tous les angles devant le plus de photographes possible. [...] Notre premier ministre se fait photographier en compagnie des grands de la planète, [...] avec des *girls*, avec des modèles et des vedettes de tous acabits. [...] Notre premier ministre a pris plaisir à grimacer dans le dos de la Reine, à faire la nique aux chefs d'État dans les réunions internationales, à donner des bourrades à M$^{me}$ Thatcher. » (*Le Devoir*, 9 février 1981, p. 12)

Carl Mollins a rappelé quelques gamineries de Trudeau, d'abord à Londres vers 1975 : « sa glissade le long de la rampe d'escalier de la somptueuse Lancaster House pendant que les autres chefs de gouvernement du Commonwealth descendaient

---

243. Repère psychanalytique proposé, l'annulation rétroactive : « Mécanisme psychologique par lequel le sujet s'efforce de faire en sorte que des pensées, des paroles, des gestes, des actes passés ne soient pas advenus ; il utilise pour cela une pensée ou un comportement ayant une signification opposée. » (Laplanche, Jean et Pontalis, J.-B., *Vocabulaire de la psychanalyse*, Paris, P.U.F., 7$^{e}$ édition,1981, p. 29)

244. Cohen, Andrew and Granatstein, J. L., *Trudeau's Shadow: The Life and Legacy of Pierre Elliott Trudeau*, Toronto, Vintage Canada, 1999, p. 149.

245. Southam, Nancy, (dir.), *Trudeau tel que nous l'avons connu*, Montréal, Fides, 2005, p. 61.

les marches une à une. À Stockholm, il avait affiché son talent avec un yo-yo[246] ».

Dans son album souvenir, l'éditeur de *Maclean's*, Robert Lewis, note : « Sur la scène internationale, Pierre de la Pirouette [...] prenait parfois du bon temps avec des femmes à l'allure négligée[247]. »

## L'ACTEUR EN RÉPÉTITION

Jim Coutts nous a révélé la préparation des spectacles de son patron :

« Il appréciait la solitude et l'exigeait pour lire, réfléchir et écrire. Fait plus étonnant, il profitait aussi de sa solitude pour répéter, car c'était un acteur. Le public voyait Trudeau comme un homme vif d'esprit, presque insouciant, qui lançait des remarques désinvoltes, glissait le long des rampes d'escalier royales, ou faisait des grimaces et des gestes de mime sur un coup de tête. Mais en public, il ne disait et ne faisait pratiquement rien qu'il n'ait minutieusement répété à l'avance. [...] Le besoin peu connu qu'avait Trudeau de procéder à des répétitions a créé un intéressant problème sur le plan politique. La plupart de ses collègues n'ont jamais compris pourquoi il refusait d'inviter des gens dans son auto quand il se rendait à un événement politique [...] Trudeau roulait seul simplement parce qu'il voulait prendre le temps de répéter la logique, les mots, l'humeur et les gestes pour le prochain événement[248]. »

## L'ANNONCE DU DÉPART LE 29 FÉVRIER 1984

René Lévesque a remarqué que « coquet jusqu'au bout, Trudeau a choisi ce mercredi bissextile pour annoncer son nouveau départ[249] ».

246. « Pierre Elliott Trudeau, 1919-2000, His Life and Legacy », Toronto, *Maclean's*, 2000, p. 91.

247. *Ibid.*, p. 12.

248. Cohen, Andrew and Granatstein, J. L., *Trudeau's Shadow: The Life and Legacy of Pierre Elliott Trudeau*, Toronto, Vintage Canada, 1999, p. 149-150.

249. Lévesque, René, *Attendez que je me rappelle...*, Montréal, Éditions Québec Amérique, 1986, p. 489.

## CE N'EST PAS MOI, C'EST LUI

Pour Trudeau, c'était plutôt le premier ministre du Québec qui jouait à la vedette[250]: « Je connaissais Lévesque depuis longtemps. [...] Il était un peu prima donna, en ce sens qu'il recherchait volontiers la vedette[251]. »

## « QUELQUE PEU EXHIBITIONNISTE »

Selon Sarah Scott, « Trudeau adorait impressionner la galerie, ce qui peut sembler étrange de la part d'une personne qui tenait tant à sa vie privée. [...] " Depuis son enfance, il aimait compenser sa timidité en se donnant en spectacle," révélait Vadeboncoeur au magazine *Maclean's*. " Au collège et à l'université, il avait l'habitude de faire des sauts en ski, pas de niveau olympique, mais tout de même dangereux. Il était quelque peu exhibitionniste[252]". »

De son côté, Gerald Clark estime que Trudeau, « sans être exactement un exhibitionniste, ne craint pas d'afficher sa passion pour les avions, les voitures sport, les manteaux de cuir, les jeunes femmes et les réparties désinvoltes. [...] Il a le tort d'être vaniteux, non pas nécessairement à propos de son formidable intellect, mais en ce qui concerne son âge et sa détermination à conserver une allure jeune et athlétique[253]. »

Son amie Liona Boyd a rappelé que Trudeau était « ceinture brune en judo, un skieur et un plongeur — un homme qui glissait sur les rampes d'escalier du palais de Buckingham et osait porter des sandales au bureau. Au début, les Canadiens adoraient ses excentricités[254] ».

---

250. Repère psychanalytique proposé, la projection: « Opération par laquelle le sujet expulse de soi et localise dans l'autre, personne ou chose, des qualités, des sentiments, des désirs, voire des " objets", qu'il méconnaît ou refuse en lui. » (Laplanche, Jean et Pontalis, J.-B., *Vocabulaire de la psychanalyse*, Paris, P.U.F., 7e édition,1981, p. 344)

251. Trudeau, Pierre Elliott, *Mémoires politiques*, Montréal, Le Jour, 1993, p. 217.

252. « Pierre Elliott Trudeau, 1919-2000, His Life and Legacy », Toronto, *Maclean's*, 2000, p. 25-26.

253. Clark, Gerald, « Trudeau without Trudeaumania — Canada's P.M. is not a simple swinger nor a radical reformer », *The New York Times Magazine*, 25 janvier 1970, p. 5, 10.

254. Boyd, Liona, *In My Own Key: My Life in Love and Music*, Toronto, Stoddart, p. 161.

En août 1971, le ministre Allan J. MacEachen a accueilli Trudeau et Margaret à sa résidence du Cap-Breton en Nouvelle-Écosse, et au son des cornemuses, comme il l'a raconté :

« Musique fort appréciée dans les circonstances, étant donné le lieu et les origines de nos hôtes, la mère de Pierre étant une Elliott appartenant à un clan à la frontière de l'Écosse. La chose était tout aussi valable pour Margaret, puisque son père, Jimmy Sinclair, [...] était né à Banff, en Écosse, et était fier de ses origines écossaises sans en faire tout un plat. [...] Je souhaitais que M. Trudeau porte son kilt lors de sa visite au Gaelic Mod. Il avait apporté avec lui son kilt au tartan du clan des Elliott, qu'il pouvait porter à juste titre, mais il avait oublié son *sporran*[255]. Il se demandait s'il devait porter son kilt sans *sporran* et sollicita mon avis. Sans vraiment envisager toutes les conséquences, je l'encourageai à le faire. Le kilt était la tenue vestimentaire appropriée dans les circonstances. J'étais convaincu que la tenue serait très appréciée de l'assistance nombreuse. Ce n'est pas sans raison que l'on porte un *sporran* sur son kilt, comme M. Trudeau devait le constater avant la fin de l'après-midi. Quoi qu'il en soit, il reçut un accueil formidable, jouissant au passage d'une visibilité allant au-delà de ce que son conseiller en communication eût souhaité[256]. »

Michel Vastel conclut que « Pierre Trudeau a toujours aimé se faire remarquer par ses véhicules, autant que par ses atours : la Harley-Davidson, la Jaguar, la Mercedes... [...] Il aimait la compagnie des jolies femmes, comme il aimait les belles voitures, les tenues un peu excentriques[257] ».

255. Aumônière (bourse) en cuir qui se porte sur le devant du kilt.

256. Southam, Nancy, (dir.), *Trudeau tel que nous l'avons connu*, Montréal, Fides, 2005, p. 351-352.

257. Vastel, Michel, *Trudeau le Québécois*, Montréal, Les Éditions de l'Homme, nouvelle édition 2000, p. 38, 52.

## « ME QUALIFIER DE DILETTANTE »

Ayant bien connu Trudeau, « son condisciple de collège, M. Jean de Grandpré, président du conseil de Bell Canada, n'hésite pas à affirmer que son ancien camarade " a toujours été un dilettante et un snob intellectuel" », selon Roger Duhamel. (*L'Action nationale*, mai 1984, p. 828)

### L'ÉTUDIANT À MONTRÉAL

Trudeau est indécis quant à son choix de carrière : « J'avais longtemps hésité entre le droit, la psychologie, la sociologie et les sciences politiques. Je prévoyais vaguement consacrer ma vie à l'enseignement, mais je ne savais pas encore dans quelle discipline[258]. »

Selon des journalistes, « à cette époque, on n'enseignait pas la psychologie à l'Université de Montréal et Trudeau ne pouvait quitter le pays à cause de la guerre[259]. »

Il sera donc, comme son père, étudiant en droit à l'Université de Montréal.

### L'ÉTUDIANT À HARVARD

« La plupart des quelques étudiants américains et canadiens anglais ayant rencontré Trudeau durant son passage à Harvard se souviendront de lui comme d'un être qui, doté d'une brillante intelligence, n'en est pas moins hésitant, à la recherche de sa voie[260]. »

***

« Il se terre alors dans sa chambre de Perkins Hall, refusant de répondre lorsqu'on frappe à sa porte et travaillant sans relâche. [...] Une fois Trudeau devenu célèbre, des Canadiens anglais qui étaient à Harvard à la même époque mais qui n'étaient ni ses amis, ni même des camarades de classe,

---

258. Trudeau, Pierre Elliott, *Mémoires politiques*, Montréal, Le Jour, 1993, p. 44.

259. McKenzie, Robert et Dempsey, Lotta, « Pierre Trudeau: "I became accustomed very young to rowing against the current." », *Toronto Daily Star*, 8 avril 1968, p. 9.

260. McCall, Christina et Clarkson, Stephen, *Trudeau : l'illusion héroïque*, Montréal, Les Éditions du Boréal, 1995, p. 38.

disent à son sujet qu'il n'a jamais travaillé fort et que c'était un dilettante[261]. »

## L'ÉTUDIANT À PARIS

« Au cours de l'année qu'il passe à l'École des sciences politiques et à la Faculté de droit, Pierre Trudeau n'est donc pas un étudiant très assidu. Il n'en tirera d'ailleurs aucun diplôme[262]. »

## L'ÉTUDIANT À LONDRES

À la fin de son année à Londres, Trudeau décrit où il en est dans ses études :

« J'avais complété à Harvard ma scolarité de doctorat ; il me restait à rédiger ma thèse. Cette obligation me servirait de prétexte pour entreprendre un tour du monde. J'avais choisi mon sujet. Il s'agirait d'étudier les relations entre deux doctrines, christianisme et marxisme, qui se disputaient l'adhésion des Asiatiques. J'avais choisi l'Inde comme terrain d'étude[263]. »

Mais un peu plus loin dans ses mémoires, c'est plutôt la Chine : « Pour les fins de la thèse dont j'entretenais toujours le projet, la Chine constituait alors le plus intéressant terrain d'observation dont on pouvait rêver[264]. »

Le sujet du projet de thèse de doctorat de Trudeau varie selon les sources et avec le temps. En 1979, Trudeau confie à son biographe « encouragé » :

« On pourrait trouver une raison aux premiers voyages, surtout ceux que j'ai faits immédiatement après mes études en Europe. Comme bien des jeunes qui faisaient leurs études supérieures, j'avais en tête de rédiger une thèse : la mienne traiterait de la confrontation entre le communisme et la démocratie chrétienne occidentale dans les pays du Tiers monde[265]. »

---

261. *Ibid.*, p. 37 et 404, note 44.

262. Vastel, *op. cit.*, p. 58.

263. Trudeau, Pierre Elliott, *Mémoires politiques*, Montréal, Le Jour, 1993, p. 53.

264. *Ibid.*, p. 62.

265. Radwanski, George, *Trudeau*, Montréal, Fides, 1979, p. 84.

Selon une lettre de l'Academic Registrar de la London School of Economics and Political Science en 1988, le sujet était : *Les libertés dans la province de Québec*[266].

Mais la thèse ne dépassera pas le stade du projet : « Tout au long du voyage qu'il fit, en 1948-1949, au Moyen-Orient et en Asie, dans le cadre d'un tour du monde en solitaire entrepris sous le prétexte de se documenter pour sa thèse à laquelle, en fait, il ne travailla jamais sérieusement[267] ».

Des Canadiens alors étudiants ont connu Trudeau à Londres : « Paul Fox [...] et Joan Fox, son épouse [...] se souviendront de Trudeau comme d'un "jeune aristocrate en train de faire son tour d'Europe, très intelligent mais plutôt désengagé[268]". »

En effet, selon Blair Fraser, « au cours des dernières années, ces soi-disant études représentaient surtout des prétextes commodes pour aller s'amuser à Paris et à Londres (du moins, c'est ce qu'il dit[269]). »

## « AUDITEUR LIBRE »

De l'avis de Roger Duhamel, « il importe de dissiper une légende qui a la vie tenace et qu'il n'a jamais été dans son intérêt de démentir. S'il est vrai qu'il a pris ses inscriptions dans de grandes écoles, il est également exact qu'il les a surtout fréquentées comme auditeur libre et plus ou moins assidu. À Harvard, aux Sciences-Po de Paris et à la School of Economics de Londres, il a suivi à la sauvette les cours qui l'attiraient sans jamais se préoccuper de l'obtention d'un diplôme, ce qui affiche à la fois son amateurisme et la diversité de sa curiosité intellectuelle. [...] Versons ici au dossier le témoignage de son ancien ministre Éric Kierans : "Il ne prêtait pas attention à l'économie [...], il avait l'habitude de me dire qu'il n'y entendait rien". » (*L'Action nationale*, mai 1984, p. 833-834)

---

266. Clarkson, Stephen et McCall, Christina, *Trudeau : l'homme, l'utopie, l'histoire*, Montréal, Les Éditions du Boréal, 1990, p. 46, 365, note 32.

267. *Ibid.*, p. 47.

268. Clarkson, Stephen et McCall, Christina, *Trudeau : l'illusion héroïque*, Montréal, Les Éditions du Boréal, 1995, p. 41-42.

269. « Pierre Elliott Trudeau, 1919-2000, His Life and Legacy », Toronto, *Maclean's*, 2000, p. 144.

## LE GRAND VOYAGEUR

De retour au Québec après son voyage autour du monde, Trudeau a encore la bougeotte : « Il s'établit vite un pattern : Trudeau travaillait un temps au Canada, puis partait brusquement pour quelque destination exotique[270]. »

« Pierre Trudeau continuera à multiplier les voyages autour du globe durant les années 50, à un âge où la très grande majorité de ses camarades sont des chefs de famille responsables[271]. »

Grant Davy a été un compagnon de voyage de Trudeau au Ghana en 1957 :

« Il me donnait l'impression de courir dans toutes les directions, à la fois sur le plan intellectuel et dans sa façon de voltiger d'un lieu à un autre dans les pays que nous visitions. [...] Je me souviens vaguement de quelques conversations que j'avais eues à propos de Trudeau avec d'autres membres du personnel de notre colloque — ceux qui le connaissaient (ne serait-ce que de réputation) ont confirmé qu'il aimait mettre le feu aux poudres puis s'éloigner rapidement pour fuir les conséquences de son geste[272]. »

Roger Duhamel cite l'opinion sévère d'un commentateur : « Malgré ses voyages prolongés à l'étranger, il a très peu compris ce qui s'y passe et il ne le soupçonne même pas. » (*L'Action nationale*, mai 1984, p. 832-833)

## L'AVENTURIER... PRUDENT

Selon son ami Gérard Pelletier, « Pierre aimait le risque, mais calculé. On le considérait généralement comme un casse-cou, à cette époque [1958], et lui-même encourageait peut-être un peu cette légende qui le flattait. Mais s'il recherchait effectivement l'exploit physique ou tout au moins le dépassement de ses performances antérieures, il n'était pas téméraire[273]. »

270. Radwanski, *op. cit.*, p. 82.

271. *Almanach du peuple 2001*, « Pierre Elliott Trudeau, La mort d'un homme d'État », Montréal, Groupe Polygone Éditeurs, p. 361-362.

272. Somerville, David, *Trudeau Revealed By His Actions and Words*, Richmond Hill, BMG Publishing Ltd, 1978, p. 115.

273. Pelletier, Gérard, *Les années d'impatience 1950-1960*, Montréal, Stanké, 1983, p. 292.

« Ce même amalgame d'audace et de prudence transparaît tout au long de la vie de Trudeau — quand il était écolier, étudiant, globe-trotter, sportif et essayiste politique. [...] Cette attention portée aux détails, la volonté de prendre des risques — mais seulement des risques calculés — revient constamment sur le tapis quand on interroge les gens qui ont connu Trudeau. [...] " Il projette l'image d'un casse-cou", dit Pelletier, " mais il est en fait extrêmement prudent. Il est très courageux sur le plan physique, mais d'une manière calculée[274]". »

En voici un exemple : « Pendant l'été 1941, il a ramé sur une distance d'un millier de milles jusqu'à la baie d'Hudson avec un ami, Guy Viau. Trudeau avait insisté pour que Viau subisse une ablation de son appendice avant d'entreprendre le voyage en disant qu'il était stupide de risquer d'avoir une attaque d'appendicite à des centaines de milles de la civilisation. Viau avait obéi et subi une appendicectomie. Ce n'est que plus tard qu'il apprit que Trudeau n'avait jamais fait enlever le sien[275]. »

En effet, ce n'est qu'en 1946, et alors en pleine civilisation, à Paris, que Trudeau a subi une attaque d'appendicite : « C'est là que Trudeau, cinq ans après avoir persuadé Viau de subir une ablation de l'appendice en prévision de leur randonnée en canot, a eu une crise d'appendicite. Il avait été transporté d'urgence à l'Hôpital américain pour subir une appendicectomie[276]. »

## LE « SOUS-EMPLOYÉ »

« Ce furent autant ces voyages que l'absence, chez lui, d'une occupation unique à plein temps qui valurent à Trudeau cette réputation de dilettante qu'il a encore sur le cœur[277]. »

***

274. McKenzie et Dempsey, *loc. cit.*, p. 8-10.

275. Somerville, *op. cit.*, p. 17.

276. *Ibid.*, p. 22.

277. Radwanski, *op. cit.*, p. 98.

« Il traîna une réputation de " sous-employé" parmi ses amis tout au long des années 50 et jusqu'au début de la décennie suivante[278]. »

***

« Pierre Trudeau est un avocat, un économiste, un globe-trotter et un gosse de riche qui a rarement accompli ce que la plupart des gens appellent une honnête journée de travail[279]. »

De septembre 1949 à octobre 1951, Trudeau est fonctionnaire au Conseil privé à Ottawa : « J'ignore toujours ce qui le décida [...] à quitter le Conseil privé. Ce n'est pas l'attrait d'un emploi précis dans la métropole puisqu'il n'en tiendra aucun dans les dix années qui suivirent. Il fera beaucoup de choses et de très importantes mais toujours comme pigiste, à la carte, et selon l'inspiration ou les besoins du moment[280]. »

Selon Clarkson et McCall, « en 1959, l'année de son quarantième anniversaire, même ses proches croyaient qu'il ne ferait jamais une fin, qu'il ne trouverait jamais un emploi stable ou n'entretiendrait jamais une relation durable, et qu'il continuerait de " gaspiller ses étonnants dons intellectuels dans une bohème futile" et dans des voyages incessants[281]. »

## LE « CITÉLIBRISTE »

« Jusqu'en 1965, la seule activité stable de Trudeau fut *Cité libre*[282]. »

Gérard Pelletier a été son ami et collaborateur à *Cité libre* : « Je crois qu'il était jaloux d'un certain don que j'avais pour

278. Cochrane, Felicity, *Margaret Trudeau*, Montréal, Les Éditions de l'Homme, 1978, p. 50-51.

279. Gzowski, Peter, « Portrait of an Intellectual in Action », *Maclean's*, 24 février 1962, p. 23.

280. Pelletier, Gérard, *Les années d'impatience 1950-1960*, Montréal, Stanké, 1983, p. 123.

281. Clarkson et McCall, *op. cit.*, p. 71.

282. Gwyn, Richard, *Le Prince*, Montréal, France-Amérique, 1981, p. 48.

l'action. Je m'impliquais davantage parce que je devais gagner ma vie[283]. »

Selon Clarkson et McCall, « à l'époque, il y avait chez lui quelque chose d'immature, quelque chose d'anormalement juvénile pour un homme dans la trentaine, déclarait plus tard un ancien citélibriste. Pour la plupart d'entre nous, toute notre vie était assujettie à notre volonté d'obtenir des réformes. Mais, dans le cas de Pierre, cela ressemblait davantage à un jeu complexe auquel il s'adonnait sans réserve pendant un moment, avant de passer à autre chose[284]. »

## LE SYNDICALISTE

« Marchand l'invitait [...] à devenir le conseiller juridique de la CTCC[285] ; mais Trudeau n'était pas prêt à un engagement de cette nature [...] Tout au long des années cinquante, il demeura profondément engagé dans le mouvement ouvrier, remplissant, de temps à autre, sans rémunération, les fonctions de conseiller juridique de la confédération syndicale de Jean Marchand, négociant au nom des syndicats différentes conventions collectives et parcourant la province où il donnait aux ouvriers des cours élémentaires de théorie politique[286]. »

## L'AVOCAT

« Il exerçait le droit de temps à autre, n'acceptant que les cas qui l'intéressaient particulièrement[287]. »

## LE CÉLIBATAIRE ENDURCI

Une amie de Trudeau « a laissé entendre qu'il n'avait jamais pu s'engager à fond dans quoi que ce soit. Ceci expliquait le fait qu'il soit célibataire[288] ».

283. Iglauer, Edith, « Prime minister/Premier ministre », *The New Yorker*, 5 juillet 1969, p. 41.

284. Clarkson et McCall, *op. cit.*, p. 67.

285. La CTCC, la Confédération des travailleurs catholiques du Canada, est devenue la CSN, la Confédération des syndicats nationaux, en 1960.

286. Radwanski, *op. cit.*, p. 89.

287. *Ibid.*, p. 97.

288. McKenzie et Dempsey, *loc. cit.*, p. 10.

## L'« OISEAU-MOUCHE » POLITIQUE

Selon Clarkson et McCall, pour plusieurs « de ses amis, son mépris de la lutte des partis s'expliquait par sa tendance à vivre une vie toujours différée : pas plus qu'il n'avait trouvé la femme ou la carrière idéales, il n'avait encore trouvé le parti politique idéal[289] ».

M^me^ Thérèse Casgrain a connu le Trudeau des années 50 :

« Dans ses mémoires, Mme Casgrain qualifie le Trudeau de cette époque de sympathisant quelque peu inconsistant. “ [Trudeau] avait la réputation à l'époque d'être un peu dilettante et, tout en ayant une intelligence transcendante, de manquer de persévérance. Il se plaisait à lancer des idées ou des mouvements, pour ensuite s'en désintéresser et se tourner vers autre chose. Cette attitude [...] fut probablement pour quelque chose dans la désagrégation du Rassemblement (la coalition antiduplessiste mise sur pied en 1956[290]) ”. »

Michel Vastel rapporte que « comme l'a souvent dit Marchand, bien des groupes considéraient Trudeau comme un précieux atout intellectuel. Et cela, même s'ils le savaient trop “ oiseau-mouche ” pour prendre la responsabilité d'un mouvement[291] ».

## LE CANDIDAT LIBÉRAL

Peu avant de présenter sa candidature comme député pour le PLC, dans le comté de Mont-Royal, en 1965, « Trudeau hésitait encore à s'engager. [...] Il tenta à deux reprises de se retirer de la course[292]. »

Les deux autres « colombes » étaient alors inquiètes, raconte Gérard Pelletier : « Marchand et moi avons eu chaud. D'une part, il peut hésiter longtemps au bord des décisions les plus simples ; d'autre part, nous l'avons vu déjà modifier en un clin d'œil des choix arrêtés depuis longtemps[293]. »

---

289. Clarkson et McCall, *op. cit.*, p. 83.

290. *Ibid*, p. 84.

291. Vastel, *op. cit.*, p. 82-83.

292. *Ibid.*, p. 88.

293. Pelletier, Gérard, *Le temps des choix, 1960-1968*, Montréal, Stanké, 1986, p. 234.

## LE FUTUR PREMIER MINISTRE

Son biographe a noté « une autre facette importante de sa personnalité : sa nature solitaire, sa poursuite d'une liberté dénuée de tout engagement, son malaise concernant les responsabilités du leadership[294]. »

Marc Lalonde a été un collaborateur et un ministre de Trudeau : « Même lorsqu'il a été nommé ministre de la Justice [en 1967], je n'en voyais guère la possibilité [qu'il devienne premier ministre]. Il passait encore pour un demi-dilettante, de sorte qu'il serait une espèce d'aristocrate en politique, vous savez, quelqu'un qui y resterait un moment, pour passer ensuite à autre chose[295]. »

Au début de 1968, Trudeau hésitait à entrer dans la course à la direction du Parti libéral du Canada : « La vérité, c'est qu'il y consentit en deux occasions différentes et que, dans l'intervalle, il changea d'avis[296]. »

Gérard Pelletier a été le confident des hésitations de Trudeau :

« Même s'il était convaincu de la légitimité de sa candidature, il ferait encore état d'une " résistance viscérale", d'une angoisse diffuse, de " quelque chose" en lui qui dit non à cette entreprise. [...] " Le soir, je me sens toujours prêt à faire le plongeon. C'est le matin que mes angoisses me reviennent. Je n'ai pas tellement peur du job lui-même ; j'ai peur de m'y sentir malheureux, tendu, d'y perdre ma joie de vivre. [...] C'est une sorte d'angoisse, je te dis, un instinct obscur qui se rebiffe, rien de rationnel[297]". »

Le 16 février, le sort en est enfin jeté : « À la réunion où j'avais joué le tout pour le tout, j'avais déjà pris ma décision. Je l'avais prise la veille ou l'avant-veille en me promenant autour des édifices du Parlement jusqu'à 2h du matin[298]. »

---

294. Radwanski, George, *Trudeau*, Montréal, Fides, 1979, p. 123.

295. *Ibid.,* p.104.

296. Gwyn, Richard, *Le Prince*, Montréal, France-Amérique, 1981, p. 74.

297. Pelletier, Gérard, *op. cit.*, p. 328-329.

298. Iglauer, Edith, « Prime minister/Premier ministre », *The New Yorker*, 5 juillet 1969, p. 49-50.

## LE PREMIER MINISTRE

Il est élu chef du PLC le 6 avril 1968 : « Les Canadiens ont choisi comme premier ministre un homme qui, quand vous y réfléchissez un peu, n'a jamais vraiment occupé un emploi[299]. »

Trudeau lui-même est étonné : « Je me suis rendu compte, à mon grand étonnement, que j'aimais l'administration. Je suis capable de relever le défi de débarrasser complètement mon bureau et de m'assurer que les décisions se prennent[300]. »

Une journaliste du *New Yorker* a rencontré des collaborateurs de Trudeau :

« Trudeau agit rapidement une fois sa décision prise, mais il est lent à la prendre parce qu'il examine les solutions de rechange le plus longtemps possible et continue de se poser des questions jusqu'à ce qu'il soit temps de choisir une ligne de conduite plutôt qu'une autre. À ses yeux, un horaire serré représente un piège et, là où quelqu'un d'autre ferait de son mieux sous la pression, Trudeau se rebelle. [...] " Ce que je fais de plus important, c'est d'essayer de lui donner du temps pour manœuvrer", disait Gordon Gibson. " Chaque fois que je le peux, j'évite aussi longtemps que possible de lui mettre de la pression, pour qu'il puisse faire les choses volontairement. Ce n'est pas comme une planification bien agencée, mais cela lui donne plus de liberté et de flexibilité[301]. " »

George Radwanski a reçu des confidences :

« Comme le dit un de ses principaux adjoints : " Sa plus grande faiblesse, c'est de trop insister pour qu'on s'attarde à de petites choses. Les décisions sont trop lentes à venir, sur des choses qui n'en valent pas la peine". Mais dans les moments de crise, il se transforme complètement : il devient audacieux, nettement décisif et, en quelque sorte, plus serein[302]. »

L'un de ses collaborateurs s'est confié à son biographe :

« " Un trait plutôt étrange de Trudeau", nous confie l'un de ses plus proches associés, " consiste, dès qu'il fait bien quelque chose, à s'accorder une journée, une semaine, une année de congé. C'est le phénomène de l'effort récompensé." Cette

299. Stewart, Walter, *Shrug: Trudeau in power*, Toronto, New Press, 1971, p. 13.

300. Radwanski, *op. cit.*, p. 238.

301. Iglauer, *loc. cit.*, p. 56.

302. Radwanski, George, *Trudeau*, Montréal, Fides, 1979, p. 232.

habitude, il l'a d'ailleurs acquise bien avant de se lancer en politique. [...] Comme le dit un associé : " Il passe de l'action à la contemplation". [...] Dans sa conception de sa tâche, comme dans d'autres domaines, Trudeau tend parfois à osciller entre deux extrêmes : " Il semble que l'absence d'un certain élément dans le mécanisme de son moniteur, de son balancier, l'amène à ne fonctionner que par changements de cours excessifs", fait remarquer un assistant[303]. »

## LES HÉSITATIONS DU CHEF DE L'OPPOSITION

Devenu depuis six mois chef de l'opposition à la Chambre des communes, Trudeau songe à abandonner son titre de chef du PLC :

« J'oscillais donc entre deux pôles : partir et rester. [...] Tout en déambulant, [...] je repassai dans ma tête tous les éléments de la question. [...] Et finalement, le 21 novembre 1979, ma décision était prise. J'annonçai ma démission. [...] Question de fait : jusqu'au matin même de mon retour, le 17 décembre [1979], je ne savais vraiment pas si je désirais ou non reprendre du service[304]. »

## LE DOUTE MÉTHODIQUE

Dans le premier numéro de *Cité libre*, Trudeau annonçait ses couleurs : « Il faut soumettre au doute méthodique toutes les catégories politiques que nous a léguées la génération intermédiaire. » (*Cité libre*, juin 1950, p. 21)

Selon un de ses ministres, Mitchell Sharp, « il a un esprit sceptique. Il ne se livre pas à des envolées d'enthousiasme ou autre chose du genre[305]. »

Pour George Radwanski, les « éléments de doute de soi ne représentent, cependant, qu'un trait de la personnalité de Trudeau, et il se donne habituellement du mal pour le réprimer et pour le camoufler[306]. »

---

303. Radwanski, *op. cit.*, p. 232-233.

304. Trudeau, Pierre Elliott, *Mémoires politiques*, Montréal, Le Jour, 1993, p. 232, 233, 237.

305. Radwanski, *op. cit.*, p. 204.

306. *Ibid.*, p. 225.

D'ailleurs en 1996, soit quatre ans avant sa mort, Trudeau contredit ses premiers écrits: « Comme j'avais eu une enfance heureuse, je ne sentais pas le besoin de pratiquer le doute méthodique[307]. »

## LA NÉGATION

« " C'est devenu un cliché que de me qualifier de dilettante seulement parce que je ne vivais pas au même rythme que les autres ", dit le premier ministre sur un ton impatient. Il était de toute évidence agacé; ses yeux étaient d'un bleu glacial. " Comme je ne plaidais pas en cour ou n'enseignais pas tous les jours, les gens ne réalisaient pas que je travaillais. Plusieurs de mes amis ne s'étaient même pas rendu compte que j'avais un bureau. Je pouvais travailler pour un syndicat ou partir à l'étranger pendant six mois, et ils ne savaient pas que j'avais écrit trois articles, ou un tiers de *L'Amiante*, pendant que j'avais été parti. Je n'étais ni marié ni établi, et je ne me présentais pas pour me donner en spectacle. [...] Mais si quelqu'un lit ou écrit 16 heures par jour et ne fait rien que les gens puissent voir, c'est un dilettante[308] ". »

## L'AVEU

« Je poursuivais cette bohème [...] un moment donné, ça supposait que je ne m'enracine pas dans un pays ou dans un mariage ou dans une fonction. [...]

Si l'on peut dire, j'ai renoncé à la liberté d'abord en entrant en politique et en prenant racine dans ce métier et une fois cela fait ç'a été relativement facile de me marier[309]. »

***

« Je n'ai jamais aimé être un meneur en rien. Je n'ai jamais aimé être responsable; je n'ai jamais cherché à devenir chef

307. Trudeau, Pierre Elliott, *À contre-courant, textes choisis, 1939-1996*, Montréal, Stanké, 1996, p. 9.

308. Iglauer, Edith, « Prime minister/Premier ministre », *The New Yorker*, 5 juillet 1969, p. 46.

309. Trudeau, Pierre Elliott, « Entrevue, " Appelez-moi Lise " », 2 avril 1973, Fonds Pierre-Elliott-Trudeau, Archives nationales du Canada, MG 26 0 13, p. 1, 8.

d'une troupe de scouts, par exemple. [...] J'avoue en toute honnêteté qu'il y avait probablement là un certain refus d'assumer les responsabilités. La liberté, vous savez, c'est également cela et c'est peut-être un manque de maturité [...] Il en est de même pour le mariage : pourquoi me suis-je marié si tard ? Je dis toujours que c'est parce que je voulais jouir de ma liberté et ainsi de suite, mais c'est aussi que, de toute évidence, je ne me sentais probablement pas prêt à en assumer la responsabilité[310]. »

# « EN MOI UNE CERTAINE AGRESSIVITÉ[311] »

Trudeau a confié à son biographe : « Si l'on me psychanalysait à la lumière de mes actes ou de mes œuvres, je crois qu'on décèlerait chez moi une certaine hostilité envers l'autorité qui m'amène à tant aimer la liberté[312]. »

Selon Freud, l'agressivité est un trait de caractère apparenté à l'entêtement : « L'entêtement tourne au défi auquel se rattachent aisément la tendance à l'emportement et l'esprit vindicatif[313]. »

Je vais d'abord citer des exemples d'une « certaine hostilité » chez Trudeau puis, dans un deuxième temps, vérifier si elle se manifeste effectivement « envers l'autorité », et enfin voir comment cela l'a amené « à tant aimer la liberté ».

## « UNE CERTAINE HOSTILITÉ... »

Sous ce titre, j'ai regroupé diverses manifestations d'hostilité, mais aussi d'agressivité, d'arrogance ou de mépris étant donné

310. Radwanski, *op. cit.*, p. 102.

311. Trudeau, Pierre Elliott, « Entrevue, 23 février 1982, Global T.V., David Frost » Fonds Pierre-Elliott-Trudeau, Archives nationales du Canada, MG 26 0 13, p. 2.

312. Radwanski, *op. cit.*, p. 51.

313. Freud, Sigmund, « Caractère et érotisme anal », [1908], *Névrose, psychose et perversion*, Paris, P.U.F., 1978, p. 143.

que ces termes présentent entre eux un grand rapport de sens. En effet, selon le dictionnaire, l'hostilité est une «disposition hostile», une disposition «qui manifeste de l'agressivité»; et l'arrogance est une «insolence méprisante ou agressive[314]».

## LA FRATRIE

La grande sœur de Trudeau a confié à Radwanski, son biographe «encouragé»: «Il nous taquinait beaucoup, mon jeune frère et moi[315].»

Les souvenirs du benjamin sont plus précis: «Un de ses souvenirs les plus clairs de Pierre alors qu'il était garçon, c'est son instinct de batailleur. Il se souvient que Pierre ne répugnait pas à porter le premier coup[316].»

## LES CAMARADES À L'ÉCOLE PRIMAIRE

Selon une biographie officielle publiée par le Parti libéral du Canada, «à l'école primaire Querbes de Montréal, instituteurs et camarades de classe se le rappellent comme un individualiste entêté qui s'adonnait fréquemment à des bousculades et à des mauvais tours[317].»

## LES CAMARADES AU COLLÈGE BRÉBEUF

«Il conservait toujours ses distances, raconte Jean de Grandpré, un camarade de classe devenu président de Bell Canada. C'était vraiment par choix et, peut-être aussi, le fruit d'une certaine arrogance qui, même à l'époque, l'incitait à ridiculiser ceux qui n'étaient pas brillants[318].»

Selon Radwanski, «du côté physique, il avait le coup de poing facile, allant jusqu'à knockouter un compagnon de classe qui persistait à l'appeler "Toto" alors que ce "Toto" venait de

314. Rey-Debove, Josette et Rey, Alain, *Le nouveau Petit Robert*, Paris, Les Dictionnaires Le Robert, 1993.

315. Radwanski, George, *Trudeau*, Montréal, Fides, 1979, p. 75.

316. McKenzie, Robert et Dempsey, Lotta, «Pierre Trudeau: "I became accustomed very young to rowing against the current"», *Toronto Daily Star*, 8 avril 1968, p. 8.

317. Parti libéral du Canada, *Pierre Elliott Trudeau, premier ministre du Canada, une biographie*, Ottawa, 1981, p. 6.

318. Gwyn, Richard, *Le Prince*, Montréal, France-Amérique, 1981, p. 30.

dire qu'il ne tolérerait plus ce surnom. [...] Hautain et arrogant, il avait le verbe acéré dans ses échanges avec la plupart des étudiants[319]. »

Trudeau ne le nie pas complètement :

« C'est ainsi qu'au début de l'adolescence, j'acquis à mon corps défendant une réputation de batailleur. Je ne la méritais pourtant qu'à moitié[320]. »

## LE JOURNALISTE EN HERBE

Gérard Pelletier a bien connu le Trudeau journaliste en herbe à l'Université de Montréal :

« De ces années de jeunesse, le souvenir le plus précis qui me revient est celui d'articles au *Quartier latin* : incisifs, polémiques, nourris d'humour féroce et d'ironie cinglante et qui abordaient avec une fougue rare les problèmes politiques du temps[321]. »

Denise Pérusse a relevé les « critiques vitrioliques[322] » que Trudeau a faites au sujet du récit historique d'Alain Grandbois, *Les voyages de Marco Polo* :

« Ouvrage que tout homme cultivé se doit d'avoir dans sa poubelle. Et les boueurs [sic], au nombre des pages découpées, pourraient apprécier la complaisance du lecteur[323]. »

Dans une autre chronique littéraire, le stagiaire en droit fustige « tous les politiciens fétides et tous les financiers putréfaits [sic] [...] les méprisables efforts dont quatre ans de lamentable propagande [de guerre] nous ont fait les témoins. » (*Le Quartier latin*, 12 novembre 1943, p. 4)

Quelques mois plus tard, le stagiaire Trudeau fait montre d'un humour sadique dans un article où il commente une photo sur laquelle on voit un motocycliste et son passager s'apprêtant à écraser la tête d'une personne allongée sur la chaussée :

319. Radwanski, *op. cit.*, p. 50, 67.

320. Trudeau, Pierre Elliott, *Mémoires politiques*, Montréal, Le Jour, 1993, p. 19.

321. Trudeau, Pierre Elliott, *Réponses de Pierre Elliott Trudeau*, Montréal, Éditions du jour, 1968, p. 16.

322. Pérusse, Denise, *L'Homme sans rivages. Portrait d'Alain Grandbois*, Montréal, L'Hexagone, 1994, p. 121.

323. Pérusse, *op. cit.*, p. 121, d'après la revue *Amérique française*, novembre 1941, p. 45.

« Un assassin professionnel et un bourreau amateur y sont sur le point de broyer la cervelle d'un condamné, qui se relèvera vivant de cette épreuve à condition seulement de n'avoir pas de cervelle. Je me demande si ce supplice chinois serait fatal aux gens que j'ai connus… » (*Le Quartier latin,* 10 mars 1944)

## DE LA PAROLE AU PISTOLET

Lors d'un débat universitaire portant sur la bravoure (*gallantry*) et qui l'opposait à Pierre de Grandpré, Trudeau n'était pas content d'avoir perdu :

« Tout à coup, devant un auditoire médusé, Trudeau sortit un pistolet, le pointa vers le juge et tira dans un bruit retentissant et un nuage de fumée. C'était, bien sûr, une balle à blanc. " Ça vous mettra un peu de plomb dans la tête ", avait dit Trudeau au juge[324]. »

## DANS LE TRAMWAY

Un ami au collège Brébeuf, Gabriel Filion, a été témoin de l'un des tours de Trudeau :

« Il se penchait par la fenêtre et débranchait le câble reliant le tramway aux fils électriques au-dessus, arrêtant ainsi le véhicule. D'habitude, cette manœuvre finissait par agacer au moins un passager. Trudeau invitait alors le passager à aller régler la question " entre hommes " dans une ruelle. Filion affirme que Trudeau remportait toujours la bataille[325]. »

## À SAINT-HENRI

Selon Laurent Soumis, « plus jeune, il sillonnait les rues du quartier Saint-Henri et lançait, bien calé dans sa décapotable : " Vous êtes pas tanné d'être pauvres, bandes de caves ? " » (*Le Journal de Québec,* 29 septembre 2000, p. 14 A)

## LE JEUNE VOYAGEUR AUTOUR DU GLOBE

« J'ai beaucoup mieux fait de vagabonder par le monde que de rester au Canada pour me quereller avec les gens[326]. »

324. McKenzie et Dempsey, *loc. cit.*, p. 9.

325. *Ibid.*, p. 8-9.

326. Trudeau, Pierre Elliott, *Trudeau en direct,* Montréal, Éditions du jour, 1972, p. 134.

***

« Trudeau avoue que la raison pour laquelle il se trouvait à tant de points chauds au moment crucial, c'est parce qu'il "tentait le sort. Je le faisais de manière un peu intentionnelle. [...] Je me promenais ici et là et quand je trouvais quelques types à l'air sinistre, je les suivais. J'aimais faire des expériences, pousser les choses à leur limite, courir des risques... l'aventure[327]". »

## L'ESSAYISTE

Commentant la contribution de Trudeau au livre *La grève de l'amiante,* André Laurendeau a décrit le style de l'auteur :

« Sa constante agressivité, l'émotion qui fait trembler sa plume et se traduit par une ironie féroce [...] C'est la "gauche" d'aujourd'hui qui juge la "droite" d'autrefois [...] d'où la révolte et le mépris, où il arrive que les éléments émotifs l'emportent d'emblée. » (*Le Devoir,* 6 octobre 1956)

## LE POLITICIEN

Selon René Blanchard, « son style il l'a trouvé dans les écrits de Machiavel. Il commence dès lors à cultiver le sarcasme, le paradoxe, la contradiction, l'ironie, le cynisme, la fourberie. » (*L'Action nationale,* vol. 70, 1980-81, p. 659)

Quelques jours avant son élection à la direction du Parti libéral du Canada en avril 1968, Trudeau a reconnu à la télévision, lors de l'émission humoristique *Les Couche-Tard,* que Machiavel était son auteur préféré :

« Aux Couche-Tard, Clémence Desrochers a demandé à Trudeau quel était son auteur préféré. Qu'a-t-il répondu ?

– Charles Baudelaire

– Nicolas Machiavel

– Marshall McLuhan [...]

Pour la plupart des gens, Nicolas Machiavel est l'exemple même du politique cynique et sans scrupules. Qu'un candidat à la fonction de premier ministre déclare sur les ondes de la

327. McKenzie et Dempsey, *loc. cit.*, p. 9.

télévision d'État que Machiavel était son auteur préféré, cela était sinon de la provocation, du moins de l'insouciance[328]. »

Mais vingt ans plus tard, lors d'un jeu-questionnaire avec d'anciens collaborateurs, il n'a pas osé le répéter, comme l'a noté Tim Porteous : « Sur son questionnaire, Pierre a d'abord coché " Machiavel ", puis a biffé cette réponse pour la remplacer par " Baudelaire ", qui était bel et bien l'un de ses poètes préférés (mais qui n'était pas la bonne réponse pour autant[329]). »

Le psychanalyste André Lussier a rappelé son appréhension lors de l'élection de Trudeau à la tête du Parti libéral du Canada :

« Je connaissais assez bien Trudeau pour avoir, entre autres, collaboré à la revue *Cité libre*. [...] J'ai participé à l'euphorie mais non sans appréhension. J'étais devenu sensible aux limites que pouvaient imposer certains traits inquiétants de son caractère, son caractère d'acier comme disaient certains de ses amis. [...] Même les journalistes les plus cléments à son endroit avaient cent fois déjà regretté son arrogance, son penchant au mépris pour le plus faible (à ses yeux), la facilité avec laquelle il pouvait blesser[330]. »

L'historien Michel Brunet a pour sa part décrit « l'ivresse du pouvoir » chez Trudeau :

« Le pouvoir lui-même mit à nu les faiblesses du personnage qu'il accueillait. Son manque de générosité, sa suffisance, son incapacité de communier aux inquiétudes de ceux que la vie n'a pas favorisés, son élitisme de patricien déguisé en défenseur de la démocratie, son mépris pour les hommes obligés de se soumettre aux détenteurs de l'autorité se sont manifestés dans toute leur dimension[331]. »

En réponse à une question d'un journaliste, Trudeau s'est décrit lui-même :

---

328. Tim Porteous dans Southam, Nancy, (sous la direction de), *Trudeau tel que nous l'avons connu*, Montréal, Fides, 2005, p. 87.

329. *Ibid.*, p. 87.

330. Lussier, André, *Le nationalisme québécois sur le divan*, Montréal, Fides, 2002, p. 70, 72.

331. Brunet, Michel, *L'historien Michel Brunet juge Pierre Elliott Trudeau*, Montréal, Guérin, 2000, p. 52.

« Personnellement, je ne suis pas une personne charismatique. Si je joue le rôle de premier ministre ou si je me laisse prendre à ce jeu, je peux être toutes ces choses, je crois : arrogant, agressif, peut-être charismatique, et ainsi de suite[332]. »

Margot Kidder, qui dit avoir connu Trudeau pendant vingt ans, confie : « Il y avait des moments où il me contrariait. Par exemple, [...] lorsque je le regardais se comporter de manière particulièrement arrogante avec un fâcheux[333]. »

## NOTRE ENGEANCE NATIONALISTE

En 1961, Trudeau termine un article sur la guerre froide par un paragraphe intitulé « Séparation, indépendantisme, Laurentie » dans lequel il condamne « la maudite engeance d'aujourd'hui ». (*Cité libre,* décembre 1961, p. 3)

Il reprend ce qualificatif en 1964 :

« Je me rase quand j'entends notre engeance nationaliste se donner pour révolutionnaire [...] Adoncques [sic] je me rase quand j'entends notre engeance nationaliste se donner pour révolutionnaire. » (*Cité libre,* mai 1964, p. 2-3)

Claude Ryan déplorait, en septembre 1967, les propos que Trudeau, alors ministre canadien de la Justice, avait tenus quelques jours plus tôt :

« Il y a, chez M. Trudeau, dans l'examen des questions constitutionnelles et du fait nationaliste québécois, une raideur instinctive, une hostilité larvée à l'endroit d'éléments très importants de l'opinion québécoise, un dogmatisme et un manque de sérénité qui sont la marque d'un homme coupé d'avec le milieu qu'il est censé représenter. [...] Ce que nous reprochons foncièrement à M. Trudeau, c'est de s'ériger en juge extérieur, arrogant et intransigeant. » (*Le Devoir,* 8 septembre 1967, p. 4)

Un an après la fondation du parti de René Lévesque, « Trudeau traitait le Parti québécois de "particule" — ou de

---

332. Trudeau, Pierre Elliott, « Entrevue, 23 février 1982, Global T.V., David Frost, » Fonds Pierre-Elliott-Trudeau, Archives nationales du Canada, MG 26 0 13, p. 3.

333. Southam, *op. cit.*, p. 302.

" Parti Q" —, et prédisait qu'il ne serait jamais capable de faire élire un seul député[334]. »

André Burelle a jugé ainsi son ancien patron dont il écrivait les discours :

« Homme brillant et dialecticien redoutable, il pratiquait une logique binaire du noir au blanc qui lui permettait de simplifier les enjeux de façon aussi efficace qu'outrancière. Dans ses envolées guerrières improvisées, le camp des " séparatistes" devenait le camp de l'ethnicisme, du racisme et du fascisme, regroupant une bande d'intolérants repliés sur eux-mêmes. [...]

Magnanime aux grandes heures, M. Trudeau pouvait se montrer mesquin et vindicatif lorsque son instinct guerrier et son besoin d'avoir raison à n'importe quel prix prenaient le dessus[335]. »

Après la présentation des mémoires télévisés de Trudeau, Louise Cousineau a écrit :

« Quiconque a connu son règne, sa loi des mesures de guerre, son ton méprisant, sa haine du nationalisme, son arrogance, a une opinion précise de Pierre Elliott Trudeau. » (*La Presse*, 31 août 1993)

Mais Trudeau ne se voyait pas ainsi :

« Moi j'ai toujours respecté les souverainistes. [...] C'était une option que je rejetais, mais qui au moins était courageuse[336]. »

Dans son adresse posthume à l'ex-premier ministre, le psychanalyste André Lussier écrivit :

« Les adversaires sont des faiblards. Vous les regardiez d'en haut. Qu'est-ce qui peut bien vous avoir motivé à rapetisser ainsi tant d'hommes qui ont donné tant de preuves de substance et de caractère. [...] Au sujet du " statut particulier" pour le Québec, vous avez eu la témérité de déclarer dans

334. Vastel, Michel, *Trudeau le Québécois*, Montréal, Les Éditions de l'Homme, nouvelle édition 2000, p. 185.

335. Burelle, André, *Pierre Elliott Trudeau : l'intellectuel et le politique*, Montréal, Fides, 2005, p. 83-84.

336. Trudeau, Pierre Elliott, « Entrevue, 11 novembre 1979, Télé-Métropole, "Les gens qui font l'événement", Marc Laurendeau, Montréal », Fonds Pierre-Elliott-Trudeau, Archives nationales du Canada, MG 26 0 13, 1979, p. 2.

*Le fédéralisme*[337]..., presque solennellement: "Je ne ferai pas l'injure aux Québécois de prétendre que leur province, pour progresser au sein de la Confédération, a besoin d'un traitement de faveur". (p. 40) [sic] Une autre fois, ce fut pire, vous avez parlé de "béquille[338]". Ici le psychanalyste sursaute. Pourquoi faire intervenir la question de l'injure dans votre raisonnement? Une justification superficielle est évidente, mais il y a plus. Freud nous a appris à dénouer l'énigme d'une affirmation qui procède par une négation ("je ne ferai pas..."). Il a clairement démontré que, souvent, c'est en niant une chose qu'on l'affirme; donc, on révèle le contraire de sa pensée consciente. Vous ne ferez pas l'injure... et pourtant je vois une flagrante injure dans votre formulation quand vous rabaissiez les revendications du Québec au niveau d'une quête de "traitement de faveur". Pour mieux vaincre, vous défigurez l'adversaire, vous le diminuez en le traitant de capricieux[339]. »

Le surlendemain de la mort de l'ancien premier ministre, l'ex-directeur du journal *Le Devoir*, Claude Ryan, écrivait dans *La Presse* que « Trudeau fut grand et magnanime pour le Canada, mais il fut trop souvent hautain, injuste et cruel envers ceux qui ne partageaient pas ses vues au Québec». (30 septembre 2000, p. A 26)

## LES FÉDÉRALISTES QUÉBÉCOIS

Claude Ryan a rappelé que « toute la carrière de Trudeau fut regrettablement assortie de propos agressifs et souvent injustes à l'endroit non seulement des séparatistes, [...] mais aussi des fédéralistes québécois désireux d'améliorer le statut du Québec au sein de la fédération canadienne. » (*La Presse*, 30 septembre 2000, p. A 25)

---

337. Lussier faisait ici référence au livre — plus spécifiquement à la page 40 — écrit par Trudeau, intitulé *Le fédéralisme et la société canadienne-française*, publié à Montréal aux Éditions Hurtubise HMH en décembre 1967.

338. Lussier faisait ici référence à l'expression « pas besoin de béquilles indépendantistes pour marcher », utilisée par Trudeau dans ce même livre à la page 42.

339. Lussier, André, *Le nationalisme québécois sur le divan*, Montréal, Fides, 2002, p. 111-112.

## LES PREMIERS MINISTRES DU QUÉBEC

Dans ses *Mémoires politiques*, Trudeau a écrit :

« Ayant moi-même occupé le poste de premier ministre, j'ai toujours enseigné à mes enfants le respect de la fonction, même si on ne partage pas nécessairement les idées de celui qui l'occupe[340]. »

Mais son biographe « encouragé », Radwanski, a témoigné du contraire :

« Le premier ministre [Trudeau] a traité plusieurs premiers ministres québécois avec une hostilité et un mépris non déguisés. Dans le cas de Johnson et de Bertrand, il se permit de se moquer de leur volonté d'obtenir un statut particulier pour le Québec et de les mépriser ouvertement. Et il afficha un mépris de plus en plus grand pour la faiblesse et l'indécision du premier ministre Bourassa[341]. »

Le premier ministre de la Saskatchewan, Allan Blakeney, a rapporté des propos de Trudeau lors d'un dîner des premiers ministres au 24 Sussex à l'automne 1971, quelques mois après que le Québec eut rejeté le projet de charte de Victoria : « Au cours du repas, Trudeau n'a eu de cesse d'asticoter Bourassa avec des phrases du genre : "Si vous aviez eu un peu de courage, on n'en serait pas là !" et autres expressions beaucoup moins aimables[342]. »

C'est un bien drôle de « respect de la fonction » du premier ministre du Québec que Trudeau manifestait :

« Je croyais vraiment, après ma victoire aux élections de 1974, que nous pourrions y arriver (à rapatrier la constitution). C'était une dernière tentative par la méthode du consensus, mais Bourassa, ce sacré idiot… avait pressenti que j'étais résolu à rapatrier la constitution et qu'il ne pourrait plus me mettre à rançon[343]. »

Le 5 mars 1976, à son arrivée aux appartements de Bourassa à midi, Trudeau avait prévenu les journalistes : « J'ai fait suivre mon lunch d'ailleurs, devait-il lancer, puisqu'il paraît qu'il ne mange que des hot-dogs, celui-là… » (*Le Devoir*, 6 mars 1976, p. 6)

---

340. Trudeau, Pierre Elliott, *Mémoires politiques*, Montréal, Le Jour, 1993, p. 320-321.

341. Radwanski, George, *Trudeau*, Montréal, Fides, 1979, p. 376.

342. Southam, *op. cit.*, p. 211.

343. McCall, Christina et Clarkson, Stephen, *Trudeau : l'homme, l'utopie, l'histoire*, Montréal, Les Éditions du Boréal, 1990, p. 245.

En éditorial, Michel Roy a commenté ainsi les propos tenus par Trudeau le même jour en soirée, devant les militants libéraux à Québec :

« Il n'était pas arrogant, comme le prétendent souvent ses adversaires. Il était simplement méprisant et démagogique. Au point que ses arguments, même fondés dans certains cas, ressemblaient davantage à des charges, bouffonnes ou grossières. Ce ne sont pas les paroles et les outrances qui dépassaient la pensée. Ce sont plutôt les sentiments, les impulsions et une profonde exaspération qui submergeaient l'esprit, éclatant comme des bombes lancées au hasard, éclaboussant cette engeance qui gouverne le Québec. [...] À l'endroit de son jeune collègue [Robert Bourassa] et de son gouvernement, par allusions et par références directes, le premier ministre s'est montré dur, impitoyable, parfois méprisant. » (*Le Devoir,* 8 mars 1976)

De son côté, Michel Vastel a écrit : « Ses conseillers avaient bien raison de se demander " quelle mouche l'avait piqué ", ce vendredi soir de mars 1976, à Québec, où il crachait le fiel à chacune des phrases de son discours[344]. »

Dans sa réponse au discours du trône, le 24 octobre 1977, le député de Joliette à Ottawa, Roch LaSalle, a cité quelques exemples de manque de respect de Trudeau pour le gouvernement du Québec et ses premiers ministres :

« En mars 1968, il dit au gouvernement du Québec que c'est " un gouvernement provincial sans importance ". En avril 1969, il dit du premier ministre Bertrand qu'il a perdu la tête. En avril 1970, il décrit le premier ministre québécois comme un politicien provincial insignifiant. [...] En juin 1972, également, il traite les revendications du gouvernement québécois de " chiures de mouche ". Enfin, plus récemment, il a qualifié l'ex-premier ministre Bourassa, un de ses cousins pourtant, de " mangeur de hot-dogs ". » (*L'Action nationale,* janvier 1978, p. 411-412)

Trudeau a eu la partie moins facile avec René Lévesque qu'avec Robert Bourassa lors d'un dîner à sa résidence officielle, comme l'a rapporté Allan Blakeney, le premier ministre de la Saskatchewan :

« En 1976, un incident similaire s'est produit lors d'une réception offerte en l'honneur des premiers ministres.

344. Vastel, *op. cit.*, p. 220.

Monsieur Trudeau raillait M. Lévesque. Seulement cette fois, M. Lévesque répondait du tac au tac. Les insultes ont commencé à fuser, en français, et de plus en plus vite! [...] les deux — c'était gentil de leur part — sont passés à l'anglais, nous permettant de mieux saisir le sens des piques qu'ils s'envoyaient[345].»

Roy McMurtry a décrit l'atmosphère de ces rencontres des premiers ministres après le référendum québécois de mai 1980:

«Trudeau ne ratait pas une occasion de rappeler à Lévesque sa défaite au référendum de 1980, et René connaissait tous les trucs pour faire enrager Trudeau. Souvent, en baissant la voix (mais à peine...), Lévesque lançait à Trudeau l'épithète de "Prince d'opérette". [...] L'échange de remarques acerbes se terminait le plus souvent dans un silence glacial. [...]

En cas de différend, l'agressivité et la légère condescendance de Trudeau étaient bien connues de tous[346].»

Trudeau n'a jamais osé, à ma connaissance, s'attaquer au premier ministre Parizeau, au pouvoir à l'époque du référendum québécois de 1995, peut-être parce que ce dernier était détenteur d'un Ph.D. de la London School of Economics, alors que lui-même n'en avait obtenu aucun diplôme. Mais il s'en est pourtant pris à Lucien Bouchard, avocat[347] réputé, quelques jours après qu'il soit devenu premier ministre du Québec, l'accusant d'avoir appelé, lors du référendum, «des faussetés et des contre-vérités au soutien d'une démagogie hargneuse.» (*La Presse,* 3 février 1996)

## LE PARTI LIBÉRAL DU CANADA ET SA SUCCURSALE «PROVINCIALE»

Trudeau a commenté ainsi le congrès de 1956 de la Fédération libérale provinciale, rebaptisée par la suite Fédération libérale du Québec, puis Parti libéral du Québec: «Cette couardise à escamoter les véritables problèmes [...] un

345. Southam, *op. cit.*, p. 212.

346. *Ibid.*, p. 213, 214.

347. Trudeau était avocat comme son père qui, lui, avait fait carrière dans les affaires plutôt que dans la politique.

parti qui n'a jamais été autre chose qu'un syndicat d'intérêts [...] un cadavre déjà putrescent». (*Vrai,* 3 novembre 1956)

Il n'était guère plus tendre en 1958 envers les députés libéraux du Québec à Ottawa:

«L'incompétence honteuse de la moyenne des députés libéraux du Québec a été bien accueillie par ce gouvernement qui n'avait à peu près besoin que d'une horde *d'ânes savants*[348] lorsque résonnait la sonnerie d'appel au vote. Les stratèges du parti n'avaient qu'à trouver un maître d'écurie acceptable — Laurier, Lapointe, St-Laurent — et on pouvait être assuré que les ânes savants [*trained donkeys*] assis dans les dernières banquettes allaient faire ce qu'on attendait d'eux. Même le choix des députés des premières banquettes avait souvent des relents d'escroquerie. Sauf en ce qui concernait le dirigeant canadien-français qui était habituellement un homme de qualité, plusieurs ministres de ce groupe ethnique avaient été choisis non pas tant pour leur habileté à servir la démocratie que pour leur habileté à faire en sorte que la démocratie serve le parti; leur principale compétence était leurs liens étroits avec la machine politique, ses politiciens et ses stratèges, et jusqu'à récemment, on les plaçait habituellement à la tête des ministères qui s'occupaient de patronage comme le Bureau de poste et les Travaux publics[349].»

L'article d'où ont été tirées ces phrases, intitulé «Some Obstacles to Democracy in Quebec», fera partie, dix ans plus tard, d'un recueil de textes de Trudeau intitulé *Federalism and the French Canadians*; ces phrases sont encore présentes dans l'édition anglaise[350], mais ont été supprimées de la traduction française[351]!

348. En italique et en français dans le texte original en anglais.

349. Trudeau, Pierre Elliott, «Some Obstacles to Democracy in Quebec», *The Canadian Journal of Economics and Political Science*, août 1958, p. 308-309.

350. Trudeau, Pierre Elliott, *Federalism and the French Canadians*, Toronto, The McMillan Co. of Canada, février, 1968, p. 120.

351. Trudeau, Pierre Elliott, *Le fédéralisme et la société canadienne-française*, Montréal, Hurtubise HMH, 1967, p. 124.

## SON PRÉDÉCESSEUR À OTTAWA

Avant les élections fédérales d'avril 1964, Trudeau dénonce « l'abdication de l'esprit à laquelle nous convie Pearson. » (*Cité libre*, avril 1963, p. 12)

## SES COLLABORATEURS ET SES COLLÈGUES À OTTAWA

Le responsable de l'emploi du temps de Trudeau de 1973 à 1978, Bob Murdoch, se souvient de son entrée en fonction :

« Je devais remettre au premier ministre une très longue liste précisant les rendez-vous qu'on lui demandait de respecter, ce que j'ai fait de manière plutôt décousue. Troublé par son regard glacial, j'ai commencé à bredouiller, m'exprimant de façon de moins en moins cohérente, de sorte que le premier ministre a fini par m'interrompre : "Bob, êtes-vous venu ici pour merdouiller ou pour me dire quelque chose[352] ?" »

Thomas Axworthy, secrétaire principal de Trudeau 1981 à 1984, confie : « Il était juste, mais il pouvait être cinglant quand il était déçu[353]. »

Selon un des adjoints de Trudeau, « il peut se montrer plus méchant que quiconque et souvent en présence d'autrui. Il devient parfois sadique, pas de doute là-dessus[354]. »

Hugh Faulkner, un ministre de Trudeau, renchérit :

« Ce que je me rappelle des années qui ont précédé la défaite de 1979, c'est que Trudeau était plus irritable, plus caustique, autant dans ses paroles que dans ses gestes à l'égard du public. L'économie n'était pas dans une forme éblouissante, beaucoup d'électeurs étaient en colère et, loin d'être compatissant, il lui arrivait souvent d'être impoli[355]. »

Michel Vastel raconte que le premier ministre aurait dit au président de Radio-Canada, Laurent Picard, lors d'un déjeuner réunissant plusieurs de ses ministres à sa résidence officielle : « Laurent, lance soudain Trudeau sans même lever le nez de son

---

352. Southam, *op. cit.*, p. 68.

353. « Pierre Elliott Trudeau, 1919-2000, His Life and Legacy », Toronto, *Maclean's*, 2000, p. 199.

354. Radwanski, George, *Trudeau*, Montréal, Fides, 1979, p. 230-231.

355. Gray, John, *Paul Martin, un homme de pouvoir*, Laval, Guy Saint-Jean Éditeur, 2003. p. 94.

assiette, si Radio-Canada est capable de me démontrer qu'un seul de mes ministres a des c..., je te tire mon chapeau[356] ! »

Selon Roger Duhamel, Trudeau « éprouve une joie sadique, que la fixité glaciale de son regard et l'ironie tranchante de son sourire ne cherchent pas à masquer, à humilier autrui, ses amis aussi bien que ses adversaires. » (*L'Action nationale*, mai 1984, p. 829)

## SES ADVERSAIRES À OTTAWA

Selon Roger Duhamel, « son arrogance est illimitée, même à l'égard de ses collègues. Pour lui, les députés sont des nullités *(nobodies)* dès qu'ils s'éloignent de la Chambre des communes qu'il a un jour appelée par dérision *The House of Comics.* » (*L'Action nationale*, mai 1984, p. 829)

Gerald Clark a rappelé une réplique sarcastique de Trudeau durant une période des questions en 1969 :

« Il pouvait donner une réponse brillante et satisfaisante — ou s'engager dans un débat grandiloquent — puis se mettre tout le monde à dos en affichant une arrogance sarcastique. En juillet dernier, lors d'un échange particulièrement amer, quelques députés ont crié " Heil Hitler ". Trudeau a répliqué par des attaques personnelles tellement agressives que plusieurs députés ont quitté la chambre en signe de protestation. Trudeau les poussait à partir : " Je pense que nous devrions encourager les membres de l'opposition à partir. Chaque fois qu'ils le font, le Q.I. de cette chambre augmente considérablement ". Une telle arrogance attristait les plus anciens députés, parmi eux David Lewis[357]. »

Le chef de l'opposition à Ottawa a subi lui aussi les foudres du premier ministre Trudeau : « Lorsqu'en Chambre M. Stanfield demandait à M. Trudeau, le 19 mars 1970, " Comptez-vous toujours imposer des restrictions sur le crédit aux consommateurs ? " M. Trudeau lui répondit par cette phrase : " Avez-vous l'intention d'arrêter de battre votre femme[358] ? " »

---

356. Vastel, *op. cit.*, p. 142.

357. Clark, Gerald, « Trudeau without Trudeaumania — Canada's P.M. is not a simple swinger nor a radical reformer », *The New York Times Magazine*, 25 janvier 1970, p. 2-3.

358. Savoie, Claude, *Les crises de Pierre Elliott Trudeau*, Montréal, Guérin, 1979, p. 169.

Interpellé par un député à la Chambre des communes le 4 mai 1977, Trudeau répond: « Oh, pour l'amour de Dieu, fermez-la[359]. »

Un de ses biographes canadiens a écrit: « À force d'employer de façon presque obsessionnelle une rhétorique outrancière, Trudeau s'est souvent mis lui-même, et gratuitement, des bâtons dans les roues[360]. »

Quelques semaines avant que Trudeau ne quitte son poste à Ottawa, Roger Duhamel concluait: « Au fond, ce vieil enfant gâté qui n'a jamais accédé à la maturité psychologique — sa vie privée, qui ne nous concerne pas, le démontre à l'évidence — s'est toujours imaginé que l'arrogance érigée en ligne de conduite suffisait à lui assurer le succès. » (*L'Action nationale*, mai 1984, p. 830-831)

## UN SUCCESSEUR À OTTAWA

Dans son hommage à son père lors de ses funérailles, Justin Trudeau révéla, dans la partie de son allocution lue en français, qu'il avait huit ans [1979] quand ce dernier lui avait dit, au sujet d'un « adversaire politique important [...]: "Justin, on n'attaque jamais l'individu. On peut être en désaccord complet avec quelqu'un sans pour autant le dénigrer" ». (*Le Devoir*, 4 octobre 2000, p. A 2)

Mais Trudeau a fait le contraire à l'égard de plusieurs premiers ministres du Québec, comme nous l'avons déjà montré, et aussi à l'égard de son successeur à Ottawa, Brian Mulroney. En effet, à la suite de l'entente constitutionnelle du lac Meech en 1987, Trudeau a écrit:

« Hélas! on avait tout prévu sauf une chose: qu'un jour le gouvernement canadien pourrait tomber entre les mains d'un pleutre [...] Dans la dynamique du pouvoir, cela voudrait dire qu'il sera éventuellement gouverné par des eunuques. » (*La Presse*, 27 mai 1987)

Le psychanalyste André Lussier a commenté ainsi cet écrit:

---

359. « Pierre Elliott Trudeau, 1919-2000, His Life and Legacy », Toronto, *Maclean's*, 2000, p. 35.

360. Gwyn, Richard, *Le Prince*, Montréal, France-Amérique, 1981, p. 16.

« Paroles regrettables, peu dignes d'un homme d'État, dont on s'attend à ce qu'il ne manque pas de classe. [...] En perte de vitesse, faire appel à l'injure, arme de dernier recours, n'est-ce pas s'avouer à court d'arguments? On croit foudroyer l'adversaire alors qu'en fait on trahit une impuissance du fait qu'on renonce au raisonnement et à la logique, ce qui n'est pas peu dire quand il s'agit de Pierre Trudeau, l'homme qui nous a habitués à cette " frénésie de logique" (André Laurendeau) [...] Les clameurs sans nuances de Trudeau jumelées au recours à l'insulte jettent du discrédit sur la thèse du péril couru par le pays[361]. »

Gérard Pelletier avait pourtant conseillé à Trudeau, quelques jours auparavant: « Tu devrais te méfier de ton agressivité[362]. »

## LES JOURNALISTES

En 1952, de retour de Moscou, Trudeau pourfendait les journalistes québécois: « À mon retour, j'ai été dénoncé par toutes les grenouilles de bénitier qui gribouillaient et écrivaient ici[363]. » Le nouveau premier ministre a dit de nouveau en 1968 ce qu'il pensait des journalistes: « Quelques mois à peine après avoir pris ses fonctions, Trudeau avait trouvé le moyen d'insulter des membres de la presse parlementaire [...] en les traitant de " minables[364]". »

Selon le journaliste Geoffrey Stevens, « l'homme pouvait être charmant, voire attachant, mais il pouvait aussi être distant, irascible et parfois odieux. Il aura montré les deux facettes de sa personnalité complexe au cours des années où je l'ai connu[365]. »

Peu avant le naufrage de l'entente du lac Meech en 1990, « on se souvient l'avoir vu mettre grossièrement en boîte la

---

361. Lussier, André, *Le nationalisme québécois sur le divan*, Montréal, Fides, 2002, p. 77-78, 80.

362. Vastel, *op. cit.*, p. 281.

363. McKenzie, Robert et Dempsey, Lotta, « Pierre Trudeau: "I became accustomed very young to rowing against the current" », *Toronto Daily Star*, 8 avril 1968, p. 9.

364. McCall, Christina et Clarkson, Stephen, *Trudeau: l'homme, l'utopie, l'histoire*, Montréal, Les Éditions du Boréal, 1990, p. 115.

365. Southam, *op. cit.*, p. 128.

journaliste Madeleine Poulin lors d'une entrevue» télévisée, comme l'a rappelé plus tard Éric Desrosiers. (*Le Devoir*, 28 septembre 1999) Selon son ancien conseiller André Burelle, «les entrevues où M. Trudeau s'est montré le plus méprisant et le plus mesquin [...] [ont] été celles où il venait défendre au Québec des politiques dont il n'était secrètement pas très fier. Qu'on se rappelle son entrevue à la télévision de Radio-Canada avec Madeleine Poulin[366].»

Le psychanalyste André Lussier se souvient de cette entrevue: «Il n'a, hélas! manqué aucune occasion d'essayer d'envoyer son vis-à-vis (une femme) au tapis. Pénible à voir. [...] La hargne, l'arrogance et l'attaque ont prévalu[367].»

D'après Richard Gwyn, un des biographes de Trudeau, «ses artifices dialectiques sont connus au point d'en être agaçants. [...] L'un d'eux consiste à répondre à une question par une autre; un autre à réduire l'argument de l'adversaire à une absurdité syllogistique[368]».

Lors de la présentation de ses mémoires télévisés, le 30 août 1993, Trudeau est importuné par le faux journaliste Pierre Brassard, alias Raymond Beaudoin, de l'émission télévisée *Taquinons la planète*: «Complètement excédé, Pierre Elliott Trudeau a giflé le reporter-humoriste Raymond Beaudoin avant de lui administrer un coup de pied dans les testicules, lundi soir, à la Place des Arts.» (Louise Larouche, *Le Journal de Québec*, 2 septembre 1993)

## «BIAFRA? C'EST OÙ, ÇA?»

Peu après son élection en juin 1968, un journaliste de la CBC, Ron Collister, «demande au premier ministre quelle est la position du Canada sur le Biafra. Trudeau [...] répond à la blague: "Biafra? C'est où, ça?" Sa réponse a été vue et entendue sur tous les écrans de télévision du Canada[369]».

---

366. Burelle, André, *Pierre Elliott Trudeau: l'intellectuel et le politique*, Montréal, Fides, 2005, p. 81.

367. Lussier, *op. cit.*, p. 80-81.

368. Gwyn, *op. cit.*, p. 36.

369. Clark, Gerald, «Trudeau without Trudeaumania — Canada's P.M. is not a simple swinger nor a radical reformer», *The New York Times Magazine*, 25 janvier 1970, p. 4.

Roger Duhamel a rappelé plus tard l'arrogance de cette réponse, «"Où est le Biafra?" au moment où meurent là-bas des enfants au ventre ballonné.» (*L'Action nationale*, mai 1984, p. 831)

## «LA RÉPUBLIQUE DES PATATES FRITES»

Lors d'un discours de Trudeau à Chatam en Ontario, le 11 juin 1968, quelqu'un dans la foule crie: «Vive la France!»

Trudeau réplique: «Si vous voulez. Vive la France, et vive les Anglais, aussi. Et vive la république des patates frites[370]!»

Gérard Pelletier a aussi noté ses «blagues de mauvais goût sur les relations France-Québec»:

«Je n'arrive pas à comprendre que Trudeau traite ce sujet par-dessous la jambe. [...] Je ne comprends pas l'insensibilité qu'il affiche en pareille matière, ni son apparent mépris pour la sensibilité des autres à ce sujet[371].»

***

«Trudeau, quand il s'agit de la France, fait preuve d'un zèle iconoclaste inquiétant[372]...»

## LE GOÛT DE LA PROVOCATION

En 1977, Alain Stanké demande à Trudeau:

«Vous aimez choquer, vous aimez provoquer: est-ce que vous pourriez être méchant?

P. E. Trudeau: Oui, certainement, mais rarement à dessein. Si je suis méchant, c'est généralement parce que j'ai fait une erreur de tir. J'aime bien me défendre, je n'aime pas beaucoup attaquer. J'essaie de ne pas provoquer les gens, mais si on est méchant avec moi, souvent je réponds de la même manière[373].»

370. Shaw, Brian, *The gospel according to Saint Pierre*, Richmond Hill, Pocket Books, 1969, p. 184.

371. Pelletier, Gérard, *Le temps des choix, 1960-1968*, Montréal, Stanké, 1986, p. 318-319.

372. *Ibid.*, p. 355.

373. Stanké, Alain, *Pierre Elliott Trudeau: Portrait intime*, Montréal, Stanké, 1977, p. 24. Tiré d'une émission de Télé-Métropole, le 6 mai 1977.

Mais selon Claude Savoie, la réalité est tout autre : « Avant même ses débuts en politique, Pierre Elliott Trudeau se montre un antiquébécois arrogant recherchant la confrontation : confrontation des idées et confrontation des personnes, confrontation pouvant même conduire aux coups[374]. »

Dans sa biographie du premier ministre du Québec Bernard Landry, Michel Vastel cite un exemple de provocation de la part du Trudeau lorsqu'il était professeur adjoint à l'Université de Montréal :

« Quand les étudiants montaient vers l'université, sur les chemins boueux de la montagne, le professeur les dépasse dans sa Mercedes.

“ Marchez, prolétaires ! leur lance-t-il.

– Pourquoi dites-vous ça, espèce de baveux? proteste Landry.

– C'est pour vous inciter à la révolution, bande de cons[375] ! ” »

Pierre O'Neill a rappelé que « les accents d'arrogance, les mesquineries et les provocations ont caractérisé la carrière politique de Pierre Trudeau ». (*Le Devoir,* 20 mai 2000, p. A 12)

## LE 24 JUIN 1968

La veille de sa première élection générale à la tête des troupes fédérales, Trudeau tient à assister ce soir-là à la parade de la Saint-Jean-Baptiste. Éric Desrosiers a rapporté les commentaires du correspondant du *Devoir* à Ottawa en 1968 :

« Il faut se méfier de l'apparente spontanéité de Trudeau devant les caméras, répète Claude Turcotte. Il en veut pour exemple la campagne électorale de 1968 durant laquelle ses conseillers ont demandé aux journalistes ce qu'ils pensaient de l'idée de la présence de leur chef au défilé de la Saint-Jean-Baptiste. “ *On a été unanime à leur dire que c'était une très mauvaise idée et que ça allait fatalement tourner à la casse.*” Il s'y rendit tout de même. L'événement tourna comme prévu à la foire. » (*Le Devoir,* 28 septembre 1999, p. A 8)

---

374. Savoie, Claude, *Les crises de Pierre Elliott Trudeau*, Montréal, Guérin, 1979, p. 12.

375. Vastel, Michel, *Landry, le grand dérangeant*, Montréal, Les Éditions de l'Homme, 2001, p. 66.

Ce fut le « lundi de la matraque » Selon *Le Devoir* du lendemain, il y a eu « 290 arrestations, 43 policiers et 83 spectateurs blessés (dont quelques-uns gravement) [...] À la télévision, le commentateur de Radio-Canada paraît frappé de cécité partielle, il ne voit que les drapeaux, que la foule charmante, que les marchands de ballons et de rafraîchissements qu'il décrit avec une verve toute patriotique. [...] Et l'homme de Radio-Canada, des adjectifs fleuris plein la bouche, continue à disserter sur le charme des majorettes et la qualité des fanfares. Il n'entend ni les sirènes des ambulances, ni cris d'effroi, de douleur ou de haine. » (*Le Devoir,* 25 juin 1968, p. 1, 8)

Claude Savoie a décrit l'attitude de Trudeau ce soir-là :

« Comme César du haut de sa tribune, Trudeau regarde le carnage dans la rue Sherbrooke, le spectacle semble lui plaire. [...] Mais le lendemain matin, lorsque les Canadiens anglais iront voter, ils auront l'impression que Monsieur Trudeau est le seul homme assez brave et assez courageux pour tenir tête à un Québec au bord de l'anarchie[376]. »

Jim Coutts, qui a été le secrétaire principal de Trudeau, en témoigne :

« Trudeau exploitait consciemment l'image qu'il dégageait. Tout comme il répétait soigneusement ses discours, il agissait de manière très délibérée en prenant plusieurs des mémorables poses photographiques qui ont fini par symboliser l'homme. Un des premiers symboles de son courage physique et politique fut les images de Trudeau qui faisait face aux éléments perturbateurs et aux lanceurs de bouteilles pendant le défilé de la Saint-Jean-Baptiste à Montréal, la veille de l'élection de 1968. [...] Cette image de Trudeau " se tenant debout pour le Canada" fit la une des journaux et des nouvelles télévisées et aida à le propulser vers une victoire majoritaire[377]. »

## « PORTER AU BRAS L'ÉTOILE DE DAVID »

Selon Donat Valois, Trudeau a déclaré, le 1er août 1969, dans un discours à Saint-Georges-de-Beauce :

376. Savoie, *op. cit.*, p. 103.

377. Cohen, Andrew et Granatstein, J.L., *Trudeau's Shadow: The Life and Legacy of Pierre Elliott Trudeau*, Toronto, Vintage Canada, 1999, p. 158.

« “Vous, les maniaques de la bombe, ça ne vous gêne pas. Vous n’êtes pas des peureux”. [...] Sur ce, M. Trudeau a comparé les “voyous” qui posent les bombes au noyau nazi qui, sous la direction d’Adolf Hitler, a mené l’Allemagne à la ruine. » (Presse canadienne, *Le Devoir,* 4 août 1969)

La presse anglophone a rapporté ainsi les paroles alors prononcées par Trudeau :

« En Allemagne, il y a 30 ans, les citoyens juifs devaient porter au bras l’étoile de David. C’était leur billet pour les fours crématoires... Cela était possible parce qu’une petite bande de fanatiques dans le pays s’était débarrassée des dirigeants, des autorités[378]. »

Ce discours de Trudeau a été commenté par François-Albert Angers :

« Il ne faut rien céder à la violence, mais au contraire la provoquer afin de lui fournir l’occasion de se manifester pour pouvoir l’écraser sous le signe de la matraque, des bombes lacrymogènes et de la mitraillette. Cette attitude que supportent chaleureusement les Trudolâtres, elle a cessé d’être implicite ; elle est devenue explicite à l’occasion des propos tenus par M. Trudeau à Saint-Georges-de-Beauce. » (*L’Action nationale*, octobre 1969, p. 96)

## « BOTTERAIT LE CUL »

Peter Bregg a raconté un incident survenu en Saskatchewan :

« Un autre jour, à Saskatoon, Trudeau s’est trouvé au milieu d’une manifestation d’agriculteurs. [...] Il parlait aux fermiers depuis un chariot qu’on avait équipé d’un micro. À un moment donné, Pierre Trudeau s’est penché vers un garçon d’environ douze ans qui lui lançait des grains de blé depuis qu’il avait pris la parole. À voix basse, Trudeau l’a prévenu qu’il lui “botterait le cul” s’il n’arrêtait pas. Le premier ministre ne s’est pas rendu compte que beaucoup de personnes avaient entendu la mise en garde. Mais, ça c’était du pur Trudeau[379]. »

---

378. Modern Canadian Library, *The Best of Trudeau,* Toronto, 1972, p. 69.

379. Southam, Nancy, (dir.), *Trudeau tel que nous l’avons connu*, Montréal, Fides, 2005, p. 123.

## « LA RÉVOLTE DES HUÎTRES »

Jennifer Rae, une amie de Trudeau, a raconté un incident lors d'un souper avec quelques invités à la résidence d'été du premier ministre au lac Harrington :

« C'est en février 1969, un an environ après notre première rencontre, qu'eut lieu "la révolte des huîtres". Nous étions à Harrington Lake. [...] Nous préparions ensemble le plateau dans la cuisine. [...] Sans réfléchir, je pressai un morceau de citron sur les huîtres. "Mais qu'est-ce que tu fais ?" me demanda-t-il avec un air et un ton dans sa voix qui exprimaient une *réelle* colère.

J'étais dépitée de mon erreur, mais plus encore décontenancée devant l'énormité de son mécontentement. Nous eûmes l'une de ces horribles disputes qui ont lieu les dents serrées pour que les invités ne les entendent pas. Finalement, ce fut le signal qu'il nous fallait reprendre chacun notre liberté.

"La raison pour laquelle je suis irrité, finit-il par m'expliquer, c'est parce que chacun a le droit de décider s'il souhaite ou non mettre du jus de citron sur ses huîtres. Tu as privé les gens de ce choix."

Peu de temps après cette soirée, j'ai épousé une autre personne[380]. »

## SON ÉPOUSE

Peu avant les élections de 1974, Mme Trudeau a noté : « On commençait à le trouver arrogant et distant, brillant mais froid. La trudeaumanie avait fait son temps. [...] Je commençais à avoir l'intuition que sa réputation de froideur et d'arrogance pouvait fort bien lui aliéner les électeurs[381]. »

Une biographe de son épouse a rappelé un spectacle de mars 1977, deux mois avant l'annonce officielle de leur séparation : « Quelques jours après son retour de New York, Margaret assista à la représentation du ballet *Roméo et Juliette* au Centre national des arts, à Ottawa, en compagnie de Pierre. Tout le monde put contempler son œil au beurre noir[382]. »

---

380. Southam, Nancy, (dir.), *Trudeau tel que nous l'avons connu*, Montréal, Fides, 2005, p. 287.

381. Trudeau, Margaret, *À cœur ouvert*, Montréal, Les Éditions Optimum, 1979, p. 199.

382. Cochrane, Felicity, *Margaret Trudeau*, Montréal, Les Éditions de l'Homme, 1978, p. 143.

Deux ans après leur séparation, M^me^ Trudeau a décrit ainsi l'attitude de l'ex-premier ministre après sa défaite électorale de juin 1979: « Sa défaite l'avait diminué, et il avait perdu pour l'instant son arrogance et son sarcasme[383]. »

## CE N'EST PAS MOI, C'EST LUI

Selon Trudeau, ce n'était pas lui qui faisait appel aux émotions, mais plutôt René Lévesque:

« Je connaissais Lévesque depuis longtemps [...] À mes yeux, nos démarches respectives différaient profondément: lui[384], me semblait-il, faisait appel aux émotions des Québécois tandis que, de mon côté, je m'efforçais plutôt de leur parler raison[385]. »

Mais en 1997, trois ans avant sa mort, Trudeau faisait encore appel à la passion pour lutter contre la "séparation" du Québec, comme il le confiait à Roy Romanow: « Aux yeux de l'homme d'État, il était aussi important de mener le débat avec passion que de garder le pays intact (contradiction intéressante, avec son slogan souvent cité, "la raison avant la passion[386]"). »

## « MES REMARQUES IRONIQUES »

En février 1982, Trudeau répond aux questions de David Frost:

« Je pense que quelques-unes de mes remarques ironiques, ou des remarques qui, dans mon esprit, devaient servir de point de départ à une réflexion[387], ont été citées hors contexte et m'ont nui considérablement. En ce sens, si c'était à refaire, j'emploierais une autre méthode pour susciter une réaction ou une réflexion. [...]

383. Trudeau, Margaret, *Les conséquences*, Montréal, Les Éditions Optimum Internationales, 1982, p. 120.

384. Repère psychanalytique proposé: la projection (voir définition en annexe).

385. Trudeau, Pierre Elliott, *Mémoires politiques*, Montréal, Le Jour, 1993, p. 217-218.

386. Southam, Fides, *op. cit.*, p. 402-403.

387. Repère psychanalytique proposé, la rationalisation (définition en annexe).

Q. La célèbre citation des cœurs brisés[388] ou vos étonnants conseils alimentaires aux conducteurs de camions postaux[389] ?

R. Je pense que votre deuxième exemple a été sans conséquence. Le syndicat s'en est servi dans sa stratégie [...] Et je pense que ça a été une victoire stratégique pour eux. [...] La remarque sur les cœurs brisés ? Non, je pense que c'était un jugement sévère de la part de mes critiques ; si on regarde les choses objectivement, je pense que je ferais la même remarque aujourd'hui[390]. »

## L'AVEU

En 1975, Trudeau admet son arrogance, mais tente de se justifier :

« Il n'y a pas de doute que je suis arrogant avec certaines personnes. J'espère que c'est seulement avec des personnes qui sont arrogantes avec moi. J'espère être raisonnablement décent avec les gens qui sont décents avec moi, mais j'accepterais l'accusation. J'espère que j'ai appris un peu et que je suis devenu plus raisonnable avec le temps[391]. »

Il a révélé son stratagème en 1982 :

« Je dirais que mon agressivité, qui passe parfois pour de l'arrogance, est généralement une réponse à quelque rude provocation [...] Je pense que si j'ai quelques lacunes à cet égard, c'est que, même si je suis docile par nature, j'ai tendance à me faire passer pour exagérément docile dans l'espoir que quelqu'un me balancera son poing sur le nez pour que j'aie le plaisir de faire de même. [...] Vous savez, j'aime les échanges verbaux, intellectuels, et très souvent aussi

388. Le 13 octobre 1970, trois jours avant d'imposer au Québec la *Loi sur les mesures de guerre,* Trudeau répond à un journaliste : « C'est vrai qu'il y a beaucoup de cœurs tendres ("bleeding hearts") [sic] dans la place, qui ne peuvent supporter la vue de personnes qui portent des casques et des fusils. » (*Le Devoir,* 15 octobre 1970, p. 11).

389. Les gars de Lapalme que Trudeau, en avril 1970, « invite à "manger de la marde". » (Horguelin, Christophe, *FLQ Manifeste d'octobre 1970,* Montréal, Comeau & Nadeau, 1998, p. 22).

390. Trudeau, Pierre Elliott, « Entrevue, 23 février 1982, Global T.V., David Frost » Fonds Pierre-Elliott-Trudeau, Archives nationales du Canada, MG 26 0 13, 1982, p. 13-14.

391. Trudeau, Pierre Elliott, « Entrevue, 11 mars 1975, BBC-Lord Chalfont », Archives nationales du Canada, Fonds du très honorable Pierre Elliott Trudeau, MG 26 0 13, p. 27.

les échanges physiques. Pendant un certain temps, j'ai beaucoup aimé le judo et la boxe, et je crois avoir en moi une certaine agressivité que je contrôle généralement, je pense, sauf quand les gens m'attaquent. Je réplique aussitôt[392]. »

Mais Trudeau ne « contrôle » pas son « agressivité » en août 1969, à Vancouver, lors de son arrivée à Seaforth Armoury pour une campagne de financement du Parti libéral du Canada, comme l'a rappelé Victor Irving, l'officier de la RCMP responsable de la sécurité du premier ministre en Colombie-Britannique :

« C'est alors qu'un jeune homme coiffé d'une casquette du NPD surgit sur la droite et hurla à Trudeau : "Salaud ! Fils de pute." J'ai vu la tête du gars basculer brusquement, vers l'arrière, et l'instant d'après, nous étions à l'intérieur du manège militaire. Le lendemain, Pierre Trudeau était accusé de voies de fait. [...] Il s'agissait d'une mise en accusation pour une "infraction punissable par voie de déclaration sommaire de culpabilité". [...]

On me cita à comparaître à titre de premier témoin de la défense. Je fis le témoignage suivant : j'étais la personne qui se trouvait le plus près du premier ministre au moment où le plaignant avait été frappé. Je n'avais pas vu le premier ministre frapper quiconque à coup de poing. Puisque j'avais dû écarter avec rudesse certaines personnes de son chemin, j'étais peut-être moi-même, tout à fait involontairement, coupable du geste qu'on lui reprochait. Si le premier ministre avait vraiment frappé ce type, il me semble que je l'aurais vu faire. Ce que je n'ai pas dit au juge, c'est que je *pensais* [sic] que Trudeau avait bel et bien donné un coup de poing à ce type. Mais on ne m'a jamais demandé ce que je *pensais.* [sic] Selon moi, le gars n'avait eu que ce qu'il méritait. L'accusation a été rejetée[393]. »

Trudeau avait expliqué en 1979 à son biographe « encouragé » comment il tentait de résister à une tendance à « distribuer des taloches », même sans provocation :

« J'étais, je crois, comme le héros Melville : quelque temps après mon retour [de voyage, dans les années cinquante],

---

392. Trudeau, Pierre Elliott, « Entrevue, 23 février 1982, Global T.V., David Frost, » Fonds Pierre-Elliott-Trudeau, Archives nationales du Canada, MG 26 0 13, 1982, p. 1-2.

393. Southam, *op. cit.*, p. 142-143.

je sentais qu'il me fallait reprendre la mer[394], sans quoi j'allais descendre dans la rue distribuer des taloches[395]. Je ne sais pas… Je suppose qu'on pourrait faire analyser cela par un psychologue, mais je n'ai jamais tenté de le faire[396]. »

Quoi qu'il en dise, Trudeau semblait avoir des notions de psychanalyse : étudiant à Harvard, il « se livre avec assurance à l'interprétation freudienne des rêves de ses amis[397] ».

Dès le premier numéro de *Cité libre* intitulé « Politique fonctionnelle », il entrevoyait « une psychanalyse de notre infantilisme religieux et culturel ». (juin 1950, p. 24)

## LA SÉCURITÉ PERSONNELLE DE L'ANCIEN PREMIER MINISTRE

Le commissaire de la RCMP, Robert H. Simmonds, a rencontré un jour Trudeau à Montréal, après son retrait de la politique :

« Il était alors quelque peu préoccupé par sa sécurité personnelle et se demandait si le dispositif de sécurité de sa maison était adéquat ; nous en avons donc parlé. Il songeait même à porter une arme (!). Naturellement, je lui ai déconseillé de le faire, lui suggérant plutôt de confier toute l'affaire à la GRC, qui demeure responsable de la sécurité d'un premier ministre à la retraite tant qu'il existe un danger réel ou appréhendé[398]. »

---

394. Repère psychanalytique proposé, la compulsion : « Impossibilité de ne pas accomplir un acte, lorsque ce non-accomplissement est générateur d'angoisse, de culpabilité. » (Rey-Debove, Josette et Rey, Alain, *Le nouveau Petit Robert*, Paris, Les Dictionnaires Le Robert, 1993)

395. « Knock people's hats off » dans l'original (1978) est devenu « distribuer des taloches » dans la traduction officielle (1979). Repère psychanalytique proposé, l'obsession : « Idée, image, mot qui s'impose à l'esprit de façon répétée et incoercible. » *(Ibid.)*

396. Radwanski, George, *Trudeau*, Montréal, Fides, 1979, p. 83-84.

397. Clarkson, Stephen et McCall, Christina, *Trudeau : l'illusion héroïque*, Montréal, Les Éditions du Boréal, 1995, p. 38.

398. Southam, *op. cit.*, p. 152.

## «...ENVERS L'AUTORITÉ...»

Selon Ernest Jones, «le trait de caractère qui figure dans la triade de Freud sous le nom de Eigensinn (obstination) [...] se transforme facilement en une méfiance chronique. [...] Ces personnes supportent mal qu'on les conseille, se révoltent contre la moindre pression exercée sur elles, sont à cheval sur leurs droits et leur dignité, ne supportent aucune autorité et s'entêtent pour agir de leur manière[399].»

Après avoir passé en revue les différentes circonstances où Trudeau a montré «une certaine hostilité», pour ne pas dire une hostilité certaine, vérifions maintenant si cette hostilité se manifestait effectivement «envers l'autorité» et ses représentants, à partir du premier connu jusqu'au plus haut dépositaire de l'autorité politique au Québec.

Peu de temps avant son élection à la direction du Canada, Trudeau déclarait:

«Je me suis habitué très jeune à ramer à contre-courant, attaquant l'autorité et me foutant de l'opinion publique. [...] C'était une sorte d'agressivité refoulée entre les autorités et moi. [...] Je n'aimais pas l'autorité. En conséquence, j'aimais pouvoir contredire les gens qui disaient que je n'avais pas le droit de faire telle ou telle chose[400]...»

Une dizaine d'années auparavant, il avait identifié les lieux où il faut se plier à l'autorité:

«Dans la famille, à l'école, dans la paroisse, au travail, on prêche l'obéissance aveugle comme une vertu.» (*Vrai*, 8 mars 1958)

### LE PÈRE

«Je n'ai jamais beaucoup accepté l'autorité ou l'argument d'autorité. On me dit que j'essayais toujours d'avoir le dernier mot avec mon père [...] C'était vrai plus tard avec mes professeurs, je pense, et avec mes collègues[401].»

---

399. Jones, Ernest, «Traits de caractère se rattachant à l'érotisme anal», 1919, dans *Théorie et pratique de la psychanalyse*, Paris, Payot, 1969, p. 383.

400. McKenzie, Robert et Dempsey, Lotta, «Pierre Trudeau: "I became accustomed very young to rowing against the current"», *Toronto Daily Star*, 8 avril 1968, p. 8-9.

401. Stanké, Alain, *Pierre Elliott Trudeau: Portrait intime*, Montréal, Stanké, 1977, p. 31. Tiré d'une émission de Télé-Métropole, le 6 mai 1977,

***

« Si la mort de son père assagit Trudeau au foyer, ce fut tout le contraire au collège. Il s'ensuivit une période de rébellion sans précédent et le transfert de son hostilité du milieu familial à l'arène publique explique peut-être, comme il le laisse entendre lui-même, qu'il se soit figé dans une attitude de résistance à l'autorité dont il ne devait presque jamais se départir[402]. »

***

« Aucune autorité ne saurait être prise pour acquise, ni aucune obéissance se présumer. Si mon père, mon curé, ou mon roi veut exercer une autorité sur moi, s'il veut me donner des ordres, il doit pouvoir expliquer d'une manière satisfaisante pour ma raison en vertu de quoi, lui il doit commander et moi, je dois obéir. » (Trudeau, *Vrai,* 22 février 1958)

## LA MÈRE

« Dans certaines sociétés, c'est l'aïeul qui commande, dans d'autres c'est la mère, dans d'autres encore, c'est le fils aîné de la reine. » (Trudeau, *Vrai,* 22 février 1958)

***

« Vous savez, le mariage peut être une institution régressive. Vous êtes jeune, vous êtes libre, vous êtes enfin débarrassé de l'autorité parentale. Tout à coup, vous vous mariez, puis l'autorité réapparaît. Vous n'avez plus à rendre des comptes à votre mère, mais à votre femme[403]. »

## LES PROFESSEURS

« Prendre ainsi le contre-pied des affirmations courantes, avec les camarades aussi bien qu'avec les professeurs, et mettre en doute les opinions dominantes devint pour moi une

402. Radwanski, *op. cit.*, p. 69.

403. Trudeau, Pierre Elliott, « Entrevue 11 mars 1975-BBC-Lord Chalfont », Archives nationales du Canada, Fonds du très honorable Pierre Elliott Trudeau, MG 26 0 13, p. 30.

habitude que je devais conserver toute ma vie. De là à cultiver une certaine forme de provocation, il n'y avait qu'un pas ; j'eus vite fait de le franchir[404]. »

***

« J'étais plutôt indiscipliné et on m'a expulsé plusieurs fois. [...] Mais je faisais acte de contrition et on me reprenait. C'était une sorte d'agressivité refoulée entre les autorités et moi. [...] J'affichais toujours une opinion contraire à celle des gens, de mes professeurs, et cela les agaçait assez, mais ce n'était pas vraiment sérieux[405]... »

Selon Clarkson et McCall, « à Brébeuf, ses professeurs le qualifiaient de " catholique protestant " à cause de son habitude de toujours contester leur enseignement doctrinal au nom de la liberté de pensée[406]. »

## LE PREMIER MINISTRE DUPLESSIS

Dans l'hebdomadaire *Vrai* du 15 mars 1958, Trudeau signe un article intitulé : « Faut-il assassiner le tyran ? » Il y écrit :

« Les tyrans prétendent toujours fonder leur ordre social sur le bien commun et sur le bien de la race. [...] Dans une société d'égoïstes, [...] chacun alors promettra son adhésion à un gouvernement qui, à l'occasion, lui donnera une bouteille de bière, un frigidaire, un pavage d'église, un octroi universitaire. »

Cet article a été interprété ainsi par André Dagenais dans l'hebdomadaire *Le Salaberry* : « Dans le rêve que poursuit M. Trudeau, le tyran — que personne n'en doute — c'est l'honorable Maurice Duplessis ! Ce propos est stupide. » (Cité par Trudeau *in Vrai,* 26 avril 1958)

Trudeau a répliqué : « Stupide, en effet, comme bien d'autres propos de M. Dagenais ; [...] quant à moi, je précisais dans la première phrase de l'article incriminé que j'étais contre la violence. » (*Vrai,* 26 avril 1958)

---

404. Trudeau, Pierre Elliott, *Mémoires politiques*, Montréal, Le Jour, 1993, p. 32.

405. McKenzie et Dempsey, *op. cit.*, p. 8.

406. McCall, Christina et Clarkson, Stephen, *Trudeau : l'homme, l'utopie, l'histoire*, Montréal, Les Éditions du Boréal, 1990, p. 56.

Mais dans sa réplique, Trudeau n'a pas nié que le tyran auquel il faisait allusion, dans l'article incriminé, c'était bien pour lui Duplessis. Le lendemain de la mort de Trudeau, Guy Fournier révèle à la télévision publique qu'il était son ami et déclare: « Trudeau avait la hantise de Duplessis; si Duplessis n'avait pas été là, peut-être que Trudeau n'aurait pas eu la même attitude par rapport au nationalisme. » (Radio-Canada, 29 septembre 2000)

Rappelons que le père de Pierre Trudeau était un partisan du Parti conservateur incarné par Camillien Houde, puis par Duplessis. Et dans ses *Mémoires politiques*, Trudeau a écrit: « Personnellement, je ne m'étais jamais senti en manque de chef, peut-être à cause de l'autoritarisme qui sévissait dans le Québec de ma jeunesse[407]. »

## DE DUPLESSIS À BOURASSA

Même si Robert Bourassa était le sixième premier ministre du Québec depuis Duplessis, l'attitude de Trudeau n'a pas changé envers celui qui représentait la plus haute autorité politique au Québec de 1970 à 1976, comme le rappelle René Blanchard:

« Attitude hostile, renfrognée, hargneuse, contre tout le pays pauvre, incarné par Duplessis. Attitude hargneuse, fourbe et méprisante contre le Québec plus moderne, incarnée [sic] par Bourassa. » (*L'Action nationale*, vol. 70, 1980-81, p. 661)

## « CELA M'A CONDUIT AU POUVOIR »

Dans *Le fédéralisme et la société canadienne-française*, publié peu de temps avant son élection à la direction du Canada, l'avant-propos commence par ces mots:

« Il ne faut pas chercher d'autre constante à ma pensée que celle de s'opposer aux idées reçues. Si j'avais appliqué ce principe à la bourse, j'y aurais peut-être fait fortune. J'ai choisi de l'appliquer [ce principe] à la politique, et cela m'a conduit au pouvoir[408]. »

---

407. Trudeau, Pierre Elliott, *Mémoires politiques*, Montréal, Le Jour, 1993, p. 144.

408. Trudeau, Pierre Elliott, *Le fédéralisme et la société canadienne-française*, Montréal, Hurtubise HMH, 1967, p. V.

En effet, Trudeau s'opposait « aux idées reçues » du Québec, mais non du ROC :

« Fait très révélateur, Trudeau rame avec le courant au Canada anglais en ce qu'il faudrait maintenant contenir les efforts du Québec pour obtenir davantage de pouvoirs — mais en même temps, il rame contre une opposition considérable de la part des dirigeants politiques et des faiseurs d'opinion dans sa propre province[409]. »

## L'AUTORITÉ, C'EST MOI !

En 1940, dans un article humoristique intitulé « Sur les pompiers », Trudeau révélait déjà son rêve : « Maintenant que nous savons que les chefs ne doivent pas avoir peur d'entendre leur son propre, et qu'ils doivent avoir confiance en leur importance, nous aimerions prendre le gouvernail un peu. » (*Brébeuf* 22 février 1940)

L'autorité indiscutable contre laquelle on ne peut rien répliquer, c'est Trudeau lui-même, comme l'a écrit Claude Ryan : « M. Trudeau est, en somme un polémiste redoutable quand il est dans l'opposition, mais un homme du genre péremptoire quand il exerce l'autorité. » (*Le Devoir,* 20 avril 1969)

Le 17 octobre 1970, au lendemain de l'imposition de la *Loi sur les mesures de Guerre* au Québec par Trudeau, Claude Ryan écrivait dans *Le Devoir* : « L'ancien théoricien de la méfiance à l'endroit de l'autorité constituée devient aujourd'hui un protecteur militaire[410]. »

## « L'ESPRIT DE CONTRADICTION »

« Je ne saurais dire quand exactement j'ai acquis l'esprit de contradiction ni pourquoi je l'ai acquis. Je me souviens cependant qu'en bas âge, loin d'aller "à contre-courant", j'étais davantage enclin à dire et à faire ce qui était convenu et à dévorer avec gratitude la moindre miette de savoir que je rencontrais, qu'elle vînt de mes parents, de mes amis, de mes maîtres ou de l'Église. Comme j'avais eu une enfance heureuse, je ne sentais pas le besoin de pratiquer le doute méthodique.

409. McKenzie et Dempsey, *op. cit.*, p. 8.

410. Ryan, Claude, *Le Devoir et la crise d'octobre 1970*, Montréal, Leméac, 1971, p. 59.

C'est à l'adolescence que je me suis mis à changer. J'avais toujours la même soif de connaissance mais je cherchais aussi la cohérence : il fallait que les choses aient un sens. La parole de l'autorité n'était plus une preuve suffisante : je devins raisonneur. Heureusement pour moi, “les autorités” comprirent, de même que mon père[411] : si je pouvais justifier mon désaccord ou mon refus d'obéir, je m'en tirais à bon compte[412]. »

## « D'OÙ CELA VIENT »

« Je pourrais donner d'autres exemples de ce que mon ami Vianney Décarie [...] appelait mon “signe de contradiction”. Mais à quoi bon ? Il vaut mieux, je crois, tenter d'expliquer d'où cela vient. Je n'ai jamais pu accepter de discipline, sauf celle que je m'imposais à moi-même, — et il fut un temps où je m'en imposais beaucoup. [...] Je ne pouvais admettre qu'un autre prétendit savoir mieux que moi-même ce qui était bon pour moi. La tyrannie[413], par conséquent, m'était proprement intolérable[414]. »

## « LA RIVALITÉ PÈRE-FILS » ?

Selon Richard Gwyn, « cette éternelle ambivalence qu'on constate chez Trudeau à propos de l'autorité — il ignore celle des autres et impose la sienne — n'a d'autre origine que la rivalité père-fils qu'il n'a jamais eu la chance de résoudre[415]. »

## L'AVEU

« Trudeau avoue lui-même qu'une partie de sa vie de critique social — “ si vous voulez examiner cela sous l'angle

411. Son père est mort en 1935, alors qu'il avait 15 ans, mais il s'était « habitué très jeune à ramer contre le courant, attaquant l'autorité. » (In McKenzie, Robert and Dempsey, Lotta, « Pierre Trudeau : “I became accustomed very young to rowing against the current” », *Toronto Daily Star*, 8 avril 1968, p. 8).

412. Trudeau, Pierre Elliott, *À contre-courant, textes choisis, 1939-1996*, Montréal, Stanké, 1996, p. 9.

413. Tyrannie : « Autorité oppressive, abus de pouvoir. Se libérer de la tyrannie d'un père. » (*Le nouveau Petit Robert*, 1993)

414. Trudeau, Pierre Elliott, *Le fédéralisme et la société canadienne-française*, Montréal, Hurtubise HMH, 1967, p. VII.

415. Gwyn, Richard, *Le Prince*, Montréal, France-Amérique, 1981, p. 23.

psychanalytique" — était motivée tout simplement par le désir de lancer des balles de neige à l'autorité[416].»

«Sous l'angle psychanalytique», Trudeau a donné une réponse encore plus révélatrice:

«Probablement qu'ayant perdu l'objet de ma révolte dans la famille, je n'avais plus à combattre mon père, alors je me suis retourné contre d'autres gens, comme mes professeurs, ou l'Église, ou les politiciens, ou quoi que ce soit qui pouvait représenter l'autorité établie[417].»

## «...M'AMÈNE À TANT AIMER LA LIBERTÉ»

Son opposition à l'autorité posait un problème au jeune adulte Trudeau. Pendant ses études à Londres, il fait part de ses préoccupations dans une lettre à un ami: «Il s'estime de plus en plus "préoccupé par les questions d'autorité, d'obéissance et de fondement de la loi[418]."»

Mais il a fini par trouver une formulation plus acceptable à son refus de l'autorité: «Une certaine hostilité envers l'autorité qui m'amène à tant aimer la liberté[419].»

Il peut dès lors remanier ses souvenirs. Ainsi, la lutte contre l'autorité lui a d'abord causé des problèmes dans son enfance, comme il le confiait à une journaliste en 1969: «J'étais impertinent envers mon père, mes professeurs — tout le monde. Ça m'a causé des ennuis[420].» Il s'en justifie maintenant au nom d'un principe noble, l'amour de la liberté:

---

416. Gzowski, Peter, «Portrait of an Intellectual in Action», *Maclean's*, 24 février 1962, p. 29.

417. Trudeau, Pierre Elliott, «Entrevue 11 mars 1975-BBC-Lord Chalfont», Archives nationales du Canada, Fonds du très honorable Pierre Elliott Trudeau, MG 26 0 13, p. 18.

418. McCall, Christina et Clarkson, Stephen, *Trudeau: l'illusion héroïque*, Montréal, Les Éditions du Boréal, 1995, p. 40.

419. Radwanski, George, *Trudeau*, Montréal, Fides, 1979, p. 51.

420. Iglauer, Edith, «Prime minister/Premier ministre», *The New Yorker*, 5 juillet 1969, p. 36.

« Je pense qu'on aime la liberté, et j'ai eu la chance d'avoir des parents et des professeurs et des amis qui n'ont pas essayé de brimer cette liberté. Ils l'ont plutôt encouragée. Et j'ai appris assez tôt que la discipline qu'il importait d'avoir, c'était celle qu'on s'imposait à soi-même, plutôt que celle qui nous était imposée de l'extérieur[421]. »

Trudeau a confié à B. W. Powe : « Quand j'étais jeune, à vingt-deux ou vingt-trois ans, la liberté m'obsédait. La liberté, je ne pensais qu'à ça. Bien sûr, à l'époque, le Québec était plongé dans l'autoritarisme[422]. »

## UNE CHOSE ET SON CONTRAIRE

La résistance aux tendances agressives et au rejet de l'autorité peut se manifester par des comportements contraires[423] : le respect de l'autorité et le souci de la justice.

Dans un article sur la triade de traits de caractère analysée par Freud, Ernest Jones écrit que « ces individus sont très sensibilisés au problème de rendre la justice d'une manière précise et à celui de traiter les affaires comme il faut[424] ».

Trudeau a expliqué en 1998, dans son dernier livre, comment il en était arrivé à obéir à l'autorité :

« On m'a toujours enseigné, à l'école comme à l'université, que l'autorité venait de Dieu. Mais j'ai dû concilier cette autorité divine avec la liberté individuelle en laquelle je crois résolument. Je suis parti du principe que personne ne savait mieux que moi ce qui était bon pour moi. Alors, pourquoi obéir à mes professeurs ? Je devrais leur obéir parce que je suis

421. Trudeau, Pierre Elliott, « Entrevue, 16 décembre 1981, TVA, Michel Jasmin », Fonds Pierre-Elliott-Trudeau, Archives nationales du Canada, MG 26 0 13, p. 5.

422. Propos rapportés par Powe, B. W., dans Southam, Nancy, (dir.), *Trudeau tel que nous l'avons connu*, Montréal, Fides, 2005, p. 404.

423. Repère psychanalytique proposé : la formation réactionnelle (définition en annexe).

424. Jones, Ernest, « Traits de caractère se rattachant à l'érotisme anal », 1919 in *Théorie et pratique de la psychanalyse*, Paris, Payot, 1969, p. 384.

un homme libre qui décide[425], dans ce domaine ou dans un autre, qu'ils en savent plus long que moi[426]. »

Il avait déjà expliqué son cheminement de la liberté à la justice :

« Pour l'enfant, la notion d'injustice se ramène surtout à ses propres expériences : la punition qu'il n'avait pas méritée... Mais l'adolescence fait de lui un être social et par conséquent plus conscient de l'injustice qui découle de l'inégalité des conditions[427]. »

***

« Si la liberté ne s'applique qu'aux puissants et aux privilégiés, leur conception de la liberté peut être oppressive[428]. »

***

« C'est certain que la notion de justice m'a toujours séduit, j'ai étudié le droit probablement un peu pour ça, pour savoir ce qui pouvait se rapprocher de la justice là-dedans[429]. »

***

« La politique active me donna les moyens de rechercher la justice dans l'organisation de l'État[430]. »

***

425. Repère psychanalytique proposé, la rationalisation (voir définition en annexe).

426. Trudeau, Pierre Elliott, avec la collaboration de Ron Graham, *Trudeau : l'essentiel de sa pensée politique*, Montréal, Le Jour, 1998, p. 21.

427. Axworthy, Thomas S. et Trudeau, Pierre Elliott, *Les années Trudeau, la recherche d'une société juste*, Montréal, Le Jour, 1990, p. 382.

428. Propos rapportés par Powe, B. W. in Southam, *op. cit.*, p. 405.

429. Trudeau, Pierre Elliott, « Entrevue, "Madame est servie" », Jean Duceppe et Roger Beaulu, 12 avril 1973, Fonds Pierre-Elliott-Trudeau, Archives nationales du Canada, MG 26 0 13, p. 11.

430. Axworthy et Trudeau, *op. cit.*, p. 382.

« La liberté reste pour moi essentielle, mais l'égalité des chances doit constituer l'essence d'une société juste[431]. »

Trudeau avait révélé, en 1968, pourquoi il avait étudié le droit : « Trudeau dit qu'il est content d'avoir choisi le droit parce que " cela correspondait bien à ma nature. J'avais toujours aimé la justice. J'avais toujours aimé le sens de l'équilibre[432] "... »

Mais la suite de cette citation de Trudeau révèle que cet amour de la justice pouvait aussi aboutir au résultat contraire : « Je voulais connaître mes droits pour pouvoir les pousser jusqu'à la limite[433]. » *Summum jus, summa injuria*[434]. Il en a fait la démonstration pendant la crise d'Octobre 1970 au Québec.

## UNE CERTAINE « TRIADE DE TRAITS DE CARACTÈRE »

Le psychanalyste André Lussier avait assez bien connu Trudeau pour avoir à l'époque collaboré à la revue *Cité libre*. En 2002, deux ans après la mort de l'ancien premier ministre du Canada, il écrivait :

« Ce qui s'est passé fait désormais partie de notre histoire. Il y a au pays un consensus voulant que Trudeau ait donné la préséance à son caractère, aux dépens de la grande diplomatie, qu'il ait éprouvé beaucoup de mal à dissimuler son mépris pour les souverainistes[435]. »

---

431. Propos rapportés par Powe, B. W., in Southam, *op. cit.*, p. 405.

432. McKenzie, Robert et Dempsey, Lotta, « Pierre Trudeau : "I became accustomed very young to rowing against the current" », *Toronto Daily Star*, 8 avril 1968, p. 9.

433. *Ibid.*, p. 9.

434. Comble de justice, comble d'injustice (*Le Petit Larousse*, Grand format, 1992). Repère psychanalytique proposé : « Les formations réactionnelles [...] aboutissent parfois directement à un résultat opposé à celui qui est consciemment visé (*summum jus summa injuria*). [...] Le juriste qui pousse à l'extrême et de façon vétilleuse son souci d'équité peut se montrer par là même systématiquement indifférent aux problèmes réels que lui pose la défense de ceux qui ont recours à lui, et satisfaire ainsi, sous le masque de la vertu, ses tendances sadiques... » (Laplanche, Jean et Pontalis, J. B., *Vocabulaire de la psychanalyse*, Paris, P.U.F., 7e édition, 1981, p. 169-170)

435. Lussier, André, *Le nationalisme québécois sur le divan*, Montréal, Fides, 2002, p. 72.

Par ses écrits, ses propos et ses actes, Trudeau a montré qu'il avait, entre autres, les trois traits de caractère suivants : il était ordonné, économe et entêté. Freud a relié « cette triade de traits de caractère[436] » au stade du développement de l'enfant qui précède le conflit œdipien.

436. Freud, Sigmund, « Caractère et érotisme anal », [1908], *Névrose, psychose et perversion*, Paris, P.U.F., 1978, p. 148.

# CHAPITRE 6

## TROUVER L'OBJET

> *« L'enfant au sein de la mère*
> *est le prototype de toute relation amoureuse.*
> *Trouver l'objet sexuel n'est, en somme, que le retrouver*[1]. »

En psychanalyse, le choix d'objet est l'« acte d'élire une personne ou un type de personne comme objet d'amour. [...] Notons que l'expression "choix d'objet" est employée pour désigner, soit le choix d'une personne déterminée (exemple : "son choix d'objet se porte sur son père"), soit le choix d'un certain *type* d'objet (exemple : "choix d'objet homosexuel[2]"). »

Le choix d'objet chez Trudeau a donné lieu à des rumeurs parfois contradictoires.

## DES HOMMES

Selon Michel Vastel, « ses plus profondes amitiés, Trudeau les a partagées avec des hommes[3]. »

---

1. Freud, Sigmund, *Trois essais sur la théorie de la sexualité*, Paris, Gallimard, 1962, p. 32 dans Flem, Lydia, *Freud et ses patients*, Paris, Hachette, 1986, p. 140.

2. Laplanche, Jean et Pontalis, J.-B., *Vocabulaire de la psychanalyse*, Paris, P.U.F., 7e édition, 1981, p. 64.

3. Vastel, Michel, *Trudeau le Québécois*, Montréal, Les Éditions de l'Homme, nouvelle édition 2000, p. 53.

À 24 ans, le journaliste en herbe Trudeau faisait l'éloge de l'amitié masculine dans le sport:

« Observez le motoiste [sic] et son croupier[4], et dites-moi s'il est un sport où l'amitié soit satisfaite davantage. Deux amis ont enfourché la même bête puissante et haletante; [...] ces deux amis aux poitrines juxtaposées font un cavalier unique: et son double cerveau agite les complémentaires, tant la bouche est proche de l'oreille, et les yeux des yeux. [...] La motocyclette, vil instrument de transport? — Instrument de transes; sport! vous dis-je. » (*Le Quartier latin*, 10 mars 1944, p. 8)

***

« Le canot est aussi une école d'amitié; et l'on apprend que le meilleur ami n'est pas la carabine, mais bien celui qui vous partage chaque nuit son sommeil, après dix heures d'aviron à l'autre bout du canot. » (*Journal JEC*, juin 1944)

## UN « BOBARD »

« Quand le célibat s'est un peu trop prolongé, certains ont cru deviner chez l'homme quelque penchant homosexuel! [...] Le jour où Pierre Trudeau s'est présenté à la Chambre des communes en sandales et portant un foulard de soie, le correspondant du respectable *Citizen* d'Ottawa conclut son article sur un vicieux " on dit que le ministre de la Justice est un **célibataire** légèrement porté à l'homosexualité[5] ". »

Selon Trudeau, « l'État n'avait rien à faire dans les chambres à coucher de la nation, tant que ce qui s'y passait ne faisait de mal à personne et se passait entre adultes consentants[6]. »

Et il considérait la réciproque comme étant vraie, comme il l'exprimait devant des journalistes: « Je pense que tout le monde était d'accord lorsque j'ai dit que l'État n'avait pas sa place dans les chambres à coucher de la nation; vous pourriez

4. Trudeau ne pensait certainement pas à un employé d'une maison de jeu (un croupier), mais plutôt à un passager en croupe derrière une personne en selle.

5. Vastel, *op. cit.*, p. 45, 140.

6. Trudeau, Pierre Elliott, avec la collaboration de Ron Graham, *Trudeau: l'essentiel de sa pensée politique*, Montréal, Le Jour, 1998, p. 22.

dire de même que la nation n'a pas sa place dans les chambres à coucher de l'État, pas la presse en tout cas[7]. »

Selon Larry Zolf, « le secret préféré concernant Trudeau, qui m'a été murmuré par quelques-uns des membres les plus intelligents de la Tribune parlementaire, était que Trudeau était soit gai, soit bisexuel, ou les deux[8]. »

Madeleine Gobeil a confié à Clarkson et McCall : « Il a été mon premier amant et, d'après mon expérience, il est un amoureux incomparable. Aucun Canadien français qui le connaît bien n'a jamais cru qu'il pourrait être homosexuel — ce sont les Anglais qui ont répandu ce bobard et ses ennemis séparatistes leur ont emboîté le pas[9]. »

L'épouse de Trudeau a témoigné dans le même sens : « De toutes les critiques formulées à l'endroit de Pierre, aucune n'est moins fondée ni aussi absurde que l'accusation qu'il soit homosexuel[10]. »

### « JE NE L'AI JAMAIS ÉTÉ »

Trudeau a confié à ses biographes Clarkson et McCall : « J'ai eu beaucoup d'amis homosexuels dans ma vie, qui appartenaient aux milieux artistiques et intellectuels, déclarera-t-il en 1986. Mais je ne l'ai jamais été[11]. »

## DES FEMMES

Pierre Leroux a noté que, « étrangement, s'il y est fait grande place à ses complicités amicales, les « Mémoires de Trudeau » ignorent souverainement toute présence féminine. » (*Le Journal de Québec*, 31 août 1993, p. 2) Toutefois, Trudeau a

7. *Ibid.*, p. 140.

8. Cohen Andrew et Granatstein, J. L., *Trudeau's Shadow: The Life and Legacy of Pierre Elliott Trudeau*, Toronto, Vintage Canada, 1999, p. 59.

9. McCall, Christina et Clarkson, Stephen, *Trudeau : l'homme, l'utopie, l'histoire*, Montréal, Les Éditions du Boréal, 1990, p. 70.

10. Trudeau, Margaret, *Les conséquences*, Montréal, Les Éditions Optimum Internationales, 1982, p. 81.

11. McCall et Clarkson, *op. cit.*, p. 70.

souvent parlé des femmes, en général avec humour, mais parfois aussi avec mépris.

## « RIEN ; COMME TOUJOURS »

À 20 ans, en dernière année du cours classique (remplacé par le secondaire et collégial), Pierre Elliott TRUDEAU [sic] signe dans l'hebdomadaire du collège Brébeuf un article obscur qui se voulait drôle et intitulé « MER ! NOËL ! » :

« Le finissant. – Ce n'est certes pas la métaphysique qui alourdit la bourse.

Une jeune fille. – Vous pourriez enseigner dans un couvent : l'on y raffole de philosophie.

Un misogyne. – Qu'est-ce qu'elle vient faire, celle-là ?

L'essayant. – Rien ; comme toujours. Mais j'ai cru ajouter à la vraisemblance… » (*Brébeuf,* 23 décembre 1939)

## « FEMMELETTERIES »

Dans l'hebdomadaire de l'Université de Montréal, l'étudiant en droit signant Pierre Elliott TRUDEAU, âgé de 24 ans, félicite le directeur : « Cette année, c'est l'équipe qui est excellente : exactement assez spirituelle jusqu'ici pour débarrasser notre journal de ses femmeletteries sirupeuses, de ses balourdes dissertations, de ses niaiseuses histoires. » (*Le Quartier Latin,* 12 novembre 1943)

## ATTENTION AU JAVELOT !

Quelques mois plus tard, dans le même hebdomadaire, Pierre Elliott TRUDEAU, alors en dernière année de droit, écrit que la motocyclette n'est pas « qu'un banal moyen de locomotion », qu'elle est affranchie du « servilisme original » [sic] : « Et le javelot et la course que vous admirez dans le stade, ils étaient encore armes contre les députés et les femmes, quand déjà le motocyclisme était un sport pur. » (*Le Quartier Latin,* 10 mars 1944)

## « LE PERSONNAGE "TUTS" »

François-J. Lessard a rappelé à Trudeau, dans une lettre ouverte, un débat humoristique sur la galanterie auquel il avait participé vers la fin de ses études en droit en 1943:

«Aux fins de démontrer que, si la galanterie n'existe plus de nos jours, la femme en est la première responsable, [...] ton subtil cerveau, mon cher Pierre, a fabriqué le personnage "Tuts". [...] Si la galanterie agonise, c'est donc, selon ton canevas, que "Tuts" se comporte vulgairement. [...] Et la preuve la plus péremptoire de la vulgarité de "Tuts", elle a délaissé ses devoirs et sa dignité de femme québécoise pour s'en aller travailler... dans une usine de munition[12] !»

## DES PÂTISSERIES ET DES HANCHES

Richard Gwyn a rapporté des confidences de l'ex-fiancée de Trudeau qui était alors dans la vingtaine: «Prénommée Thérèse, [...] elle confia à quelques-unes de ses relations qu'il lui serait impossible de vivre avec lui et leur raconta qu'un jour où elle avait été invitée à prendre le thé au 84 McCulloch il lui avait lancé à haute voix, en la voyant tendre la main vers une tranche de gâteau: "Si j'avais des hanches comme les tiennes, je ne mangerais pas de pâtisseries[13]".»

## «LE SAVENT-ELLES?»

Au retour d'une conférence internationale à Moscou, Trudeau conclut l'un de ses articles dans *Le Devoir* par quelques paragraphes intitulés «Naïvetés» et visant «les politiciens occidentaux»; il termine sa chronique (on se demande pourquoi) par ces mots: «Mais à quoi rêvent ces jeunes filles? Le sait-on et le savent-elles?» (*Le Devoir*, 17 juin 1952)

## «UNE BRAVE BOURGEOISE À DIPLÔMES»

Dans un de ses articles sur «Les cheminements de la politique», Trudeau se sent obligé de répondre à des chuchotements féminins:

«Aujourd'hui, je me dois de contredire une brave bourgeoise à diplômes — au demeurant fort jolie — qui

12. Lessard, François-J., *Messages au «frère» Trudeau*, Pointe-Fortune (Québec), Éditions de ma grand-mère, 1979, p. 127.

13. Gwyn, Richard, *Le Prince*, Montréal, France-Amérique, 1981, p. 244.

chuchote dans les salons que mes théories font de moi un communiste! » (Trudeau, *Vrai,* 3 mai 1958)

## « LEURS CERCLES DE COUTURE »

Préoccupé par la guerre froide, Trudeau se demande ce que font pendant ce temps différents groupes de la société québécoise, dont « les femmes groupées dans leurs sociétés littéraires et leurs cercles de couture. » (*Cité libre*, décembre 1961, p. 3)

## « L'ARGUMENTATION TOURNE SI COURT »

Dans un « numéro spécial consacré au séparatisme », Trudeau dénonce « l'attitude de toutes ces adorables jeunes filles et jeunes femmes dont l'argumentation tourne si court: "L'indépendance est affaire de dignité. Ça ne se discute pas, ça se sent". » (*Cité libre*, avril 1962, p. 13)

## LA FILLE ET L'AUTO !

Le 3 avril 1968, quelques jours avant que Trudeau ne soit élu chef du Parti libéral du Canada, un journaliste lui demande:

« Abandonnerez-vous votre Mercedes?

*Trudeau:* Vous parlez de l'auto ou de la fille?

Q: De l'auto.

*Trudeau:* Je n'abandonnerai ni l'une ni l'autre[14]. »

## DES BLONDES ET DES BRUNES

Peter C. Newman a rapporté une réplique que Trudeau a lancée à Victoria pendant la course au leadership en 1968. « Alors qu'on lui posait une question sur l'avenir du libéralisme, il a répliqué: "Un parti politique emballant devrait avoir aussi bien des blondes que des brunettes". Les premiers ministres ne parlent pas comme ça[15]. »

## « *SUCH A BITCH* »

14. Modern Canadian Library, *The best of Trudeau*, Toronto, 1972, p. 155.

15. Newman, Peter C., « The iron mask », *Maclean's*, 6 avril 1998, p. 27.

Interrogé par Gloria Steinem à la télévision le 15 avril 1970, Trudeau lui répond : « Oh ! ne soyez pas aussi garce [*such a bitch*]. Vous voulez que je parle comme ça[16] ? »

## « ME DESSINER MOI »

La romancière et dessinatrice Jane Faulkner a rencontré Trudeau en 1971 :

« " Pourrais-je dessiner votre bureau ? " lui ai-je demandé sans détour. Pour tout dire, j'étais jeune, lui n'était pas encore marié : ça l'a visiblement émoustillé.

" Vous voulez me dessiner moi, dans mon bureau ? "

" Non, dis-je, pas vous. C'est votre bureau que je veux dessiner. "

Son humeur a changé sur-le-champ. Il a fait signe à un membre de son personnel et lui a demandé froidement de prendre les dispositions nécessaires[17]. »

## « ELLE NE COMPRENDRAIT PAS »

Des biographes de Trudeau ont rapporté ses propos au sujet de son épouse : « " Ne vous inquiétez pas pour elle ", avait-il dit à des amis étonnés au cours d'un dîner au début de leur liaison, " elle ne comprendrait pas ce que nous disons même si nous parlions anglais[18] ". »

## « LA FILLE QUI DIT NON, DES FOIS… »

En mai 1970, Trudeau est interrogé à la télévision par quatre journalistes, dont Michel Roy du journal *Le Devoir* qui lui fait remarquer :

« Le reproche le plus fréquemment entendu contre vous, ici au Québec, c'est-à-dire que vous êtes très dur et très arrogant à l'égard du Québec, vous cherchez à mâter le Québec depuis que vous êtes là.

R. : Oui, je sais que c'est un reproche qu'on fait souvent. Je dois simplement dire que [quand quelqu'un me demande une chose déraisonnable et que je dis non… tu sais, la fille qui dit

---

16. Modern Canadian Library, *op. cit.*, p. 16.

17. Southam, Nancy, (dir.), *Trudeau tel que nous l'avons connu*, Montréal, Fides, 2005, p. 124.

18. McCall et Clarkson, *op. cit.*, p. 123.

non des fois... non, que tu es arrogant, tu es intraitable[19]] parfois, il faut dire non dans la vie[20]. »

## « LAVER LA VAISSELLE »

Une biographe de Mme Trudeau a relaté l'incident suivant :

« Ce fut également en juin [1973] que Margaret se présenta à l'improviste à un dîner officiel donné à Hamilton, à Dundurn Castle [...] On lui fit donc place à la table principale, à côté de "l'invité d'honneur", Pierre, qui laissa tomber : "Elle aurait mieux fait de rester à la maison et de laver la vaisselle." Ce à quoi Margaret répondit avec sa voix de petite fille : "Mais tu avais dit que je pouvais venir[21]". »

## « VOUS ASSEOIR SUR MES GENOUX »

En 1980, pendant que Marshall McLuhan était dans le coma, un de ses associés, accompagné de son assistante, est venu interviewer Trudeau au sujet de cet homme célèbre. Michael Langill, un collaborateur de Trudeau, a raconté le début de l'entrevue :

« Tandis que les présentations étaient faites, la toujours très mignonne jeune assistante, qui ne savait trop où mettre le magnétophone, s'est tournée vers M. Trudeau et moi et a dit à peu près ces mots : " Où est-ce que je devrais m'asseoir avec ça ?"

Sur quoi M. Trudeau a répondu en souriant, en s'adressant d'abord à moi : "Qu'en pensez-vous, Michael ?" Puis, à l'intention de la jeune femme, il a lancé : "Vous pouvez vous mettre là-bas, ou ici, ou encore vous pouvez venir vous asseoir sur mes genoux[22]." »

---

19. Cette partie du verbatim (page 22) a été supprimée dans la version corrigée (page 17).

20. Trudeau, Pierre Elliott, « Entrevue, 3 mai 1970, Télé Métropole, "Une heure en compagnie du premier ministre du Canada" », Fonds Pierre-Elliott-Trudeau, Archives nationales du Canada, MG 26 0 13, p. 17.

21. Cochrane, Felicity, *Margaret Trudeau*, Montréal, Les Éditions de l'Homme, 1978, p. 77.

22. Southam, Nancy, *op. cit.*, p. 80.

### « DES DÉSŒUVRÉES »

Dans une de ses biographies précoces, Mme Trudeau a révélé un commentaire de son époux au sujet du retour aux études des femmes mariées : « Il n'acceptait pas que je m'inscrive à l'Université d'Ottawa pour faire une maîtrise en psychologie de l'enfance. Il me disait : " Les femmes mariées qui retournent aux études sont des désœuvrées qui recherchent les jeunes hommes[23] ". »

### « CONNE »

Michel Vastel a rapporté ces propos d'une ministre de Trudeau : « Monique Bégin raconta un jour à un collègue qu'elle ne s'était sentie vraiment acceptée par Pierre Trudeau que le jour où il l'avait traitée de " conne " en pleine réunion[24]. »

### « FÉMINISTE » ?

Trudeau est interrogé par Alain Stanké le 6 mai 1977 à Télé-Métropole :

« Vous êtes féministe…

P. E. Trudeau : Moi ?

A. Stanké : Oui.

P. E. Trudeau : Si vous voulez. [...] Non, je ne sais pas si je suis féministe[25]. »

Son ami Guy Fournier a été moins hésitant que lui à la télévision de Radio-Canada le 29 septembre 2000, au lendemain de sa mort : « Trudeau n'était pas féministe. »

## DU SOUPIRANT ÉCONDUIT À LA PARADE

Les débuts amoureux de Pierre Trudeau semblent avoir été difficiles.

23. Trudeau, Margaret, *Les conséquences*, Montréal, Les Éditions Optimum Internationales, 1982, p. 36.

24. Vastel, Michel, *Trudeau le Québécois*, Montréal, Les Éditions de l'Homme, nouvelle édition 2000, p. 50.

25. Stanké, Alain, *Pierre Elliott Trudeau : Portrait intime*, Montréal, Stanké, 1977, p. 38-40. Tiré d'une émission de Télé-Métropole, le 6 mai 1977.

## « UN GARÇON BOUTONNEUX »

Selon Mario Fontaine, « des collègues de jeunesse se rappellent d'un garçon boutonneux que les filles fuyaient, d'un jeune homme incapable d'établir une relation stable avec une fille de son âge. » (*La Presse,* 29 septembre 2000, p. A 8)

Ses biographes McCall et Clarkson ont décrit ainsi Trudeau jeune adulte :

« Trudeau fait beaucoup d'effort pour surmonter sa timidité envers les filles, en essayant de se muer en Don Juan, s'habillant avec recherche pour attirer l'attention et se vantant d'exploits physiques à la mesure de son audace verbale. [...] Dans les fêtes, il aime être vu en train de danser avec les filles les plus belles et des meilleures familles[26]. »

## L'ÉTUDIANT À MONTRÉAL

Selon Clarkson et McCall, alors qu'il était étudiant en droit, Trudeau « entretenait de ternes idylles, parfaitement "correctes", [...] mais ces idylles prenaient toujours fin au seuil du mariage (quoiqu'il ait été brièvement fiancé en une occasion[27]). »

« Au moment où il fréquente l'Université de Montréal cependant il est officiellement "fiancé" à Thérèse Gouin », selon Michel Vastel[28].

## L'ÉTUDIANT À HARVARD

« En dehors des cours, Trudeau se montre d'une discrétion qui confine à l'invisibilité, l'antithèse de l'étudiant de droit dogmatique que ses amis ont connu à Montréal. Loin d'avoir la réputation d'un Casanova, d'un athlète téméraire ou d'un conquérant promis à une brillante destinée, il est dénigré par les hommes d'Eliot [sic] House, une résidence socialement supérieure à la sienne. [...] Bien que les petites amies de ses camarades soient intriguées par son "étrangeté" — il porte un béret et on peut encore déceler un reste d'accent français dans

26. McCall, Christina et Clarkson, Stephen, *Trudeau : l'illusion héroïque*, Montréal, Les Éditions du Boréal, 1995, p. 31.

27. Clarkson, Stephen et McCall, Christina, *Trudeau : l'homme, l'utopie, l'histoire*, Montréal, Les Éditions du Boréal, 1990, p. 43.

28. Vastel, *op. cit.*, p. 46.

son anglais — Trudeau ne montre que peu d'intérêt pour les Américaines. Il est toujours amoureux de Thérèse qui étudie la psychologie à l'Université de Montréal[29]. »

## L'ÉTUDIANT À PARIS

À l'âge de 27 ans, Pierre Trudeau subit une grande déception en amour :

« Au dire de tous, Trudeau vit le pire choc psychologique de sa vie de jeune homme lorsque Thérèse Gouin décide de mettre fin à leur relation au cours de l'été 1947. Elle épouse Vianney Décarie dix-huit mois plus tard alors que leurs amis communs en sont toujours à spéculer sur les raisons qui l'ont poussée à laisser tomber Pierre [...] Il lui a écrit des lettres torturées. [...] Parlant de leur vie future, il insiste sur le fait que, s'il devait faire une grande carrière politique, elle devrait jouer le rôle d'" une femme de César " — une épouse à la conduite irréprochable qui serait dévouée à son mari, gérerait avec prudence les affaires de la maisonnée et élèverait sagement leurs enfants. [...] Elle entend bien pour sa part poursuivre des études de deuxième et de troisième cycle en psychologie. Après quelques échanges plutôt tendus, elle en vient à la conclusion que, s'ils se marient, Pierre et elle se préparent une désastreuse vie conjugale, " un grand malheur " comme elle l'exprimera plus tard[30]. Trudeau quitte Paris et, après avoir passé un été à Montréal à se morfondre sur son amour perdu, il décide de continuer ses études à Londres[31]. »

Leur liaison aurait duré cinq ans : « Cinquante ans plus tard, les plus vieux amis de Trudeau se souviendront encore de Thérèse Gouin comme de la femme qui l'a le plus profondément touché dans sa vie — à l'exception bien sûr de sa mère[32]. »

---

29. McCall et Clarkson, *op. cit.*, p. 38.

30. « Un grand malheur » : entrevue avec Thérèse Gouin-Décarie, le 7 septembre 1992, dans McCall, Christina et Clarkson, *op. cit.*, p. 404, note 49.

31. Clarkson, Stephen et McCall, Christina, *op. cit.*, p. 39, 40.

32. *Ibid.*, p. 30.

Selon Richard Gwyn, « Trudeau n'a jamais parlé de ces fiançailles à Margaret. Elle ne l'a appris qu'en 1980 par une relation commune[33]. »

## L'ÉTUDIANT À LONDRES

« Il envoie de longues lettres à Andrée Désautels, une jeune Montréalaise pleine d'entrain qui étudie la musique à Paris et dont la mère est une bonne amie de Grace Trudeau[34]. Ils discutent des textes de psychologie[35] qu'il a lus et projettent de voyager ensemble en France et en Espagne l'été suivant[36]. » [1948]

Trudeau a « entretenu des liens amicaux avec Andrée Désautels, qui allait faire carrière comme professeur de musique ; ils prirent de chastes vacances ensemble, parcourant les routes sur sa moto[37] ».

Andrée Désautels a confié à une journaliste : « Quand nous vivions à Paris, Pierre faisait toujours de longues marches et des randonnées en bicyclette. Un jour, nous avons marché de Paris à Chartres — cela prit trois jours[38]. »

## LE FONCTIONNAIRE À OTTAWA

Au début de la trentaine, « à l'époque où il était attaché au Conseil privé, Trudeau tomba profondément amoureux de la fille d'un diplomate suédois, mais celle-ci ne tarda pas à rentrer dans son pays[39]. »

La femme d'un haut fonctionnaire francophone à Ottawa a connu Trudeau alors qu'il y travaillait, de 1949 à 1951, et elle

---

33. Gwyn, Richard, *Le Prince*, Montréal, France-Amérique, 1981, p. 244.

34. Grace Elliott, la mère de Pierre Trudeau.

35. « Ces textes comprennent *Les deux sources consciente et inconsciente de la vie morale* de Charles Odier [...] Pendant la traversée qui le mène de New York au Havre en 1946, Trudeau se plonge dans la lecture du *Traité du caractère de Mounier*, (in McCall et Clarkson, *op. cit.*, p. 405, note 55)

36. McCall et Clarkson, *op. cit.*, p. 42.

37. McCall-Newman, Christina, *Les rouges*, Montréal, Les Éditions de l'Homme, 1983, p. 96

38. Fraser, Sylvia, « The Private Trudeau », *Star Weekly*, 29 juin 1968, p. 6.

39. Gwyn, *op. cit.*, p. 244.

« commente ainsi la réputation de débauché que Trudeau allait acquérir vingt-cinq ans plus tard : " Qui aurait pu prévoir une telle transformation à l'époque ! Il était si effacé et si timide qu'on l'aurait pris pour un jeune *curé*. Il avait une peau affreuse, criblée de marques de boutons d'acné et, bien qu'il ne soit pas dépourvu de charme, il ne correspondait pas du tout aux critères de la mode[40]. " »

## AU COURS DE BALLET

Morris Miller était un des compagnons de voyage de Trudeau à Moscou en 1952 : « Miller se souvient que Trudeau avait été si impressionné par la ballerine, Lepechinskaia, qu'en revenant au Canada, il avait pendant un certain temps suivi un cours de ballet[41]. »

Christina McCall-Newman a rapporté les confidences d'une femme qui a connu Trudeau au début des années cinquante :

« Vingt-cinq ans plus tard, une femme évoque l'impression que lui fit le jeune Trudeau à un cours de ballet-jazz qu'ils avaient suivi tous deux. [...] Il l'invita plusieurs fois à prendre un café ou encore au parc Belmont, où il bénéficiait de tours de manège gratuits parce que sa famille y avait investi des capitaux[42]. Elle le jugea brillant mais très renfermé, et ne retrouva jamais au cours de ces sorties le plaisir sensuel qui irradiait de sa personne lors des cours de danse. " Il semblait si renfermé que je n'aurais pas été surprise d'apprendre qu'il était entré dans les ordres[43]. " »

## DES FIANÇAILLES VIRTUELLES

La sœur de Trudeau a confié à une journaliste en 1968 : « Il s'est intéressé à beaucoup de femmes. Il y en eut une ou deux dont j'ai cru qu'elle allait devenir ma belle-sœur, mais ça ne

40. McCall-Newman, *op. cit.*, p. 97.

41. Somerville, David, *Trudeau Revealed By His Actions and Words*, Richmond Hill, BMG Publishing Ltd, 1978, p. 54.

42. En 1956, il était l'un des directeurs du conseil d'administration du parc Belmont. (Proulx, Steve, *Les saisons du parc Belmont: 1923-1983*, Libre Expression, Montréal, 2005, p. 59).

43. McCall-Newman, *op. cit.*, p. 96-97.

s'est pas produit. Je pense qu'il aurait aimé se marier, mais à mesure qu'un homme vieillit, il y pense moins[44]. »

## DÉBUT DE LA PARADE

À l'approche de la quarantaine, Trudeau a pris de l'assurance avec les femmes, à l'exemple, semble-t-il, de son père. Selon le psychiatre Denis Lazure, le père de Trudeau était un « compagnon de classe de mon père. [...] Il était de notoriété publique que Charles Trudeau prisait beaucoup la gent féminine[45]. » Christina McCall-Newman a décrit ainsi l'attitude de Trudeau avec les femmes à la fin des années cinquante :

« Trudeau avait dépassé ou tout au moins trouvé le moyen de masquer sa timidité. On le voyait un peu partout à Montréal, dans les bals, les bistros et aux soirées données par ses amis d'âge mûr, accompagné de femmes de toute sorte, pour la plupart des femmes accomplies, belles et beaucoup plus jeunes que lui. [...] Ses liaisons étaient généralement brèves, le temps de quelques rencontres. Certaines cependant se transformèrent en amitiés durables[46]. »

Selon Jane O'Hara, « la plupart du temps, les liaisons amoureuses de Trudeau ont été de brèves amourettes avec des femmes qui avaient la moitié de son âge[47]. »

## LE POLITICIEN

« "Seigneur, qu'il est sexy !", s'exclama une journaliste torontoise en l'apercevant sur un écran de contrôle au cours du congrès d'investiture. Un professeur qui était à ses côtés demeura un instant pensif avant de lui répondre : "Oui, si on veut. Mais il faut reconnaître qu'il l'est de façon étrangement *androgyne*[48]." »

---

44. Fraser, *op. cit.*, p. 7.

45. Lazure, Denis, *Médecin et citoyen, souvenirs*, Montréal, Les Éditions du Boréal, 2002, p. 96.

46. McCall-Newman, *op. cit.*, p. 97.

47. « Pierre Elliott Trudeau, 1919-2000, His Life and Legacy », Toronto, *Maclean's*, 2000, p. 42.

48. McCall-Newman, *op. cit.*, p. 125.

Felicity Cochrane a décrit l'attitude de Trudeau pendant la campagne électorale de 1968: «Il se faisait un point d'honneur d'être vu et photographié en public avec des femmes séduisantes[49].»

Selon Jane O'Hara, «Trudeau n'était pas une beauté classique — il était petit et presque chauve, avec les cheveux peignés vers l'avant comme un centurion romain — mais il comprenait le pouvoir de la séduction. [...] Comme à un spectacle des Beatles, les filles jeunes et moins jeunes criaient et demandaient des baisers lorsque l'imprévisible politicien de 48 ans arrivait dans leur ville. Trudeau était extrêmement fier de cette adulation[50].»

Trudeau a avoué ses préférences: «J'aimais bien faire campagne, même si je m'abstenais de certains gestes traditionnels. Par exemple, je n'embrassais pas les bébés; je préférais embrasser leurs mères[51].»

## EXHIBITIONNISTE?

Selon Felicity Cochrane, «Charles Taylor, professeur à l'Université de Montréal, résuma d'un trait la nature des relations de Trudeau avant son mariage: "Pierre a toujours apprécié et soigneusement recherché un certain côté flamboyant, aussi bien dans le choix de ses vêtements que dans celui des blondes qu'il invitait[52]."»

Gerald Clark a rappelé l'attitude de Trudeau, à l'occasion d'une conférence du Commonwealth en janvier 1969:

«Trudeau avait fait le tour de quelques boîtes à la mode de Londres en compagnie d'une actrice, Jennifer Hales, ou de M^me^ Eva Rittinghausen, une blonde qui proclamait sa détermination à marier le premier ministre. Puis, sans qu'on s'y attende, Trudeau tomba à bras raccourcis sur les journalistes en les accusant de violer sa vie privée et celle de ses compagnes en leur téléphonant pour leur poser des questions.

---

49. Cochrane, Felicity, *Margaret Trudeau*, Montréal, Les Éditions de l'Homme, 1978, p. 55.

50. «Pierre Elliott Trudeau, 1919-2000, His Life and Legacy», Toronto, *Maclean's*, 2000, p. 41.

51. Trudeau, Pierre Elliott, *Mémoires politiques*, Montréal, Le Jour, 1993, p. 155.

52. Cochrane, *op. cit.*, p. 59-60.

[...] S'il tenait à un tel exhibitionnisme — disaient les commentateurs — pourquoi en voulait-il aux médias lorsqu'ils flattaient son ego [...] Il ne fait aucun doute que Trudeau aime la compagnie de femmes suffisamment jeunes pour être ses filles, et c'est peut-être parce qu'il aime la sensation que cela produit[53]. »

Comme le rappelle Michel Vastel, « les amateurs d'histoires d'alcôves sont toujours restés sur leur faim avec Pierre Trudeau. [...] C'est finalement le penchant de Trudeau pour l'exhibitionnisme — “il s'est toujours affiché, même avec les femmes”, rappelle Michèle Juneau — qui a contribué à la légende[54]. »

## DON JUAN ?

Trudeau a déclaré à un journaliste : « Je suis resté célibataire si longtemps que j'ai oublié pourquoi j'ai décidé de le devenir ! confia Trudeau lui-même à Norman DePoe en 1965. Je suppose que vous diriez que je suis un “coureur”. Je ne me vois pas casé : il y a tellement de jolies femmes à Montréal... Pardon ! je devrais dire jolies et intéressantes[55]. »

Quelque temps après son élection à la direction du Parti libéral du Canada, « comme on lui posait des questions concernant le choix de la prochaine hôtesse de la résidence officielle du premier ministre à Ottawa, il répondit : “Dois-je en choisir une ? Ne puis-je les remplacer à discrétion ? [...] La maison est vaste... un bon endroit pour donner des *parties*[56].” »

Selon Clarkson et McCall, « même au début de leur mariage, le don Juan qu'il y avait en lui voulait rivaliser avec ses cadets pour éveiller l'intérêt des jolies femmes qu'il rencontrait dans l'exercice de ses fonctions[57]. »

---

53. Clark, Gerald, « Trudeau without Trudeaumania — Canada's P.M. is not a simple swinger nor a radical reformer », *The New York Times Magazine*, 25 janvier 1970, p. 5.

54. Vastel, *op. cit.*, p. 52.

55. *Ibid.*, p. 45.

56. Stuebing, Douglas, Marshall, John et Oakes, Gary, *Trudeau, l'homme de demain !*, Montréal, Hurtubise HMH, 1969, p. 75.

57. McCall, Christina et Clarkson, Stephen, *Trudeau : l'homme, l'utopie, l'histoire*, Montréal, Les Éditions du Boréal, 1990, p. 123.

La future épouse notera elle aussi que « Pierre affectionnait les actrices et les starlettes, des femmes fascinantes qui se prêtaient admirablement au flirt et aux tête-à-tête à la chandelle[58] ».

## « OISEAU-MOUCHE » ?

Selon Michel Vastel, « une des légendes les plus tenaces, à propos de Pierre Trudeau, s'appuie sur sa réputation de tombeur de jolies femmes [...] En fait, Pierre Trudeau fut pendant longtemps un " oiseau-mouche" — l'expression est d'une femme — qui butinait çà et là, l'instant d'un éclair et sans jamais se poser sur une fleur. [...] Gérard Pelletier a même prétendu, en 1968, que l'intérêt de Pierre Trudeau pour les femmes vient de son goût de la découverte plutôt que d'un penchant pour le vice[59]. »

## « MISOGYNE » ?

Pour Richard Gwyn, « dire de Trudeau qu'il est un mâle chauvin équivaut à un cliché. [...] À peine est-il arrivé depuis cinq minutes à une réception qu'il a déjà repéré la plus jolie femme de l'assemblée, avec qui il passera le reste de la soirée. En avion, il fait du plat aux plus séduisantes des hôtesses. Et c'est comme ça tout le temps, du moment qu'il y a dans les parages des femmes qui sont à la fois jeunes et jolies[60]. »

Après avoir décrit « le personnage Trudeau » et « son image de Casanova », Jérôme Proulx concluait en 1971 : « Seuls les Grecs savaient que le séducteur est misogyne[61]. »

## DES AMOURS PLATONIQUES ?

Selon Mario Fontaine, « sa réputation de séducteur est aussi alimentée par son exhibitionnisme et le halo de mystère dont il s'entoure. Trudeau aime se faire voir en compagnie de jolies femmes. Mais il est tout sauf un débauché. » (*La Presse*, 29 septembre 2000, p. A 8)

---

58. Trudeau, Margaret, *Les conséquences*, Montréal, Les Éditions Optimum Internationales, 1982, p. 77-78.

59. Vastel, *op. cit.*, p. 45, 53.

60. Gwyn, Richard, *Le Prince*, Montréal, France-Amérique, 1981, p. 245.

61. Proulx, Jérome, « Le panier de crabes », in Potvin, André, Létourneux, Michel et Smith, Robert, *L'anti-Trudeau, Choix de textes*, Montréal, Éditions Parti-pris, 1972, p. 131.

L'épouse a confirmé: «Ses amitiés sont souvent demeurées platoniques. Bien qu'il fût le héros d'un culte populaire et qu'il fût assiégé dans le monde entier par des femmes ensorcelantes, il s'était rarement impliqué de façon sérieuse avec qui que ce soit[62].»

## INDÉCIS

Michel Vastel a rapporté des chuchotements: «"Trudeau, c'est un gars qui n'arrive pas à se décider", chuchotaient entre elles les amies de Simone Monet-Chartrand[63].»

La journaliste Lotta Dempsey a interrogé en 1968 plusieurs des amies de Trudeau: «L'une d'elles a laissé entendre qu'il n'avait jamais pu s'engager à fond dans quoi que ce soit. Ceci expliquait le fait qu'il soit célibataire[64].»

## UN CÉLIBATAIRE ENDURCI

En avril 1968, Alec Pelletier a fait part à une journaliste du *Toronto Daily Star* d'une énigme au sujet de Trudeau: «Cela a toujours été un mystère qu'il ne se soit pas marié et je suppose qu'on interprétera cela de diverses façons[65].»

Selon Felicity Cochrane, «la raison pour laquelle Pierre demeurait célibataire est toujours restée un mystère qui ouvrait la porte à toutes les suppositions. [...] Interrogé quelque temps plus tôt [avant son mariage] sur d'éventuels projets matrimoniaux, Pierre avait répondu: "Je crois que je suis fondamentalement un type instable. Je ne me vois pas du tout casé[66]."»

Il a avoué à sa future épouse: «J'ai cinquante ans, je n'ai jamais vécu longtemps avec une femme et je suis très solitaire par nature[67].»

Quelques années après son mariage, Trudeau a expliqué son cheminement: «J'avais accepté de me fixer dans un métier, dans

---

62. Trudeau, Margaret, *À cœur ouvert*, Montréal, Les Éditions Optimum, 1979, p. 55.

63. Vastel, *op. cit.*, p. 52.

64. McKenzie, Robert et Dempsey, Lotta, «Pierre Trudeau: "I became accustomed very young to rowing against the current"», *Toronto Daily Star*, 8 avril 1968, p.10.

65. Vastel, *op. cit.*, p. 47.

66. Cochrane, *op. cit.*, p. 58, 63.

67. Trudeau, Margaret, *À cœur ouvert*, Montréal, Les Éditions Optimum, 1979, p. 61.

un pays, dans une ville, dans une fonction et je trouvais ça fort agréable et intéressant et je me suis fait le même raisonnement pour le mariage[68]. »

Puis, quelques années après sa séparation, il ajoutait: « Je me suis marié tard, j'avais de la liberté. Je n'étais pas obligé de gagner immédiatement mon sel. Et j'en ai profité pour... [voyager[69]]. »

## « UNE RELATION DE DÉPENDANCE »

Trois semaines avant l'annonce officielle de sa séparation, Trudeau a déclaré: « Je crois que le mariage est une institution très difficile à vivre, et suppose une très grande maturité. Si l'on s'engage dans le mariage sans cette maturité, il risque d'être une institution régressive, où l'on recrée la relation de dépendance envers ses parents, envers son père si on est fille, et envers sa mère si on est garçon[70]. »

## « UN COMPLEXE MATERNEL » ?

Richard Gwyn a écrit que « Trudeau voit les femmes à travers le prisme de sa mère, Grace Elliott[71] ».

D'après Clarkson et McCall, « célibataire ayant franchi depuis longtemps le cap de la trentaine, Trudeau continuait de sortir avec des adolescentes. [...] La psychologue jungienne Marie-Louise von Franz s'est penchée sur ce type de comportement: "Les deux déviations typiques d'un homme [...] [souffrant] d'un complexe maternel sont l'homosexualité et le donjuanisme. Dans ce dernier cas, il recherchera chez toutes les femmes l'image de la mère — la femme parfaite qui se dévoue corps et âme pour un homme et n'est affligée d'aucun défaut[72]". »

68. Trudeau, Pierre Elliott, « Entrevue, "Appelez-moi Lise" », 2 avril 1973, Fonds Pierre-Elliott-Trudeau, Archives nationales du Canada, MG 26 0 13, p. 8.

69. Trudeau, Pierre Elliott, « Entrevue, 16 décembre 1981, TVA, Michel Jasmin », Fonds Pierre-Elliott-Trudeau, Archives nationales du Canada, MG 26 0 13, p. 6.

70. Stanké, Alain, *Pierre Elliott Trudeau: Portrait intime*, Montréal, Stanké, 1977, p. 40. Tiré d'une émission de Télé-Métropole, le 6 mai 1977.

71. Gwyn, Richard, *Le Prince*, Montréal, France-Amérique, 1981, p. 242.

72. Clarkson et McCall, *op. cit.*, p. 69; ils citent Marie-Louise von Franz, *Puer Aeternus*, p. 1-2.

Clarkson et McCall ont reçu les confidences de l'un des plus vieux amis de Trudeau: «Au moment où il envisageait de se marier, il m'avait demandé ce que j'en pensais, et je lui avais dit que c'était une excellente idée. [...] J'ai conclu plus tard que s'il n'avait jamais eu une relation profonde avec une femme d'âge adulte, il devait y avoir une raison. [...] Pour se confronter à une femme mûre, il faut d'abord s'être confronté à soi-même[73].»

Ces auteurs ajoutent: «N'ayant jamais dans son âge adulte vécu avec quelqu'un si ce n'est sa mère, il n'avait jamais eu à se confronter à lui-même sur le plan affectif, dans l'intimité d'une dépendance mutuelle entre égaux[74].»

## L'ÉLUE

**Nom**: Margaret Sinclair.
**Naissance**: le 10 septembre 1948 à Vancouver-Ouest.

### PARENTS

Margaret est la quatrième des cinq filles de James Sinclair et de Doris Kathleen Bernard: «Mon père était le fils aîné d'une famille de cinq enfants et les Sinclair ont émigré d'Écosse quand il avait deux ans. [...] Comme il avait douze ans de plus qu'elle, il attendit, comme il se doit, qu'elle ait terminé ses études d'infirmière avant de lui proposer le mariage[75].»

James Sinclair a été député libéral à Ottawa (1940), puis ministre, avant de retourner aux affaires en 1958. Il a été président de Lafarge, une importante compagnie de ciment, et du Canadien Pacifique.

### RÉSIDENCE

Peu après la naissance de Margaret, la famille déménage à Ottawa, puis revient à Vancouver une dizaine d'années plus

73. Clarkson et McCall, *op. cit.*, p. 123-124.

74. *Ibid.*, p. 124.

75. Trudeau, Margaret, *À cœur ouvert*, Montréal, Les Éditions Optimum, 1979, p. 18-20.

tard, après la fin de la carrière politique de son père en 1958. Elle quitte la maison paternelle au début de 1967.

**Langue maternelle :** anglaise.

Selon sa biographe, la première année de son mariage, « elle prenait aussi des leçons de français — trois heures, chaque matin[76]. »

**Religion :** anglicane.

Margaret était une anglicane pratiquante. Elle finit par « adhérer à l'Église catholique romaine en prévision de son futur mariage avec Pierre Trudeau, un catholique fervent[77] ». Elle a avoué : « Sans l'aide constante de Pierre, je ne me serais jamais convertie[78]. »

Mais peu après sa séparation, « le dimanche de Pâques [1977], dans un geste qui fut perçu comme une provocation, eu égard aux convictions religieuses de son mari, elle assista avec les enfants à un service protestant. Compte tenu du fait que ceux-ci avaient été baptisés dans la religion catholique et qu'elle s'était elle-même convertie au catholicisme peu avant son mariage, son attitude était plutôt incongrue[79]. »

## ÉTUDES

« J'ai terminé mes études secondaires en 1965[80] », écrit-elle.

Par la suite, elle étudie deux ans à l'Université Simon-Fraser de Vancouver : « J'étudiais les sciences politiques, la sociologie et l'anthropologie », puis « plutôt des cours de littérature[81]. »

## VOYAGES (AVANT LE MARIAGE)

1966 : Noël avec ses parents à Honolulu, dans les îles Hawaii.

76. Cochrane, Felicity, *Margaret Trudeau*, Montréal, Les Éditions de l'Homme, 1978, p. 76.

77. *Ibid.*, p. 46.

78. Trudeau, Margaret, *À cœur ouvert*, Montréal, Les Éditions Optimum, 1979, p 67-68.

79. Cochrane, Felicity, *op. cit.*, p. 154.

80. Trudeau, Margaret, *À cœur ouvert*, *op. cit.*, p. 25.

81. *Ibid.*, p. 27, 29.

1967: Noël avec ses parents à l'île de Moorea, près de Tahiti.

1968-1969: Suisse, France, Espagne, puis 5 mois au Maroc.

## TRAVAIL

Elle obtint son premier travail en 1968: «J'enseignais pendant quelque temps dans une école libre qui avait aménagé ses locaux dans deux pièces vacantes du campus[82].»

À l'automne 1969, elle déménage à Ottawa: «Je comptais offrir mes services de sociologue au gouvernement fédéral. [...] Je fus bientôt emportée par mon nouveau travail, comme sociologue junior au ministère de la Main-d'œuvre et de l'Immigration. [...] Après Pâques, j'ai abandonné mon travail, n'en pouvant plus de rester assise devant un pupitre[83].»

Mais «quand les mauvaises langues d'Ottawa commencèrent à faire des gorges chaudes parce que Margaret était à l'emploi du gouvernement et sortait avec Pierre, elle démissionna et repartit pour Vancouver où elle passa les six mois qui précédèrent son mariage. Elle en profita pour apprendre le français[84].»

Après sa séparation en 1977, elle exerce divers emplois dans le domaine des arts et des communications: «Devenue photographe (notamment pour le magazine *People*), elle anime ensuite un talk-show pendant trois ans sur les ondes de CJOH. Margaret a également joué dans deux films, *Kings and Desperate Men* (tourné en 1978, lancé en 1981) et *Guardian Angel* (1978), notamment aux côtés de Michel Louvain[85].»

Elle a raconté sa vie dans deux livres: *À cœur ouvert*[86] et *Les conséquences*[87].

---

82. *Ibid.*, p. 33.

83. *Ibid.*, p. 49, 50, 59.

84. Cochrane, Felicity, *Margaret Trudeau*, Montréal, Les Éditions de l'Homme, 1978, p. 46.

85. Hamel, François, «Margaret Trudeau brise le silence», *Dernière heure*, 21 mai 1994, p. 11.

86. Trudeau, Margaret, *À cœur ouvert*, Montréal, Les Éditions Optimum, 1979.

87. Trudeau, Margaret, *Les conséquences*, Montréal, Les Éditions Optimum Internationales, 1982.

## MARIAGE

Elle a rencontré le ministre la première fois en 1967 pendant les vacances de Noël avec ses parents « au Club Méditerranée de l'île Moorea dans le Pacifique[88] ».

Après sa première sortie avec le premier ministre à l'automne 1969 dans un restaurant de Vancouver, elle s'interrogeait : « Je ne cessais pas de me demander quel sort commun pouvait-on possiblement concevoir entre deux êtres aussi incompatibles : l'un cérébral, lucide, rationnel, dévot et frôlant la cinquantaine ; l'autre, confuse, étourdie, âgée de vingt ans[89]. »

Le 4 mars 1971, à 22 ans, elle se marie à Vancouver-Nord avec Pierre Elliott Trudeau qui avait, « comme il le soulignait en se moquant de lui-même, trente ans de plus que moi et deux de plus que ma mère[90] ».

## ENFANTS

Elle a donné naissance à trois garçons :

1971 : naissance de Justin Pierre James, le 25 décembre.

1973 : naissance d'Alexandre Emmanuel, surnommé Sacha, le 25 décembre.

1975 : naissance de Michel Charles-Émile, surnommé Micha, le 2 octobre.

**Séparation** en 1977, puis **divorce** en 1984.

« Elle dit que Trudeau lui a fait écrire une note manuscrite, à 2h un matin de 1977, selon laquelle elle renonçait à la fortune personnelle considérable qu'il avait héritée de son père — et aux enfants. Il a également repris les anneaux de mariage et de fiançailles qu'il lui avait donnés. [...] En 1984, quand Trudeau a quitté la direction du Parti libéral et est revenu à Montréal, le couple désuni a finalement divorcé. Trudeau exigeait la garde exclusive des enfants. En retour, Margaret a reçu une compensation financière[91]. »

---

88. Cochrane, *op. cit.*, p. 41.

89. Trudeau, Margaret, *À cœur ouvert*, *op. cit.*, p. 49.

90. *Ibid.*, p. 47-48.

91. O'Hara, Jane, « Heady days », *Maclean's*, 6 avril 1998, p. 30.

## SANTÉ

Selon Anne Kingston, « en septembre 1974, on révéla que Margaret avait été admise à l'Hôpital Royal Victoria de Montréal pour ce qu'un communiqué de presse du bureau du premier ministre avait qualifié plus tard de " stress émotionnel grave[92] ". »

## HABITUDES DE VIE

Margaret a raconté sa réaction quand les problèmes conjugaux avec Pierre ont débuté : « Je recommençai à fumer de la marijuana plus ou moins ouvertement devant lui, et parfois jusqu'à quatre gros joints par jour, quand j'étais vraiment désespérée[93]. »

Peu après sa séparation, elle a fait d'autres expériences : « Avec la coca, je prenais du Valium… la cocaïne me remontait, le Valium me ramenait sur terre[94]. »

## PORTRAIT

Selon Richard Gwyn, « Trudeau lui-même a tracé un fort bon portrait de Margaret, lors d'une entrevue télévisée, en 1976 : " Au fond, c'est une femme très terre-à-terre. Une femme sensuelle qui a les deux pieds sur terre. Une femme qui veut être une mère, une femme qui aime également faire la cuisine, s'occuper de la maison, ce qui ne l'empêche pas d'avoir la tête dans les nuages[95]. " »

## DEUXIÈME MARIAGE

Le 18 avril 1984, sept ans après sa séparation et quelques semaines après son divorce, elle épouse Fried Kemper, un homme d'affaires d'Ottawa, avec qui elle a deux autres enfants : un garçon en 1985, Kyle Kemper, et une fille en 1989, Alicia Kemper.

---

92. Otherwise Inc. Editions, *Trudeau Albums*, Toronto, 2000, p. 93.

93. Trudeau, Margaret, *À cœur ouvert*, *op. cit.*, p. 260.

94. Trudeau, Margaret, *Les conséquences*, *op. cit.*, p. 20.

95. Gwyn, Richard, *Le Prince*, Montréal, France-Amérique, 1981, p. 249.

« Elle divorce en 1999, peu après le décès tragique de Michel Trudeau, le cadet des trois fils. » (*Le Soleil,* 30 septembre 2000, p. A 29)

## L'OBJET RETROUVÉ

C'est moins de deux ans avant la mort de sa mère que Pierre Elliott Trudeau, âgé de 51 ans, s'est marié avec Margaret Sinclair. Cette dernière est, comme sa mère à lui, une Canadienne d'origine écossaise et de langue maternelle anglaise. Selon George Radwanski, « dans sa classification, l'anglais était la langue du foyer et ce n'est peut-être pas tout à fait par coïncidence que lorsqu'il se maria, assez tard dans la vie, ce fut pour épouser une anglophone[96]. » Richard Gwyn abonde dans le même sens : « Quand il a finalement décidé de se marier, Trudeau a épousé une anglophone unilingue. Comme il devait fatalement s'y attendre, ses fils sont plus anglais que français[97]. » De plus, les parents de Margaret sont de religion anglicane comme le grand-père maternel de Pierre et ses deux oncles Elliott. Enfin, Margaret Sinclair, de religion anglicane, a décidé d'« adhérer à l'Église catholique romaine en prévision de son futur mariage avec Pierre Trudeau, un catholique fervent[98] » dont la mère était catholique.

Pierre Elliott Trudeau a donc retrouvé le modèle de sa mère en Margaret Sinclair : d'origine écossaise, de langue anglaise et devenue catholique.

96. Radwanski, George, *Trudeau*, Montréal, Fides, 1979, p. 72.

97. Gwyn, *op. cit.*, p. 27.

98. Cochrane, *op. cit.*, p. 46.

# CHAPITRE 7

## L'IDENTITÉ SOCIALE

> *« Mettre ce petit peuple arriéré à l'heure de la planète. »*
>
> (Trudeau, *Cité libre*, mai 1964, p. 3)

Les identifications conduisent normalement à l'acquisition d'une identité sociale définie comme étant la « conviction d'un individu d'appartenir à un groupe social, reposant sur le sentiment d'une communauté géographique, linguistique, culturelle et entraînant certains comportements spécifiques[1] ».

Dans le cas d'une famille biculturelle, l'assimilation des modèles parentaux pose un dilemme identitaire. Trudeau a résolu le conflit d'une famille biculturelle en assimilant mieux les modèles du côté maternel que du côté paternel, ce qui l'a amené à s'identifier davantage au groupe anglophone qu'au groupe francophone du Québec.

Afin de mettre en évidence ce sentiment d'appartenance chez Trudeau, analysons ses écrits et ses commentaires au sujet du peuple québécois et de ses caractéristiques. Celles-ci sont mentionnées dans le préambule de la *Loi sur l'exercice des droits fondamentaux et des prérogatives du peuple québécois et de l'État du Québec*, entrée en vigueur le 28 février 2001 :

« Le peuple québécois, majoritairement de langue française, possède des caractéristiques propres et témoigne d'une continuité historique enracinée dans son territoire sur lequel il exerce ses droits par l'entremise d'un État national moderne

1. *Le Petit Larousse*, Grand format, Paris, Larousse, 1992.

doté d'un gouvernement, d'une assemblée nationale et de tribunaux indépendants et impartiaux. »

Ces caractéristiques, historiques et linguistiques, sont compatibles avec le fait que tous les citoyens du Québec, quelles que soient leur origine ethnique, leur langue, leur religion ou leur culture, sont des Québécois à part entière, comme l'a fort justement explicité Michel Seymour :

« Le concept inclusif de la nation québécoise, qui rassemble l'ensemble des citoyens du Québec, est compatible avec le fait qu'il n'y aurait pas de nation québécoise s'il n'existait pas sur le territoire du Québec une majorité nationale de Québécois francophones (de souche ou assimilés) qui ont une langue, une culture et une histoire spécifiques pouvant dans une très large mesure servir en même temps de langue, de culture et d'histoire publiques communes pour tous les Québécois(es). » (*Le Devoir,* 6 juillet 1999)

Les descendants des premiers colons français de la vallée du Saint-Laurent, pour se distinguer du conquérant anglais, se sont appelés successivement Canadiens, puis Canadiens français, et enfin Québécois depuis la fin des années soixante, à la suite de la Révolution tranquille. Le concept territorial et civique de « Québécois » inclut tous les citoyens du Québec, les nouveaux Québécois autant que les anciens.

L'ex-conseiller de Trudeau, André Burelle, a bien décrit cette évolution à partir de la Révolution tranquille :

« Cette volonté du Québec de passer d'une société close canadienne-française à une société ouverte proprement québécoise s'est traduite par l'adoption de deux chartes complémentaires. Une *Charte des droits et libertés de la personne*, votée en 1975, pour affirmer clairement le caractère civique et pluraliste du nouveau nationalisme québécois. Et une *Charte de la langue française*, adoptée en 1978 [1977] et baptisée *Loi 101*, pour affirmer non moins clairement que la langue commune de cette nouvelle nation civique est et doit demeurer le français[2]. »

Le premier ministre du Québec, René Lévesque, déclarait clairement en 1978, selon les mots de Burelle, « que toute personne établie au Québec et qui y paye ses impôts est

2. Burelle, André, *Pierre Elliott Trudeau : l'intellectuel et le politique*, Montréal, Fides, 2005, p. 75.

québécoise de plein droit, quelles que soient sa religion, sa culture ou sa langue d'origine[3] ».

## LE PEUPLE QUÉBÉCOIS

On ne peut pas savoir ce que Trudeau pensait du peuple québécois dans son ensemble, car il n'en reconnaissait pas le caractère à la fois pluraliste et inclusif dans les domaines culturel et linguistique. De plus, pour lui, la collectivité[4] territoriale québécoise n'incluait pas tous les citoyens habitant le Québec, mais uniquement les « francophones du Québec », et, parmi ces derniers, seulement une partie, comme il l'a expliqué quelques semaines avant le référendum de Charlottetown en 1992 :

« Mais quel politicien, quel professeur, quel homme d'affaires a su définir " la collectivité " ? S'agit-il de la collectivité canadienne-française qui vit dispersée un peu partout au Canada ? Évidemment, non. [...] S'agit-il plutôt de la collectivité québécoise toute [sic] entière ? Non plus, car cette " collectivité " s'appelle " province " et ses pouvoirs sont déjà reconnus explicitement par l'Acte constitutionnel de 1867. Il ne peut dont [sic] s'agir que d'une collectivité distincte à l'intérieur du Québec. Certainement pas la collectivité anglophone, puisque la loi québécoise nie qu'elle puisse avoir des droits collectifs dans certains domaines : l'école et l'affichage, par exemple [...] Lorsque les nationalistes parlent de protéger les droits collectifs, ils ne peuvent donc penser qu'aux francophones du Québec. » (*L'actualité*, supplément, 1er octobre 1992, p.V-VI)

Il se demandait même, quelques lignes plus loin, si les « francophones qui parlent également d'autres langues ou qui appartiennent à d'autres cultures [...] les Haïtiens québécois, par exemple » ou les « Néo-Canadiens de toutes provenances » pourraient « partager avec les Québécois " de vieille souche " la

3. *Ibid.*, p. 76.

4. Collectivité : « 1. Ensemble des personnes liées par une organisation commune, des intérêts communs. 2. Collectivité locale ou territoriale : a. Circonscription administrative [...] b. Partie du territoire d'un État jouissant d'une certaine autonomie (État fédéré). » (*Le Petit Larousse*, Grand format, 1992).

protection réclamée au nom de la collectivité? […] Rien n'est sûr.». (*L'actualité*, supplément, 1er octobre 1992, p. VI)

Trudeau se posait encore ces questions, douze ans après le référendum de 1980 auquel les membres de «la collectivité québécoise toute [sic] entière», quelle que soit leur langue, avaient pourtant participé. Il persistait à associer étroitement, en parlant du Québec, langue française et ethnie canadienne-française. Il projetait sur les nationalistes du Québec cette équivalence réductrice d'une autre époque. Ainsi, en 1990, il fournissait un exemple éloquent de cette tendance à la projection en parlant de la rédaction de la Charte canadienne de 1982: «Nous étions particulièrement conscients du fait que la pensée nationaliste québécoise […] confondait aussi langue avec ethnie[5]».

En plus de ne pas pouvoir connaître ce que Trudeau pensait du peuple québécois dans son ensemble, on ne peut pas savoir non plus ce qu'il pensait du groupe majoritaire, les francophones; on ne connaît son opinion qu'au sujet des Québécois d'origine canadienne-française. En effet, «Québécois» pour Trudeau voulait dire Canadiens français «en particulier», comme on peut le déduire d'après certains de ses écrits. Par exemple, dans un écrit de 1968, *Sur le réalisme politique,* il voit le parti libéral comme «un moyen d'action qui peut permettre aux Québécois en particulier et aux Canadiens français en général de s'affirmer et de jouer dans l'avenir du Canada un rôle de premier plan». Il y voyait pour «le Québec […] un nouveau défi à relever […] de concert avec tous les autres Canadiens français des autres provinces[6]».

Mais Trudeau fait le plus souvent des commentaires au sujet des «Canadiens français» tout court, même lorsque le contexte indique qu'il vise ceux qui sont «Québécois en particulier». Il précise les «Canadiens français du Québec» à de rares exceptions. Par exemple, dans son analyse ethnique de l'élection du Parti québécois en 1976, il dira:

5. Axworthy, Thomas S. et Trudeau, Pierre Elliott, *Les années Trudeau, la recherche d'une société juste*, Montréal, Le jour, 1990, p. 389.

6. Trudeau, Pierre Elliott, *Trudeau en direct*, Montréal, Éditions du Jour, 1972, p. 103-104.

« Les Canadiens français du Québec vont maintenant être obligés de choisir. Ils ont élu un gouvernement péquiste. » (Le Soleil, 22 janvier 1977, p. C 2)

Quelques semaines plus tard, lors d'une entrevue au journal *La Presse*, en faisant encore une analyse ethnique du vote québécois, il dira cette fois :

« Il faudra qu'on finisse par reconnaître, nous Canadiens-français québécois, que les gens qu'on envoie à Ottawa [...] ils nous représentent[7]. »

Trudeau a continué jusqu'à deux ans avant sa mort à ne pas faire de distinction entre l'ethnie canadienne-française et la collectivité territoriale québécoise. Ainsi, un extrait d'un écrit de 1958[8], rappelé tel quel en 1970[9], était de nouveau repris en 1998, mais cette fois Trudeau ajoutait les mots « au Québec » après les mots « Canada français » : « Cette méfiance a empêché le Canada français au Québec[10] de mettre l'État au service de la collectivité, dans des domaines où — pris isolément — les individus ou les groupes manquaient de moyens[11]. »

On ne peut donc pas savoir précisément ce que Trudeau pensait du peuple québécois dans son ensemble ; on ne connaîtra le plus souvent son opinion qu'au sujet des « Canadiens français du Québec ». C'est en tenant compte de cette ambiguïté du vocabulaire de Trudeau qu'il faut tenter de comprendre ce qu'il a dit et écrit au sujet du peuple québécois.

Dans ses *Mémoires politiques*, Trudeau prétendait qu'il n'avait « du mépris que pour les théories des ultranationalistes [...]. Mais pour les Québécois ? Pas du tout[12]. » Vraiment ? Voyons voir !

---

7. Trudeau, Pierre Elliott, « Entrevue, 10 mars 1977, *La Presse*, Montréal, Québec », Fonds Pierre-Elliott-Trudeau, Archives nationales du Canada, MG 26 0 13, 1977, p. 13.

8. Trudeau, Pierre-Elliott, « VRAI », 24 mai 1958.

9. Trudeau, Pierre Elliott, *Les cheminements de la politique*, Montréal, Éditions du Jour, 1970, p. 105.

10. Les mots « au Québec » ont été ajoutés par Trudeau à la page 98 ; cet ajout est décrit à la page 199 comme une « légère modification ».

11. Trudeau, Pierre Elliott, avec la collaboration de Ron Graham, *Trudeau : l'essentiel de sa pensée politique*, Montréal, Le Jour, 1998, p. 98, 199.

12. Trudeau, Pierre Elliott, *Mémoires politiques*, Montréal, Le Jour, 1993, p. 100.

## « UN DÉGUEULASSE PEUPLE DE MAÎTRES CHANTEURS »

Dès le premier numéro de la revue *Cité libre* en 1950, Trudeau portait ce jugement sur le peuple québécois :

« En fait, nous n'avons jusqu'à présent rien apporté à la société des hommes. [...] Il faudrait maintenant songer à donner, après avoir tant reçu. Et pourtant, nous continuons à vivre sur notre passé, sans rien engendrer de neuf. [...] "Le pays ne peut pas exister sans le Québec, élément indispensable au tout Canadien" [sic], pensons-nous. Donc, attention à nos susceptibilités... Dans ces conditions, la survivance est surtout une affaire de parasitisme. Nous sommes en voie de devenir un dégueulasse peuple de maîtres chanteurs. » (*Cité libre,* juin 1950, p. 24)

En 1992, il n'a pas changé d'opinion, au contraire :

« Il y a 42 ans, commentant la politique au Québec dans le premier numéro de *Cité libre*, j'écrivais : "*Le pays ne peut pas exister sans le Québec, pensons-nous.* [...] *Nous sommes en voie de devenir un dégueulasse peuple de maîtres chanteurs.*" Les choses ont bien changé depuis ce temps, mais pour le pire. » (*L'actualité*, supplément, 1er octobre 1992, p. II)

Quelques années après ce rappel, Lucien Bouchard, alors premier ministre du Québec, a commenté ainsi le jugement de Trudeau au sujet du peuple québécois :

« Il est assez rare qu'un homme politique exprime, à répétition et avec l'expérience de toute une vie, un tel dédain pour l'ensemble de ses concitoyens. » (*Le Devoir*, 10 février 1996, p. A 11)

## « LA MÉDIOCRITÉ, LA DÉCHÉANCE »

Un an avant le début de la Révolution tranquille, Trudeau écrivait : « Mais qu'importe n'est-ce pas la médiocrité, la déchéance du Canada français pourvu qu'on ne puisse y prêcher le changement. » (*Le Devoir,* 6 mai 1959)

## « L'INCOMPÉTENCE »

Dans un article intitulé « L'aliénation nationaliste », Trudeau condamne en 1961 « nos élites clérico-bourgeoises » :

« Si grande que fut l'attaque extérieure contre nos droits, plus grande encore semblait être notre propre incurie à les exercer [...] Les atteintes aux droits scolaires des Canadiens français dans les autres provinces ne nous parurent jamais aussi coupables et odieux que l'étroitesse, l'incompétence et l'esprit d'imprévoyance qui ont toujours caractérisé la politique d'éducation de la province de Québec, où pourtant nous avions tous les droits.» (*Cité libre,* mars 1961, p.4)

## «L'ÉTAT ABJECT»

Quelques lignes plus loin, Trudeau ajoutait:

«Inconséquence criminelle, les séparatistes en fermant les frontières remettraient inévitablement les pleins pouvoirs souverains à ces élites mêmes qui étaient responsables de l'état abject d'où les séparatistes se faisaient fort de nous tirer.» (*Cité libre,* mars 1961, p. 4)

## «NI LA CAPACITÉ, NI L'INTELLIGENCE»

Pendant qu'il était président du mouvement d'éducation politique, «Le Rassemblement», Trudeau avait déclaré: «Au Québec, les gens sont trop souvent motivés par la passion et trop peu par l'intelligence[13].»

Il revient sur ce sujet dans «L'aliénation nationaliste»: «L'Autre était invariablement trouvé coupable d'avoir restreint des pouvoirs que de toute façon nous n'avions ni l'intention, ni la capacité, ni l'intelligence[14] d'exercer.» (*Cité libre,* mars 1961, p. 5)

Mais il ne songe à offrir au gouvernement du Québec «ni la capacité, ni l'intelligence» dont lui, Trudeau, serait pourvu, contrairement aux autres Québécois: quelques années plus tard, il vole plutôt au secours du gouvernement du Canada.

## «QUÉBEC MÊME, VÉRITABLE CHARNIER»

Dans *La nouvelle trahison des clercs,* Trudeau conclut:

«En somme, les Canadiens britanniques n'ont jamais été forts que de notre faiblesse. Et c'était vrai non seulement à

13. «Pierre Elliott Trudeau, 1919-2000, His Life and Legacy», Toronto, *Maclean's,* 2000, p. 137.

14. «Presque toujours, le colonialiste se livre également à la dévalorisation systématique du colonisé.» (Albert Memmi, *Portrait du colonisé, portrait du colonisateur,* Paris, Gallimard, 1985, p. 86-87, dans Bourgeois, Patrick, *We are Québécois when ça nous arrange,* Montréal, Les Intouchables, 2005, p. 13, note 1).

Ottawa, mais à Québec même, véritable charnier où la moitié de nos droits se perdait par vétusté et décrépitude, tandis que l'autre était dévorée par le ver de l'incivisme et le microbe de la vénalité.» (*Cité libre*, avril 1962, p. 10)

## «UNE NATION INDOLENTE ET IGNORANTE»

Trudeau veut enlever leurs illusions aux «séparatisants»:

«On compte que la naissance de notre État-nation libérera mille énergies insoupçonnées et que, par là, les Canadiens français pourront enfin entrer en possession de leur héritage. Bref, on croit à une énergie créatrice qui donnerait du génie à des gens qui n'en ont pas, et qui apporterait le courage et l'instruction à une nation indolente et ignorante.» (*Cité libre*, avril 1962, p. 13)

Mais il a dû reconnaître, environ six ans plus tard, que la Révolution tranquille avait libéré «mille énergies insoupçonnées» et donné «du génie à des gens qui n'en ont pas»:

«Je suis entré en politique fédérale en tant que Québécois à un moment où l'action se passait surtout à Québec, et non à Ottawa, à une époque où le gouvernement du Québec, le gouvernement provincial, attirait à lui la plupart des jeunes gens qui avaient des idées, la plupart des groupes qui avaient une pensée dynamique, et ainsi de suite[15].»

## «CE PETIT PEUPLE ARRIÉRÉ»

Un an avant de se lancer en politique à Ottawa, Trudeau écrivait:

«En 1960, tout devenait possible au Québec, et même la révolution [...] Une génération entière était enfin libre d'appliquer toutes ses énergies créatrices à mettre ce petit peuple arriéré[16] à l'heure de la planète. [...] La jeunesse canadienne-française [...] se réfugia dans le sein de sa mère, la Sainte Nation.» (Trudeau, *Cité libre*, mai 1964, p. 3)

---

15. Trudeau, Pierre Elliott, «Entrevue, 16 décembre 1968, BBC, Robert Mackenzie», Fonds Pierre-Elliott-Trudeau, Archives nationales du Canada, MG 26 0 13, 1968, p. 10-11.

16. «Ce petit peuple arriéré» a été remplacé par «cette Province attardée» dans *Le fédéralisme et la société canadienne-française* (Trudeau, Pierre Elliott, *Le fédéralisme et la société canadienne-française*, Montréal, Hurtubise HMH, 1967, p. 221), publié quelques mois avant la course à la direction du Parti libéral du Canada en avril 1968.

## DU MÉPRIS

Son camarade de classe au cours primaire, Pierre Vadeboncœur, a noté que « le mépris perce dans plus d'une des remarques de Trudeau à notre sujet[17]. » À la suite des remarques de Trudeau sur le « *lousy French* », René Lévesque déclare dans un discours à Montréal que Trudeau « continue à mépriser... très ouvertement... un peuple qu'il n'a jamais représenté ». (*Le Devoir*, 16 février 1968)

Pour la même raison, « le premier ministre Johnson [père] reprocha à P.E. Trudeau de dénigrer les siens dans le but de recruter des votes au Canada anglais[18]. »

Claude Savoie est arrivé aux mêmes conclusions :

« C'est cet homme vouant au Québec une haine et un mépris incommensurables que les Anglo-Canadiens vont utiliser dans l'espoir de mater le Québec et le mouvement nationaliste qui s'amorce. [...] En parsemant cette idéologie de propos anti-français et anti-québécois, Monsieur Trudeau est assuré d'avoir l'écoute de la population anglo-canadienne. [...] On peut effectivement penser que les anglophones vont voter pour lui parce qu'il n'a pas peur de mettre le Québec à sa place[19]. »

Selon le philosophe Fernand Dumont, « la majorité des Québécois n'ont jamais empêché les propos de M. Trudeau ; ils avaient donc droit [...] de recevoir autre chose que ce mépris que l'on ne doit même pas accorder aux imbéciles[20]. »

Quelques jours après la mort de Trudeau, Christian Rioux notait : « Plusieurs analystes se sont étonnés qu'un homme puisse tant exécrer la société dont il est issu. » (*Le Devoir*, 4 octobre 2000 p. A 10)

---

17. Vadeboncoeur, Pierre, « La dernière heure et la première », 1970, dans Potvin, André, Létourneux, Michel et Smith, Robert, *L'anti-Trudeau, Choix de textes*, Montréal, Éditions Parti-pris, 1972, p. 96.

18. Pellerin, Jean, *Le phénomène Trudeau*, Paris, Seghers, 1972, p. 93-94.

19. Savoie, Claude, *Les crises de Pierre Elliott Trudeau*, Montréal, Guérin, 1979, p. 13, 96.

20. Dumont, Fernand, *La vigile du Québec, Octobre 1970 : l'impasse ?*, Montréal, Hurtubise HMH, 1971, p. 193.

## LE TERRITOIRE

Dès le début des années 60, Trudeau prêtait aux indépendantistes québécois des visées expansionnistes et brandissait le spectre de la partition du Québec:

«Quant aux Séparatistes [sic] québécois, ils auront aussi du pain sur la planche: si leurs principes sont justes, ils devront les pousser jusqu'à l'annexion d'une partie de l'Ontario, du Nouveau-Brunswick, du Labrador et de la Nouvelle-Angleterre; mais, par contre, ils devront lâcher certaines régions à la frontière de Pontiac et de Témiscamingue, et faire de Westmount le Dantzig du Nouveau Monde.» (*Cité libre*, avril 1962, p. 6)

En 1972, alors premier ministre du Canada, Pierre Elliott Trudeau, pensant peut-être à ses initiales, parlait même d'un risque que «ça pète»:

«"Si le Canada peut péter, le Québec peut péter aussi", a déclaré, hier, le premier ministre Trudeau, alors qu'il participait à une tribune radiophonique dans une station de langue française de la métropole. [...] Il faudrait aussi savoir si tous les groupes québécois, toutes les régions veulent demeurer au Canada et non seulement au Québec, a-t-il dit.» (*La Presse*, 13 septembre 1972, p. A 12)

Il a répété sa menace en 1977, comme l'a noté Lise Bissonnette: «"Si le Canada est divisible, le Québec doit être divisible aussi", de réclamer hier soir le premier ministre canadien devant un auditoire partisan du comté montréalais de Verdun.» (*Le Devoir*, 12 mars 1977)

En 1998, deux ans avant sa mort, Trudeau était tout fier de rappeler sa prophétie de *Cité libre* d'avril 1962:

«J'ai consigné cette remarque en 1962, plus de trente ans avant que certaines communautés anglophones et autochtones ne commencent à parler de partition du Québec en cas de séparation. Je ne prétends pas être prophète: la simple logique rendait cela tout à fait prévisible[21].»

Cette «simple logique» de Trudeau découle de sa conception ethnique du Québec, alors que le peuple québécois se définit par son territoire, ses institutions, et sa langue majoritaire, le français. Ce que sa «simple logique rendait [...] tout à fait prévisible»,

21. Trudeau, Pierre Elliott, avec la collaboration de Ron Graham, *op. cit.*, p. 109-110.

était-ce « l'annexion », ou « lâcher certaines régions », ou les deux? Les indépendantistes québécois n'ont jamais été annexionnistes. Quant à devoir « lâcher certaines régions », cela serait une suite « logique » de sa conception encore ethnique du Québec, contrairement à la conception civique, pluraliste et inclusive qu'ont les indépendantistes québécois depuis la fondation du Parti québécois par René Lévesque, en 1968.

Lors de la rédaction de la Charte canadienne de 1982, Trudeau assimilait encore l'ethnie canadienne-française au gouvernement du Québec et il attribuait aux autres, en 1990, cette conception d'une autre époque : « Nous allions refuser [en 1982] toute proposition qui eût risqué d'identifier une collectivité linguistique (les Canadiens français) [sic] avec le gouvernement d'une province (le Québec) [sic][22]. » Tout au plus concède-t-il dans une note qu'« à mesure que les Canadiens français "de vieille souche" [sic] diminuent en importance au sein de la population québécoise, la pensée nationaliste tend plus volontiers à définir le Québec en fonction de la langue que de l'ethnie. Mais il n'est pas sûr que l'intolérance s'en porte moins bien : voir l'épisode de la loi 178[23]. »

Rappelons que conformément au droit international et au droit constitutionnel canadien (article 43a de la *Loi constitutionnelle de 1982*), « le territoire du Québec[24] et ses frontières ne peuvent être modifiés qu'avec le consentement de l'Assemblée nationale » (article 9 de la *Loi sur l'exercice des droits fondamentaux et des prérogatives du peuple québécois et de l'État du Québec).*

22. Axworthy, Thomas S. et Trudeau, Pierre Elliott, *Les années Trudeau, la recherche d'une société juste*, Montréal, Le Jour, 1990, p. 391.

23. Loi modifiant la *Charte de la langue française*, sanctionnée le 22 décembre 1988 et portant sur l'affichage public et dans la publicité commerciale. Axworthy et Trudeau, *op. cit.*, p. 423, 424, note 9.

24. Celui qui allait devenir premier ministre du Québec en 2003 avait fait à ce sujet une déclaration inquiétante quelques années plus tôt selon Paul Wells : « *Canada is divisible and Quebec may be too, Progressive Conservative leader Jean Charest said yesterday.* » (*The Gazette*, 20 mars 1997, p. A1)

## LA COMMUNAUTÉ POLITIQUE

Dans son chapitre sur « La province de Québec au moment de la grève » de l'amiante, Trudeau fait le bilan de « l'État » et des partis politiques :

« C'est un autre indice de l'irréalisme de toute notre pensée sociale qu'elle n'ait jamais réussi à déboucher sur l'action politique ; [...] Les Canadiens français étudient la politique avec leurs pieds[25]. »

Au début de la Révolution tranquille, le Québec commence à parler de changements constitutionnels ; mais Trudeau estime que la société québécoise n'a pas les ressources nécessaires pour « s'adonner à la dangereuse pratique de modifier la constitution » :

« Le Québec, qui vient de découvrir la théorie de l'État interventionniste, n'a ni les hommes ni les idées pour s'atteler à cette tâche ; en conséquence, la revendication de pouvoirs provinciaux beaucoup plus vastes a toutes les apparences d'une triste excuse pour faire oublier son manque d'efficacité dans l'exercice des pouvoirs qu'il possède déjà. » (*Maclean's*, 8 février 1964)

Trudeau a sans doute été étonné que « l'irréalisme de toute notre pensée sociale » ait « réussi à déboucher sur l'action politique » avec la fondation du Parti québécois en 1967 et du Bloc québécois en 1990.

Il considérait l'Assemblée nationale du Québec comme une administration municipale : « Si la Chambre veut s'appeler l'Assemblée nationale ou comme j'ai déjà dit, le Conseil de Ville national, ça n'a vraiment pas beaucoup d'importance pour nous[26]. »

Comme l'a écrit l'historien Michel Brunet, Trudeau « a constamment cherché à miner l'autorité des premiers ministres

25. Trudeau, Pierre Elliott et coll., *La grève de l'amiante*, Montréal, Les éditions Cité libre, 1956, p. 69, 70.

26. Trudeau, Pierre Elliott, « Entrevue, Télémédia, Gilles Racine », 12 décembre 1971, Fonds Pierre-Elliott-Trudeau, Archives nationales du Canada, MG 26 0 13, 1971, p. 23.

[du Québec] Daniel Johnson [père], Jean-Jacques Bertrand, Robert Bourassa et René Lévesque[27]. »

Rappelons que selon la *Loi sur l'exercice des droits fondamentaux et des prérogatives du peuple québécois et de l'État du Québec* :

« 5. L'État du Québec tient sa légitimité de la volonté du peuple qui habite son territoire. [...]

10. L'État du Québec exerce sur le territoire québécois et au nom du peuple québécois tous les pouvoirs liés à sa compétence et au domaine public québécois. »

## L'HISTOIRE

Trudeau a d'abord eu une vision québécoise de l'histoire du Canada. Ainsi, en avril 1942, il avait voté NON au plébiscite sur la conscription, comme 71 % des Québécois, alors que le OUI avait obtenu 80 % des votes dans le reste du Canada. Aux élections fédérales qui ont suivi en novembre, il avait même fait un discours pour Jean Drapeau, le candidat du Bloc populaire, parti des opposants à la conscription.

Au printemps 1943, à la fin de ses études en droit, le « Frère Chasseur » Trudeau avait même écrit le scénario d'un débat visant à ridiculiser la conscription sous un déguisement apparemment inoffensif et dont il était l'un des protagonistes. Le débat se termine par un geste d'éclat, comme le raconte François-J. Lessard, son « Frère Chasseur » d'alors : « Tu joins les mains comme un pendu les a liées en arrière, à la hauteur du fessier, puis tu clames : "Avec un Union Jack là[28] !" »

Puis à l'été 1944, quelques mois avant de partir étudier à Harvard, rappelle Dorval Brunelle, « Trudeau signe un court essai intitulé *L'ascétisme en canot* et publié dans les pages de la revue *JEC* (Jeunesse étudiante catholique), dans sa livraison de juin 1944. [...] La contribution de Trudeau se termine par un

27. Brunet, Michel, *Cahier d'histoire*, automne 1981, p. 3.

28. Lessard, François-J., *Messages au « frère » Trudeau*, Pointe-Fortune (Québec), Éditions de ma grand-mère, 1979, p. 127.

paragraphe quelque peu sibyllin qui peut vraisemblablement expliquer son engagement aux côtés du Bloc [populaire[29]] :

" Et je connais un homme à qui l'école n'a jamais su enseigner le nationalisme, mais qui contracta cette vertu lorsqu'il eut ressenti dans sa chair l'immensité de son pays et qu'il eut éprouvé par sa peau combien furent grands les créateurs de sa patrie[30]. " »

« Cette fugitive fréquentation avec le nationalisme vécu par les tripes », d'après les mots de Brunelle, sera traduite en anglais par son biographe et par la suite retraduite en français sous la forme : « Un homme qui n'a jamais pu apprendre le patriotisme à l'école[31]. » Quant à Trudeau lui-même, il a laissé le mot « nationalisme » dans ses *textes choisis* publiés en 1996[32], mais il l'a remplacé par « patriotisme » en 1998 dans *Trudeau, l'essentiel de sa pensée politique*, sans mentionner toutefois cette modification, contrairement à d'autres extraits de sa « *pensée politique*[33] ».

Mais vers 1950, Trudeau a, selon Clarkson et McCall, « une révélation d'une importance capitale [...] une sorte de transfiguration spirituelle qui avait accompagné le moment critique de passage de la trentaine. [...] Trudeau qualifia ce phénomène de reconnaissance et d'acceptation du " concept d'incarnation [...] comme disent les personnalistes[34] ". » Fonctionnaire à Ottawa depuis deux ans, il décide alors de revenir à Montréal et révèle sa nouvelle vision de l'histoire du Québec dès le premier numéro de sa revue *Cité libre* :

« En fait, nous n'avons jusqu'à présent rien apporté à la société des hommes. Nous avons survécu, pour ainsi dire, en mangeant l'abondant capital matériel que la nature nous

---

29. Parti du bloc populaire du Canada fondé en 1942 pour s'opposer à la conscription pendant la Seconde Guerre mondiale et dont faisaient partie entre autres Jean Drapeau, André Laurendeau et Maxime Raymond.

30. Brunelle, Dorval, *Les trois colombes*, Montréal, VLB Éditeur, 1985, p. 69-70.

31. Radwanski, George, *Trudeau*, Montréal, Fides, 1979, p. 74.

32. Trudeau, Pierre Elliott, *À contre-courant, textes choisis, 1939-1996*, Montréal, Stanké, 1996, p. 24.

33. Trudeau et Graham, *op. cit.*, p. 133, 199.

34. McCall, Christina et Clarkson, Stephen, *Trudeau : l'homme, l'utopie, l'histoire*, Montréal, Les Éditions du Boréal, 1990, p. 54.

avait légué, et en épuisant le riche avoir humain dont la France nous avait gratifiés. Il faudrait maintenant songer à donner, après avoir tant reçu. Et pourtant, nous continuons à vivre sur notre passé, sans rien engendrer de neuf.» (*Cité libre*, juin 1950, p. 24)

Par la suite, Trudeau commence à remanier ses souvenirs pour les rendre plus conformes à sa nouvelle lecture de l'histoire du Québec. Ainsi en 1962, quelques années avant de se lancer en politique, il croyait se rappeler qu'au collège, les applaudissements lors des victoires des armées françaises l'agaçaient et qu'il applaudissait plutôt aux victoires des armées anglaises:

«Les professeurs avaient l'habitude de raconter les histoires de victoires des Canadiens français d'une manière spectaculaire et lorsqu'ils arrivaient au moment décisif d'une bataille que nous avions remportée, les élèves se mettaient à applaudir. Cela m'amusait — et m'agaçait — et lorsque nous étions arrivés à l'issue de la bataille des plaines d'Abraham[35], je me souviens que c'est moi qui avais applaudi. J'étais le seul[36].»

Peu de temps avant la course à la direction du Parti libéral du Canada, Trudeau expliquait l'attitude du collégien qu'il était alors par son esprit de contradiction:

«J'avais l'habitude de participer aux discussions juste pour adopter le point de vue contraire et agacer mes amis, dit-il. Comme ils étaient pratiquement tous nationalistes, je disais que je ne l'étais pas. Et lorsque, pendant les cours d'histoire, ils avaient l'habitude d'applaudir aux victoires des armées

35. Le mois suivant dans le *Maclean's* en français (l'ancêtre de *L'actualité*), la version est quelque peu différente et certains mots ont été supprimés: «Le professeur nous racontait avec tout le pathos voulu les "beaux" passages de notre histoire et lorsqu'il arrivait à des morceaux de choix telle la bataille de Carillon, les étudiants se mettaient à applaudir. Cela m'amusait [*and annoyed me*], et lorsqu'on étudiait des batailles où triomphaient les Anglais [*the Plains of Abraham*], c'était mon tour d'applaudir. [*I was alone*]». (Gzowski, Peter, «Un capitaliste socialisant: Pierre Elliott Trudeau», *Maclean's*, mars 1962, p. 53)

36. Gzowski, Peter, «Portrait of an Intellectual in Action», *Maclean's*, 24 février 1962, p. 29.

françaises, moi, au contraire, j'applaudissais aux victoires des armées anglaises[37].»

Ce n'était plus lui qui était agacé par les victoires françaises, mais c'est lui qui agaçait ses amis en applaudissant aux victoires anglaises[38] !

En 1967, il expliquait que, collégien, il avait un « obscur réflexe d'opposition » à l'histoire enseignée, et qu'à l'université, cela devint « un choix conscient » :

« Du temps où, collégien, l'on ne m'enseignait de la Politique que l'Histoire, j'avais déjà pris le parti de ramer contre le courant. Mais ce qui était alors un obscur réflexe d'opposition à l'embrigadement de l'esprit devait devenir un choix conscient au moment de mes études universitaires[39]. »

En 1979, il croit avoir trouvé une explication acceptable à son opposition à la conscription, comme le rapporte George Radwanski :

« Drapeau fut battu à plate couture ; quant à Trudeau, quels qu'aient été ses sentiments d'alors, il devait, plus tard, qualifier son propre engagement de blague, de simple attaque contre l'autorité, une fois de plus : " Cette élection d'Outremont fut peut-être la seule occasion où j'ai plongé dans l'actualité politique et j'ai bien peur que je voulais plus ou moins faire enrager le gouvernement[40]. " »

Il jugeait ainsi la version nationaliste de l'histoire du Québec, huit ans après la fin de sa carrière à Ottawa :

« De mythe en mensonge, les prétendues élites québécoises falsifient l'histoire pour prouver que tous nos échecs politiques sont la faute des autres : la Conquête, la grande noirceur, l'entrée à reculons dans l'ère moderne, l'analphabétisme, et tout le reste, cela n'est jamais de la faute de nos dirigeants, mais doit être attribué à quelque noire conspiration ourdie contre nous. » (*L'actualité*, 1er octobre 1992, p. IV)

---

37. McKenzie, Robert et Dempsey, Lotta, « Pierre Trudeau : "I became accustomed very young to rowing against the current" », *Toronto Daily Star*, 8 avril 1968, p. 8.

38. Trudeau était déjà provocateur et se servait de son appartenance aux deux cultures pour agacer ses amis.

39. Trudeau, Pierre Elliott, *Le fédéralisme et la société canadienne-française*, Montréal, Hurtubise HMH, 1967, p. V.

40. Radwanski, George, *Trudeau*, Montréal, Fides, 1979, p. 77.

Deux ans avant sa mort, Trudeau réitère ce « choix conscient » :

« Où sont les intellectuels qui diront, par exemple, que ce qui est enseigné dans nos livres d'histoire est faux ? [...] L'idée maîtresse des politiciens nationalistes est d'annuler la défaite des plaines d'Abraham[41]. »

En paraphrasant Trudeau, on pourrait dire que son « idée maîtresse [...] est d'annuler » les conséquences néfastes de l'occupation de la Nouvelle-France par les armées anglaises. On est bien loin du démocrate français, Alexis de Tocqueville, qui concluait, après avoir visité le Bas-Canada (le Québec) en 1831 : « Le plus grand et le plus irrémédiable malheur pour un peuple c'est celui d'être conquis[42]. »

Charles de Gaulle disait à peu près la même chose à Alain Peyrefitte en parlant des Québécois le 21 septembre 1967, deux mois après sa visite historique au Québec :

« Il n'y a pas de plus grand malheur pour un peuple que d'être vaincu. Ce peuple a tellement vécu dans l'écrasement de la défaite pendant deux siècles, qu'il reste toujours aussi craintif. Tant qu'ils n'auront pas complètement relevé la tête, ils s'enliseront dans l'immobilisme[43]. »

## LA CULTURE

En 1950, dans le premier numéro de *Cité libre* intitulé « Politique fonctionnelle », Trudeau entrevoyait une analyse de notre culture :

« J'entrevois [...] une séparation définitive de l'Église et de l'État, une psychanalyse de notre infantilisme religieux et culturel, une mise en accusation de nos soi-disant élites [...] » (*Cité libre,* juin 1950, p. 24)

Il a posé son diagnostic une douzaine d'années plus tard :

« La tragédie sans rémission serait de ne pas voir que la nation canadienne-française est trop anémiée culturellement,

41. Trudeau et Graham, *op. cit.*, p. 97, 166.

42. Rioux, Marcel, *Pour prendre publiquement congé de quelques salauds*, Montréal, L'Hexagone, 1980, p. 24.

43. Peyrefitte, Alain, *De Gaulle et le Québec*, Montréal, Stanké, 2000, p. 110.

trop dépourvue économiquement, trop attardée intellectuellement, trop sclérosée spirituellement, pour pouvoir survivre à une ou deux décennies de stagnation pendant lesquelles elle aura versé toutes ses forces vives dans le cloaque de la vanité et de la "dignité" nationales.» (*Cité libre,* avril 1962, p. 12)

En 1998, dans *Trudeau: l'essentiel de sa pensée politique,* il reprend cette citation à la page 121, sans sentir le besoin d'apporter «une légère modification», comme il l'a fait pour plusieurs autres citations, sauf de mettre cette fois en *italique* les mots *nation* et *nationales,* comme chaque fois qu'il les prendra dans *«le sens de groupe ethnique, de groupe tribal, de groupe linguistique»* dans cet ouvrage[44].

Trudeau a écrit en 1956 le chapitre I et l'épilogue de l'ouvrage collectif *La grève de l'amiante,* grève qui avait eu lieu en 1949. Dans son chapitre intitulé «La province de Québec au moment de la grève» [de l'amiante de 1949], Trudeau estime que «le nationalisme a été — jusque vers la fin de l'époque étudiée dans ce livre — l'axe principal autour duquel a gravité presque toute la pensée sociale des Canadiens français». Il analyse ensuite le «système de défense» qui aurait été mis en place:

«Ce peuple se créa un système de sécurité, mais qui en s'hypertrophiant lui fit attacher un prix parfois démesuré à tout ce qui le distinguait d'autrui, et considérer avec hostilité tout changement (fût-ce un progrès) qui lui était proposé de l'extérieur.

C'est pourquoi, contre une ambiance anglaise, protestante, démocratique, matérialiste, commerciale et plus tard industrielle, notre nationalisme élabora un système de défense où primaient toutes les forces contraires: la langue française, le catholicisme, l'autoritarisme, l'idéalisme, la vie rurale et plus tard le retour à la terre[45].»

Donc selon Trudeau, «ce peuple» attachait «un prix parfois démesuré à tout ce qui le distinguait d'autrui», dont «la langue française», et considérait «avec hostilité tout changement (fût-ce un progrès) qui lui était proposé de l'extérieur», dont «une ambiance anglaise».

---

44. Trudeau et Graham, *op. cit.*, p. 12, 103, 121.

45. Trudeau, Pierre Elliott et coll., *La grève de l'amiante,* Montréal, Les éditions Cité libre, 1956, p. 12.

En plus des caractéristiques culturelles, comme la langue et la religion, Trudeau distinguait aussi chez « ce peuple » des caractéristiques psychiques, comme l'autoritarisme et l'idéalisme. Il est possible de reconnaître ces caractéristiques psychiques chez un individu, mais attribuées à un peuple[46], elles ont une connotation raciale[47].

## « L'AUTORITARISME »

Donc, « contre une ambiance [...] démocratique », « ce peuple », selon Trudeau, se « distinguait » par « l'autoritarisme ». C'est pourquoi Trudeau décrète, dans ses « Réflexions sur la politique au Canada français » : « Au Québec, où chacun sait que l'autorité vient de Dieu, on n'attache guère d'importance aux simagrées électorales : ce sont des divertissements protestants et anglo-saxons. » (*Cité libre*, décembre 1952, p. 56)

Selon Trudeau, « il serait injuste d'imputer au seul parti libéral un antidémocratisme qui est la caractéristique de notre peuple tout entier. [...] Mais enfin d'autres facteurs aussi ont pesamment contribué à cela : l'autoritarisme de nos institutions religieuses et sociales, [...] et bien d'autres choses aussi. » (*Vrai*, 14 juin 1958)

En août 1958, il délecte les lecteurs du *Canadian Journal of Economics and Political Science* par son article intitulé « Some Obstacles to Democracy in Quebec » :

« Si je devais citer tous les documents démontrant que, fondamentalement, les Canadiens français ne croient pas en la démocratie, [...] "j'en aurais pour l'éternité". [...] Car tel est l'héritage de l'histoire pendant laquelle — en tant que minorité — ils ont transformé le parlementarisme en une arme défensive de guerre raciale, et — en tant que catholiques — ils croyaient que ce pouvoir leur avait été transmis par Dieu au moment opportun[48]. »

---

46. Peuple : « Ensemble d'êtres humains vivant en société, habitant un territoire défini et ayant en commun un certain nombre de coutumes, d'institutions. » (*Le nouveau Petit Robert*, Paris, 1993).

47. Relatif à la race au sens de « groupe naturel d'hommes qui ont des caractères semblables (physiques, psychiques, culturels, etc.) provenant d'un passé commun. » (*Le nouveau Petit Robert*, Paris, 1993).

48. Trudeau, Pierre Elliott, « Some Obstacles to Democracy in Quebec », *The Canadian Journal of Economics and Political Science*, août 1958, p. 304.

Trudeau a publié ce texte en français pour la première fois en 1967 dans *Le fédéralisme et la société canadienne-française*[49] et l'a publié une autre fois en anglais en 1968, quelques mois avant la course à la direction du Parti libéral du Canada, dans *Federalism and the French Canadians*[50].

En octobre 1958, dans « Un manifeste démocratique », Trudeau déplore encore :

« [...] l'immoralisme électoral et civique des Canadiens français, leur penchant pour l'autoritarisme, les thèses anti-démocratiques qu'ils apprennent au collège, [...] tout cela constitue autant de caractéristiques d'un peuple qui n'a pas encore appris à se gouverner lui-même, d'un peuple où la démocratie ne peut pas être prise pour acquise. [...] Quant au peuple canadien-français, il a hérité dès sa naissance de traditions autoritaires (l'Église, la monarchie absolue, le système féodal), et sous le régime " anglais " il a poursuivi son développement avec une " mentalité d'état de siège " [...] : rien d'étonnant dès lors à ce que la démocratie ne nous colle pas au corps. » *(Cité libre*, octobre 1958, p. 17-19*)*

Trudeau semble oublier que la démocratie du « régime " anglais " », « hérité » de la conquête militaire, a imposé à la *Province of Québec* en 1791 la partition en Bas-Canada (Québec) et en Haut-Canada (Ontario). Le lieutenant-gouverneur du Bas-Canada, désigné par le roi, nommait lui-même le Conseil exécutif (l'équivalent de l'actuel Conseil des ministres) ainsi que le Conseil législatif (l'équivalent d'un sénat et aboli au Québec en 1968), ce qui était plutôt autoritaire, alors que la Chambre d'assemblée (l'équivalent de l'actuelle Assemblée nationale) était élue par le peuple ; mais les lois votées par cette dernière pouvaient être bloquées par le Conseil législatif non élu. De plus, le Conseil exécutif, non élu lui non plus, n'était pas responsable devant la Chambre d'assemblée. Ce sont ces situations peu démocratiques qui ont conduit à la révolte des Patriotes en 1837-1838.

---

49. Trudeau, Pierre Elliott, *Le fédéralisme et la société canadienne-française*, Montréal, Hurtubise HMH, 1967, p. 118.

50. Trudeau, Pierre Elliott, *Federalism and the French Canadians*, Toronto, The McMillan Co. of Canada, 1968, p. 116.

## « L'IDÉALISME, LA VIE RURALE »

De plus, selon Trudeau, « contre une ambiance [...] matérialiste, commerciale et plus tard industrielle, [...] primaient toutes les forces contraires : [...] l'idéalisme, la vie rurale et plus tard le retour à la terre[51] ».

Il n'y avait guère d'autres avenues qui s'offraient, avant la Révolution tranquille, à un peuple conquis[52] dont Trudeau a si bien décrit la situation, quelques lignes auparavant :

« Un peuple vaincu, occupé, décapité, évincé du domaine commercial, refoulé hors des villes, réduit peu à peu en minorité, et diminué en influence dans un pays qu'il avait pourtant découvert, exploré et colonisé[53]. »

## UNE CULTURE SPÉCIALE !

Trente ans après le début de la Révolution tranquille, Trudeau n'a pas changé d'opinion au sujet de la culture des Québécois. Ainsi, lors de sa dernière intervention publique importante, le 1er octobre 1992, pour dénoncer l'Accord de Charlottetown devant ses amis de *Cité libre*, il ridiculise encore une fois la prétention des Québécois à une culture qui leur serait propre :

« Qu'est-ce que c'est que la culture ? Vous allez voir comment ils justifient leurs exigences. Les médecins québécois, quand ils font l'ablation de l'appendice, ne procèdent pas de la même manière qu'en Ontario, ils ont une culture spéciale ! Et pour couper les cheveux, c'est pareil[54]. »

---

51. Trudeau, Pierre Elliott et coll., *La grève de l'amiante*, Montréal, Les éditions Cité libre, 1956, p. 12.

52. « Tôt ou tard, il [le colonisé] se rabat [...] sur des positions de repli, c'est-à-dire sur des valeurs traditionnelles. Ainsi s'explique l'étonnante survivance de la famille colonisée : elle s'offre en véritable valeur refuge. » (Memni, Albert, « Portrait du colonisé, portrait du colonisateur », Paris, Gallimard, 1985, p. 117-118, in Bourgeois, Patrick, « We are Québécois when ça nous arrange », Montréal, Les Intouchables, 2005, p. 19, note 11).

53. Trudeau, Pierre Elliott et coll., *La grève de l'amiante*, Montréal, Les éditions Cité libre, 1956, p. 11-12.

54. Trudeau, Pierre Elliott, *Trudeau : ce gâchis mérite un beau NON*, Montréal, L'Étincelle, 1992, p. 33.

# LA LANGUE OFFICIELLE

À la veille de la Révolution tranquille, Trudeau expose le programme de son « Rassemblement » et conclut : « Une fois cette révolution accomplie, s'il en sort un peuple qui parle encore français et qui aille encore à l'église, eh bien ! Tant mieux pour ceux qui voudront après coup qualifier l'opération de nationaliste. » (*Le Devoir*, 6 mai 1959, p. 6)

## « *THIS LOUSY FRENCH* »

Trudeau jugeait que le « mépris » du français par les anglophones était surpassé par celui des francophones eux-mêmes :

« Le mépris pour la langue française qu'affichaient les Anglais ne nous [amis de *Cité libre*] parut jamais égaler en profondeur et en bêtise le mépris de ceux des nôtres qui la parlaient et l'enseignaient si abominablement. » (*Cité libre*, mars 1961, p. 4)

Il expliquait ainsi les attitudes des « *Canadiens britanniques* » envers le français :

« Peut-on tellement s'étonner de ce que les Canadiens britanniques n'aient pas souhaité que le visage de ce pays comportât quelques traits français ? Et pourquoi auraient-ils voulu apprendre une langue ou participer à une culture que nous mettions tant d'application à dégrader à tous les niveaux de notre système d'éducation ? » (*Cité libre*, avril 1962, p. 10)

Lors d'une émission télévisée en anglais, le 13 février 1968, pendant la course à la direction du PLC, Trudeau déclare, selon Jean Pellerin :

« Je ne crois pas qu'Ottawa doive accorder une once de plus de pouvoir à la Province de Québec tant qu'elle n'aura pas démontré au reste du Canada qu'elle peut enseigner un meilleur langage dans les écoles. Et il avait ajouté que certains nationalistes et séparatistes québecois [sic] parlent un français "affreux". Il a renchéri en insinuant que ces gens-là *want to impose this lousy*[55] *French on the whole of Canada* (ils veulent imposer ce français affreux au reste du Canada[56]). »

---

55. *Lousy* se traduit ainsi : (a) Pouilleux ; (b) Affreux. (*Harrap's Shorter Dictionary, Dictionnaire Anglais-Français/Français-Anglais*, 1996).

56. Pellerin, Jean, *Le phénomène Trudeau*, Paris, Seghers, 1972, p. 93.

Cette remarque a été dénoncée par plusieurs Québécois, dont le médecin Jacques Boulay: «Celui que certains voient déjà à la direction du prochain gouvernement du Canada a fait là la preuve de son manque de jugement et du mépris qu'il éprouve à l'égard de ses compatriotes. [...] Le français des Québécois n'en est pas un de pouilleux, mais de colonisés.» (*Le Devoir,* 17 février 1968)

Selon le professeur Gabriel Breton, «c'est parce que l'on méprise ou qu'on a honte de la communauté qui le parle qu'on trouve son dialecte "atroce" ou "lamentable" [...] [Il] disait à son auditoire anglophone ce qu'il désire entendre: "Les Québécois sont un troupeau peu esthétique et il ne convient pas de leur donner d'autres permissions tant qu'ils n'auront pas élevé leur note d'excellence".» (*Le Devoir,* 17 février 1968)

Le psychanalyste Julien Bigras abonde dans le même sens:

«L'analyse des attitudes véritables d'un homme à l'endroit d'un peuple n'est jamais aisée à faire. M. Elliott Trudeau nous a toutefois éclairés sur ce qu'il pense de nous lorsqu'il a mentionné que l'accroissement de nos pouvoirs par Ottawa était exclu tant que notre français resterait "pouilleux" comme il l'est chez nous. [...] L'esthétisme qu'il prône est à la mesure du mépris et de la honte qu'il ressent à l'endroit de la communauté dont le dialecte est "atroce" et "lamentable". Voilà donc un peuple de "pouilleux" qui devra se taire devant un futur chef qui le méprise.» (*Le Devoir,* 20 février 1968)

Peu après l'assermentation de Trudeau comme premier ministre, le Canada tente de se faire inviter à la conférence sur la francophonie à Paris en avril 1968 qui faisait suite à celle de Libreville au Gabon en février. Mais de Gaulle déclare, lors de son Conseil des ministres le 30 avril 1968: «Nous n'allons pas plier le genou devant Trudeau, qui est un adversaire acharné de la France, un ennemi de la chose française au Canada[57].»

En 1974, peu avant le dépôt du projet de loi 22 proclamant le français langue officielle du Québec, Trudeau déplore «cet acharnement qu'on met dans certaines nouvelles élites québécoises à faire du jargon, du joual, la langue officielle[58].»

---

57. Peyrefitte, Alain, *De Gaulle et le Québec,* Montréal, Stanké, 2000, p. 121.

58. Vastel, Michel, *Trudeau le Québécois,* Montréal, Les Éditions de l'Homme, nouvelle édition 2000, p. 210.

## « DU CULOT ET UN SENS DE LA BLAGUE »

En 1954, Trudeau signait dans l'hebdomadaire *Vrai* un « Projet de lettre à M. Duplessis » :

« Le 15 septembre dernier, l'honorable Duplessis a refusé les subsides fédéraux aux universités québécoises pour l'année 1954-55 ; [...] Il faudrait suggérer au premier ministre d'accepter ces deux millions et de les faire servir aux universités [...] Mais au même moment, et à grand renfort de publicité, le gouvernement québécois devrait prélever EXACTEMENT LA MÊME SOMME [sic] sur son propre budget universitaire et l'utiliser de la façon suivante :

1) Verser des octrois aux écoles séparées de l'Ouest, et en particulier à celle de Maillardville ;

2) Constituer un fonds, à même lequel un boni serait offert à tout fonctionnaire fédéral (civil ou militaire) qui réussirait un examen de français ;

3) Mettre à la disposition du gouvernement fédéral un service de fabrication et d'apposition de plaques et d'affiches bilingues, à destination de nos édifices fédéraux, de nos véhicules publics (Air Canada, Chemins de fer nationaux, et cætera) et de nos ambassades étrangères.

Évidemment, l'exécution supposerait du culot et un sens de la blague, qualités de jeunesse par quoi nos vieilles barbes politiques se sont rarement distinguées. » (*Vrai,* 11 décembre 1954, p. 2)

Trudeau s'est-il souvenu de cette "blague" à Edmonton le 4 juin 1968, un an avant l'adoption de sa *Loi sur les langues officielles* en 1969 ? En tout cas, il l'a eu, lui, ce "culot" :

« Quand nous parlons de deux langues officielles, [...] cela n'a rien à voir, à mon avis, [...] avec les soi-disant peuples fondateurs ou avec un droit historique. [...] Nous parlons d'un Canada avec deux langues officielles. Pourquoi ? Parce que le concept de langue est opérationnel [...] Bien sûr, plus vous avez de langues, plus c'est difficile. Nous essayons avec deux. Faisons en sorte de réussir avec deux. Nous penserons à une troisième ou à une quatrième plus tard[59]. »

Et il a eu aussi le "sens de la blague" en 1998, dans son livre *Trudeau : l'essentiel de sa pensée politique*, où il a reconnu,

59. Shaw, Brian, *The gospel according to Saint Pierre*, Richmond Hill, Pocket Books, 1969, p. 54.

à la page 142, que la *Loi sur les langues officielles* n'avait rien à voir avec les langues de travail et les langues d'usage public au Canada: « En réalité, le bilinguisme canadien signifiait seulement ceci : les services du gouvernement fédéral devaient être rendus aux Canadiens dans les deux langues officielles. »

Or, au travail et dans la vie quotidienne, « on sait à quel rythme la Confédération anglicise les Canadiens d'origine française[60]. »

Comme l'a écrit Roger Duhamel, « la Loi des langues officielles n'a été qu'un écran de fumée qui n'a rien changé à la situation véritable. » (*L'Action nationale*, mai 1984, p. 835)

Cette loi n'a pas arrêté l'assimilation progressive des francophones en dehors du Québec. En effet, au recensement de 1951, le français était la langue maternelle de 7,3 % de la population du Canada sans le Québec, mais ce pourcentage avait chuté à 4,2 % au recensement de 2001, selon Simon Langlois ; au Québec, entre ces deux dates, le pourcentage de la population de langue maternelle française n'a que légèrement diminué, soit de 82,5 à 81,4 %[61].

Dans le Canada sans le Québec, au recensement de 2001, seulement 10,8 % de la population déclarait avoir une connaissance suffisante du français, langue officielle, pour soutenir une conversation, d'après Simon Langlois; au Québec, ce chiffre s'élevait à 94,6 %[62].

Dès le 11 septembre 1966, de Gaulle confiait à Alain Peyrefitte : « Il ne faut pas qu'il [le Québec] se laisse étouffer par le Canada sous prétexte du prétendu bilinguisme, qui n'est qu'une ruse pour obliger les Français à parler anglais, tandis que les Anglais se dispenseront d'apprendre le français[63]. »

« Quand les Québécois réagissent à ce lent génocide, M. Trudeau les traite de racistes et de national-socialistes », a rappelé Marcel Rioux[64].

---

60. Rioux, Marcel, *La question du Québec*, Paris, Seghers, 1969, p. 145.

61. Venne, Michel, *L'annuaire du Québec 2004*, Montréal, Fides, 2003, p. 167.

62. *Ibid.*, p. 170.

63. Peyrefitte, *op. cit.*, p. 52.

64. Rioux, *op. cit.*, p. 145.

Comme l'a si bien dit René Lévesque, Trudeau « offre aux Québécois de troquer leur promotion et leur émancipation contre une joyeuse noyade minoritaire dans le bilinguisme *from coast to coast*[65] ». Rosaire Morin conclut que Trudeau « défend l'existence du super État qui, depuis 127 ans, a anglicisé les Canadiens français dans neuf provinces ». (*L'Action nationale*, mars 1996, p. 11)

En effet, rappelle Normand Lester, « l'anglicisation irrémédiable fait son œuvre à travers le Canada. Une bonne partie des francophones hors Québec sont maintenant en réalité des " franglophones ". Les " franglos " sont des *ideal French Canadians* pour le Canada anglais : des Canadiens d'origine française, qui parlent le français comme une langue seconde et qui pensent et rêvent en anglais[66]. »

## « DISAPPEARING ?... AND WHAT ABOUT IT ? »

Lors de cette mémorable entrevue télévisée du 13 février 1968 pendant laquelle Trudeau parla du « *lousy french* », un étudiant lui demanda :

« " M. Trudeau, vous dites qu'il existe un sentiment nationaliste au Québec. Qu'en est-il du possible sentiment alternatif qu'il y a une prise de conscience que la communauté française est menacée de disparition ? "

Une transcription de la réplique de Trudeau se lit ainsi : Trudeau : " Et puis après ?... RIRES [sic]... APPLAUDISSEMENTS [sic][67]... " »

C'était pour tenter d'éviter cette disparition du français que le journaliste Jean-Marc Léger recommandait dès 1964 « l'interdiction aux parents francophones d'inscrire leurs enfants dans des établissements anglophones, au Québec. » (*Le Devoir*, 16 mars 1964)

Trudeau a commenté ainsi cette proposition : « Personne ne sembla s'émouvoir de ce que l'enseignement au Québec

65. Lévesque, René, 10 avril 1968, dans Savoie, Claude, *Les crises de Pierre Elliott Trudeau*, Montréal, Guérin, 1979, p. 77-78.

66. Lester, Normand, *Le livre noir du Canada anglais 3*, Montréal, Les Intouchables, 2003, p. 245.

67. McKenzie, Robert et Dempsey, Lotta, « Pierre Trudeau: "I became accustomed very young to rowing against the current" », *Toronto Daily Star*, 8 avril 1968, p. 10.

puisse passer du confessionnalisme religieux au confessionnalisme linguistique obligatoire». (*Cité libre*, mai 1964, p. 4)

Quelques années plus tard, le premier ministre Jean-Jacques Bertrand n'ose pas affronter Trudeau: en effet, en 1969, il a accordé aux parents la liberté de choix de la langue d'enseignement par son "Bill 63", une loi tristement célèbre mais qui sera remplacée par la Loi 22 de Robert Bourassa en juillet 1974. «Cette loi, qui instaure le français comme langue officielle au Québec, stipule que l'éducation en français prévaudra pour tous les immigrants, un changement de cap notable[68].»

Puis l'élection du Parti québécois en 1976 a permis de renforcer la timide Loi 22 de Bourassa par la Loi 101, la Charte de la langue française, adoptée en 1977. Trudeau a réagi ainsi lors de la publication du livre blanc sur la Charte, comme le rapporte Lise Bissonnette:

«Selon lui, elle ramène le Québec "des siècles en arrière" sinon à "l'âge des ténèbres", et il [...] a fustigé la façon "étriquée et rétrograde" qu'a selon lui le gouvernement de M. Lévesque pour protéger une culture, et trouvé au total que le Parti québécois montrait enfin ses "vraies couleurs", celles d'un parti qui veut l'établissement d'une "société ethnique" [...] qui va même contre la liberté de parole et d'expression.» (*Le Devoir*, 6 avril 1977, p. 1)

Trudeau condamnait encore ces deux lois en 1992:

«Par les lois 22 et 101, le Québec se déclara officiellement unilingue français et abandonna la cause des minorités francophones dans les autres provinces afin de pouvoir marginaliser la minorité anglophone au Québec: la Révolution tranquille nous avait soudinement donné les moyens d'être intolérants à l'égard des uns et indifférents à l'égard des autres. Comme si nous n'avions pratiqué la vertu que par impuissance et hypocrisie...» *(Supplément de L'actualité,* 1er octobre 1992, p. VI*)*

Le fait que la Loi 22 (1974) puis la Loi 101 (1977) imposent l'enseignement en français aux immigrants lui paraissait encore en 1998, deux ans avant sa mort, comme un «tarif linguistique»

---

68. Bourdon,Yves et Lamarre, Jean, *Histoire du Québec, une société nord-américaine*, Laval, Beauchemin éditeur, 1998, p. 226.

que sa charte (1982) n'a toléré que « temporairement », en attendant que l'immigrant obtienne la citoyenneté canadienne :

« Quiconque immigre au Canada croit que c'est un pays libre. Pourtant, la première chose qu'on lui dit à son arrivée, c'est que ses enfants ne peuvent fréquenter l'école anglaise [...] Mon gouvernement n'a permis au Québec de le faire malgré la Charte que comme tarif linguistique temporaire, même si j'abhorrais l'esprit de cette loi[69]. »

## DE LA RÉCIPROCITÉ LINGUISTIQUE

En 1968, Trudeau semblait pour la réciprocité linguistique et critiquait le gouvernement du Québec de ne pas l'avoir négociée avec l'Ontario :

« On a trouvé que c'était plus important pour la dignité du Québec d'avoir le droit de signer des traités avec les pays étrangers que d'essayer de protéger les droits du français en Ontario en négociant des traités avec le gouvernement de cette province[70]. »

C'est précisément ce que faisait la Loi 101, adoptée le 26 août 1977 ; elle comportait la clause *Québec* qui limitait l'accès à l'école publique en anglais aux seuls enfants dont l'un des parents avait fait ses études primaires en anglais au Québec, mais elle était « assortie d'une clause de réciprocité. L'anglophone d'une province qui accordera à sa minorité francophone un traitement identique à celui accordé par le Québec à sa propre minorité pourra inscrire ses enfants à l'école anglaise[71] ».

Lors de la conférence des premiers ministres des provinces, le 18 août 1977, le Québec avait proposé aux autres provinces des accords de réciprocité linguistique :

« Le premier ministre du Nouveau-Brunswick, Richard Hatfield, hôte de la conférence de St. Andrews, confiera un an plus tard à Evelyn Dumas : " Certains premiers ministres étaient

69. Trudeau, Pierre Elliott, avec la collaboration de Ron Graham, *Trudeau : l'essentiel de sa pensée politique*, Montréal, Le Jour, 1998, p. 144.

70. Trudeau, Pierre, *La Presse*, 2 et 3 février 1968, dans Pelletier, Gérard, Olivier, Pierre, *Réponses de Pierre Elliott Trudeau*, Montréal, Éditions du Jour, 1968, p. 55.

71. Godin, Pierre, *René Lévesque, l'espoir et le chagrin, (1976-1980)*, Montréal, Les Éditions du Boréal, 2001, p. 181.

prêts à accepter la réciprocité, mais Trudeau nous a téléphoné pour nous menacer de réduire les paiements de transferts fédéraux[72]" ».

C'est pourquoi on se limite alors à adopter une déclaration commune de bonne volonté : « Les premiers ministres conviennent qu'ils feront tout leur possible pour offrir l'enseignement en français et en anglais, sous réserve que le nombre le justifie. » (*L'Action nationale*, février 1982, p. 661)

Or le 30 novembre 1980, Trudeau fait mine de confondre cette déclaration commune avec un accord de réciprocité, comme le rapporte Rodolphe Morissette :

« Au sujet, par exemple, des droits linguistiques que le projet fédéral des droits veut " enchâsser" dans la nouvelle constitution, M. Trudeau affirme que " Nous y avons mis la pensée et les mots qui avaient fait l'objet d'un accord à St. Andrews en 1977" entre les premiers ministres des provinces (la réunion d'alors portait sur le projet Lévesque de " réciprocité en matière linguistique"), puis à Montréal en 1979. [...] " nous avons simplement repris la formule de M. (René) Lévesque... et, maintenant, on nous accuse d'y avoir placé des formules trop contraignantes. Faut se brancher, donc !" » (*Le Devoir,* 1er décembre 1980)

Mais Trudeau a fini par reconnaître en 1982 la différence fondamentale entre la formule de René Lévesque et la sienne alors qu'il répondait à une question de Pierre Nadeau :

« Mais est-ce qu'à l'époque il ne s'agissait pas d'entente bilatérale ? Est-ce que finalement...

Trudeau : Justement.

Nadeau : C'était ça, c'était bilatéral.

Trudeau : Oui, mais en quoi est-ce que la sécurité est amoindrie maintenant que c'est enchâssé dans la constitution[73] ? »

La réponse a été fournie par André Burelle, l'ancien conseiller de Trudeau, dans une lettre qu'il envoyait à Gérard Pelletier, le 20 février 1981 :

« Ce libre choix réservé aux Anglo-Québécois par la *Loi 101*, la charte de M. Trudeau l'étend à tous les Canadiens

72. *Ibid.*, p. 217.

73. Trudeau, Pierre Elliott, « Entrevue, 26 avril 1982, " Les lundis de Pierre Nadeau", Pierre Nadeau », Fonds Pierre-Elliott-Trudeau, Archives nationales du Canada, MG 26 0 13, p. 10.

anglophones des autres provinces, y compris les Néo-Canadiens qui viennent s'établir au Québec après avoir séjourné dans une autre province et y avoir inscrit leurs enfants à l'école anglaise[74]. »

Au lieu d'accords de réciprocité avec les provinces, la charte de Trudeau imposera au Québec la clause Canada, comme l'explique Robert Dutrisac :

« L'article 23 de la Charte canadienne des droits et libertés [...] prévoit que tout enfant de citoyens canadiens a le droit de recevoir son éducation en français ou en anglais selon la langue dans laquelle ont étudié leurs parents ou leurs frères et sœurs [au Canada]. [...] La clause nonobstant ne pouvait être invoquée à l'encontre de l'article 23 de la Charte canadienne des droits. » (*Le Devoir,* 17 mai 2002, p. A 2)

Pierre Godin précise : « Les francophones hors Québec auront droit à leurs écoles "là où le nombre le justifie". Les anglophones des autres provinces auront accès aux écoles anglaises québécoises en violation de la Loi 101. » (*Le Devoir,* 13 avril 2002, p. G 2)

En remplaçant la « clause Québec » par la « clause Canada », la Charte canadienne des droits de Trudeau a permis l'affaiblissement graduel de la Loi 101 par les tribunaux, comme l'a écrit Michel Vastel : « Sa Charte a confié les droits des minorités à une majorité de juges anglais. » (*Le Soleil,* 5 février 1996)

Selon Jean Dorion, « par l'art. 23 de sa Charte, imposée de force au Québec par dix parlements majoritairement anglophones, le Canada anglais s'est octroyé un permis d'angliciser graduellement le Québec. » (*Journal SSJB*, mars 2004, p. 2)

## LA LIBERTÉ DE CHOIX ET L'AFFICHAGE

Moins d'un an avant de quitter ses fonctions de premier ministre, Trudeau a accordé une de ses dernières entrevues en français à Gilbert Lavoie et Maurice Jannard :

« S'il était premier ministre du Québec, [...] il reviendrait au libre choix dans la langue d'enseignement : "Si c'est la question que vous me posez, je n'hésiterais pas à répondre. Je crois à la liberté de choix des parents dans ce domaine-là."

---

74. Burelle, André, *Pierre Elliott Trudeau : l'intellectuel et le politique*, Montréal, Fides, 2005, p. 328.

Il ajoute qu'il nettoierait la loi 101 d'une foule de choses: " Ce que j'enlèverais, ce sont les chicaneries, l'affichage, même la chicanerie dans les contrats civils." [...] " Que vous me disiez que l'exode des anglophones du Québec et la bilinguisation de ceux qui restent sont un effet de la loi 101, je dis oui, vous avez raison. Et je dis hélas!"» (*La Presse*, 7 mai 1983, p. A 9)

## LE SENTIMENT D'APPARTENANCE

Selon son biographe «encouragé», George Radwanski, «Trudeau eut, toutes les années de sa formation, un pied dans chacun des deux grands groupes linguistiques et culturels du Québec; contrairement à la plupart des enfants de sa génération, il ne put jamais s'identifier totalement à l'un d'entre eux.» Mais la revue que nous avons faite des principaux écrits et commentaires de Trudeau au sujet du Québec et des Québécois francophones nous a montré que ses identifications aux Québécois francophones étaient peu nombreuses.

### L'IDENTIFICATION À LA MAJORITÉ FRANCOPHONE DU QUÉBEC?

Dès la distribution du premier numéro de *Cité libre* aux collaborateurs en 1950, un membre de l'équipe a tenu des propos rapportés par Guy Cormier:

«Le noyau originel de *Cité libre* était constitué d'anciens jécistes[75]. L'un d'eux prononça les paroles suivantes: " Je ne veux pas voir Trudeau dans l'équipe. Il n'est pas avec notre peuple, ne sera jamais avec notre peuple."» (*Le Devoir*, 14 janvier 1978, p. 35)

Quelques années plus tard, André Laurendeau commentait ainsi la contribution de Trudeau au livre *La grève de l'amiante*, publié en 1956:

«Il est un Canadien français déçu des siens. Son enquête l'a mis en présence d'un " monolithisme" qu'intellectuellement il repousse, mais qui le blesse dans son être même; je crois qu'il a honte d'avoir de tels pères.» (*Le Devoir*, 6 octobre 1956)

75. Jeunesse étudiante catholique.

Selon Éric Bédard, dans le cas de Trudeau, « le rejet de l'héritage canadien-français a pris la forme d'un combat féroce contre toutes formes d'attachement à une communauté de culture et de mémoire ». (*Le Devoir*, 28 octobre 2005)

Le 15 septembre 1967, l'ancien premier ministre du Québec, Jean Lesage, estime que Trudeau « refuse de s'identifier aux opinions de la majorité de ses compatriotes qu'il est censé représenter[76] ».

Selon René Blanchard, Trudeau « devient ministre de la Justice et se met en selle sur le bouc émissaire qui servira toute sa carrière : le Québec, l'obstacle séculaire au rêve pancanadien. » (*L'Action nationale*, vol. 70, 1980-81, p. 658-659)

Devenu le héros du ROC et premier ministre du Canada grâce à ses écrits sur le Québec, Trudeau est interviewé par Alain Stanké en mai 1977 :

« Pensez-vous qu'il aurait été possible d'avoir un premier ministre du Canada qui se serait appelé Lévesque et un premier ministre du Québec qui se serait appelé Trudeau ?

P. E. Trudeau : Je ne sais pas pour Lévesque, mais pour moi, cela aurait pu être fort possible. [...] Le hasard aurait très bien pu faire que je sois premier ministre ou politicien à Québec[77]. »

Le rôle du hasard chez Trudeau, Michèle Juneau le voyait ainsi : « C'est le hasard qui a fait que Trudeau soit Québécois. Et il doit être en maudit contre le hasard[78] ! »

Il aurait fallu être un peu masochiste pour s'identifier à une nation jugée « trop anémiée culturellement, trop dépourvue économiquement, trop attardée intellectuellement, trop sclérosée spirituellement » ! (*Cité libre*, avril 1962, p. 12)

Dans un article de Réal Pelletier intitulé « Des insinuations valant des accusations de racisme, de fascisme » et portant sur une entrevue accordée par Trudeau à *La Presse* dix jours plus tôt, le journaliste rapporte un mot « probablement de trop », mais révélateur :

---

76. Savoie, Claude, *Les crises de Pierre Elliott Trudeau*, Montréal, Guérin, 1979, p. 47.

77. Stanké, Alain, *Pierre Elliott Trudeau : Portrait intime*, Montréal, Stanké, 1977, p. 61. Tiré d'une émission de Télé-Métropole, le 6 mai 1977.

78. Vastel, Michel, *Trudeau le Québécois*, Montréal, Les Éditions de l'Homme, nouvelle édition 2000, p. 72.

« Quant aux immigrants, M. Trudeau a fait une intervention remarquée dans l'entrevue à ce sujet. “Pour moi, ce qui est sublime, c'est de pouvoir dire : je ne suis pas lié par le choix de mes ancêtres, qu'ils soient religieux, politiques, libéraux, catholiques, francophones. C'est ça que j'admire des Néo-Canadiens, des gars qui partent du fond de l'Italie et qui deviennent Canadiens anglais.”

Ici, le dernier mot est probablement de trop, pourrait dire un conseiller du premier ministre. Mais en appliquant la tournure d'esprit de M. Trudeau à ces choses, on pourrait écrire que rien ne permet de croire que les paroles du premier ministre en l'occurrence ont dépassé sa pensée. Mais nous ne l'écrirons pas. » (*La Presse*, 19 mars 1977, p. A 5)

Le président de la République française, M. Valéry Giscard d'Estaing, a confié au délégué général du Québec à Paris, Yves Michaud, en novembre 1979 :

« Je ne sentais pas très bien monsieur Trudeau. Je le voyais à l'aise avec les Anglais dans les réunions internationales. J'avais l'impression qu'il n'aimait pas la partie francophone de lui-même. Je ne comprenais pas, compte tenu des misères et des vexations qu'a subies la communauté francophone du Canada, qu'il n'ait pas plus de sympathie pour le Québec[79]. »

Michel Vastel conclut dans sa biographie de Trudeau :

« Trudeau reporte son agressivité sur un Québec encore adolescent, se défoule avec hargne sur “un dégueulasse peuple de maîtres chanteurs”, méprise les Canadiens français du Québec qui parlent un “français négligé”, qui se font endoctriner par les curés et se laissent acheter par les Anglais.

Trudeau voyage, comme pour fuir une société recroquevillée sur ses tares et à laquelle il refuse d'appartenir[80]. »

La courte biographie du premier ministre du Canada, Pierre Elliott Trudeau, publiée par le Parti libéral du Canada en 1981, commence ainsi :

« Il n'est pas facile de définir ou d'énumérer les caractéristiques et les qualités qui se conjuguent pour conduire un homme au succès. Mais il est plus difficile encore de discerner le facteur déterminant qui a permis la pleine réalisation de ces

---

79. Godin, Pierre, *René Lévesque, l'homme brisé (1980-1987)*, Montréal, Les Éditions du Boréal, 2005, p. 85.

80. *Ibid.*, p. 308.

qualités. C'est ce qui arrive quand l'homme en question est Pierre Elliott Trudeau[81].»

Trudeau lui-même avait pourtant identifié dès 1967 ce "facteur déterminant":

«Il ne faut pas chercher d'autre constante à ma pensée que celle de s'opposer aux idées reçues. Si j'avais appliqué ce principe à la bourse, j'y aurais peut-être fait fortune. J'ai choisi de l'appliquer à la politique, et cela m'a conduit au pouvoir — sans que je le voulusse vraiment et surtout sans que je m'y attendisse[82].»

Et, en effet, c'est le fait de «s'opposer aux idées reçues» de la majorité francophone au Québec qui l'a «conduit au pouvoir» à Ottawa.

## L'IDENTIFICATION À LA MAJORITÉ ANGLOPHONE DU CANADA

Comme l'a rappelé René Blanchard, Trudeau «a grandi dans les ghettos de Westmount, d'Outremont. Il est député de l'espace clôturé de Town-of-Mount-Royal». (*L'Action nationale*, vol. 70, 1980-81, p. 661)

Piel Petjo Maltest répond à la question: «Comment expliquer sa montée vertigineuse? [...] Par son identification aux intérêts canadiens? C'est tout naturel et probablement inconscient chez un riche biculturé qui avoue candidement que ses deux maîtres à penser sont Lord Acton et John Cardinal Newman[83].»

Trudeau lui-même a révélé inconsciemment son sentiment d'appartenance à la majorité anglophone dans une boutade rapportée par Michel Vastel:

«La tradition de l'alternance entre un Québécois francophone et un Canadien anglophone à la tête du Parti libéral du Canada existe depuis Sir Wilfrid Laurier, à la fin du XIX^e siècle. [...] Pierre Trudeau — qui a lui-même succédé à l'anglophone

---

81. Parti libéral du Canada, *Pierre Elliott Trudeau, premier ministre du Canada: une biographie*, Ottawa, 1981, p. 5.

82. Trudeau, Pierre Elliott, *Le fédéralisme et la société canadienne-française*, Montréal, Hurtubise HMH, 1967, p. V.

83. Maltest, Piel Petjo, *Citations de P.E.T.*, préface, Montréal, Petjo Maltest éditeur, 1968, p. 8-9.

Lester Pearson — vient à sa rescousse [de Jean Chrétien] avec une boutade: "Si tout reposait sur l'alternance, je ne devrais pas être premier ministre. Je croyais avoir été choisi parce que j'étais le meilleur[84] ! »

Peu après le début de la Révolution tranquille au Québec, Trudeau s'inquiétait pour Ottawa: « La situation avait rapidement évolué, depuis 1963. Au Québec, le nationalisme souverainiste avait fait des progrès notables dans l'opinion. [...] Il était temps que quelque chose se produise afin de rétablir l'équilibre [sic] entre les deux capitales[85]. »

Il avait choisi son camp: « J'ai pensé que j'aimerais combattre du côté fédéral contre le côté provincial[86]. »

Trudeau décide donc de voler au secours d'Ottawa: « C'est parce que le gouvernement fédéral était trop faible que je m'y suis laissé catapulter[87]. »

C'est pourquoi il pose sa candidature dans le comté de Mont-Royal le 30 septembre 1965, comme le rapporte André Béliveau:

« M. Elliott-Trudeau [...] s'exprimant exclusivement en cette langue [l'anglais] a particulièrement insisté sur son opposition au "nationalisme étroit" et à la théorie des deux nations. Il a expliqué, d'autre part, que s'il avait choisi le comté de Mont-Royal, [...] "C'est aussi, a-t-il ajouté, que les habitants de ce comté sont de la classe des gens que j'ai l'habitude de fréquenter quotidiennement, à l'université ou ailleurs." » (*La Presse*, 1er octobre 1965, p. 17)

Trudeau est élu député à Ottawa en novembre 1965 et nommé ministre de la Justice moins de deux ans plus tard. Walter Stewart a montré comment le ministre de la Justice est devenu le principal prétendant au trône:

« Trudeau se fait le champion d'un fédéralisme fort et l'ennemi de tout type de statut constitutionnel spécial pour le

84. Vastel, Michel, *Chrétien, un Canadien pure laine*, Montréal, Les Éditions de l'Homme, 2003, p. 99-100.

85. Trudeau, Pierre Elliott, *Mémoires politiques*, Montréal, Le Jour, 1993, p. 77.

86. Trudeau, Pierre Elliott, « Entrevue, 16 décembre 1968, BBC, Robert Mackenzie », Fonds Pierre-Elliott-Trudeau, Archives nationales du Canada, MG 26 0 13, p. 10.

87. Trudeau, Pierre Elliott, *Le fédéralisme et la société canadienne-française*, Montréal, Hurtubise HMH, 1967, p. IX.

Québec. [...] Il a été immédiatement considéré comme un héros par le Canada anglais. [...] Sa montée fulgurante découle principalement de deux facteurs: le désir profond parmi les Canadiens anglais que surgisse un homme puissant qui allait "mettre le Québec à sa place" et sa découverte par le seul médium auquel il était parfaitement adapté — la télévision. [...] Le passage de Trudeau à la télévision pendant la Conférence constitutionnelle du début de 1968, lorsqu'il a eu un débat avec Daniel Johnson et qu'il a soulevé tous les aspects négatifs que le Canada anglais mourait d'entendre, l'a catapulté au premier rang des prétendants à la couronne éventuelle de Pearson[88]. »

La confrontation du ministre canadien de la Justice et du premier ministre du Québec a fait plaisir à bien des *Canadians*, comme l'a avoué un habitant de la Saskatchewan: « C'est-y pas épatant que ce soit un gars de chez eux qui leur dise leur fait[89]. »

Quelques jours après cette mémorable conférence, Trudeau annonce officiellement, le 14 février 1968, sa candidature à la direction du Parti libéral du Canada. Le ROC s'était reconnu en Trudeau, comme explique Benoît Aubin:

« Ce que le Canada anglais achetait de Trudeau, c'était une identité — un style, une vision, une attitude, un avenir. Au Québec, d'autres avaient déjà commencé depuis quelque temps à faire la même chose: forger une identité et la faire accepter. [...] L'affrontement ne représentait pas seulement un conflit politique entre séparatistes et fédéralistes. Leur opposition était beaucoup plus profonde. C'était une opposition entre deux ensembles différents de valeurs, et elle s'exprimait de multiples façons, du choix des mots au choix des vêtements, des modèles économiques jusqu'aux icônes culturelles[90]. »

Lors de l'affrontement de février 1968 avec Trudeau, qui était alors ministre de la Justice, le premier ministre du Québec, Daniel Johnson (père), a osé l'appeler "Lord Elliott":

---

88. Stewart, Walter, *Shrug: Trudeau in power*, Toronto, New Press, p. 11-13.

89. Stuebing, Douglas, Marshall, John et Oakes, Gary, *Trudeau, l'homme de demain !*, Montréal, Hurtubise HMH, 1969, p. 108.

90. « Pierre Elliott Trudeau, 1919-2000, His Life and Legacy », Toronto, *Maclean's*, 2000, p. 74.

« Johnson compare ses idées sur le Canada à celles de Lord Durham deux siècles plus tôt et a surnommé Trudeau " Lord Elliott[91]." »

L'écrivain Jacques Ferron l'appelle plutôt *Da Nobis Trudeau* dans un document inédit écrit peu après la crise d'Octobre 1970 et publié pour la première fois en 2005 dans *Le Devoir.* « Ferron emprunte ce surnom de " *Da Nobis* " aux vieilles chansons normandes qu'il cite à la fin de ce texte. Il désigne " celui qui nous a donné", le traître qui a livré la ville de Boulogne aux Anglais, en 1544. » (*Le Devoir*, 23 avril 2005, p. F 3, note 1)

Au début de 1968, le premier ministre René Lévesque faisait part au consul général américain à Québec, Francis Cunningham, de son opinion au sujet du sentiment d'appartenance chez Trudeau, comme le rapporte Jean-François Lisée :

« " Malgré sa culture et sa langue françaises, la composante anglaise des origines de Trudeau fait de lui l'avocat des conceptions anglaises plutôt que françaises", explique Lévesque, selon le résumé qu'en fait le diplomate. Pas étonnant que les libéraux ontariens soient " tombés en amour" avec lui, affirme son frère ennemi. " La raison est simple : Trudeau leur est apparu comme le genre de Canadien français qu'ils ont toujours attendu, c'est-à-dire un Canadien français porteur d'idées fondamentalement anglaises[92] ". »

C'est peut-être pourquoi Trudeau aimait porter une rose à la boutonnière, un symbole royal britannique.

Le psychiatre et ancien ministre québécois Denis Lazure a bien connu Pierre Trudeau :

« Plusieurs [hommes] politiques de chez nous se sont trop facilement délestés des espoirs placés en eux par les Québécois, et se sont petit à petit identifiés à la mentalité et aux intérêts des Canadiens anglais. C'est le cas des Pierre Elliott Trudeau, Louis Saint-Laurent et Wilfrid Laurier[93]. »

---

91. McKenzie, Robert et Dempsey, Lotta, « Pierre Trudeau : "I became accustomed very young to rowing against the current" », *Toronto Daily Star*, 8 avril 1968, p. 10.

92. Lisée, Jean-François, *Dans l'œil de l'Aigle : Washington face au Québec*, Montréal, Les Éditions du Boréal, 1990, p. 108-109.

93. Lazure, Denis, *Médecin et citoyen, souvenirs*, Montréal, Les Éditions du Boréal, 2002, p. 382.

Dans son adresse posthume à l'ex-premier ministre, le psychanalyste André Lussier a jugé ainsi l'attitude de Trudeau :

« Vous avez montré plein de sollicitude pour l'avenir de vos concitoyens anglophones et allophones, particulièrement au Québec. Vos soucis me laissent songeur. En vous appuyant sur des principes de philosophie politique, vous vous êtes fait l'avocat du séculaire oppresseur que fut l'anglophone, cet oppresseur en passe de devenir un hypothétique opprimé entre les mains de celui qui est à peine sorti de la longue oppression dans laquelle il a été tenu. Étrange[94] ! »

94. Lussier, André, *Le nationalisme québécois sur le divan*, Montréal, Fides, 2002, p. 116-117.

# CHAPITRE 8

## L'IDENTITÉ NATIONALE

*« Tout comme la jeunesse de Trudeau a façonné son identité, elle a aussi contribué à façonner ses opinions politiques[1]. »*

Le sentiment d'appartenance à une communauté géographique, linguistique et culturelle, sur lequel se construit l'identité sociale, est essentiel à l'identité nationale :

« Pour toute nation, l'appartenance est un sentiment déterminant. Il permet à une nation de se situer par rapport aux autres. D'avoir une identité propre qui s'exprime au travers d'affinités, d'un rapport à l'histoire, de façons d'être et de voir[2]. »

Étant donné que Trudeau se reconnaissait davantage dans la minorité anglophone que dans la majorité francophone du Québec, il est compréhensible qu'il se soit identifié à la nation canadienne dans son ensemble plutôt qu'à la nation québécoise en particulier. Cela lui permettait de faire d'une pierre deux coups : d'une part, s'identifier au groupe linguistique minoritaire au Québec, mais majoritaire au Canada et, d'autre part, s'identifier à un modèle connu au collège Brébeuf à Montréal : « Je pense que l'homme qui m'a le plus influencé pendant mes études était le père Robert Bernier, un Canadien-français du

---

1. Jim Coutts dans Cohen, Andrew and Granatstein, J. L., *Trudeau's Shadow: The Life and Legacy of Pierre Elliott Trudeau*, Toronto, Vintage Canada, 1999, p.151.

2. Bariteau, Claude et al., *Sortir le Canada du Québec*, Montréal, Les Intouchables, 2002, p. 32.

Manitoba, […] vous pouvez être un très bon Canadien français à l'extérieur du Québec[3]. »

Avant d'analyser comment l'identité nationale de Trudeau s'est exprimée à travers ses commentaires et ses écrits à propos du Québec et du Canada, il est utile de rappeler les nouvelles définitions de la nation à l'heure de la globalisation des économies. Les différentes conceptions du mot "nation" au Québec peuvent être regroupées « en quatre grandes familles conceptuelles », selon Eugénie Brouillet :

« On trouve premièrement les auteurs qui privilégient une conception sociologique de la nation. Selon cette conception, la seule présence au sein d'une collectivité humaine de caractéristiques sociologiques telles une langue, une histoire et des traditions communes est suffisante pour que l'on puisse qualifier cette collectivité de nation. […]

En deuxième lieu, certains auteurs adoptent plutôt une conception civique de la nation. Celle-ci a pour caractéristique de négliger les référents à des traits sociologiques au profit des aspects reliés à la citoyenneté afin de caractériser l'identité nationale. Cela aura pour effet de les entraîner à associer la nation à l'État souverain. […]

Troisièmement, on peut parler de la conception multiculturelle de la nation. Selon cette conception, on doit favoriser le maintien de l'héritage linguistique et de l'identification culturelle des immigrants, tout en leur permettant de jouir pleinement des bénéfices d'une citoyenneté fondée sur les droits, libertés et devoirs. […]

[Une quatrième] conception précise qu'une communauté politique donnée doit, pour être appelée nation, posséder certains traits sociologiques précis, c'est-à-dire qu'elle doit inclure sur son territoire une majorité d'individus ayant en commun une langue, une culture et une histoire données. La conception sociopolitique de la nation [a été notamment] développée par le professeur Michel Seymour, philosophe québécois[4]. »

---

3. Iglauer, Edith, « Prime minister/Premier ministre », *The New Yorker*, 5 juillet 1969, p. 39.

4. Brouillet, Eugénie, *La négation de la nation*, Sillery, Les éditions du Septentrion, p. 29-30.

Trudeau ajoutait une connotation tribale à « la nation au sens sociologique » qu'il opposait à la « nation au sens politique » :

« En sociologie, nation a le sens de groupe ethnique, de groupe tribal, de groupe linguistique, comme lorsque nous parlons de la nation huronne ou de la nation canadienne-française. [...] Je me suis toujours opposé à ce que l'on identifie une nation au sens sociologique à une nation au sens politique[5]. »

Selon Michel Seymour, la nation québécoise est une nation sociopolitique :

« La nation québécoise peut donc être considérée comme une communauté politique englobant une majorité nationale de Québécois francophones, une minorité nationale de Québécois anglophones et des individus d'origine nationale italienne, juive, grecque, portugaise, haïtienne, libanaise, latino-américaine, etc., et dont la langue d'usage est autre que le français ou l'anglais[6]. »

Le Québec est une nation à plus d'un titre, comme l'a rappelé Camille Laurin à l'Assemblée nationale le 19 juillet 1977, lors de la deuxième lecture du projet de loi 101, la Charte de la langue française :

« Le Québec est une nation à plus de titres que bien d'autres nations, y compris le Canada, parce qu'il en possède depuis longtemps tous les attributs : un territoire, une langue, une culture, des institutions, une histoire et surtout un vouloir-vivre et un projet collectif[7]. »

Comme l'a écrit Rodrigue Tremblay, « Pierre Elliott Trudeau prétendait combattre le nationalisme en général, mais en pratique, il n'y avait qu'un nationalisme qu'il récusait, et c'était le nationalisme de son propre peuple, soit celui lié à la langue, à la culture et à l'histoire. » (*L'Action nationale*, novembre 2000, p. 74)

Voyons ce que Trudeau a dit et écrit au sujet de la nation québécoise et de la nation canadienne.

---

5. Trudeau, Pierre Elliott, avec la collaboration de Ron Graham, *Trudeau : l'essentiel de sa pensée politique*, Montréal, Le Jour, éditeur 1998, p. 103.

6. Seymour, Michel, *Le pari de la démesure. L'intransigeance canadienne face au Québec*, Montréal, L'Hexagone, 2001.

7. Picard, Jean-Claude, *Camille Laurin : l'homme debout*, Montréal, Les Éditions du Boréal, 2003, annexe 2, p. 483.

## LA NATION QUÉBÉCOISE

Commentant la contribution de Trudeau au recueil de textes *La grève de l'amiante*, André Laurendeau critiquait déjà en 1956 « l'acharnement de l'auteur à nous trouver des bobos particuliers — sorte de nationalisme retourné dont il est plusieurs fois victime ». (*Le Devoir*, 11 octobre 1956).

### UN « MAÎTRES CHEZ NOUS » ETHNIQUE !

Trudeau a jugé que le slogan « Maîtres chez nous » de Jean Lesage, au début des années soixante, n'était pas « pour tous les citoyens du Québec » :

« J'ai été ravi par la Révolution tranquille. [...] Mais lorsqu'ils ont commencé à utiliser l'expression " maîtres chez nous ", j'ai senti le retour du nationalisme sous un nouvel aspect. [...] À mon point de vue, il nous fallait construire cette province au sein de la confédération, en la gouvernant correctement, pas seulement pour les Canadiens français mais pour tous les citoyens du Québec[8]. »

Le « Maîtres chez nous » de la Révolution tranquille, c'était évidemment pour tous les Québécois. Mais Trudeau avait sans doute oublié son jeu de mot : « Maîtres chez nous ? J'en suis. Mais chez nous, c'est le Canada tout entier[9]. »

### « DU PÉTAGE DE BRETELLES NATIONALISTE »

Peu avant la nationalisation de l'électricité en 1962, René Lévesque, alors ministre, avait fait part de ce projet à Trudeau ainsi qu'à Marchand et à Laurendeau chez Pelletier. « Tous semblaient s'entendre là-dessus. Tous, sauf un. Ce seul mot de nationalisation avait le don de hérisser Trudeau », raconte René Lévesque dans ses mémoires. « C'est du pétage de bretelles nationaliste », lui aurait alors à peu près dit Trudeau, sans que ce soit textuel[10].

---

8. Trudeau et Graham, *op. cit.*, p. 113-114.

9. Pelletier, Gérard, Olivier, Pierre, *Réponses de Pierre Elliott Trudeau*, Montréal, Éditions du Jour, 1968, p. 131.

10. Lévesque, René, *Attendez que je me rappelle...*, Montréal, Québec Amérique, 1986, p. 233.

Trudeau n'avait pas changé d'idée deux ans avant sa mort:

« Lorsque le gouvernement Lesage a parlé de nationaliser les compagnies d'électricité pour former Hydro-Québec, il y avait une petite odeur de "politique de grandeur". Le gouvernement voulait accessoirement démontrer que les Canadiens français pouvaient diriger leurs propres entreprises, qu'ils n'avaient pas besoin de capitaux étrangers, et ainsi de suite, ce qui touchait au nationalisme ethnique ou linguistique[11]. »

## « NI ASSEZ INSTRUITS, NI ASSEZ RICHES »

Dans *La nouvelle trahison des clercs*, Trudeau juge que « c'est le concept même de souveraineté qui doit être dépassé, et ceux qui la réclament pour la nation canadienne-française ne sont pas seulement réactionnaires, ils sont ridicules ». Et il explique pourquoi:

« Nous ne sommes ni assez instruits, ni assez riches, ni surtout assez nombreux pour pourvoir en hommes et financer en argent un gouvernement doté de tous les organes nécessaires à la guerre et à la paix. Les frais fixes *per capita* nous écraseraient. Mais je renonce à expliquer ces choses à des gens qui voient déjà sans déplaisir que la Laurentie ouvrirait des ambassades un peu partout dans le monde pour "faire rayonner notre culture". » (*Cité libre*, avril 1962, p. 11-12)

## DU TRIBALISME

Trudeau a souvent comparé le nationalisme québécois à du tribalisme. En 1964, un an avant de voler au secours d'Ottawa, il écrivait: « Une minorité petite-bourgeoise impuissante [...] veut obliger toute la tribu à rentrer sous les wigwams, en déclarant l'indépendance. » (*Cité libre*, mai 1964, p. 5)

Devenu secrétaire parlementaire du premier ministre du Canada, Lester B. Pearson, et bientôt son ministre de la Justice, Trudeau déclarait à Paris en février 1967, après une tournée africaine: « Je lance une pique à nos propres séparatistes qui, selon moi, ressemblent à des partisans du tribalisme africain[12]. »

René Lévesque a retourné le compliment à Trudeau l'année suivante:

---

11. Trudeau et Graham, *op. cit.*, p. 132-133.

12. Modern Canadian Library, *The Best of Trudeau*, Toronto, 1972, p. 73.

« René Lévesque qualifia Trudeau de “roi nègre des Canadiens français”; “un roi nègre dans un veston sport, précisa-t-il, et qui offre de maintenir les *naturels* du Québec dans le rang afin de mériter l'appui de l'*Establishment* anglophone” dans la course à la direction du parti[13]. »

Michel Vastel se rappelle des propos de Trudeau pendant la course à la direction du PLC au printemps de 1968 :

« Quand Trudeau fait campagne dans l'Ouest, les grands journaux de Toronto se régalent. À Winnipeg par exemple, le “candidat du Québec” compare l'indépendance de son “pays”, le Québec, à “une forme de tribalisme africain dont les rois nègres ne voudraient même pas pour eux-mêmes[14] !” »

Deux jours après son élection comme chef du PLC, le *Toronto Daily Star* rapporte d'autres propos de Trudeau :

« Quiconque dit “Je vais m'éloigner de cet esprit tribal, je vais quitter le wigwam et je vais essayer de tailler une place pour ma tribu dans l'ensemble de ce damné pays” — est considéré comme un traître. Et à mes yeux, cela illustre le masochisme fondamental ou la folie de beaucoup de ces gens[15]. »

Lise Bissonnette a interprété ainsi l'attitude de Trudeau : « Incapable de convaincre sa province d'origine, il a mieux que personne exploité à des fins électorales l'instinct tribal qu'il disait mépriser, et fait un art de la parodie cabalistique, qui leurre et rassure. » (*Le Devoir*, 15 novembre 1993)

Un de ses biographes a compris l'astuce : « Trudeau dénonce inlassablement le nationalisme du Québec qu'il qualifie de “tribalisme”; pourtant, c'est uniquement ce même tribalisme qui le maintient au pouvoir[16]. »

Quelques jours après la mort de Trudeau, Daniel Latouche concluait :

« Contrairement à ce que l'on ne cesse de dire, la force de Trudeau ne fut pas d'avoir été au-dessus de la politique, mais précisément d'en avoir utilisé tous les ressorts, y compris ceux

---

13. Pellerin, Jean, *Le phénomène Trudeau*, Paris, Seghers, 1972, p. 94.

14. Vastel, Michel, *Trudeau le Québécois*, Montréal, Les Éditions de l'Homme, nouvelle édition 2000, p. 160.

15. McKenzie, Robert et Dempsey, Lotta, « Pierre Trudeau: “I became accustomed very young to rowing against the current” », *Toronto Daily Star*, 8 avril 1968, p. 10.

16. Gwyn, Richard, *Le Prince*, Montréal, France-Amérique, 1981, p. 15-16.

offerts par l'ethnicité et ces autres pulsions tribales qu'il prétendait abhorrer. » (*Le Devoir,* 30 septembre 2000, p. A 5)

## « UN GROUPE ETHNIQUE PARMI D'AUTRES »

Selon John Turner, ancien ministre de Trudeau et successeur de ce dernier, « sa déclaration sur le multiculturalisme était une sorte de force réductrice sur le Québec : vous n'êtes qu'un groupe ethnique parmi d'autres[17]. »

## « LA CONTRE-RÉVOLUTION NATIONALE-SOCIALISTE »

Pendant le règne de Duplessis, Trudeau souhaitait la jonction du national et du social :

« J'aimerais que les nationaux et les sociaux tentent de dresser un programme concret d'action politique. Je ne parle évidemment pas des aventuriers qui font de la politique un jeu, mais des hommes sincères qui portent dans leur cœur le poids des injustices sociales et nationales. » (*Cité libre,* novembre 1953, p. 9-10)

Mais une fois cette jonction réalisée avec la Révolution tranquille du début des années 60, Trudeau y voit poindre le *national*-socialisme [sic] : « Trop de N.P.D. au Québec ont placé leur nationalisme au-dessus de leur socialisme, et veulent apprendre à nos dépens ce qu'est le national-socialisme. » (*Cité libre,* août-septembre 1962, p. 4)

Dans son article sur « Les séparatistes : des contre-révolutionnaires », Trudeau est plus explicite :

« Je me rase quand j'entends notre engeance nationaliste se donner pour révolutionnaire. [...] Un certain Goebbels nous a déjà démontré que la justice et la vérité comptent pour peu quand il s'agit de faire de la surenchère nationaliste. [...] Le séparatisme, une révolution ? Mon œil. Une contre-révolution, la contre-révolution nationale-socialiste. » (*Cité libre,* mai 1964, p 2, 4, 6)

Trudeau semble donc amalgamer l'indépendantisme québécois, mouvement national et social, et le national-socialisme,

17. « Pierre Elliott Trudeau, 1919-2000, His Life and Legacy », Toronto, *Maclean's,* 2000, p. 108.

« doctrine du “parti ouvrier allemand” et surtout de Hitler qui en devint le chef[18]. »

Quelques mois avant la course à la direction du Parti libéral du Canada, Trudeau réitère son jugement : « En 1965 [...] la bourgeoisie montante [...] commençait à utiliser le vocabulaire marxiste, ce qui lui permettait de prêcher avec bonne conscience une variété de *national*-socialisme[19]. »

## DU TOTALITARISME, DE L'ANTISÉMITISME, DU « FASCISME »

Trudeau doute « qu'on ait exorcisé un seul de nos démons » chez « les Séparatistes de 1962 » qu'il a rencontrés : « Je me suis presque toujours heurté à l'esprit totalitaire des uns, à l'antisémitisme [sic] des autres, et, chez tous, un culte généralisé de l'incompétence économique. » (*Cité libre*, avril 1962, p. 10-11)

Interrogé par Pierre Olivier en 1968 au sujet du nationalisme québécois, Trudeau déclare :

« Je n'ai aucune sympathie pour ce néo-nationalisme dont vous me parlez et qui veut partir de la tribu. Vous savez — je ne veux pas employer le mot “fascisme” parce que vous allez le citer dans votre journal mais, pour moi, c'est de cette famille d'esprit[20]. »

Pierre Godin a résumé ainsi la pensée de Trudeau : « L'indépendance ? Jamais ! clamait Trudeau durant les années 60. Laissé à lui-même, le Québec totalitaire, clérical et xénophobe de la fable verserait sûrement dans la république de banane. » (*Le Devoir*, 7 avril 1988, p. A 8)

## « UN CRIME CONTRE L'HISTOIRE DE L'HUMANITÉ »

Quelques mois après l'élection du Parti québécois, en novembre 1976, Trudeau va prononcer à Washington son discours tristement célèbre, comme l'a rapporté Bernard Descôteaux :

---

18. *Le nouveau Petit Robert*, Paris, 1993.

19. Trudeau, Pierre Elliott, *Le fédéralisme et la société canadienne-française*, Montréal, Hurtubise HMH, 1967, p. VI.

20. Trudeau, Pierre Elliott, *La Presse*, 2 et 3 février 1968, dans Pelletier, Gérard, Olivier, Pierre, *Réponses de Pierre Elliott Trudeau*, Montréal, Éditions du Jour, 1968, p. 52.

« Dans son discours au Congrès des États-Unis, mardi [le 22 février 1977], le premier ministre du Canada, parlant des conséquences qu'entraînerait l'indépendance du Québec, a notamment déclaré : " La plupart des Canadiens savent que le morcellement de leur pays constituerait une déviation aberrante des normes qu'ils ont eux-mêmes établies et que ce serait là un crime contre l'histoire de l'humanité (*a crime against the history of mankind*)." » (*Le Devoir*, 24 février 1977, sp. 1)

Selon Lise Bissonnette, le lendemain de ce discours au Congrès américain, lors d'une conférence de presse à Washington, Trudeau « est allé jusqu'à dire que la sécession du Québec serait " plus grave" pour les États-Unis que la crise des missiles soviétiques à Cuba » en 1962. (*Le Devoir*, 24 février 1977, p. 1)

Trudeau s'est expliqué au sujet de ce " crime" appréhendé dans une entrevue accordée à *La Presse* le 10 mars 1977 et commentée par le journaliste Réal Pelletier, présent à l'entrevue :

« M. Trudeau y ajoute de petits exemples dans son entrevue à *La Presse*. Il y a d'abord eu le " crime contre l'histoire de l'humanité" de " Monsieur Hitler", dira-t-il, crime " beaucoup plus grave" évidemment que celui d'" Idi Amine Dada". La logique de cette illustration des " crimes contre l'histoire de l'humanité", c'est de dire que dans l'ordre décroissant, il y a Hitler, Amine Dada, puis l'indépendance. Mais M. Trudeau ne le dit pas. » (*La Presse*, 19 mars 1977, p. A 5)

Le lendemain du discours de Trudeau à Washington, le premier ministre du Québec, René Lévesque, avait répliqué ainsi, comme l'a rappelé Pierre Godin :

« Un texte " biaisé, désespéré, délirant" cingle ce dernier, piqué par les passages qui associent l'indépendance du Québec à un " crime contre l'humanité" et ravalent les souverainistes à une infime minorité. " Comment Monsieur Trudeau peut-il qualifier de crime le démantèlement d'un vieux système fédéral issu du XVIIIe siècle alors que le phénomène marquant du XXe siècle est l'émergence des États souverains[21] ?" »

---

21. Godin, Pierre, *René Lévesque, l'espoir et le chagrin, (1976-1980)*, Montréal, Les Éditions du Boréal, 2001, p. 141.

## « UNE PRÉSOMPTION DE RACISME »

Le journaliste Réal Pelletier écrivait dans l'article cité ci-dessus et qui s'intitulait « Des insinuations valant des accusations de racisme, de fascisme » :

« Le fait est que M. Trudeau depuis quelques semaines manie avec une désinvolture étonnante des mots comme "le sang", "la langue", "l'ethnie", en en faisant un assemblage aux accents lugubres qui a pour effet de créer dans l'opinion publique une présomption de racisme dirigée contre le projet indépendantiste du Parti québécois. Mais M. Trudeau ne dit pas que ce projet est raciste. Présomption de fascisme aussi. » (*La Presse*, 19 mars 1977, p. A 5)

## « UNE TERRIBLE TRAGÉDIE »

Trudeau poursuit sa campagne de terreur en octobre 1977, alors qu'il est interrogé à Ottawa par un journaliste du *Montreal Star*:

« Croyez-vous alors que la division du Canada pourrait ne pas être une telle tragédie ? [...]

– Je pense que ce serait une terrible tragédie pour le Canada, pour le monde, pour les États-Unis, mais surtout pour les Canadiens français. [...] Je pense que ce serait une immense tragédie humaine si les Québécois se retiraient de la Confédération[22]. »

## « LAISSER LE QUÉBEC IMPOSER SA VOLONTÉ »

Benoit Aubin rappelle qu'à l'époque où Trudeau se porte au secours du ROC, « le Canada anglais se demandait ardemment "Que veut le Québec ?" et les manifestants au Québec leur répliquaient : "Le Québec aux Québécois[23] !" »

Trudeau met le ROC en garde : « Si le reste du Canada est assez généreux — ou assez fou — pour donner au Québec les

22. Trudeau, Pierre Elliott, « Entrevue, 6 octobre 1977, *Montreal Star* », Fonds Pierre-Elliott-Trudeau, Archives nationales du Canada, MG 26 0 13, p. 23.

23. « Pierre Elliott Trudeau, 1919-2000, His Life and Legacy », Toronto, *Maclean's*, 2000, p. 74.

pouvoirs que ces gens demandent et puis laisser le Québec imposer sa volonté au reste du pays, alors c'est bien[24]. »

## « EN FAVEUR DES SEULS QUÉBÉCOIS DE SOUCHE ? »

Dans ses *Mémoires politiques*, Trudeau prête les intentions suivantes aux nationalistes québécois du début de la Révolution tranquille :

« Nous nous étions battus depuis dix ans pour tous les Québécois : noirs, jaunes, blancs, catholiques, protestants et agnostiques ; allions-nous négliger désormais tous les autres pour déployer nos efforts en faveur des seuls Québécois de souche[25] ? »

Quelques mois après l'élection du Parti québécois, en novembre 1976, Trudeau était inquiet pour les minorités au Québec, comme l'a rapporté Lise Bissonnette au sujet d'un discours à Verdun :

« Sans nuances, passionné, Pierre Elliott Trudeau a mis fortement en doute le respect qu'aurait un Québec indépendant pour ses minorités. [...] "Le point faible de leur projet, dit-il, c'est de vouloir être maître du spectacle sans égard à l'existence des minorités, qu'elles soient indiennes, esquimaudes, anglaises ou italiennes." C'est inévitable, selon lui, quand on se promet de "briser" un pays tel le Canada, "au nom d'un principe linguistique et ethnique".» (*Le Devoir*, 12 mars 1977)

## « DES SOLUTIONS MITOYENNES »

Quelques semaines après l'élection du Parti québécois en novembre 1976, Trudeau répond aux questions de Jean Bédard :

« Statut particulier spécial, État associé, deux nations, et ainsi de suite [...] des solutions mitoyennes qui ne sont pas de véritables solutions, ni de réelles options. [...]

Q. Mais, est-ce que ce ne sont pas toutes des solutions fédéralistes ? Ne font-elles pas toutes partie de l'approche fédéraliste ?

R. Eh bien, c'est votre opinion, mais pas la mienne[26]. »

---

24. Trudeau, Pierre Elliott, 5 septembre 1967, in Modern Canadian Library, *The Best of Trudeau*, Toronto, 1972, p. 51.

25. Trudeau, Pierre Elliott, *Mémoires politiques*, Montréal, Le Jour, 1993, p. 74.

26. Trudeau, Pierre Elliott, « Interviews, 26 december 1976, TVA Network », Fonds Pierre-Elliott-Trudeau, Archives nationales du Canada, MG 26 0 13, p. 4-5. (Original en français non disponible, retraduction par l'auteur).

## LE STATUT PARTICULIER

Un peu plus d'un mois après le « *Vive le Québec libre* » du général de Gaulle à Montréal, Trudeau, alors ministre de la Justice, jugeait ainsi, selon Paul Cliche, le statut particulier :

« Le statut particulier, "je trouve que c'est une connerie", a-t-il déclaré [hier]. [...] Plus tard, M. Trudeau a déclaré en anglais que la campagne pour un statut particulier était "la plus grande fumisterie intellectuelle" qu'il connaisse. Il ne croit pas que les Canadiens anglais soient "assez stupides" pour accorder une telle faveur au Québec. » (*Le Devoir*, 6 septembre 1967, p. 7)

Quelques jours plus tard, Claude Ryan commentait en éditorial ces propos de Trudeau :

« Il a envoyé paître dans les prés du séparatisme les avocats de la thèse des États associés. Il a enfin réservé ses qualificatifs les plus désagréables pour les tenants de la thèse du statut particulier. [...] C'est une attitude que nous n'hésitons pas à qualifier d'indigne et d'inacceptable. » (*Le Devoir*, 8 septembre 1967, p. 4)

Deux ans avant sa mort, Trudeau n'avait pas changé d'opinion au sujet du statut particulier :

« Je grogne quand j'entends certaines voix réclamer un statut particulier, comme si nous avions besoin de béquilles, comme si nous n'étions pas assez intelligents, comme si nous étions incapables de protéger notre propre langue[27]. »

## LES DEUX NATIONS

Dans ses mémoires, René Lévesque note que lors de la conférence constitutionnelle télévisée du 6 février 1968, le premier ministre du Québec, Daniel Johnson, s'est adressé à Trudeau, alors ministre de la Justice, et l'a « comparé à Lord Durham, lointain auteur du fameux rapport sur notre peuple, "peuple sans histoire" mais peuple tout de même[28] ».

Michel Vastel a rappelé l'échange mémorable qui a suivi entre Johnson et Trudeau :

« Lord Elliott, dit-il en parlant de Trudeau...

---

27. Trudeau, Pierre Elliott, avec la collaboration de Ron Graham, *Trudeau : l'essentiel de sa pensée politique*, Montréal, Le Jour, éditeur 1998, p. 167.

28. Lévesque, René, *Attendez que je me rappelle...*, Montréal, Québec Amérique, 1986, p. 304.

– Le ministre connaît mal son histoire, réplique l'autre, cinglant. Il a l'air d'ignorer que le rapport de "lord" Durham affirme l'existence de deux nations, alors que moi, je ne crois justement pas à cette thèse[29]. »

Si Lord Durham avait constaté l'existence de deux nations dans son rapport de 1839, il avait fait par contre des recommandations pour assimiler une de ces deux nations grâce à l'union du Bas-Canada (Québec) avec le Haut-Canada (Ontario): l'Acte d'Union de 1840 visait à rendre les Canadiens anglais majoritaires dans le Canada-Uni. Au sein du Parlement uni, Londres opta pour l'égalité de représentation des deux anciennes colonies (au lieu du principe de représentation proportionnelle à la population), « et ce, malgré le fait qu'à cette époque la population du Bas-Canada est plus importante. Au moment de l'union, la population du Haut-Canada se chiffre à 450 000 habitants, alors que le Bas-Canada en compte 650 000. Ce faisant, on comptait sur le fait que les représentants du Canada-Ouest s'uniraient avec leurs compatriotes culturels et linguistiques du Canada-Est afin de réduire le statut des Canadiens français à celui de minorité permanente au sein du Parlement uni[30] ».

L'historien Michel Brunet a établi lui aussi un parallèle entre Trudeau et Durham:

« Lord Durham soutenait que les Canadiens français se condamneraient à une vie diminuée s'ils s'entêtaient à survivre comme collectivité. Au contraire, leur bonheur individuel serait assuré s'ils s'intégraient à la majorité britannique. Pierre-Elliott Trudeau, qui ne croit pas en l'avenir de la nation québécoise, reprend le même programme en forçant les Québécois à devenir des citoyens pancanadiens anonymes soumis à sa Charte qui sera pour eux une véritable camisole de force. À ce régime, le Canada se donne la possibilité d'être un jour uniquement peuplé de Canadians [sic, souligné][31]. »

---

29. Vastel, Michel, *Trudeau le Québécois*, Montréal, Les Éditions de l'Homme, nouvelle édition 2000, p. 157.

30. Brouillet, Eugénie, *La négation de la nation*, Sillery, Les éditions du Septentrion, 2005, p. 115-116.

31. Brunet, Michel, *Cahier d'histoire*, automne 1981, p. 6.

## PLUSIEURS « NATIONS AU SENS SOCIOLOGIQUE »

Trudeau était prêt à parler de « nations au sens sociologique », mais alors de plusieurs :

« Je n'ai pas objection, dit-il, à ce que l'on parle de deux nations au sens sociologique du terme, mais alors il faudrait également parler de la nation écossaise, de la nation ukrainienne ("les Ukrainiens sont plus nombreux dans l'Ouest que les Canadiens français"), encore plus de la nation esquimaude et indienne. » (*Le Devoir*, 17 juin 1968)

Une « nation sociologique » peut même être composée de plusieurs « petites nations » :

« L'histoire et les faits sur le terrain confirment qu'il y avait une nation — encore une fois au sens sociologique — canadienne-française, qu'on appelait les Canadiens tout simplement à ce moment-là. Les "Anglais" qui étaient là ou qui sont venus après, à la suite des troubles aux États-Unis, constituaient eux aussi une nation, au sens sociologique. On pourrait même dire que cette nation anglophone était composée de trois petites nations : les Anglais, les Écossais et les Irlandais. » (*Cité libre*, janvier-février 1997, p. 10)

## « UNE NATION AU SENS OÙ LE CANADA EST UNE NATION »

Après le référendum québécois de 1980, Trudeau lui-même a fait, bien involontairement, la démonstration que le Québec n'est pas une nation ethnique, mais une nation pluraliste et inclusive, tout comme le Canada :

« Quand je dis qu'on peut à la rigueur parler de nation québécoise à condition de marginaliser un million d'anglophones, il me semble que l'argument veut dire justement qu'on ne peut pas parler de nation québécoise, au sens ethnique ou au sens linguistique et culturel parce que le Québec, que certains voudraient définir comme une nation, est exactement une nation au sens où le Canada est une nation, où il y a une grande majorité d'anglophones et une minorité de francophones. » (*Le Devoir*, 17 juillet 1980, p. 12)

En effet, le Québec et le Canada sont deux nations pluralistes et inclusives ; la différence, c'est que la majorité linguistique n'est pas la même dans les deux cas. Même Stéphane Dion, le professeur devenu un ministre fédéral, l'a reconnu :

« Comme l'ont fait remarquer des auteurs comme Brendan O'Leary et Bill Kissane, le nationalisme des peuples sans État est facilement qualifié d'ethnique, alors que les nationalismes des États libéraux sont généralement considérés comme civiques.

La plupart des porte-parole du séparatisme québécois me semblent sincères quand ils affirment promouvoir un nationalisme civique plutôt qu'un nationalisme ethnique. Leur but est de créer un pays libéral assez semblable au Canada finalement. La seule différence notable, c'est que ce pays serait majoritairement francophone plutôt qu'anglophone. » (*Cité libre*, mars-avril 1995, p. 10)

## « UNE ENTITÉ MULTINATIONALE »

Dans son dernier livre, en 1998, Trudeau écrit : « Le Québec n'est pas une nation. C'est une entité multinationale[32]. » Si l'on suit son raisonnement, le Canada non plus « n'est pas une nation ; c'est une entité multinationale » !

## « UN MARASME ÉCONOMIQUE »

Trudeau n'hésitait pas à recourir au « terrorisme économique » pour faire peur aux indépendantistes québécois, par exemple le 19 octobre 1969 devant les militants libéraux. Il dira alors : « Le séparatisme n'a pas élu et n'élira pas un seul député, mais déjà, la seule pensée que cela serait possible suffit à faire régresser le Québec. » (*Le Devoir,* 20 octobre 1969)

Il revient sur le sujet le lendemain à la télévision : « Comme on dit, le séparatisme chez nous a eu ses conséquences, et le Québec s'en va vite vers un marasme économique[33]. »

Le sociologue Marcel Rioux avait prévu le coup quelques mois auparavant : « Les politiciens fédéraux et les hommes d'affaires continuent de pratiquer ce que René Lévesque appelle " le terrorisme économique ". [...] Ils savent bien que le dominé a toujours peur de perdre le peu qu'il a réussi à arracher à l'autre[34]. »

---

32. Trudeau et Graham, *op. cit.*, p. 113.

33. Trudeau, Pierre Elliott, « Entrevue, *Format 30* », 20 octobre 1969, 7 mai 1971, Fonds Pierre-Elliott-Trudeau, Archives nationales du Canada, MG 26 0 13, p. 3.

34. Rioux, Marcel, *La question du Québec*, Paris, Seghers, 1969, p. 184.

Selon le caricaturiste politique Terry Mosher (Aislin), « Pierre Trudeau a dit un jour confidentiellement à Mordecai Richler que si les Canadiens apprenaient quelles sont réellement les sommes d'argent que son gouvernement déverse sur le Québec, ils l'expulseraient probablement d'Ottawa sur-le-champ[35]. »

## UNE ANNONCE OUBLIÉE

Un an après avoir imposé aux Québécois la *Loi sur les mesures de guerre*, Trudeau les prévient « sur les ondes de CKAC le 13 décembre 1971 : " Si le Parti québécois parvenait au pouvoir à Québec, je ne resterais pas à la tête du gouvernement fédéral[36] ". »

Mais après la victoire du Parti québécois le 15 novembre 1976, Trudeau a oublié de démissionner !

## « LE SÉPARATISME EST MORT »

Trudeau a fait cette déclaration, « Le séparatisme est mort », « quelques mois avant l'élection du PQ, en 1976, et de nouveau en 1984, quand René Lévesque annonce qu'il veut prendre le " beau risque ". » (*Le Devoir,* 29 septembre 2000, p. B 1)

## LA SOCIÉTÉ DISTINCTE

Quelques semaines avant le référendum de Charlottetown en 1992, Trudeau a donné sa définition de la société distincte :

« Que le Québec constitue une société distincte, c'est l'évidence même. [...] Mais cette constitution a également donné naissance à neuf autres provinces, toutes distinctes les unes des autres en vertu de leurs frontières propres, de leurs composantes ethniques, de leurs lois et partant de leurs cultures. » (*L'actualité*, supplément, 1er octobre 1992, p. IV)

Mais après le référendum québécois d'octobre 1995 que le OUI a presque gagné, le gouvernement canadien se résout à faire « adopter aux Communes en novembre 1995 une motion qui reconnaît que le Québec forme au sein du Canada une société distincte par sa langue, sa culture et sa tradition juridique. » Mais Jean Chrétien a « annoncé le 27 novembre

---

35. Southam, Nancy, (dir.), *Trudeau tel que nous l'avons connu*, Montréal, Fides, 2005, p. 281.

36. Savoie, Claude, *Les crises de Pierre Elliott Trudeau*, Montréal, Guérin, 1979, p. 134.

1995, en conférence de presse, son intention de ne pas enchâsser le principe de la société distincte pour le Québec dans la Constitution, se contentant d'en faire une motion à la Chambre des communes[37]. »

## « LA MAUVAISE FOI »

André Burelle, a jugé « impardonnable [...] la mauvaise foi » de son ancien patron :

« Mais ce qui est impardonnable, dans son cas, c'est la mauvaise foi avec laquelle il a nié jusqu'à la fin de sa vie l'émergence, au Québec, d'un nouveau nationalisme ouvert aux valeurs universelles et pluralistes de la modernité. Ce qui l'empêchait d'en prendre acte, c'est son antinationalisme viscéral. Et pour se convaincre que rien n'avait fondamentalement changé depuis Duplessis, il ne cessera de décrire malicieusement les lois linguistiques du Québec, en particulier la *Loi 101*, comme autant de manifestations du vieux nationalisme ethnique, voire raciste des Québécois francophones portant atteinte à l'égalité de droit garantie à tous les citoyens du pays par la *Charte canadienne des droits et libertés* de 1982[38]. »

## « UN PETIT DÉMAGOGUE »

Michel Vastel rapporte des propos de Trudeau au début des années 70 et les commentaires de René Lévesque à leur sujet :

« Devant le B'Nai Brith de Montréal, il suggère carrément à la communauté juive de " défendre ses droits ".

" Ça prend-t-y un enfant de nanane comme Trudeau pour aller trouver les juifs alors qu'ils sont nerveux ! fulmine René Lévesque. Cela revient à insinuer que nous sommes tous des racistes, des antisémites, et que nous les menaçons. C'est une attaque sournoise, la calomnie subliminale d'un petit démagogue hypocrite[39]. " »

---

37. Toupin, Gilles, *Le déshonneur des libéraux - Le scandale des commandites*, Montréal, VLB Éditeur, 2006, p. 19, 22.

38. Burelle, André, *Pierre Elliott Trudeau : l'intellectuel et le politique*, Montréal, Fides, 2005, p. 76.

39. Vastel, *op. cit.*, p. 185.

Dès 1971, Claude Ryan dénonce «l'incompréhensible dédain avec lequel il [Trudeau] traite aujourd'hui, du haut de son promontoire, des esprits qui comptent parmi les plus solides qu'ait produits le Québec et qui n'ont rien, quoi qu'il en dise, de cet isolationnisme étroit dont il aime, par pure démagogie[40], les affubler.» (*Le Devoir*, 10 mai 1971)

Mais dans un entretien à la BBC en 1975, Trudeau prétendait le contraire: «J'ai toujours été fasciné par la cohérence, par la raison plutôt que la passion ou la démagogie dans le domaine politique[41].»

## UN GÉNOCIDE EN DOUCE

Analysant l'attitude des fédéralistes et en particulier de Trudeau, Pierre Vadeboncoeur concluait, dès 1976, dans son livre *Un génocide en douce*: «La stratégie antiquébécoise a pour premier principe de sauvegarder les apparences et les formes. [...] Le génocide, mais dans un semblant de *statu quo*, dans une égalité des choses penchant toujours fortement d'un même côté. [...] Il s'agit d'un génocide, cela est clair. D'un génocide au ralenti, d'un génocide en différé, hypocrite, efficace[42].»

Roger Duhamel a aussi accusé Trudeau de «présider, inconsciemment ou non, au génocide d'un peuple auquel malgré tout on [il] est censé appartenir, au moins pour moitié!» (*L'Action nationale*, mars 1984, p. 649)

## UNE ÉNIGME

Le sociologue Marcel Rioux écrivait en 1980: «L'énigme majeure dans toutes les gamineries de M. Trudeau, c'est la hargne et l'acharnement qu'il met à combattre l'idée que les Québécois forment une nation, une nation dont l'identité est reconnue de tous ceux qui nous connaissent, et qui ne veulent

---

40. Démagogie: «Attitude consistant à flatter les aspirations à la facilité ou les préjugés du plus grand nombre pour accroître sa popularité, pour obtenir ou conserver le pouvoir.» (*Le Petit Larousse*, Grand format, Paris, 1992)

41. Trudeau, Pierre Elliott, «Entrevue 11 mars 1975-BBC-Lord Chalfont», Archives nationales du Canada, Fonds du très honorable Pierre Elliott Trudeau, MG 26 0 13, p. 20.

42. Vadeboncoeur, Pierre, *Un génocide en douce*, Montréal, L'Hexagone/Parti pris, 1976, p. 36, 39.

que se donner les moyens de s'épanouir, selon ce que l'histoire les a faits[43]. »

## « AGENT DOUBLE INCONSCIENT » ?

Dans sa lettre ouverte du 30 mars 1977 à Trudeau, dont il disait bien connaître les « antécédents indépendantistes », François-J. Lessard lui demandait :

« Si Pierre Trudeau n'était pas consciemment " la cinquième colonne" de l'indépendantisme en plein cœur du système fédéral, ainsi qu'incline cependant à le croire un faisceau d'indices sérieux (tels son passé, ses talents innés de comédien et de farceur et la suite ininterrompue de ses attitudes et déclarations qui ont indiscutablement favorisé le progrès de l'indépendantisme), serait-il subconsciemment cette "cinquième colonne"? [...] Se serait-il métamorphosé en une espèce d'androgyne politique, d'agent double inconscient, TRAHISSANT À LA FOIS LE QUÉBEC ET LE CANADA ANGLAIS ? [sic en majuscules][44] »

À la suite de cette lettre ouverte, le député René Matte posait la question suivante à M. Trudeau, le 5 avril 1977 :

« Le très honorable premier ministre dirait-il à la Chambre s'il a déjà milité, ou plus précisément, s'il a déjà fait partie et s'il ferait encore partie d'un mouvement secret préconisant une attitude pacifique à l'égard de l'indépendance du Québec ?

Des voix : C'est honteux !

M. Hnatyshyn : Le premier ministre fait signe que oui[45]. »

Le premier ministre s'est abstenu de répondre : « Le député créditiste s'est fait retirer le droit de parole par l'orateur de la Chambre si bien que M.Trudeau n'a pas eu à répondre. M. Matte a affirmé un peu plus tard au cours d'une conférence de presse qu'il détenait la preuve que le premier ministre est devenu membre en 1937 d'une société secrète appelée " la Loge des Chasseurs". Il était alors âgé de 18 ans. » (*Le Devoir*, 6 avril 1977)

---

43. Rioux, Marcel, *Pour prendre publiquement congé de quelques salauds*, Montréal, L'Hexagone, 1980, p. 33.

44. Lessard, François-J., *Messages au « frère » Trudeau*, Pointe-Fortune (Québec), Éditions de ma grand-mère, 1979, p. 133-134.

45. *Ibid.*, p. 148.

Mais par la suite Trudeau a montré par ses actes de quel côté il était, en particulier en 1970, en imposant des mesures de guerre au Québec et, en 1982, en modifiant la constitution canadienne grâce à l'appui du ROC, malgré l'opposition du Québec.

## UNE ADMISSION TARDIVE

Le moine bénédictin Laurence Freeman, qui a connu Trudeau après son retrait de la politique en 1984, affirme :

« Nous avons une fois parlé de l'indépendance du Québec et j'ai été étonné de l'entendre conclure ses observations en notant, avec un haussement d'épaules résigné, qu'après tout, d'un point historique élargi, un tel événement ne serait pas la fin du monde et que la vie ainsi que la société, comme toujours, s'ajusteraient[46]. »

En 1996, l'indépendance est même devenue respectable aux yeux de Trudeau : « Je ne doute nullement qu'ils [les Québécois] seraient capables de faire du Québec un pays indépendant respectable. » (*La Presse,* 17 février 1996)

Mais environ trois ans avant sa mort en 2000, Trudeau pensait encore que le Canada avait « trop cédé » aux « séparatistes », comme il l'a déclaré à Roy Romanow :

« Roy, a-t-il dit, nous avons trop cédé au cours du débat avec les séparatistes, dans l'espoir mal fondé que l'apaisement finirait par mettre un frein à leurs exigences. Nous avons pris du retard dans ce débat, et vous — de même que tous les autres Canadiens engagés — ne devez pas reculer d'un pouce à propos de la vision d'un Canada uni, et des mécanismes de sa survie[47]. »

## LA NÉGATION CANADIENNE

Le 30 octobre 2003, *Le Devoir* titrait :

« Le Parlement fédéral refuse de reconnaître le Québec comme nation.

Ce n'est pas du côté d'Ottawa que le Québec recevra la reconnaissance qu'il forme une nation. La Chambre des communes a défait hier soir une motion en ce sens pilotée par

---

46. Southam, *op. cit.*, p. 23.

47. *Ibid.*, p. 402-403.

le Bloc québécois. Le vote n'a même pas été serré, la motion ayant été défaite à 168 voix contre 28. Tous les députés libéraux ont voté contre, y compris Paul Martin, présent en Chambre.» (Hélène Buzzetti, *Le Devoir*, 30 octobre 2003, p. A 3)

Le lendemain, l'Assemblée nationale du Québec adoptait unanimement la motion suivante:

«Que l'Assemblée nationale réaffirme que le peuple québécois forme une nation.»

## LA NATION CANADIENNE

Selon Claude Ryan, «sous le gouvernement de cet homme qui se voulait antinationaliste, Ottawa pratiqua avec zèle un nationalisme canadien.» (*La Presse*, 30 septembre 2000. p. A 25)

«S'il était très farouche face aux nationalistes québécois, Pierre Elliott Trudeau aura tout de même été l'un des plus nationalistes parmi les premiers ministres du Canada. C'est du moins l'avis de Gil Rémillard», croit Pascale Breton. (*La Presse*, 1er octobre 2000, p. A 4)

### «SAUVER LE CANADA»

Alors qu'il était ministre de la Justice, Trudeau est devenu le héros du ROC lors de l'affrontement avec le premier ministre du Québec, Daniel Johnson père, à la conférence constitutionnelle télévisée du 6 février 1968:

«Pour l'historien Jean-Louis Roy, la rencontre Trudeau-Johnson s'avéra "l'un des duels les plus spectaculaires de toute la politique canadienne" et fit de Trudeau "en moins d'une heure [un candidat assuré] de succéder à Lester Pearson, dans le cœur et l'esprit d'un grand nombre de Canadiens". [...] L'affrontement [...] eut de grandes répercussions sur sa future candidature au leadership du parti; il était l'homme qui avait un plan pour sauver le Canada[48].»

Le politicologue Kenneth McRoberts a tiré une conclusion semblable dans *Misconceiving Canada*: «Trudeau, l'antinationaliste autoproclamé, est accueilli à bras ouverts par la plupart

48. McCall, Christina et Clarkson, Stephen, *Trudeau: l'homme, l'utopie, l'histoire*, Montréal, Les Éditions du Boréal, 1990, p. 105, 241.

des Canadiens anglais comme le “sauveur” de la nation canadienne et finit par devenir le champion du nationalisme canadien[49]. »

## REMETTRE LE QUÉBEC À SA PLACE

Lors de l'élection fédérale du 24 juin 1968, selon son biographe, « c'est tout à fait consciemment qu'il fit de son intransigeance envers les aspirations constitutionnelles du Québec un élément majeur de sa campagne, apportant de l'eau au moulin de ceux qui le voyaient comme un premier ministre qui “saurait remettre le Québec à sa place[50]”. »

La veille de son élection comme premier ministre du Canada, Trudeau joue sur les mots devant une foule immense au centre commercial Norgate de Saint-Laurent à Montréal : « On a déclaré que j'essaie de mettre le Québec à sa place. Ce que je dis, c'est que la place du Québec se trouve au Canada, et nulle part ailleurs. » (*Le Devoir*, 25 juin 1968)

Selon Trudeau, ce qui est mal pour le Québec est bon pour le Canada, comme il l'a montré à Washington en février 1977, en réponse à cette question d'un journaliste :

« Quel bien ce nationalisme économique a-t-il apporté au Canada, à part le fait d'irriter quelques hommes d'affaires américains ?

R. Ce que vous appelez le nationalisme et qu'on peut appeler, je suppose, le patriotisme, ou dans un langage plus compliqué, le désir de maîtriser sa propre destinée, existe dans la plupart des pays[51]. »

## DU PATRIOTISME

Selon Robert Barberis, « cet homme provocateur qui vocifère en temps de crise, ne voilà-t-il pas qu'il affirme que son nationalisme « *canadian* » est l'expression de la raison et que, par ailleurs, le nationalisme québécois n'est fondé que sur

---

49. Cohen, Andrew and Granatstein, J. L., *Trudeau's Shadow: The Life and Legacy of Pierre Elliott Trudeau*, Toronto, Vintage Canada, 1999, p. 24.

50. Radwanski, George, *Trudeau*, Montréal, Fides, 1979, p. 128.

51. Trudeau, Pierre Elliott, « Entrevue, 27 février 1977, NBC-TV, *Meet the Press*, Washington », Fonds Pierre-Elliott-Trudeau, Archives nationales du Canada, MG 26 0 13, p. 8.

l'émotion, les sentiments, sur la passion.» (*L'Action nationale*, mars 1994, p. 298-299)

Trudeau explique ainsi sa conception de la nation:

«La nation existe non pas parce qu'elle a été soudée par la force[52] ou qu'elle a été asservie[53], mais parce que chacun de ses éléments veut en faire partie[54] pour diverses raisons sociales, économiques et historiques. [...] À mon avis, la volonté nationale n'est pas la même chose que le nationalisme. C'est le sentiment d'appartenance, le sentiment patriotique, le sentiment qu'être ensemble vaut mieux qu'être séparés[55].»

C'est pourquoi il conclut: «Parlez de nationalisme si vous le voulez, moi je préfère appeler cela "patriotisme" ou "bien commun[56]".»

Mais ce que Trudeau préfère appeler patriotisme présente un grand rapport de sens avec la deuxième signification de nationalisme selon le *Petit Robert*: «Exaltation du sentiment national: attachement passionné à la nation à laquelle on appartient, accompagné parfois de xénophobie et d'une volonté d'isolement. Chauvinisme, patriotisme[57].»

## LE «NATIONALISME FÉDÉRAL»

Selon Kenneth McRoberts, «à la fin des années 1960, nombre de gens à l'extérieur du Québec se cherchaient une identité nationale (contrairement aux francophones du Québec, qui en avaient déjà une). [...] Trudeau et sa vision

52. Repère historique: Après la révolte des Patriotes québécois de 1837-1838, l'Acte d'Union du Bas-Canada avec le Haut-Canada est imposé en 1840 par le conquérant anglais.

53. Repère historique: La Nouvelle-France a été conquise militairement par l'Angleterre en 1759.

54. La constitution canadienne a été modifiée par le ROC en 1982, malgré l'opposition du Québec.

55. Trudeau, Pierre Elliott, avec la collaboration de Ron Graham, *Trudeau: l'essentiel de sa pensée politique*, Montréal, Le Jour, 1998, p. 183.

56. *Ibid.*, p. 103.

57. *Le nouveau Petit Robert*, Paris, 1993.

du pays devinrent l'assise d'un nouveau nationalisme canadien. Ce nationalisme était à la base de la Trudeaumanie[58]. »

Trudeau avait son plan pour vendre le nationalisme canadien aux Québécois :

« Un des moyens de contrebalancer l'attrait du séparatisme, c'est d'employer un temps, une énergie et des sommes énormes au service du nationalisme *fédéral* [sic]. Il s'agit de créer de la réalité nationale une image si attrayante[59] qu'elle rende celle du groupe séparatiste peu intéressante par comparaison. Il faut affecter une part des ressources à des choses comme le drapeau national, l'hymne national, l'éducation, les conseils des arts, les sociétés de diffusion radiophonique et de télévision, les offices du film. [...] Bref, on doit faire sentir à tous les citoyens que c'est seulement dans le cadre de l'État fédéral que leur langue, leur culture, leurs institutions, leurs traditions les plus sacrées et leur niveau de vie peuvent échapper aux assauts de l'extérieur et aux conflits intérieurs[60]. »

Trudeau a d'abord lu en 1964 son plan de « nationalisme fédéral » lors d'une conférence canadienne en sciences politiques et en droit ; son texte a ensuite été publié en anglais en 1965[61], puis en français en décembre 1967[62], et de nouveau en anglais en février 1968[63], soit deux mois avant qu'il ne soit choisi comme chef du Parti libéral du Canada.

---

58. « Pierre Elliott Trudeau, 1919-2000, His Life and Legacy », Toronto, *Maclean's*, 2000, p. 105.

59. Créer « une image si attrayante » du Canada faisait encore partie des recommandations du comité spécial sur l'unité nationale, transmises à Jean Chrétien le 26 janvier 1996 : « Les ministres ont longuement discuté de l'importance que le rôle du gouvernement fédéral soit perçu comme attrayant. » Cette stratégie de propagande a engendré le programme des commandites, appliqué de 1996 à 2003. (Toupin, Gilles, *Le déshonneur des libéraux - Le scandale des commandites*, Montréal, VLB Éditeur, 2006, p. 22)

60. Trudeau, Pierre Elliott, *Le fédéralisme et la société canadienne-française*, Montréal, Hurtubise HMH, 1967, p. 204-205.

61. Trudeau, Pierre Elliott, *Federalism, nationalism, and reason*, dans Crepeau, P.A., Macpherson, C. B., *The future of Canadian federalism*, University of Toronto Press, 1965, p. 16-35.

62. Trudeau, Pierre Elliott, *Le fédéralisme et la société canadienne-française*, 1967, *op. cit.*, p. 191-215.

63. Trudeau, Pierre Elliott, *Federalism and the French Canadians*, Toronto, The McMillan Co. of Canada, 1968.

Le sociologue Marcel Rioux commentait ainsi ce plan en 1969 :

« On se retrouve avec le vieux rêve de Durham, des pères de la Confédération : à partir d'un État faire une nation, créer un nationalisme [...] La radio et la télévision fédérales mènent une campagne incessante en faveur d'un être de raison : le Canada. [...] Il faut, coûte que coûte, que le Québécois avale chaque jour sa ration de Canada... il fera soleil à Prince-Rupert, à Edmonton, à Fredericton... il pleuvra à Toronto, à Kapuskasing, à Victoria, à Saskatoon[64]... »

Le plan de « nationalisme fédéral » de Trudeau a été entièrement réalisé. En plus des activités mentionnées dans ce plan (drapeau national, hymne national, etc.), plusieurs organismes de propagande fédérale se sont ajoutés : d'abord le Comité Canada en 1964, ancêtre du Conseil de l'unité canadienne, puis « le Centre d'information sur l'unité canadienne créé par Pierre Trudeau en 1977 » et qui avait « pour objectif de promouvoir l'unité canadienne au lendemain de l'élection du premier gouvernement souverainiste à Québec[65] ». Peu avant le référendum québécois de 1980, le Groupe de gestion de la publicité (GGP) était mis sur pied selon Charles *Chuck* Guité qui a été responsable du Programme de commandites pendant les années 1990 :

« Le GGP a été mis sur pied au départ par le gouvernement Clark en 1978[66]. Ce gouvernement a été éphémère. Le gouvernement Trudeau qui lui a succédé a conservé le GGP. Cette structure a été intégrée au Centre d'information sur l'unité canadienne, le CIUC, au début de 1979[67]. [...] Je ne peux pas vous décrire le fonctionnement au jour le jour du GGP à l'époque, mais j'en ai beaucoup entendu parler, puisque c'était les années du premier référendum, quand M. René Lévesque était premier ministre du Québec. [...] C'était une assez grosse

64. Rioux, Marcel, *La question du Québec*, Paris, Seghers, 1969, p 147, 164-165.

65. Toupin, Gilles, *Le déshonneur des libéraux - Le scandale des commandites*, Montréal, VLB Éditeur, 2006, p. 30.

66. Sans doute en 1979, car Charles Joseph Clark est devenu premier ministre du Canada le 4 juin 1979.

67. Sans doute au début de 1980 ; Pierre Elliott Trudeau est redevenu premier ministre du Canada le 3 mars 1980.

organisation — je parle du CIUC — qui faisait la promotion du Canada par le biais d'expositions itinérantes et d'une participation à la plupart des grandes foires nationales et de nombreuses autres expositions[68]. »

À la veille du deuxième référendum québécois en 1995, le programme de propagande fédérale au Québec s'est emballé. Lors de la Commission Gomery sur le scandale des commandites, le procureur de la commission, Me Roy, a demandé à M. Chrétien qui était premier ministre du Canada à l'époque de ce référendum :

« Est-ce qu'en 1995 vous êtes au courant qu'il y a un groupe qui a été créé à l'intérieur du Conseil privé, le groupe sur l'unité qui justement a eu comme tâche et responsabilité de mettre en place une coordination des initiatives fédérales dans le dossier référendaire ?

M. Chrétien : Oui, j'étais au courant qu'il y avait un groupe. Il y en avait eu un lors du référendum de 1980 alors que je dirigeais le dossier pour Monsieur Trudeau[69]. »

En 1996, Patrimoine Canada a enrichi le plan de « nationalisme fédéral » de Trudeau par le Bureau d'information du Canada (BIC), rebaptisé ensuite Communication Canada, et dont relevait le programme de commandites, en vigueur de 1996 à 2003 et qui aurait dû plus justement s'appeler le programme de propagande fédérale. Le plan de Trudeau a enfin été complété par *Les Minutes du patrimoine*, les séries télévisées *Le Canada, une histoire populaire* et *Le Canada du millénaire*, etc. Ces différentes activités étaient financées à même la réserve secrète pour l'unité canadienne. Selon Gilles Toupin, « pour l'exercice 2004-2005, Ottawa alloue encore une quarantaine de millions de dollars à la réserve afin de respecter des accords déjà signés. Il en va ainsi en 2005-2006 et ce n'est qu'en 2006-2007 que la réserve secrète disparaît pour de bon[70]. »

---

68. Chambre des communes, Comité permanent des comptes publics, témoignages, 22 avril 2004, 9h 10, Charles Guité, compte-rendu officiel numéro 030, p. 37.

69. Commission Gomery, audience publique, 8 février 2005, page 12 528, lignes 18 à 25.

70. Toupin, Gilles, *Le déshonneur des libéraux - Le scandale des commandites*, Montréal, VLB Éditeur, 2006, p. 103.

« Le Canada s'annoncera tellement que, de 1998-1999 à 2002-2003, note la Vérificatrice générale Sheila Fraser, " le gouvernement fédéral a passé des contrats d'environ 793 millions de dollars, pour plus de 2 200 activités de publicité, devenant ainsi l'un des grands annonceurs du pays[71] ". »

D'après Jean-Claude Leclerc, « cette lutte clandestine aura probablement coûté plus cher, certainement pas des millions comme on le croit, mais bien quelques milliards. Pendant 40 ans, en effet, ses opérations se sont étendues de la Vieille capitale jusqu'à Paris en passant par Ouagadougou. » (*Le Devoir*, 16 février 2004, p. B 6)

Le procédé n'était pas nouveau : « Dans une province [le Québec] où ils [les Canadiens-anglais] n'avaient pas le nombre mais où ils avaient l'argent, nos concitoyens ont souvent cédé à la tentation d'agir démesurément avec les moyens qu'ils avaient », écrivait dès 1952 nul autre que… Trudeau lui-même ! (*Cité libre*, décembre 1952, p. 61)

Comme l'a rappelé Michel Vastel, « depuis que Pierre Trudeau a traité les Canadiens français de " dégueulasse petit peuple de maîtres chanteurs ", l'idée que la loyauté des Québécois s'achète est profondément ancrée dans la psyché canadienne-anglaise. » (*Le Soleil*, 14 février 2004, p. D 7)

Jean-Claude Leclerc a dénoncé non seulement les moyens, mais aussi la fin recherchée : « Quand Ottawa traite Québec comme un ennemi contre qui les coups bas — sinon des crimes — sont permis, comment ne pas y voir une perversion de la démocratie et une négation de toute éthique politique. » (*Le Devoir*, 16 février 2004, p. B 6)

Dans son article « La guerre secrète d'Ottawa », René Boulanger a dénoncé « toutes les mesures secrètes et les opérations antidémocratiques nées d'une politique qui remonte aux années Trudeau où les projets d'invasion militaires du Québec côtoyaient ceux d'une colonisation fédérale de l'Outaouais québécois, où l'idée de domestiquer les artistes par le biais de subventions fédérales ne détonnait pas avec celle

71. « Les activités de publicité », chapitre 4 du *Rapport de la Vérificatrice générale du Canada*, novembre 2003, rapport rendu public par le gouvernement le 10 février 2004, p. 96. Keable, Jacques, *Le dossier noir des commandites*, Montréal, Lanctôt éditeur, 2004, p. 96.

d'encourager le mouvement partitionniste de la minorité loyaliste en cas de victoire référendaire[72] ».

## « ONE NATION »

En 1968, la veille de son élection comme premier ministre du Canada, Trudeau annonçait sa vision du pays : « Un Canada, une nation qui possède deux langues, aucun privilège particulier à quelque province que ce soit[73]. »

Pendant la campagne électorale, il avait précisé sa pensée :

« "Ou bien il existe une nation, ou bien il en existe des douzaines et des douzaines", déclara Trudeau aux représentants de divers groupes ethniques de Toronto. "S'il n'y a que deux nations, alors messieurs vous êtes laissés de côté[74]". »

André Burelle, ancien collaborateur de Trudeau, avait vu le danger du concept de « *one nation* » de son patron d'alors. « Si une association en mode authentiquement fédéral et partenarial est non seulement viable mais souhaitable pour le Québec, toute inclusion en mode *one nation* représente une menace pour une société minoritaire et suscitera toujours un réflexe de retrait de la part des Québécois. » (*Le Devoir*, 6 mai 1993)

Burelle ajoutait en 2005 : « Le fédéralisme "*one nation*" de la *Loi constitutionnelle de 1982* est fondé sur l'unitarisme républicain et obéit aux principes du libéralisme individualiste anticommunautaire[75]. »

Cette importante modification constitutionnelle que Trudeau imposa au Québec visait à renforcer le fédéralisme "*one nation*" aux dépens de l'identité culturelle des Québécois :

---

72. Boulanger, René, « La guerre secrète d'Ottawa », *Le Québécois*, février & mars 2006, p. 3.

73. « Pierre Elliott Trudeau, 1919-2000, His Life and Legacy », Toronto, *Maclean's*, 2000, p. 149.

74. Stuebing, Douglas, John Marshall et Gary Oakes, *Trudeau, l'homme de demain !*, Montréal, Hurtubise HMH, 1969, p. 220.

75. Burelle, André, *Pierre Elliott Trudeau : l'intellectuel et le politique*, Montréal, Fides, 2005, p. 459.

« Le premier ministre fédéral Pierre Elliott Trudeau imposa au Québec, avec l'accord des neuf autres provinces, la *Loi constitutionnelle de 1982* qui visait à contrer l'identité culturelle des Québécois en renforçant l'unité nationale canadienne. [...] Non seulement cette réforme ne satisfaisait aucune des revendications québécoises, mais, au contraire, elle diminuait les pouvoirs du Québec dans des domaines cruciaux pour sa survie en tant que peuple distinct. [...] Tant sur le plan politique que sur le plan juridique, l'enchâssement de la Charte canadienne des droits et libertés sert des fins centralisatrices et intégrationnistes[76]. »

Trudeau a accédé au pouvoir à Ottawa en jouant sur les deux tableaux: « Les Canadiens anglais, se fiant à son sens de l'autorité, attendaient de lui qu'il mette les Français à leur place; les Canadiens français, comptant sur le fait qu'il était l'un des leurs, s'attendaient à ce qu'il les écoute avec sympathie[77]. »

L'historien Michel Brunet avait déjà dénoncé le double jeu de Trudeau lors de la campagne électorale de 1968:

« En réalité, M. Trudeau joue deux rôles: il est à la fois un Messie *Canadian* et un Jean-Baptiste québécois. [...] Lorsque ses intérêts personnels l'exigent, M. Trudeau se rappelle qu'il lui est loisible de se déguiser en Canadien français. [...] Il ne dédaigne nullement aujourd'hui d'exploiter [sic] sans scrupule les sentiments nationalistes de la collectivité canadienne-française. S'il n'a rien négligé pour s'attirer à n'importe quel prix les suffrages du Canada anglais, en exaltant tout particulièrement le nationalisme *Canadian*, il n'ignore pas que les électeurs franco-québécois demeurent sa base d'opération, sa force de frappe initiale. [...] Ses récents discours à l'intention des Canadiens français reprennent, sans même un modeste effort de rajeunissement, les mythes depuis longtemps dégonflés, les postulats absurdes et les thèmes usés du nationalisme messianique d'antan. N'a-t-il pas soutenu[78], sans rire, qu'il aurait été "Canadien français d'adoption, si je ne l'avais déjà été de

76. Brouillet, Eugénie, *La négation de la nation*, Sillery, Les éditions du Septentrion, 2005, p. 324.

77. Stewart, Walter, *Shrug: Trudeau in power*, Toronto, New Press, 1971, p. 50.

78. Affirmation soutenue en 1967 et reprise en 1998 dans Trudeau et Graham, *op. cit.*, p. 117.

naissance"? [...] Son utilisation du nationalisme messianique des prédicateurs et des orateurs d'une époque révolue constitue une insulte à l'intelligence des Québécois contemporains[79]. »

La rédactrice en chef du *Devoir,* Lise Bissonnette, a commenté ainsi les *Mémoires politiques* de Trudeau :

« Le procédé de Trudeau, celui de la fausse représentation maquillée en logique, est intact et toujours aussi corrosif. L'œuvre de sa vie eu égard au Québec, on le sait, a été de nier la réalité même du désir d'autonomie politique, à défaut de pouvoir le vaincre. [...] L'ouvrage, qui court pourtant jusqu'en 1992, ne fera aucune mention de la persistance et de la remontée du mouvement souverainiste. » (*Le Devoir,* 15 novembre 1993)

Selon Kenneth McRoberts, l'affirmation de l'identité québécoise a amené Trudeau à promouvoir en réaction une identité canadienne :

« Dans les faits, le nationalisme canadien-français, qui trouve son origine à l'époque de la Nouvelle-France, est passé d'une nature ethnique à une nature territoriale. [...] L'émergence de cette nouvelle identité québécoise et le nationalisme qui la sous-tend ont donné naissance à une contre-identité, une identité canadienne, de nature également territoriale et conçue explicitement pour l'annuler. Elle est devenue, à son tour, la base d'un nouveau nationalisme canadien, mais d'un nationalisme qui ne fonctionne essentiellement qu'au Canada anglais[80]. »

Le « mythe de Trudeau » a été dénoncé par Ray Conlogue, du *Globe and Mail,* à la suite de la télésérie *Trudeau,* diffusée par la CBC, comme le rapporte Antoine Robitaille : « Trudeau s'employa à nier, en théorie, " l'existence de l'identité collective des Canadiens anglais et du Québec". Mais dans les faits, " il réprima seulement la québécoise [...] faisant la promotion de l'identité canadienne — c'est-à-dire celle de la majorité". » (*Le Devoir,* 6 avril 2002, p. B 10)

79. Brunet, Michel, *La Presse*, 22 juin 1968, dans Brunet, Michel, *L'historien Michel Brunet juge Pierre Elliott Trudeau*, Montréal, Guérin, 2000, p. 10-12.

80. Lester, Normand, *Le livre noir du Canada anglais 3*, Montréal, Les Intouchables, 2003, p. 238.

# CHAPITRE 9

## « LA RÈGLE MAJORITAIRE »

*« Ce nationalisme put porter le masque pieux de la démocratie [...] sous le couvert de la règle majoritaire. »*
(TRUDEAU, *Cité libre*, avril 1962, p 8)

L'identification de Trudeau à la nation canadienne plutôt qu'à la québécoise l'a amené à promouvoir le nationalisme canadien ; mais comment a-t-il pu justifier sa position, lui qui prétendait haut et fort être opposé à tout nationalisme ? La démocratie constituait pour lui la couverture idéale pour promouvoir le nationalisme canadien.

En effet, le nationalisme, pour Trudeau, c'est un autre nom pour le « bien commun » : « Parlez de nationalisme si vous le voulez, moi je préfère appeler cela "patriotisme" ou "bien commun[1]". » Or le bien commun est le but de la démocratie, avait déjà écrit Trudeau : « La démocratie recherche le plus grand bien du plus grand nombre. » (*Cité libre*, novembre 1953, p. 3)

Il lui paraissait donc logique de conclure que le nationalisme est démocratique.

Mais attention, ce raisonnement ne valait que pour le nationalisme canadien, c'est-à-dire le bien commun de la majorité anglophone dans le territoire délimité par le *British North America Act* (B.N.A.A.), le regroupement de trois

---

1. Trudeau, Pierre Elliott, avec la collaboration de Ron Graham, *Trudeau : l'essentiel de sa pensée politique*, Montréal, Le Jour, 1998, p. 103.

colonies britanniques en 1867. Il ne valait plus dans le cas du nationalisme québécois, c'est-à-dire selon lui le bien particulier de la minorité francophone de ce regroupement colonial. Le nationalisme québécois était donc antidémocratique aux yeux de Trudeau.

## DU « BIEN COMMUN » CANADIEN

Quelques années après la révolte des Patriotes en 1837 et 1838, l'Union du Bas-Canada [Québec] avec le Haut-Canada [Ontario] avait pour but de rendre les francophones minoritaires :

« Rappelons qu'en 1840, les autorités avaient accordé une représentation égale au Canada-Est [Québec] et au Canada-Ouest [Ontario], même si ce dernier était moins populeux. Il s'agissait essentiellement de donner aux Anglais un instrument pour mettre en minorité les Canadiens au sein des institutions politiques. Une décennie plus tard, la situation a changé : le Canada-Ouest est davantage peuplé[2]. Compte tenu de ce renversement de situation, les *Clear Grits* désirent qu'on renonce à la représentation égale pour y substituer une représentation proportionnelle qui avantagerait maintenant le Canada-Ouest et les anglophones devenus majoritaires dans l'Union[3], d'où le slogan *Rep by pop* (représentation selon la population) », obtenue en 1867 avec le *British North America Act* (B.N.A.A.)[4].

### « LA LOI DU PLUS FORT »

Trudeau savait bien que « le plus grand bien du plus grand nombre » au Canada joue en faveur de la majorité anglophone :

---

2. En 1851, le Canada-Ouest représentait 52 % des 1,8 million d'habitants du Canada-Uni. (Bourdon, Yves et Lamarre, Jean, *Histoire du Québec, une société nord-américaine*, Laval, Beauchemin éditeur, 1998, p. 78).

3. « Les Anglais constituent 66 % de la population du Canada-Uni et forment près de 25 % de la population du Canada-Est. » (*Ibid.*)

4. Bourdon, Yves et Lamarre, Jean, *Histoire du Québec, une société nord-américaine*, Laval, Beauchemin éditeur, 1998, p. 77-78.

« Il est vrai que sous un certain aspect la convention majoritaire n'est qu'un moyen détourné pour appliquer la loi du plus fort, en l'occurrence la loi des plus nombreux. » (*Vrai,* 5 juillet 1958)

Il connaissait aussi les effets de la règle majoritaire sur la minorité linguistique partout au Canada :

« À Ottawa, et dans les autres provinces, ce nationalisme put porter le masque pieux de la démocratie. Car à mesure que les Canadiens de langue anglaise devenaient les plus nombreux, ils se mirent à voiler leur intolérance sous le couvert de la règle majoritaire : grâce à cette règle, ils purent supprimer "démocratiquement" le bilinguisme dans l'assemblée législative du Manitoba, violer les droits acquis dans les écoles séparées de diverses provinces, imposer férocement la conscription en 1917, et manquer en 1942 à la parole donnée. » (*Cité libre*, avril 1962, p. 8)

Au printemps 1965, soit quelques mois avant de se lancer en politique à Ottawa, Trudeau rédigeait un essai qui a été publié en 1967 seulement[5] ; dans cet ouvrage, il reconnaissait que « là où la constitution était muette, la majorité anglophone profita de son nombre et de sa richesse pour imposer une règle du jeu social où la minorité francophone[6] était constamment humiliée[7]. »

Mais bizarrement, il n'en tirait pas la conclusion que « la loi du plus fort, en l'occurrence la loi des plus nombreux », risque de toujours l'emporter. (Trudeau, *Vrai,* 5 juillet 1958) Au contraire, il établissait ainsi le rapport de force :

« La constitution actuelle, habilement exploitée, modifiée s'il le faut (mais alors de façon à maintenir entre les deux

5. La version française avait été rédigée au printemps 1965 en vue d'un mémoire au « Comité de la Constitution » de l'Assemblée législative du Québec, mais Trudeau ne l'a publiée qu'en décembre 1967 ; la version anglaise a été publiée en février 1968, soit à la veille de la course à la direction du Parti libéral du Canada.

6. La version anglaise est un peu différente : « Worse still, in those areas not specifically covered by the constitution, the English-speaking majority used its size and wealth to impose a set of social rules humiliating to French Canadians. » (Trudeau, Pierre Elliott, *Federalism and the French Canadians*, Toronto, The McMillan Co. of Canada, 1968, p. 47-48).

7. Trudeau, Pierre Elliott, *Le fédéralisme et la société canadienne-française*, Montréal, Hurtubise HMH, 1967, p. 56.

niveaux de gouvernement un partage des pouvoirs qui sera généralement le même d'une province à l'autre), crée un pays où le Québec peut s'allier à dix contre un pour mettre en valeur l'autonomie provinciale, et où les Canadiens français peuvent lutter à un contre un pour affirmer le fait français en Amérique du Nord[8]. »

## « UN CONTRE UN » ?

La fin de la citation précédente est un peu différente dans la version officielle en anglais :

« Quebec may call upon the support of nine allies to protect provincial autonomy, and yet still feel that it struggles against even — not overwhelming — odds in its attempt to develop French culture in North America[9]. »

Dans cette version, c'est encore le Québec « *it* » (et non les Canadiens français, comme dans la version française) qui peut lutter à un contre un « *to develop French culture in North America.* » Trudeau voulait-il inconsciemment prévenir le ROC qu'il aurait un jour à lutter à un contre un dans le cadre de la Souveraineté-Association, mouvement que venait de fonder René Lévesque quelques mois auparavant ?

Au recensement de 1951, le français était la langue maternelle de 29 % de la population canadienne ; il ne l'était plus que pour 22,9 % des Canadiens au recensement de 2001, selon Simon Langlois[10]. Mais Trudeau ne voyait pas les choses sous cet angle. Comme il l'a déclaré en 1971, alors qu'il s'adressait au Congrès ukrainien canadien à Winnipeg, il n'y a pas de groupe linguistique majoritaire au Canada :

« Toute personne qui habite au Canada fait maintenant partie d'un groupe minoritaire. Nos origines linguistiques sont pour un tiers anglaises et un tiers françaises, le troisième tiers réunissant diverses autres sources[11]. »

---

8. Trudeau, Pierre Elliott, 1967, *op. cit.*, p. 50.

9. Trudeau, Pierre Elliott, *Federalism and the French Canadians*, Toronto, The McMillan Co. of Canada, 1968, p. 42.

10. Venne, Michel, *L'annuaire du Québec 2004*, Montréal, Fides, 2003, p. 167.

11. Trudeau, Pierre Elliott, avec la collaboration de Ron Graham, *Trudeau : l'essentiel de sa pensée politique*, Montréal, Le Jour, 1998, p. 152 et note 214, p. 203.

## « DIX CONTRE UN » ?

Dans son essai de décembre 1967, cité ci-dessus, Trudeau a d'abord écrit que « le Québec peut s'allier à dix contre un » ; en réalité, c'est plutôt le Québec qui doit lutter à un contre dix, comme pendant la nuit des longs couteaux de novembre 1981, prélude à la modification de la constitution canadienne sans l'accord du Québec. Comme l'a écrit Pierre Godin, « ce texte fondamental, qui tire sa légitimité et sa moralité de la seule force du nombre puisqu'il y manque la signature du peuple minoritaire, soumet le devenir québécois à la loi du plus fort. » (*Le Devoir,* 30 septembre 2000, p. A 2).

En 1867, lors de la fédération des trois colonies britanniques de l'Amérique du Nord[12] pour créer le Canada, la population du Québec représentait environ 34,3 % de celle du Canada[13] ; elle n'en représentait plus que 23,6 % en 2003, selon Simon Langlois[14].

Ainsi, comme l'a écrit René Blanchard, « depuis 1867, le rapport initial d'une province contre quatre a été remplacé par un nouveau rapport de force d'un contre dix : le Québec, à un contre dix, est ligoté, prisonnier, incapable de diriger son avenir ». (*L'Action nationale*, février 1983, p. 485)

Après le référendum québécois de 1980, Trudeau reconnaît enfin ce sur quoi « tout le débat se déroule » :

« Le Québec, que certains voudraient définir comme une nation, est exactement une nation au sens où le Canada est une nation, où il y a une grande majorité d'anglophones et une minorité de francophones. [...] Tout ce qu'il faut savoir c'est est-ce que c'est dans l'intérêt des francophones canadiens d'être une majorité à l'intérieur d'un État québécois pluraliste ou d'être une minorité dans un État canadien pluraliste, et c'est là-dessus que tout le débat se déroule. » (*Le Devoir,* 17 juillet 1980, p. 12)

---

12. Rappelons qu'en 1791, la *Province of Quebec* avait été divisée en *province du Bas-Canada* et *province du Haut-Canada* ; elles seront réunies en 1840 en une seule et même *province du Canada* aussi appelée le *Canada-Uni*, comprenant le *Canada-Est*, le futur *Québec*, et le *Canada-Ouest*, le futur *Ontario*. En 1867, la Nouvelle-Écosse, le Nouveau-Brunswick et le Canada-Uni seront réunis pour créer le Canada composé alors de quatre provinces, dont le Québec et l'Ontario.

13. www.nlc-bnc.ca/confederation/h

14. Venne, *op. cit.*, p. 142.

Et, en effet, "*that's the question*" à laquelle Trudeau a donné lui-même la réponse en modifiant la constitution canadienne malgré l'opposition du Québec, et ce, grâce à l'appui unanime du ROC, comme le rappelle Eugénie Brouillet:

«En 1982, les neuf provinces canadiennes-anglaises et le gouvernement fédéral s'entendaient pour modifier formellement la constitution canadienne d'une façon qui allait avoir des conséquences notables sur la capacité du Québec d'assurer la survie et l'épanouissement de son identité culturelle distincte, et ce, sans son consentement[15].»

Dans ses mémoires, René Lévesque note: «De Laurier à Saint-Laurent à Trudeau, chaque fois que la majorité anglophone a fait à des Québécois l'insigne honneur de les laisser régner à Ottawa, inévitablement le Québec a été appelé à en faire les frais[16].»

L'historien Michel Brunet conclut:

«Pour les Québécois, le problème demeure toujours le même. Chaque fois qu'ils acceptent une diminution des pouvoirs de l'Assemblée nationale, ils s'engagent dans un processus d'assimilation à la majorité Canadian [sic, souligné]. Le dilemme n'a pas changé depuis la conquête: nous organiser nous-mêmes ou nous faire organiser[17].»

## DU «BIEN PARTICULIER» QUÉBÉCOIS

Trudeau a souvent analysé le vote des Québécois d'un point de vue ethnique. Dès le premier numéro de sa revue en 1950, il déclare d'un ton péremptoire:

«Ce qui manque le plus au Canada français, c'est une philosophie positive de l'action. [...] Nous nous fions à notre pouvoir de chantage pour affronter l'avenir. "Le pays ne peut pas exister sans le Québec, élément indispensable au tout

15. Brouillet, Eugénie, *La négation de la nation*, Sillery, Les éditions du Septentrion, 2005, p. 373.

16. Lévesque, René, *Attendez que je me rappelle...*, Montréal, Québec Amérique, 1986, p. 305.

17. Brunet. Michel, *Cahier d'histoire*, automne 1981, p. 5.

Canadien" [sic], pensons-nous. Donc, attention à nos susceptibilités... » (*Cité libre*, juin 1950, p. 24)

## « IMMORALISME PROFOND »

Au début des années cinquante, Trudeau accusait les Québécois de fausser le jeu démocratique en votant (pour l'un ou l'autre des deux grands partis politiques canadiens), non pas pour des raisons idéologiques, mais pour des raisons ethniques. Il a exposé sa pensée en 1952 dans un article intitulé « Réflexions sur la politique au Canada français » :

« Il faut expliquer notre immoralisme profond. [...] En important pièce à pièce le système parlementaire anglais, notre dessein secret n'était pas seulement d'en user mais d'en abuser. [...] Dès le gouvernement de l'Union [1840], le peuple semblait se désintéresser de toute idéologie sauf la nationaliste. [...] Notre peuple ne votait pas pour ou contre une idéologie philosophique ou économique, mais uniquement pour le champion de nos droits ethniques. [...] Nous avions si bien subordonné le bien commun (canadien) [sic] au bien particulier (canadien-français) [sic] que nous perdîmes le sens moral de notre obligation vis-à-vis du premier. [...] Pour des raisons historiques et religieuses, nous sommes prévenus contre le système démocratique sans l'avoir loyalement mis à l'essai. » (*Cité libre*, décembre 1952, p. 52-56)

Dix ans plus tard, il réitère son jugement en ces termes :

« Depuis le début de leur histoire jusqu'à nos jours, les Canadiens français n'avaient guère cru à la démocratie. C'est du moins cette hypothèse qui me permit d'expliquer de nombreuses constantes de leur comportement politique depuis la conquête : amoralisme profond, incivisme, méfiance de l'État, conservatisme social, esprit de parti mû par des ressorts tantôt nationalistes et tantôt individualistes, mais rarement idéologiques ». (*Cité libre*, août-septembre 1962, p. 1)

Quelques lignes plus loin, Trudeau veut bien croire « que la démocratie vient de naître au Québec ». Il en voit pour preuve le fait que les Québécois n'ont pas voté "ethnique" lors des trois dernières élections. Ainsi, en 1958 d'abord, ils ont osé envoyer à Ottawa une majorité de députés d'un parti « hostile ou du moins indifférent à l'égard du Canada français » ; en 1960 ensuite, ils ont chassé l'Union nationale du pouvoir à

Québec; enfin en 1962, ils ont confié un tiers de leurs députés fédéraux au Crédit social. (*Cité libre*, août-septembre 1962, p. 2-3)

### « UNE LUTTE DE RACE »

Dans son article de triste mémoire intitulé « Quelques obstacles à la démocratie au Québec », publié d'abord en anglais en 1958, et repris ensuite dans un recueil de textes publié en français en décembre 1967, et en anglais en février 1968, soit quelques mois avant qu'il ne soit choisi comme chef du Parti libéral du Canada, Trudeau écrit:

« Les Canadiens français sont peut-être le seul peuple au monde qui « jouisse » [sic] du régime démocratique sans avoir eu à lutter pour l'obtenir[18]. [...]

Les Canadiens français, en somme, ne votèrent jamais pour une idéologie économique ou politique, mais seulement pour l'homme ou le groupe qui défendait leurs droits *ethniques*. [...] C'est là la conséquence d'une histoire au cours de laquelle ils ont, en tant que minorité, transformé l'outil parlementaire en une arme défensive pour une lutte de race[19]. »

Trudeau terminait ainsi cet essai:

« La conduite politique des gens au Québec peut être qualifiée d'immorale, du point de vue objectif, mais subjectivement, ceux-ci ne sont pas conscients de leur mauvaise conduite et par conséquent ne voient pas de raison de modifier leur comportement[20]. »

C'est pour cet article, d'abord publié dans le *Canadian Journal of Economics and Political Science* en août 1958, que

---

18. La traduction (1967) de cette phrase est fidèle à l'original en anglais (août 1958), mais diffère un peu de la traduction qu'en fait Trudeau quand il se cite lui-même en octobre 1958 dans *Cité libre*: « Les Canadiens français forment peut-être le seul peuple connu de l'histoire qui jouisse de la liberté démocratique sans en avoir conquis les avantages de haute lutte » (p. 17). Et pourtant, l'histoire, au contraire, montre entre autres que les Patriotes de 1837-1838 ont lutté pour « la démocratisation du régime politique colonial ». (Bourdon, Yves et Lamarre, Jean, *Histoire du Québec, une société nord-américaine*, Laval, Groupe Beauchemin, 1998, p. 53).

19. Trudeau, Pierre Elliott, *Le fédéralisme et la société canadienne-française*, Montréal, Hurtubise HMH, 1967, p. 107, 111, 118.

20. *Ibid.*, p. 127-128.

l'University of Western Ontario décerna en 1959 la Médaille du Président à Pierre Elliott Trudeau.

## LES DROITS COLLECTIFS

Comme l'a rappelé Michel Brunet, « Pierre-Elliott Trudeau nie aux Québécois le droit de se percevoir comme une collectivité et d'agir en majorité sur leur territoire national[21]. »

Il a déjà reproché aux Québécois leur méfiance à l'égard de leur État :

« En tant que peuple, nous nous sommes mis dans l'impossibilité d'utiliser une action collective pour résoudre les problèmes posés à la collectivité. » (*Vrai*, 29 mars 1958)

Mais lorsque les indépendantistes québécois proposent « une action collective pour résoudre les problèmes posés à la collectivité », alors Trudeau fulmine :

« L'extrême indigence de la pensée politique nationaliste est de nouveau illustrée à souhait par la légèreté avec laquelle tant de nos penseurs ont embrassé le concept des "droits collectifs". » (*L'Actualité*, supplément, 1er octobre 1992, p. V)

Il craignait sans doute que le Québec n'imite le modèle canadien, comme il l'a révélé en 1992 :

« Le Québec est une collectivité, c'est la collectivité québécoise, et si les droits collectifs doivent prédominer, cela signifie certainement que le plus grand prédomine sur le plus petit. Est-ce que ça veut dire — et c'était vrai pendant une bonne partie de l'histoire — que le Canada anglais pourrait se ficher pas mal des droits des francophones ? Ça a donné ce que ça a donné[22]. »

## DIVISER POUR RÉGNER

En accusant les Québécois de choisir un parti politique pour des raisons ethniques plutôt que pour des raisons idéologiques, Trudeau leur reprochait en fait de résister à la stratégie de Lord Elgin, un ancien Gouverneur général du Canada, qui visait à « diviser pour régner », comme le rappelle Marcel Rioux :

---

21. Brunet, Michel, *Cahier d'histoire*, automne 1981, p. 5.

22. Trudeau, Pierre Elliott, *Trudeau : ce gâchis mérite un beau NON*, Montréal, L'Étincelle, 1992, p. 58.

«Sur les bords du Saint-Laurent, comme plus tard en Acadie, les Anglais comprirent vite qu'il fallait diviser les Québécois pour que naquît un État viable, un État que les Anglais pourront dominer à leur gré. Lord Elgin le savait bien lorsqu'il écrivit: "...tant que les Canadiens français ne seront scindés en partis politiques s'unissant aux partis britanniques de noms correspondants, je ne crois pas qu'aucune administration forte et durable puisse être organisée... L'élément national se fondrait dans la politique si la scission que je propose était réalisée[23]."»

Marcel Rioux a bien expliqué la stratégie des deux grands partis du ROC, les Whigs rouges et les Tories bleus, de même que le rôle joué par Trudeau:

«Au Québec, les Britanniques réussissent à embrigader les Québécois dans l'une des deux grandes équipes et à faire oublier aux Québécois qu'ils sont, comme groupe, dominés et exploités. [...] Depuis le milieu du XIXe siècle, les Québécois sont minoritaires dans chacune de ces formations et ne peuvent les influencer que d'une façon très limitée. Les choses importantes se décidant à Ottawa où le Québec représente de moins en moins de population, c'est finalement la majorité anglophone qui l'emporte à coup sûr, après avoir fait quelques concessions aux francophones de chacune des formations, bleue ou rouge. [...] De temps en temps, un indigène qui s'était "hissé" à l'accent d'Oxford et qui comptait des anglophones dans sa propre parenté prenait la tête d'une équipe. [...] Les rouges ont réussi trois fois ce coup d'éclat depuis la Confédération: Wilfrid Laurier en 1896, Louis Stephen Saint-Laurent en 1948 et Pierre Elliott Trudeau en 1968[24]».

Depuis 1990, les Québécois sont enfin représentés au fédéral par le Bloc québécois, qui est même devenu l'opposition officielle en 1993, ayant fait élire 54 des 75 députés du Québec à Ottawa. Mais même si le Bloc québécois réussissait à remporter tous les sièges du Québec à la Chambre des communes, les députés québécois seraient toujours minoritaires à Ottawa (75 députés sur 308, soit 24%).

23. Rioux, Marcel, *La question du Québec*, Paris, Seghers, 1969, p. 79.

24. *Ibid.*, p. 138, 140.

## DE L'AUTODÉTERMINATION

Selon l'article premier du *Pacte international relatif aux droits civils et politiques* et l'article premier du *Pacte international relatif aux droits économiques et sociaux*, adoptés par l'ONU en 1966 :

« – Tous les peuples ont le droit de disposer d'eux-mêmes. En vertu de ce droit, ils déterminent librement leur statut politique [...]

– Les États partis au présent pacte [...] sont tenus de faciliter la réalisation du droit des peuples à disposer d'eux-mêmes[25]. »

La pensée de Trudeau est restée ambiguë au sujet du droit du Québec à l'autodétermination. Il écrit d'abord, en 1967 :

« On conclut que, pour des raisons de dignité et de fierté, les Canadiens français (Québécois) [sic] doivent avoir leur propre État national, investi d'une souveraineté plus ou moins entière. Je reconnais le droit des peuples[26] à l'autodétermination[27]. »

Mais en 1972, étant donné la progression du Parti québécois, il ne reconnaît plus ce droit :

« Le premier ministre a précisé que son gouvernement n'accepterait pas que Québec se sépare du reste du Canada, même si le Parti québécois ou un autre parti indépendantiste devait, un jour, former le gouvernement de cette province.

“ La réponse est non”, a-t-il riposté à un auditeur qui lui posait une question à ce sujet. » (*La Presse*, 13 septembre 1972, p. A 12)

Le lendemain de l'élection du Parti québécois le 15 novembre 1976, Trudeau, alors premier ministre du Canada, déclare à la Chambre des communes :

« Ce gouvernement est voué à un Canada inséparable, un Canada qui est indivisible. [...] Nous n'entendons négocier aucune forme de séparatisme avec quelque province. » (*Le Devoir*, 17 octobre 1976, p. 5)

25. Extraits du message de la Société Saint-Baptiste de Montréal dans *Le Devoir*, 6 octobre 1999, p. 2.

26. Version anglaise : « I recognize the right of nations to self-determination. » (Trudeau, Pierre Elliott, *Federalism and the French Canadians*, Toronto, The McMillan Co. of Canada, 1968, p.18).

27. Trudeau, Pierre Elliott, 1967, p. 25.

Puis environ six mois avant le référendum québécois de mai 1980, prévoyant que le NON l'emporterait, Trudeau annonce qu'il va respecter la démocratie :

« Sachons d'abord si les Québécois veulent l'indépendance ou non. S'ils la veulent, bien ce sera une question réglée. S'ils ne la veulent pas, on pourra ensuite parler du renouvellement du fédéralisme pour lequel j'ai plusieurs formules, pour lequel M. Ryan en a aussi[28]. »

Et moins d'un mois avant le référendum canadien de 1992 sur l'Accord de Charlottetown, Trudeau déclare :

« Dites-nous, vous les Québécois, vous les nationalistes, vous M. Allaire, vous M. Bourassa, [...] dites-nous ce qu'il faut pour vous satisfaire pendant, disons, une génération et demie, trente ans. Si c'est trop, on vous dira : "Salut les boys ! Partez ! Faites votre pays tout seul[29]". »

Mais après le référendum québécois de 1995, où le OUI a failli l'emporter, Trudeau sent le besoin d'apporter ce qu'il appelle une « légère modification » à son écrit de décembre 1967 déjà cité plus haut, soit : « Je reconnais le droit des peuples à l'autodétermination. » Cette phrase devient maintenant : « Dans certaines circonstances, il existe un droit des peuples à l'autodétermination[30]. » Puis il ajoute un commentaire précisant ces circonstances :

« Selon le droit international, un peuple — au sens légal comme au sens ethnique du terme — peut déclarer son indépendance s'il est dominé par une puissance extérieure ou soumis à une terrible tyrannie. Ni l'un ni l'autre de ces cas ne s'applique au Québec[31]. »

Cette opinion de Trudeau en 1998 fut aussi celle qu'adopta la même année la Cour suprême du Canada dans le *Renvoi relatif à la sécession du Québec*. Pourtant, le Québec a été

28. Trudeau, Pierre Elliott, « Entrevue, 11 novembre 1979, Télé-Métropole, *Les gens qui font l'événement*, Marc Laurendeau, Montréal », Fonds Pierre-Elliott-Trudeau, Archives nationales du Canada, MG 26 0 13, p. 5.

29. Trudeau, Pierre Elliott, *Trudeau : ce gâchis mérite un beau NON*, Montréal, L'Étincelle, 1992, p. 46-47.

30. Trudeau, Pierre Elliott, avec la collaboration de Ron Graham, *Trudeau : l'essentiel de sa pensée politique*, Montréal, Le Jour, 1998, p. 122.

31. *Ibid.*, p. 122.

« dominé par une puissance extérieure » lors de la conquête anglaise en 1759 et par la suite soumis à la volonté majoritaire du ROC, en particulier depuis la modification, sans son accord, de la constitution canadienne en 1982. Claude Bariteau a décrit ainsi le statut colonial du Québec depuis 1982 :

« Le Québec, en tant que nation politique, est devenu *de facto* une colonie du Canada. [...] La loi C-20 [adoptée le 15 mars 2000] confirme cet état de fait, car elle positionne le Québec dans un rapport de colonie. Avec cette loi, le Québec, au sein du Canada, n'a d'avenir que s'il se soumet aux règles constitutionnelles de 1982. Par ailleurs, s'il veut s'émanciper, il doit au préalable recevoir l'aval du Canada. Il est en fait subjugué[32]. »

La seule solution, c'est l'indépendance, écrit Claude Bariteau : « La refuser c'est accepter de demeurer une province, au sens de " provincia", c'est-à-dire, " un territoire conquis, ayant perdu sa liberté politique et son identité, qui devient la chose d'une puissance coloniale ou impériale[33]". »

Un document préparé par des fonctionnaires du Département d'État des États-Unis, en 1977, reconnaissait déjà que le Québec possédait les critères justifiant l'autodétermination :

« On devrait aussi garder à l'esprit le fait que le Québec respecte de façon générale les critères reconnus en matière d'autodétermination en ce sens qu'il se distingue sur le plan ethnique dans une zone géographique clairement définie dotée d'un système juridique et gouvernemental distinct. La viabilité à long terme d'un Québec indépendant sur le plan économique ou en ce qui a trait à sa capacité d'être un membre responsable dans le concert des nations ne fait aucun doute. Le facteur non résolu et déterminant est et doit être la volonté du peuple du Québec[34]. »

---

32. Bariteau, Claude et al., *Sortir le Canada du Québec*, Montréal, Les Intouchables, 2002, p. 123.

33. Bariteau cite Marc Chevrier, « De la monarchie en Amérique », *L'Action nationale*, 1998, vol. LXXXVIII, no. 5, p. 111. Bariteau, Claude et al., *op. cit.*, p. 43.

34. « The Quebec situation : outlook and implications », *SECRET*, août 1977, 22 pages, dans Lisée, Jean-François, *Dans l'œil de l'Aigle : Washington face au Québec*, Montréal, Les Éditions du Boréal, p. 479.

*La Loi sur l'exercice des droits fondamentaux et des prérogatives du peuple québécois et de l'État du Québec*, entrée en vigueur le 28 février 2001, stipule quant à elle:

« Le peuple québécois peut, en fait et en droit, disposer de lui-même. Il est titulaire des droits universellement reconnus en vertu du principe de l'égalité de droits des peuples et de leur droit à disposer d'eux-mêmes. » (article 1)

## DE LA LÉGALITÉ ET DE LA LÉGITIMITÉ

Un mois après l'élection du Parti québécois en 1976, Trudeau est interviewé par Bruce Phillips, au réseau CTV, au sujet de la légalité de la séparation au Canada:

« Q. Vous avez dit, et d'autres experts constitutionnels l'ont souligné, qu'il n'existe aucune base juridique justifiant la division de ce pays en parties séparées. [...]

R. À mon avis, le fait que la Constitution ne fournisse pas un moyen de faire quelque chose ne signifie pas qu'on ne puisse le faire. Je pense que la façon dont fonctionne notre démocratie, c'est que toute idée qui ne va pas à l'encontre du Code criminel ou directement à l'encontre de la Constitution, peut circuler dans le pays. Nous avons reconnu cette réalité et nous avons dit que la façon de combattre le séparatisme n'était pas de l'interdire. S'il utilise des moyens démocratiques, il faut le combattre sur la place publique par des idées et démontrer que l'option fédéraliste, l'option canadienne, est la meilleure[35]. »

Puis le 1er janvier 1978, Trudeau précise sa pensée au sujet de la séparation éventuelle du Québec:

« Dans sa traditionnelle entrevue de fin d'année diffusée le soir du jour de l'An sur les ondes du réseau CTV, le premier ministre du Canada, M. Pierre Elliott Trudeau, a donné à entendre qu'il n'interviendrait pas par la force advenant une décision à majorité écrasante des Québécois de se retirer de la Confédération.

Une telle décision, a-t-il expliqué, serait forcément suivie de négociations sur les modalités de l'indépendance. Je n'interviendrais pas par la force pour les faire changer d'idée,

35. Trudeau, Pierre Elliott, « Entrevue, 26 décembre 1976, CTV, Bruce Phillips », Fonds Pierre-Elliott-Trudeau, Archives nationales du Canada, MG 26 0 13, 26 décembre 1976, p. 3-4.

a affirmé M. Trudeau, mais je ne serai pas de ceux qui prendront part aux négociations.

Toutefois, a déclaré le premier ministre, si le Québec devait un jour proclamer unilatéralement et illégitimement sa souveraineté, le gouvernement fédéral n'aurait d'autre recours que celui déjà appliqué en 1970, la *Loi des mesures de guerre.* » (*Le Devoir*, 3 janvier 1978, p. 1)

En éditorial dans *Le Devoir* le même jour, Michel Roy commentait ainsi les propos de Trudeau :

« Le problème, comme le pose implicitement M. Trudeau, ne relève pas de la Loi. Il s'agit plutôt de voir si une majorité suffisante se prononce en faveur de l'indépendance. Si elle le fait en respectant les règles de la démocratie, sa démarche n'est pas pour autant "légale", mais elle est légitime. C'est à cette démocratie et à cette légitimité qu'il convient de faire appel pour situer ce que l'on appelle le droit du Québec à l'autodétermination. » (*Le Devoir,* 3 janvier 1978, p. 4)

Deux semaines plus tard, à Sherbrooke, « M. Trudeau, qui a noté que LE DEVOIR était le seul journal à avoir interprété correctement ses propos du jour de l'An à ce sujet, a rappelé qu'il n'était pas question d'essayer de tenir un pays comme le Canada en place par le moyen de la force. » (*Le Devoir*, 14 janvier 1978, p. 6)

## « LA FORCE DES ARMES »

Le 11 novembre 1970, Trudeau ne croyait pas à la force des armes :

« J'ai souvent écrit que le pays se tient non pas par la force des armes, mais par le consentement et si une partie quelconque de notre pays veut quitter le Canada, je ne crois pas que la force des armes sera utilisée pour la garder à l'intérieur du pays. On ne peut tenir une nation moderne ensemble par la force[36]. »

Mais le 7 mai 1971, Trudeau évite de répondre à cette question, comme le rappelle René Lévesque :

« Ainsi donc, un Trudeau "calme et imperturbable" s'est fait demander, l'autre soir à la télévision, ce qu'il ferait si la majorité des Québécois optaient démocratiquement pour

---

36. Westell, Anthony, *Trudeau, le paradoxe*, Montréal, Les Éditions de l'Homme, 1972, p. 371.

l'indépendance [...] Accepterait-il de négocier une liquidation politique civilisée [...]? Ou bien prétendrait-il recourir à la force pour empêcher le Québec d'exercer son droit collectif le plus fondamental? [...] "— La question ne se pose pas, dit-il avec la plus démagogique mauvaise foi, parce que je n'envisage pas l'hypothèse séparatiste et que je suis convaincu que la majorité des Québécois ne l'envisage pas non plus..."» (*Le Journal de Québec*, 11 mai 1971)

Trudeau ne répond pas, mais il se prépare à utiliser la force militaire, comme le révèle un plan de l'armée datant d'avril 1972: «Le plan *Neat Pitch* est un exercice militaire conçu à la base de Saint-Hubert par la Force mobile. [...] En réalité, il s'agit d'un plan d'invasion et d'occupation du Québec en cas d'insurrection[37].» Ce plan a été transmis au Parti québécois par le capitaine Jean-René-Marcel Sauvé le 18 avril 1972, mais l'histoire est restée inédite jusqu'à la publication de la biographie de Jacques Parizeau par Pierre Duchesne en 2002[38].

Ce n'est pas sans raison que René Lévesque avait déclaré: «L'armée canadienne se comporte au Québec comme en territoire envahi et occupé[39].»

Mais un mois après l'élection du Parti québécois, en novembre 1976, Trudeau réitère sa position de 1970 selon laquelle il ne croyait pas à la force des armes:

«Je veux que les gens sachent qu'ils ne devraient pas compter sur moi, en tant que dirigeant, pour garder le Québec au sein du Canada en ayant recours aux armes si le Québec décide par une majorité écrasante qu'ils ne veulent [sic] pas faire partie du Canada, et il y a dans ce contexte toutes sortes de précautions à prendre. À mon avis, il faudrait que ce soit la décision d'une très vaste majorité de gens et pas seulement la volonté d'un gouvernement qui a été élu sans un mandat. [...] Je dis seulement que je ne serai pas l'homme qui mènera le Canada à la guerre civile, mais je ne dis pas qu'il n'y en aurait pas d'autres qui ne voudraient pas

37. Duchesne, Pierre, *Jacques Parizeau, Tome II: Le Baron, 1970-1985*, Montréal, Québec Amérique, 2002, p. 62.

38. Duchesne, *op. cit.*, p. 64.

39. René Lévesque, *Le Journal de Montréal*, 19 septembre 1972, dans Duchesne, Pierre, *Jacques Parizeau, Tome II: Le Baron, 1970-1985*, Montréal, Québec Amérique, 2002, p. 58.

prendre les armes et, en conséquence, je ne minimise pas le danger qui existe[40]. »

Finalement, dans ses *Mémoires politiques* de 1993, Trudeau revient à l'ambiguïté de 1971 :

« Il est possible qu'un jour le Canada se démembre [...]. Tout cela est possible mais je ne crois pas que les gouvernants d'aujourd'hui doivent légitimer d'avance un tel processus, de quelque façon que ce soit. Leur devoir premier, c'est d'assurer le respect de la Constitution.

Cela ne veut pas dire que je crois nécessaire de maintenir l'unité par la force, comme l'a fait aux États-Unis le président Abraham Lincoln [...] Heureusement, aucune province canadienne n'a jamais entrepris une guerre pour détruire le pays. La question de savoir si le gouvernement fédéral devrait prendre les armes pour protéger l'unité nationale est donc une question hypothétique[41]. »

## DE LA DÉMOCRATIE

Selon Trudeau, « la démocratie recherche le plus grand bien du plus grand nombre. » (*Cité libre,* novembre 1953, p. 3) C'est pourquoi le nationalisme canadien est démocratique, car il recherche le bien commun, ce qui n'est pas le cas selon lui pour le nationalisme québécois qui recherche le bien particulier. Mais la démocratie ne fournit pas de critères précis pour définir les caractéristiques de la population pour qui elle « recherche le plus grand bien du plus grand nombre », ni pour délimiter le territoire de l'entité politique sur laquelle la démocratie peut s'exercer :

« La logique de la démocratie elle-même ne fournit aucun critère spécifique pour guider le vote d'une personne ou identifier exactement quelles personnes et quels territoires doivent être englobés dans une entité politique. Pour quelle raison un groupe donné de personnes dans un territoire donné devrait ou ne devrait pas se joindre ou se séparer d'une plus

40. Trudeau, Pierre Elliott, « Entrevue, 26 décembre 1976, CTV, Bruce Phillips », Fonds Pierre-Elliott-Trudeau, Archives nationales du Canada, MG 26 0 13, p. 4-5.

41. Trudeau, Pierre Elliott, *Mémoires politiques*, Montréal, Le Jour, 1993, p. 327.

grande entité politique ? [...] La démocratie a toujours émergé dans des communautés distinctes. [...] Que nous aimions ça ou non, le nationalisme est la force historique qui a fourni les unités politiques pour le régime démocratique. " Nation" est une autre manière de dire " Nous, le peuple[42] ».

Le philosophe Daniel Jacques a rappelé que « la naissance de la démocratie est intimement liée à l'émergence de l'idée de nation[43]. »

Trudeau se prétendait démocrate, mais il a prouvé le contraire en imposant sa constitution au Québec en 1982. Comme l'a écrit le professeur de droit constitutionnel Daniel Turp, « dans un pays démocratique, il est inconcevable que l'on puisse adopter une constitution contre le gré d'une partie importante de sa population. Mais le Canada a ainsi procédé et a imposé " sa" constitution au peuple du Québec. Un tel coup d'État constitutionnel n'a d'ailleurs jamais été accepté par les gouvernements et parlements qui se sont succédé au Québec[44]. »

---

42. Nodia, Ghia, « Nationalism and Democracy », dans Diamond L., Plattner, F., *Nationalism ethnic conflicts and democracy*, Baltimore, Johns Hopkins University Press, 1994, p. 7.

43. Antoine Robitaille, *Le Devoir*, 15 octobre 2005, p. A 10.

44. Turp, Daniel, *Nous, peuple du Québec: un projet de Constitution du Québec*, Québec, Éditions du Québécois, 2005, p. 21.

# CHAPITRE 10

## « JUST WATCH ME »

*« Si des troubles se produisent, il est trop facile de les réprimer brutalement, au nom de l'ordre et de la justice*[1]. »
(TRUDEAU, Regina, 2 octobre 1968)

## CHRONOLOGIE DE LA CRISE D'OCTOBRE 1970

**Le lundi 5 octobre**

Enlèvement par le FLQ à sa résidence de la rue Redpath Crescent de James Richard Cross, attaché commercial de Grande-Bretagne à Montréal.

**Le samedi 10 octobre**

Enlèvement par le FLQ à sa résidence de la rue Robitaille à Saint-Lambert de Pierre Laporte, vice-premier ministre du Québec et ministre du Travail et de l'Immigration.

**Le jeudi 15 octobre**

L'armée canadienne envahit le Québec. René Lévesque note dans ses mémoires : « Le jour de honte est arrivé. Ou plutôt la nuit, qui cache ce qu'elle veut et dramatise le reste. Dehors, les

1. Trudeau, Pierre Elliott, *À contre-courant, textes choisis, 1939-1996*, Montréal, Stanké, 1996, p. 295.

camions bondés de troupes écrasent la chaussée et font trembler la maison[2]. »

**Le vendredi 16 octobre**

À 4 heures du matin, en vertu de la *Loi sur les mesures de guerre*, le gouvernement canadien émet la *Proclamation déclarant qu'un état d'insurrection existe ou a existé depuis le 15 octobre 1970* et édicte le *Règlement de 1970 concernant l'ordre public.* « Cette loi d'exception suspendait les libertés civiles et permettait l'arrestation sans mandat et la détention sans accusation. » (*Le Soleil,* 7 janvier 2001, p. A 5)

**Le samedi 17 octobre**

Peu avant minuit, le ministre Pierre Laporte est retrouvé mort dans le coffre arrière d'une automobile à Saint-Hubert, sur la Rive-Sud de Montréal, près de la base militaire des Forces armées canadiennes.

**Le jeudi 3 décembre**

James Richard Cross, l'attaché commercial de Grande-Bretagne, est libéré par ses ravisseurs en échange d'un sauf-conduit pour Cuba.

**Le lundi 28 décembre**

Les ravisseurs de Pierre Laporte sont arrêtés par la Sûreté du Québec dans une ferme à Saint-Luc, en Montérégie.

## LA *LOI SUR LES MESURES DE GUERRE*

Le 17 octobre, au lendemain du recours à cette loi, Claude Ryan écrit dans *Le Devoir* :

« Cette loi confère des pouvoirs si étendus au gouvernement central qu'elle n'a jamais, de mémoire d'homme, été décrétée en temps de paix. C'est la première fois dans toute l'histoire de la Confédération qu'un gouvernement ose invoquer à des fins de paix intérieure une loi aussi extrême. [...] Nous déplorons qu'on ait retenu [...] le cadre de la *Loi des mesures de guerre*,

2. Lévesque, René, *Attendez que je me rappelle...*, Montréal, Québec Amérique, 1986, p. 328.

qui dépasse infiniment, dans sa portée possible, l'ampleur du problème auquel faisaient face les autorités[3]. »

De son côté, René Lévesque écrit : « Le Québec n'a plus de gouvernement. Le tronçon dont nous disposions a été balayé au premier vrai coup dur. Le Cabinet Bourassa a passé la main et n'est plus que le pantin des dirigeants fédéraux. » (*Le Journal de Montréal*, 17 octobre 1970[4])

Christina McCall-Newman a appris que le commissaire Higgitt de la Gendarmerie royale du Canada (GRC), consulté sur la question, avait répondu au gouvernement qu'il n'avait pas besoin de la *Loi des mesures de guerre* :

« Un mois plus tard, le commissaire Higgitt fut appelé à se prononcer sur la nécessité de maintenir la *Loi des mesures de guerre* ; il répondit au gouvernement que la GRC ne voyait pas l'utilité de faire appel à des mesures d'urgence. Les services de sécurité poursuivirent leurs activités de contre-espionnage à l'égard de ce qu'ils persistaient à considérer comme des éléments subversifs, sans tenir compte de la législation fédérale. Je dois ces renseignements au professeur de recherche de la Commission McDonald, le professeur Peter Russell[5]. »

L'ancien premier ministre du Québec, Lucien Bouchard, a rappelé 30 ans plus tard les effets de cette triste loi : « Il y a eu la *Loi des mesures de guerre*, où des centaines de gens ont été arrêtés sans mandat, perquisitionnés sans mandat, gardés en prison sans accusation, sans jugement. La levée de l'*habeas corpus*, l'impossibilité d'avoir des cautionnements. » (*Le Devoir*, 30 septembre 2000, p. A2)

## UNE « INSURRECTION APPRÉHENDÉE »

La raison officielle pour recourir à la *Loi sur les mesures de guerre* était « l'existence d'un état d'insurrection appréhendée », selon la déclaration du ministre canadien de la Justice, John Turner, à la Chambre des communes le 16 octobre[6].

---

3. Ryan, Claude, *Le Devoir et la crise d'Octobre 1970*, Montréal, Leméac, 1971, p. 55, 59.

4. Lévesque, *op. cit.*, p. 332.

5. McCall-Newman, Christina, *Les rouges*, Montréal, Les Éditions de l'Homme, 1983, p. 493.

6. Duchaîne, Jean-François, *Rapport sur les événement d'octobre 1970*, Ministère de la Justice, Gouvernement du Québec, deuxième édition, 1981, p. 124.

Marc Lalonde, alors secrétaire principal du premier ministre Trudeau, raconte le déroulement des opérations:

« Pour revenir à l'adoption de cette loi, quand le cabinet l'a approuvée, [...] j'ai donc été mandaté pour aller à Québec, recueillir une lettre signée par Bourassa, et à Montréal, une autre signée par Drapeau — et peut-être aussi par Saulnier, mais je ne me rappelle plus. Ces deux lettres étaient, à toutes fins pratiques, identiques, et elles énonçaient clairement les conditions prévues dans la *Loi sur les mesures de guerre.* » (*Cité libre,* automne 2000, p. 46)

On lui demande ensuite: « À propos de ces lettres, Claude Ryan a écrit que personne ne sait si le gouvernement fédéral... ou en fait si vous, Marc Lalonde, êtes allé à Québec pour chercher cette lettre chez Bourassa ou pour la lui dicter. »

Marc Lalonde répond: « Une première ébauche de cette lettre avait été préparée par monsieur Julien Chouinard, le secrétaire du Cabinet, à Québec. Nous en avons discuté, nous avons fait quelques révisions mineures pour nous assurer que le texte de la lettre correspondait exactement aux dispositions exigées par la *Loi sur les mesures de guerre,* et elle a été dûment signée. Il est évident que nous n'aurions rien fait sans cette signature. » (*Cité libre,* automne 2000, p. 46)

Selon le rapport Duchaîne, *Rapport sur les événements d'octobre 1970,* le 15 octobre, « vers 17h30, M. Marc Lalonde, conseiller de M. Trudeau, est à Québec au bureau du premier ministre Bourassa. Il l'aidera à rédiger [...] la lettre demandant l'application de la *Loi des mesures de guerre.* [...] À 21h15, M. Bourassa signe une lettre adressée à M. Trudeau où il demande l'imposition de la *Loi sur les mesures de guerre.* Cette lettre sera livrée à Ottawa par messager après 3 heures du matin, le 16 octobre. La lettre est d'ailleurs datée du 16 octobre[7]. »

L'autre lettre, cosignée par le maire de Montréal, Jean Drapeau, et le président du Comité exécutif, Lucien Saulnier, est datée du 15 octobre et adressée à Pierre Elliott Trudeau (et non pas au premier ministre du Québec); cette lettre est accompagnée du rapport, daté aussi du 15 octobre, qu'ils ont reçu le même jour du directeur du Service de la police de Montréal, Marcel Saint-Aubin. « MM. Bourassa et Drapeau ne

7. *Ibid.,* p. 109.

se sont pas concertés pour l'envoi de leurs lettres[8] » adressées au premier ministre du Canada et que Marc Lalonde est venu chercher.

Les deux lettres, ainsi que le rapport du directeur du Service de la police de Montréal, ne demandent pas explicitement le recours à la *Loi des mesures de guerre*, mais font référence à un risque d'insurrection :

« La lettre adressée par M. Saint-Aubin à MM. Drapeau et Saulnier contient l'expression "insurrection armée éventuelle". La lettre adressée par ces derniers à M. Trudeau fait explicitement état d'une insurrection appréhendée. [...] La lettre que fait parvenir M. Bourassa à son homologue fédéral comporte également la mention d'un risque d'insurrection[9]. »

L'article deux de la *Loi sur les mesures de guerre*, intitulé « Preuve de guerre », définit ce qui constitue « une preuve concluante [...] d'insurrection, réelle ou appréhendée » :

« 2. L'émission d'une proclamation par Sa Majesté, ou sous l'autorité du gouverneur en conseil, est une preuve concluante que l'état de guerre, d'invasion ou d'insurrection, réelle ou appréhendée, existe ou a existé pendant toute période de temps y énoncée et qu'il continue jusqu'à ce que, par une proclamation ultérieure, il soit déclaré que l'état de guerre, d'invasion ou d'insurrection a pris fin[10]. »

Ainsi, la seule « proclamation par sa Majesté [...] est une preuve concluante » qu'une chose, « réelle ou appréhendée, existe ou a existé », tout comme la « proclamation » par le pape était « une preuve concluante » que la terre tournait autour du soleil, quoi qu'osât alors en penser Galilée.

Le ministre de la Justice, John Turner, déclare à la Chambre des communes le 16 octobre :

« Monsieur l'Orateur, bien sûr la proclamation provient du fait que le gouvernement a reconnu l'existence d'un état d'insurrection appréhendée. Tels sont, je pense les mots employés dans la proclamation. On doit interpréter ces mots dans leur sens usuel. Les députés sont aussi en mesure que moi de se reporter aux dictionnaires, où l'on trouve que « appréhender »

8. *Ibid.*, p. 111.

9. *Ibid.* p. 115-116.

10. *Ibid.*, annexe B, p. 1.

signifie envisager quelque chose avec crainte et que « insurrection » veut dire soulèvement qui vise à renverser le pouvoir établi, révolution ou révolte[11]. »

Si l'on se reporte, comme le recommandait John Turner, à un dictionnaire, en l'occurrence le *Petit Robert*[12], la définition complète du sens courant du mot « appréhender » est la suivante : « envisager (qqch.) avec crainte, s'en inquiéter par avance. » Dès lors, comment le gouvernement peut-il avoir « reconnu l'existence [au présent] d'un état d'insurrection » que l'on dit « envisager [prévoir, imaginer comme possible] avec crainte, s'en inquiéter par avance [au futur] » ? Comment donc une chose peut-elle être et ne pas être en même temps ? « *To be or not to be; that's the question !* »

Le rédacteur en chef du *Devoir* en octobre 1970, Claude Ryan, a nié catégoriquement l'existence de cette «insurrection appréhendée» dans l'introduction de son recueil de textes publié en 1971 :

« Nous n'avons jamais cru à l'existence, dans les heures qui précédèrent l'invocation des mesures de guerre, de cet état « d'insurrection appréhendée » qu'invoquèrent les autorités à compter du 16 octobre. [...] Jamais on n'a pu apporter l'ombre d'une preuve sérieuse pour étayer le danger d'insurrection[13]. »

L'ancien ministre Eric Kierans a décrit, trente ans plus tard, comment la décision a été prise lors de la réunion du cabinet fédéral le 15 octobre :

« Les arguments pour l'imposition [de la *Loi sur les mesures de guerre*] étaient, même à l'intérieur de la salle de réunion du Cabinet, vagues, imprécis, et n'étaient soutenus par presque aucune preuve concrète. [...] Les ministres posent des questions, et c'est Lalonde qui leur répond, non le premier ministre, et ce qu'il nous dit, c'est que le Québec est sur le point d'exploser. Si on ne prend pas immédiatement des mesures rapides et sévères, les meilleurs renseignements

---

11. *Ibid.*, p. 124-125.

12. Rey-Debove, Josette et Rey, Alain (dir.), Les Dictionnaires le Robert, Paris, 1993.

13. Ryan, Claude, *Le Devoir et la crise d'Octobre 1970*, Montréal, Leméac, 1971, p. 17, 19.

que nous donnent les meilleurs spécialistes indiquent qu'il y aura des émeutes, des assassinats politiques, le chaos[14]. »

Le 16 octobre à 21 heures, Pierre Elliott Trudeau, premier ministre du Canada, s'adresse à la population à la télévision de Radio-Canada :

« Après avoir examiné la situation, et compte tenu des requêtes du gouvernement du Québec et de la Ville de Montréal, le gouvernement du Canada a décidé de proclamer la *Loi sur les mesures de guerre.* Ceci a été fait à 4 heures ce matin [...] La *Loi sur les mesures de guerre* accorde au gouvernement des pouvoirs très étendus. Elle met aussi en suspens l'application de la Déclaration canadienne des droits de l'homme. [...] Ces pouvoirs comprennent le droit de procéder sans mandat à des perquisitions ou à des arrestations, de détenir des suspects sans avoir à porter immédiatement contre eux des accusations précises, et de recourir à la détention sans cautionnement[15]. »

Cette décision de Trudeau a alors paru excessive aux chefs des deux principaux partis d'opposition à Ottawa :

« Le chef de l'opposition officielle aux Communes, M. Robert Stanfield, de même que le chef du Nouveau parti démocratique, M. T.C. Douglas, et l'ancien premier ministre Diefenbaker ont été unanimes, hier [16 octobre], pour dire que le gouvernement Trudeau était allé trop loin en invoquant la *Loi des mesures de guerre.* Le moyen, ont-ils proclamé, est disproportionné avec la fin que l'on veut atteindre. [...] Recourir à la *Loi des mesures de guerre* dans un cas comme celui-ci, a dit M. Douglas est aussi ridicule que de se servir d'un "marteau de forgeron pour écraser une arachide". » (*Le Devoir,* 17 octobre 1970)

Mais M. Douglas a été le seul chef de parti à voter, le 19 octobre, contre la résolution de support à la *Loi sur les mesures de guerre*, résolution adoptée par un vote de 190 contre 16, comme le rappelle Anthony Wilson-Smith : « Douglas s'est opposé à la législation — et a avoué Stanfield plus tard [en 1986], "personnellement, je souhaiterais avoir fait ce qu'ont

14. Kierans, Eric, with Stewart, Walter, *Remembering*, Toronto, Stoddart, 2001, p. 181.

15. Trudeau, Pierre Elliott, *Trudeau en direct*, Montréal, Éditions du Jour, 1972, p. 110-111.

fait David Lewis (chef adjoint du NPD) et Tommy Douglas: ils ont voté selon leurs convictions[16]".»

L'ancien ministre Eric Kierans a bien montré la disproportion du geste de Trudeau en comparant la situation au Québec à celle prévalant aux États-Unis à la même époque:

«En comparaison, au cours des 15 mois qui s'étaient terminés le 30 avril 1970, 4 300 bombes avaient explosé aux États-Unis, faisant 43 morts et 384 blessés. À cette époque, il se produisait en moyenne à New York une explosion tous les deux jours. Dans le cadre de la crise qui nous concernait, il y avait eu jusque-là deux enlèvements. Personne à New York ne proposait d'éliminer toutes les garanties contre les arrestations illégales, mais c'est exactement ce que nous faisions[17].»

Même après les attentats qui ont fait près de trois mille morts le 11 septembre 2001 à New York, le président des États-Unis n'a pas adopté une loi aussi draconienne que celle imposée au Québec par le premier ministre du Canada.

Trudeau avait sans doute oublié un de ses écrits de collégien: «Les timorés font de mauvais pompiers. Ils voudraient mobiliser les pompes à incendie, les dévidoirs et les grandes échelles pour éteindre un feu d'allumette.» (*Brébeuf*, 22 février 1940)

Pierre Godin rapporte l'opinion d'un autre ministre de Trudeau à l'époque:

«Comme l'ensemble des ministres, stupéfiés d'apprendre que le gouvernement ne détient aucune preuve d'insurrection, Donald Jamieson, qui s'alarme de la fragilité de la position gouvernementale, réalise (comme il l'écrira dans son journal, publié en 1998) que Pierre Trudeau a décrété l'état d'urgence non pas tant pour contrer une insurrection à laquelle il ne croit pas, que pour réaffirmer de façon spectaculaire le pouvoir fédéral au Québec. Révélation qui fera dire au *Devoir*: "En octobre 1970, Trudeau a tenté un coup de force[18]."»

---

16. «Pierre Elliott Trudeau, 1919-2000, His Life and Legacy», Toronto, *Maclean's*, 2000, p. 70.

17. Kierans with Stewart, *op. cit.*, p. 181.

18. Godin, Pierre, *René Lévesque, héros malgré lui (1960-1976)*, Montréal, Les Éditions du Boréal, 1997, p. 508.

James et Robert Laxer ont aussi jugé la riposte de Trudeau excessive :

« Il est clair que l'envoi de troupes à Montréal et l'arrestation de centaines de Québécois sous prétexte d'une « insurrection appréhendée » constituaient une riposte excessive au terrorisme d'une petite clique d'individus. La véritable cible de la *Loi des mesures de guerre* était le nationalisme québécois. L'envoi de troupes à Montréal était une façon d'informer le Québec que le pouvoir fédéral était alerte et vigilant[19]. »

Pierre Duchesne a écrit en 2001 :

« Plus de trente ans après la crise d'Octobre, les documents d'archives rendus publics ne permettent aucunement de conclure à l'insurrection appréhendée. Marc Lalonde, alors chef de cabinet du premier ministre Trudeau et qui est au cœur de la décision d'instaurer la *Loi des mesures de guerre*, affirme aujourd'hui [7 décembre 2000] que : " l'insurrection ce n'était pas le FLQ comme tel, c'était le dérapage dans l'opinion publique à Montréal : la manifestation au Centre Paul-Sauvé avec trois mille personnes, puis les grèves étudiantes à l'UQAM et à l'Université de Montréal[20]. " »

L'ancien officier de l'armée canadienne J. R. M. Sauvé conclut :

« Comme la *Loi des mesures de guerre* s'est appliquée au Québec et au Québec seulement, le gouvernement admettait par le fait même que, puisqu'il n'avait plus de légitimité au Québec, il cherchait à garder son emprise politique et juridique par la force[21]. »

Au lendemain de la mort de l'ancien premier ministre du Canada, Claude Ryan estimait que « Trudeau fut le maître d'œuvre du recours à la *Loi des mesures de guerre* et aux abus qui en découlèrent sous l'angle du respect des droits des citoyens. » (*La Presse*, 30 septembre 2000, p. A 26)

---

19. Laxer, James et Laxer, Robert, *Le Canada des libéraux, Pierre Elliott Trudeau et la survivance de la confédération*, Montréal, Québec Amérique, 1978, p. 212.

20. Duchesne, Pierre, *Jacques Parizeau, Tome I : Le Croisé, 1930-1970*, Montréal, Québec Amérique, 2001, p. 556.

21. Sauvé, J. R. M., *Géopolitique et avenir du Québec*, Montréal, Guérin, 1994, p. 249.

## LA PRÉTENDUE CONSPIRATION

Le 14 octobre, un groupe de 16 personnalités québécoises, dont René Lévesque, Jacques Parizeau, Camille Laurin, Claude Ryan, Guy Rocher, Fernand Dumont, Marcel Rioux, et les chefs des grandes centrales syndicales, font la « déclaration commune » suivante :

« Nous tenons à donner notre appui le plus complet à l'intention annoncée dimanche [11 octobre] soir par le gouvernement Bourassa, c'est-à-dire essentiellement notre appui le plus pressant à la négociation d'un échange des deux otages contre les prisonniers politiques — et ce, envers et contre toute obstruction de l'extérieur du Québec, ce qui implique nécessairement le concours positif du gouvernement fédéral. » (*Le Devoir*, 15 octobre 1970)

Quelques heures après l'imposition des mesures de guerre au Québec, le 16 octobre, John Turner semble faire allusion à cette déclaration lorsqu'il dit à la Chambre des communes :

« Il y a eu les enlèvements, [...] on s'en sert pour obtenir une rançon d'un gouvernement légitimement constitué, [...] De plus, on constate un fait plus inquiétant : une sorte d'effritement de la volonté populaire qui se traduit par le sentiment, chez quelques personnes sincères, qu'un échange de prisonniers contre les victimes des enlèvements détendrait en quelque sorte la situation[22]. »

Mais une semaine plus tard, ces « quelques personnes sincères » sont devenues des conspiratrices :

« Le 23 octobre, alors que la crise battait son plein, deux journalistes canadiens-anglais furent reçus par Lalonde dans son bureau d'Ottawa. [...] Il insista plus particulièrement sur ce que l'on appellerait le “complot du gouvernement provisoire”. [...] Il conseilla à l'un des journalistes, Peter C. Newman, alors rédacteur en chef du *Toronto Star*, de parler à Trudeau lui-même. [...] Le premier ministre confirma à Newman qu'Ottawa prenait les rumeurs de complot au sérieux[23]. »

Quelques jours après, une rumeur commence à circuler, comme le raconte Pierre Duchesne :

---

22. Duchaîne, *op. cit.*, p. 125-126.

23. McCall-Newman, Christina, *Les rouges*, Montréal, Les Éditions de l'Homme, 1983, p. 314-315.

« Une rumeur voulant qu'un “complot se tramait pour remplacer le gouvernement du premier ministre Robert Bourassa ». Véhiculée par Peter C. Newman, du *Toronto Star* [le 26 octobre 1970], et entretenue pendant plusieurs mois par Pierre Elliott Trudeau, la version du journaliste veut que le « premier ministre Trudeau a décrété les mesures de guerre parce que le gouvernement Trudeau était persuadé qu'un groupe de personnalités québécoises influentes avaient envisagé la possibilité de remplacer le gouvernement élu de M. Bourassa par une espèce de gouvernement provisoire de salut public, à l'autorité morale suffisante pour restaurer l'ordre[24]. »

Interviewé par Louis Martin à la télévision de Radio-Canada le 3 novembre 1970, Trudeau déclare :

« Malheureusement, il y a eu des chefs séparatistes et bien d'autres qui ont appuyé, si vous voulez, les objectifs du FLQ. Ils l'ont fait publiquement, à Montréal.

Q : Comme qui ?

R : Vous le savez, les chefs syndicaux, M. Ryan, M. Laberge, et d'autres. Ils ont appuyé au moins ce but du FLQ, que l'État devait accéder à la libération des prisonniers[25]. »

Deux jours plus tard, Claude Ryan réplique :

« On serait porté à croire, en lisant ces mots, que M. Trudeau dénature volontairement les faits. Le problème est ailleurs : il ne comprend pas. Cette inaptitude chronique à entrer dans le point de vue de l'autre amène le premier ministre à commettre de graves injustices. » (*Le Devoir*, 5 novembre 1970)

En 1978, Trudeau a révélé son interprétation de la déclaration commune qui aurait été selon lui un « manifeste signé par des douzaines — ou peut-être des centaines » de personnalités québécoises :

« J'avais de bonnes raisons de croire que les chefs de file de l'opinion québécoise n'étaient plus tellement enclins à obéir à leur gouvernement légitime. [...] À mon avis ce n'était pas le gouvernement qui s'écroulait, mais l'appui démocratique d'un gouvernement élu de façon démocratique. Et la meilleure preuve que je peux citer pour soutenir cette déclaration est le

24. Duchesne, *op. cit.*, p. 564-565.

25. Trudeau, Pierre Elliott, « Entrevue, *Format 60* », 9 juin 1970, 3 novembre 1970, Fonds Pierre-Elliott-Trudeau, Archives nationales du Canada, MG 26 0 13, 3 novembre 1970, p. 12.

manifeste signé par des douzaines — ou peut-être des centaines, je ne me rappelle plus — de chefs de file de l'opinion québécoise. [...] Cela m'inquiétait terriblement, et jusqu'à ma mort je resterai convaincu que ce fut là le tournant, ce moment où j'ai lu cette déclaration-là. [...] Pour moi, ces gens-là, les personnalités québécoises qui ont signé le manifeste, se sont recouverts d'une honte qui les suivra jusqu'à la tombe[26]. »

Or en 1993, Trudeau se rappelle enfin le nombre exact de signataires; il cite la liste complète des seize personnalités québécoises et ajoute:

« Les terroristes avaient-ils donc réussi à déboussoler l'intelligentsia et les leaders d'opinion québécois? De toute évidence, certains d'entre eux étaient en train de perdre les pédales, ce qui mesurait le désarroi ambiant[27]. »

Mais un de ses ministres les plus influents, Gérard Pelletier, ne croyait pas à « cette prétendue conspiration »:

« "Je n'y ai jamais cru un seul instant", a dit Pelletier de cette prétendue conspiration qui fut révélée en douce à la presse par un membre de l'entourage immédiat de Trudeau, vers la fin d'octobre [1970]: la rumeur voulait qu'un groupe d'éminents Québécois, dont Lévesque et Claude Ryan, aient projeté de se substituer au gouvernement de Bourassa ou de le noyauter[28]. »

Claude Ryan a été catégorique: « M. Trudeau voulut un jour insinuer que nous aurions conseillé aux gouvernants de capituler. Il mentait[29]. »

Le lendemain de la mort de Claude Ryan, Bernard Descôteaux écrivait en éditorial:

« Son opposition à la *Loi sur les mesures de guerre* lors de la crise d'Octobre fut immédiate. Il n'eut crainte de se joindre à un groupe de personnalités pour dénoncer le déni de liberté que représentait cette loi et d'affronter le premier ministre Trudeau, ce qui lui valut d'injustes accusations d'avoir voulu participer à un gouvernement parallèle. » (*Le Devoir*, 10 février 2004, p. A 6)

26. Radwanski, George, *Trudeau*, Montréal, Fides, 1979, p. 368.

27. Trudeau, Pierre Elliott, *Mémoires politiques*, Montréal, Le Jour, 1993, p. 127.

28. Gwyn, Richard, *Le Prince*, Montréal, France-Amérique, 1981, p. 150.

29. Ryan, Claude, *Le Devoir et la crise d'octobre 1970*, Montréal, Leméac, 1971, p. 15.

Pierre Duchesne conclut: « Après consultation des documents d'archives sur cette époque, on peut affirmer trente ans plus tard et avec certitude que cette déclaration ne fut en rien l'élément déclencheur de la *Loi des mesures de guerre*[30]. »

## LES SOI-DISANT « RAISONS SECRÈTES »

Le ministre de la Justice du Canada, John Turner, a déclaré le 21 octobre 1970: « Les raisons secrètes ayant porté le gouvernement à appréhender une insurrection au Québec et à proclamer en conséquence la *Loi sur les mesures de guerre* ne seront peut-être jamais connues du public. » (*Le Devoir*, 22 octobre 1970)

Mais pour le premier ministre Trudeau, ces faits étaient « connus de tout le monde ». En effet, lors d'une entrevue accordée à André Payette en 1975 sur les ondes de la télévision de Radio-Canada, il déclarait:

« J'ai toujours soutenu en argumentant contre une enquête, que les faits qui nous ont fait invoquer la *Loi des mesures de guerre* sont connus de tout le monde. Des lettres du gouvernement du Québec et de l'administration de Montréal disant qu'ils craignaient une insurrection, un état d'alerte dans la cité, une centaine de coups de force qui avaient eu lieu depuis quelques années, des attentats à la bombe, des enlèvements, des assassinats, ce sont tous des faits connus[31]. »

Les soi-disant « raisons secrètes » évoquées par John Turner, René Lévesque a essayé de les connaître dès qu'il est devenu premier ministre du Québec, comme il l'a écrit dans ses mémoires:

« Je l'ai fait chercher, en 1976, ce dossier qui devait tout "justifier aisément". Inutile de dire qu'on n'a rien trouvé. Seize ans après, il y a belle lurette qu'on s'est rabattu sur la réponse que Trudeau, avec franchise pour une fois, se mit bientôt à reprendre inlassablement: "Les faits qui ont motivé notre décision sont connus… et ce sont des faits très clairs." En effet. […] Les deux ou trois mille terroristes? […] On arrivait au grand total… d'une vingtaine de desperados. Le terrifiant

30. Duchesne, *op. cit.*, p. 567.

31. Trudeau, Pierre Elliott, « Entrevue, 4 novembre 1975, Radio-Canada, *Le 60*, André Payette ». Fonds Pierre-Elliott-Trudeau, Archives nationales du Canada, MG 26 0 13, p. 9.

arsenal pour faire sauter le cœur de Montréal? [...] Chez les centaines de personnes arrêtées depuis octobre, on avait récolté 31 fusils (revolvers inclus) et 21 armes offensives, couteaux de chasse, machettes, baïonnettes et trois grenades fumigènes. Quant à la montagne de dynamite, ce n'était qu'un pétard[32]... »

Plus de 30 ans après, ces « raisons secrètes » sont encore inconnues du public et le resteront toujours car elles n'existent pas. En effet, « au moment où il brandissait au pays la menace d'une "insurrection appréhendée" pour expliquer l'adoption de la *Loi sur les mesures de guerre* pendant la crise d'Octobre 1970, le gouvernement fédéral confiait à Londres qu'il ne détenait "aucune preuve d'une conspiration felquiste étendue et coordonnée", révèlent des documents britanniques obtenus par la chaîne Southam News » et portant entre autres sur « un entretien, le 26 novembre 1970, entre le ministre canadien des Affaires extérieures d'alors, Mitchell Sharp, et son homologue britannique. » (*Presse canadienne, Le Soleil,* 7 janvier 2001 p. A 5)

## LE PRÉTEXTE ATTENDU

Pierre Duchesne a interviewé Jacques Parizeau le 26 octobre 1999:

« Pour Jacques Parizeau, il est clair que "l'objectif de la *Loi des mesures de guerre* a été une tentative de "sacrer par terre" un parti politique qui, en l'espace d'un an et demi, a pris vingt-trois pour cent du vote à sa première élection" », le 29 avril 1970[33].

Robert Barberis arrive à la même conclusion: Trudeau a « profité de la crise d'octobre pour tenter d'abattre le Parti québécois de René Lévesque ». (*L'Action nationale*, mars 1994, p. 299)

Cinq mois avant la crise d'octobre 1970, Trudeau préparait l'application de la *Loi sur les mesures de guerre*, en temps de paix:

32. Lévesque, René, *Attendez que je me rappelle...*, Montréal, Québec Amérique, 1986, p. 331-332.

33. Duchesne, *op. cit.*, p. 571.

« En décembre 1971, le quotidien *Globe & Mail* révélait que le gouvernement Trudeau préparait dès mai 1970, cinq mois avant les enlèvements du FLQ, l'application de la *Loi des mesures de guerre*. Un comité restreint spécial du cabinet de Pierre Elliott Trudeau se réunissait le 5 mai, soit une semaine après l'élection québécoise du 29 avril. [...] Le 10 mars 1977, lors d'un point de presse à Ottawa, Mitchell Sharp, ministre de Trudeau en octobre 1970, confirmait l'existence du comité fédéral créé cinq mois avant la crise d'Octobre en vue de l'application des mesures de guerre en temps de paix. » (*Presse canadienne*, *Le Soleil*, 3 octobre 2000)

En octobre 1970, selon le politologue Reg Whitaker de l'Université York, « le gouvernement Trudeau a été moins qu'honnête. Là où le travail policier aurait suffi, Ottawa a décidé d'exagérer la crise. » (*Le Devoir*, 26 mars 2002, p. B 5)

Selon Larry Zolf, « pendant la crise d'Octobre en 1970, les membres anglophones de la Tribune de la presse interprétaient la *Loi sur les mesures de guerre* comme un exemple de la façon dont Trudeau remettait les *frogs* à leur place. Ils l'aimaient pour cette raison[34]. »

Dans le procès-verbal de la réunion du cabinet fédéral du 18 octobre 1970, rendu en partie public 30 ans plus tard, on voit qu'« Ottawa cherchait à tirer profit de la crise d'Octobre », comme le titre en manchette *Le Devoir* qui cite les termes du compte rendu de cette réunion : « La situation au Québec et la mort de M. Laporte devraient être utilisées pour solidifier l'union du pays et renforcer l'unité canadienne. » (*Le Devoir*, 24 avril 2001, p. A 1)

Claude Roquet qui dirigeait le centre d'opération du ministère canadien des Affaires extérieures, mis en place pendant la crise d'Octobre[35], conclut :

« En 1970, face à un petit groupe de terroristes sans large appui au Québec, on invoquait absurdement les mesures de guerre, sous le prétexte fallacieux d'une insurrection appréhendée, afin de donner un coup d'arrêt au nationalisme québécois. » (*Le Devoir*, 17 août 2002)

---

34. Cohen Andrew et Granatstein, J. L., *Trudeau's Shadow: The Life and Legacy of Pierre Elliott Trudeau*, Toronto, Vintage Canada, 1999, p. 57.

35. Duchaîne, Jean-François, *Rapport sur les événements d'octobre 1970*, Ministère de la Justice, Gouvernement du Québec, deuxième édition, 1981, p. 39.

## UNE GUERRE PSYCHOLOGIQUE

Pierre Godin a décrit le plan de Trudeau:

«Au moment où Pierre Trudeau fait son numéro de matamore devant les caméras, son cabinet est à mettre au point une "campagne psychologique" qui accompagnera l'entrée des forces armées au Québec, dès que le premier ministre Bourassa en aura fait la demande officielle. Divulgué en 1992, grâce à la *Loi d'accès à l'information*, le plan prévoit notamment la diffusion d'informations alarmistes, la censure des médias, le survol du Québec par des avions et des hélicoptères[36].»

Dans le *Rapport sur les événements d'octobre 1970*, ce plan est précisé:

«Rappelons qu'en dépit des apparences, il n'y a pas, au départ, de rapport entre l'intervention de l'armée canadienne au Québec et le recours à la Loi sur les mesures de guerre. En effet, on fit appel à l'armée pour libérer les policiers de la garde des édifices et des personnes et leur permettre de se consacrer entièrement à la vérification des informations fournies par le public. Cet appel se fit en vertu de la *Loi sur la défense nationale* et non en vertu de la *Loi sur les mesures de guerre*. Celle-ci ne devait donc en aucune manière être invoquée pour permettre l'intervention de l'armée, mais uniquement pour que les policiers puissent disposer de pouvoirs supplémentaires dont ils estimaient avoir besoin pour neutraliser le F.L.Q.

Toutefois, il est certain que, par la suite, les autorités fédérales jugèrent bon que ces deux mesures d'exception, en réalité indépendantes, soient associées dans l'esprit du public. Selon elles, l'effet psychologique obtenu par cette association devait contribuer à faire saisir à la population le sérieux de la crise et à éliminer chez elle toute trace de sympathie envers les terroristes. C'est ainsi qu'on décida de faire coïncider la proclamation de l'état d'insurrection appréhendée et la venue de l'armée au Québec[37].»

---

36. Godin, Pierre, *René Lévesque, héros malgré lui (1960-1976)*, Montréal, Les Éditions du Boréal, 1997, p. 491.

37. Duchaîne, *op. cit.*, p. 76.

### L'AVEU

En 1976, Robert Lewis a demandé à Trudeau : «" Monsieur le premier ministre, si nous écrivions à votre propos ce que vous avez écrit à propos des politiciens du Québec au cours des années 1950, vous enverriez la GRC nous arrêter". Trudeau a répondu d'un air espiègle : " Pas la GRC — l'armée[38]. "»

## LES PERSONNES ARRÊTÉES

Les critères utilisés pour sélectionner les personnes à arrêter ainsi que le nom de ces personnes ont été décidés par la RCMP, la Royal Canadian Mounted Police, appelée en français Gendarmerie royale du Canada (sans monture[39]).

Dans les heures et les jours qui suivent la proclamation de la *Loi sur les mesures de guerre*, les perquisitions et les arrestations se multiplient, comme le rapporte Pierre Duchesne :

« Selon les rapports de police, à l'occasion d'incessants ratissages des rues, les forces policières vont effectuer au Québec, sous le régime de cette loi spéciale, plus de trente mille perquisitions et près de cinq cents arrestations. Dans les mois qui suivront, les personnes arrêtées seront pratiquement toutes libérées sans condition et aucun des détenus ne sera reconnu coupable d'un méfait quelconque[40]. »

Dans ses mémoires, René Lévesque écrit :

« Cette liste de gens arrêtés sans mandat, sur la foi de oupçons, de préjugés ou de pure idiotie, dépassera le nombre incroyable de quatre cents. En vrac, syndicalistes, artistes, écrivains, quiconque a osé mettre en doute les vérités officielles ou dont la tête ne revient simplement pas aux limiers déchaînés, sont jetés dans les paniers à salade et mis à l'ombre. Privés de tous leurs droits, à commencer par l'*habeas corpus*, une foule d'entre eux y resteront des jours, des semaines[41]. »

---

38. Lewis, Robert, « When we where young », *Maclean's*, 6 avril 1998, p. 2.

39. Duchaîne, *op. cit.*, p. 93-94.

40. Duchesne, *op. cit.*, p. 571-572.

41. Lévesque, René, *Attendez que je me rappelle...*, Montréal, Québec Amérique, 1986, p. 328-329.

C'est le cas du poète Gaston Miron. Le 16 octobre, il a été « arrêté et emprisonné, avec 350 autres Québécois, dont ses amis le poète Gérald Godin et la chanteuse Pauline Julien, à la suite de la promulgation de la *Loi des mesures de guerre* par le gouvernement fédéral de Pierre Elliott Trudeau. [Il a été] détenu 13 jours sans aucun contact avec l'extérieur[42]. » Pourtant, Trudeau a écrit dans ses *Mémoires politiques*: « Ceux qui nous accusent à répétition d'avoir fait emprisonner "des chanteuses et des poètes" se trompent d'adresse[43]. »

Et il n'a pas de remords: « Je ne veux pas donner l'impression que j'essaie de jeter le blâme sur d'autres, car c'est une question qui ne m'a jamais fait perdre cinq minutes de sommeil[44]. »

Trudeau se permet même d'ironiser: « On ne détruit pas la réputation de quelqu'un en l'arrêtant quelques jours, ricanera-t-il. Après, il devient un héros et un saint dans les milieux nationalistes[45] ! »

Le lendemain de la mort de Trudeau, Caroline Montpetit rapporte les commentaires de Marcelle Ferron au sujet des personnes arrêtées en octobre 1970 :

« Pour la peintre Marcelle Ferron, signataire de *Refus global* avec Paul Émile Borduas, Pierre Elliott Trudeau a commis une "erreur magistrale" en faisant emprisonner plusieurs intellectuels québécois pendant la crise d'Octobre 1970 par le décret de la *Loi fédérale des mesures de guerre.* Nommons simplement Gérald Godin, Pauline Julien, Michel Chartrand, Léa Roback, Madeleine Parent, et plusieurs centaines d'autres. "On n'emprisonne pas des gens pour des idées, on n'est pas dans une dictature, c'est une erreur énorme", dit M$^{me}$ Ferron. » (*Le Devoir,* 29 septembre 2000, p. A3)

Gérald Godin écrira par la suite, alors qu'il était ministre de la Fonction publique du Québec et ministre des Communautés culturelles et de l'Immigration :

42. Marie-Andrée Beaudet, Chronologie, dans Miron, Gaston, *L'homme rapaillé, Les poèmes*, Paris, Gallimard, 1999, p.189.

43. Trudeau, Pierre Elliott, *Mémoires politiques*, Montréal, Le Jour, 1993, p. 131.

44. Radwanski, George, *Trudeau*, Montréal, Fides, 1979, p. 368-369.

45. Godin, *op. cit.*, p. 526.

« C'est le fédéralisme canadien qui, pour se maintenir, a eu besoin et a besoin d'armée, de polices, de lois d'exceptions, d'emprisonnements massifs, de vol de dynamite par la police, d'incendies de grange, d'ouverture illégale de courrier, d'écoutes électroniques, et j'en passe. » (*Le Devoir*, 11 janvier 1982)

René Blanchard a rappelé que Trudeau, « cet ardent défenseur des libertés individuelles proclame la loi des mesures de guerre en 1970 et laisse une police raciste et politique perquisitionner, emprisonner, molester plus de 400 personnes au Québec. » (*L'Action nationale*, vol. 70, 1980-81, p. 659)

## L'ÉTAT D'EXCEPTION

Le 3 décembre 1970, la *Loi prévoyant des pouvoirs d'urgence provisoires pour le maintien de l'ordre au Canada* est sanctionnée. Cette loi est citée sous le titre : *Loi de 1970 concernant l'ordre public (mesures provisoires)* ; elle sera par la suite appelée la loi Turner, du nom du ministre canadien de la Justice d'alors. René Lévesque a commenté ainsi la loi Turner : « Le parlement fédéral a cautionné cet abus de pouvoir en votant, *pour le seul Québec* [sic], l'indigne loi Turner[46]. »

Des personnalités québécoises d'un « Comité des huit », parmi lesquelles Guy Rocher, Claude Ryan, Fernand Dumont et Charles Taylor, sont venues rencontrer Trudeau le 4 janvier 1971 pour lui demander, en vain, d'abolir la loi Turner ; à la suite de la rencontre, Trudeau « a dit qu'il ne rappellerait pas immédiatement la loi des mesures d'urgence. [...] Il a souligné que les avis du gouvernement québécois pèseraient lourd mais que son gouvernement ne serait tout de même pas lié par elles [sic]. » (Jean-Pierre Bonhomme, *Le Devoir*, 5 janvier 1971, p. 1)

Toujours le 4 janvier 1971, « l'Armée canadienne met fin à son occupation du Québec, mais l'état d'exception reste en vigueur en vertu de la *Loi sur l'ordre public* adoptée en décembre, par Ottawa, pour faire suite à la *Loi des mesures de guerre*[47] » dont

---

46. Lévesque, René, *Le Journal de Montréal*, 28 décembre 1970, dans Lévesque, René, *Attendez que je me rappelle...*, Montréal, Québec Amérique, 1986, p. 517.

47. Fournier, Louis, *FLQ. Histoire d'un mouvement révolutionnaire*, Montréal, Lanctôt éditeur, 1998, p. 488.

les règlements d'application ont été remplacés par la loi Turner. Cette loi n'a cessé de s'appliquer que le 30 avril 1971. Selon Claude Ryan, John Turner «gagna ainsi de passer à l'histoire comme le père du plus odieux statut particulier qui ait jamais été imposé au Québec: la loi Turner[48]».

## DE COLOMBE À ÉPERVIER

Selon Walter Stewart, Trudeau a voulu régler le problème du Québec avec «sa seule arme politique — la matraque. Il a commencé à brandir cette arme contre le Québec pratiquement le jour même où il a été porté au pouvoir[49]».

Le 13 octobre 1970, trois jours avant d'imposer au Québec des mesures de guerre, Trudeau répond, dans leur langue, aux questions de deux journalistes anglophones qui lui demandent, devant le Parlement à Ottawa, jusqu'où il est prêt à aller:

«C'est vrai qu'il y a beaucoup de cœurs tendres (*bleeding hearts*) [sic] dans la place, qui ne peuvent supporter la vue de personnes qui portent des casques et des fusils. Tout ce que je puis dire c'est: "allez et faites couler vos pleurs". Mais il est plus important de maintenir l'ordre et la loi dans la société que de s'inquiéter de ceux dont les genoux tremblent à la seule vue de l'armée.

Ralfe: À n'importe quel prix? Jusqu'où seriez-vous prêt à aller dans cette voie?

Trudeau: Vous n'avez qu'à me regarder faire. [*Just watch me*]

Ralfe: Cela veut-il dire que vous iriez jusqu'à réduire les libertés civiles? Jusqu'à quel degré? [...]

Trudeau: Oui, en effet. Je pense que la société doit prendre tous les moyens dont elle dispose pour se défendre contre l'émergence d'un pouvoir parallèle qui défie le pouvoir des élus du peuple et je pense que cette obligation ne connaît pas de limite. Aussi longtemps qu'il existera ici un pouvoir qui défie les représentants élus du peuple, je pense qu'il faudra

48. Ryan, Claude, *Le Devoir et la crise d'Octobre 1970*, Montréal, Leméac, 1971, p. 20.

49. Stewart, Walter, *Shrug: Trudeau in power*, Toronto, New Press, 1971, p. 50.

s'employer à supprimer ce pouvoir, et seuls, encore une fois, je le répète, les faibles (*weak-kneed bleeding hearts*) [sic] reculeront devant de telles mesures. » (*Le Devoir,* 15 octobre 1970, p. 11-12)

Dans son analyse de la crise d'Octobre 1970, le philosophe Fernand Dumont a écrit :

« La politique naît de la violence : des luttes entre des forces économiques, entre des privilèges et des esclavages. [...] Le droit se définit et se propage au sein de la violence. [...] Défendre " la loi et l'ordre " comme si c'étaient là choses acquises est donc une intention barbare. On l'aura vu au cours de la crise[50]. »

De son côté, Claude Ryan estimait que « la valeur première dans une démocratie libérale est la liberté, non l'ordre. » (*Le Devoir,* 29 janvier 1977. p. 4)

René Lévesque conclut dans ses mémoires : « Il était une fois dans ce ciel monotone trois colombes[51] amies du genre humain que des évènements d'octobre ont métamorphosées en éperviers qui font peur au monde et qui, ainsi et autrement, se sont déplumés[52]. »

Mais il a aussi été plus mordant dans ses qualificatifs au sujet de Trudeau : « René Lévesque devait le [Trudeau] qualifier de " notre plus grand criminel de guerre en temps de paix. " » (Jean Dion, *Le Devoir,* 29 septembre 2000)

Laurent Soumis a plutôt reconnu un faucon en Trudeau : « Toute sa vie, cette obsession [du nationalisme] le poussera à vouloir mettre le Québec à sa place. [...] Et là-dessus, la prétendue " colombe " saura fondre sur ses ennemis comme un faucon. » (*Le Journal de Québec,* 29 septembre 2000, p. 3 A)

## DÉMOCRATE ?

50. Dumont, Fernand, *La vigile du Québec, Octobre 1970 : l'impasse ?*, Montréal, Hurtubise HMH, 1971, p. 203-205.

51. Pierre Elliott Trudeau, Gérard Pelletier et Jean Marchand ont été appelés « les trois colombes » quand ils se sont portés en même temps candidats pour le Parti libéral du Canada à l'automne 1965.

52. Lévesque, René, *Attendez que je me rappelle...*, Montréal, Québec Amérique, 1986, p. 336.

Trudeau écrivait en 1967 : « Comme chacun sait, l'armée n'est pas une bonne école de démocratie, quelle que soit la valeur de la cause qu'elle défend[53]. »

Six mois après la crise d'Octobre, même Claude Ryan dénonçait les tendances antidémocratiques de Trudeau : « Claude Ryan, qui avait été pendant longtemps un fédéraliste indécis, avait indiqué que, s'il avait à choisir entre le séparatisme de Lévesque et les tendances antidémocratiques de Trudeau, il choisirait Lévesque[54]. »

Selon Roger Duhamel, Trudeau, « ce démocrate verbal dissimule (mal) le dictateur le plus impitoyable, le plus affranchi des contraintes juridiques. *Watch me*, lançait-il méchamment, lors de la crise d'Octobre. » (*L'Action nationale*, mai 1984, p. 829)

Moins d'un an après la mort de Trudeau, Pierre-André Julien a résumé son « comportement antidémocratique » :

« Celui qui se disait un grand démocrate en combattant la grande noirceur du duplessisme a été le seul premier ministre de l'histoire moderne des pays industrialisés à suspendre en temps de paix les libertés civiles pour emprisonner sans mandat, sans procès et sans possibilité de contacts avec un avocat des centaines de citoyens dans le seul but de briser ses principaux adversaires. C'est d'ailleurs lui qui, pendant des années, a fait espionner par la GRC diverses organisations légales comme les syndicats et le Parti québécois. Ce comportement antidémocratique se justifiait à ses yeux par son mépris non seulement de tous les nationalistes québécois [...] mais aussi des Québécois eux-mêmes. » (*Le Devoir* 2 août 2001)

## DÉMAGOGUE ?

Gordon Gibson, un assistant de Trudeau, affirme :

« Il arrivait à Trudeau de dénoncer la démagogie des autres — il a utilisé le terme à l'endroit de l'ex-leader du NPD David

53. Trudeau, Pierre Elliott, *Le fédéralisme et la société canadienne-française*, Montréal, Hurtubise HMH, 1967, p. 109.

54. Stewart, Walter, *Shrug: Trudeau in power*, Toronto, New Press, 1971, p. 65.

Lewis — mais lorsque lui-même y cédait il y mettait un tel style, qu'il s'en tirait généralement fort bien[55]. »

## « LA GUERRE CIVILE »

À la fin des années 60, Trudeau déclarait devant des partisans libéraux: « La situation au Québec a atteint un stade où le désordre qui y règne est comparable à la guerre civile en Irlande[56]. »

## « COLPORTEURS DE HAINE »

Fernand Beauregard a rapporté les paroles de Trudeau le 6 juin 1968, à Rouyn-Noranda, à la veille des élections fédérales :

« M. Pierre Elliott Trudeau, provoqué par un petit groupe bruyant de séparatistes qui le huaient sans arrêt, l'empêchant littéralement de parler, est sorti de ses gonds hier dans l'aréna de Rouyn et leur a crié, le visage rouge de colère: « Si vous continuez, vous allez vous faire faire mal. Robert Kennedy [...] a été assassiné par des colporteurs de haine, comme vous, Messieurs." » (*La Presse*, 7 juin 1968)

## « JUSQU'AU MENSONGE »

René Lévesque a dénoncé ainsi dans ses mémoires l'interprétation que Trudeau a faite de la déclaration commune, le 14 octobre 1970, d'un groupe de personnalités québécoises:

« – *Just watch me*! de répondre Trudeau [le 13 octobre 1970] à des journalistes qui lui demandaient jusqu'où il était capable d'aller. Jusqu'au mensonge effronté, bien sûr. La moindre des choses. Comme de prétendre voir, dans ces quelques rencontres [en vue de la déclaration commune] que je viens d'évoquer, "un pouvoir parallèle... qui menace les représentants élus du peuple[57]". »

---

55. Southam, Nancy, (dir.), *Trudeau tel que nous l'avons connu*, Montréal, Fides, 2005, p. 247.

56. Vastel, Michel, *Trudeau le Québécois*, Montréal, Les Éditions de l'Homme, nouvelle édition 2000, p. 185.

57. Lévesque, René, *Attendez que je me rappelle...*, Montréal, Québec Amérique, 1986, p. 327.

### « UN FERMIER, UN GÉRANT DE CAISSE POPULAIRE, UN ENFANT »

Citant l'allocution télévisée de Trudeau le 16 octobre 1970, au soir de son imposition de la *Loi sur les mesures de guerre* au Québec, René Lévesque a écrit :

« Ce talent pour la démagogie de salon auquel la télévision fournit un véhicule incomparable : souvenez-vous de la crise d'Octobre — « la prochaine fois, ce serait un fermier, un gérant de caisse populaire, un enfant[58]... »

### « *FIRE AND BLOOD* »

Le 14 mai 1980, quelques jours avant le référendum québécois, Trudeau prononce un important discours au Centre Paul-Sauvé de Montréal :

« Nous sommes contre l'indépendance. Le monde nous regarde, bien sûr. Le monde va nous regarder un peu étonné, je vous l'avons [l'avoue][59] parce que dans le monde actuel... (applaudissements)... voyez-vous, les choses sont, c'est le moins qu'on puisse dire, instables. Les paramètres changent, pour utiliser un mot savant. Et cela signifie que le Moyen-Orient, l'Afghanistan, l'Iran et le Viêt Nam sont à feu et à sang[60]. »

## TRENTE ANS APRÈS, DEUX VERSIONS

Du côté du Canada, à l'occasion de la mort de Trudeau en octobre 2000, l'éditeur de *Maclean's*, Robert Lewis, a rappelé les exploits du héros du ROC dans un album-souvenir : « La performance de Trudeau pendant la crise d'Octobre est demeurée son geste le plus populaire à titre de

58. Lévesque, René, « Quoi de neuf, M. Trudeau ? », *Le Journal de Montréal*, 23 juin 1971, dans Potvin, André, Létourneux, Michel et Smith, Robert, *L'anti-Trudeau, Choix de textes*, Montréal, Éditions Parti-pris, 1972, p. 256.

59. La suite de cette citation a été prononcée en anglais.

60. Trudeau, Pierre E., « Allocution du Centre Paul Sauvé, Montréal (Québec), 14 mai 1980 », Transcription du Cabinet du premier ministre, Ottawa, dans http://calliato.si.usherb.ca, p. 12.

premier ministre — suivi de près par son rôle lorsqu'il a mené les forces fédéralistes à la victoire lors du référendum de 1980 sur l'indépendance du Québec[61]. »

Mais au Québec, quelques semaines après la mort de Trudeau, le rappel de la crise d'Octobre 1970 a ravivé des émotions différentes. À cette occasion, les principales centrales syndicales, ainsi que des associations nationalistes et l'union des écrivains, faisaient paraître, dans les principaux quotidiens et sur une pleine page, la liste des personnes arrêtées en octobre 1970 avec les commentaires suivants :

« Il y a 30 ans, le 16 octobre 1970, le gouvernement du Canada imposait les mesures de guerre au Québec, faisant occuper son territoire par 8 000 soldats des Forces armées canadiennes et se livrait par policiers interposés à une razzia sans précédent sur les libertés publiques.

Ils n'y allèrent pas de main morte : 4600 domiciles fouillés, plus de 500 citoyens arrêtés sans mandat, détenus sans contact avec l'extérieur, puis relâchés sans la moindre explication, dans le secret espoir de les atteindre dans leur dignité et leurs convictions.

Envers eux, nous avons un devoir de mémoire. Pour eux, mais aussi pour nous et nos enfants, pour que cela n'arrive plus. C'est dans la mémoire que se forgent nos boucliers pour demain. » (Message conjoint de la CSQ, la CSN, le MNQ, la FTQ, l'UNEQ et la SSJB de Montréal, *Le Devoir,* 6 octobre 2000)

---

61. « Pierre Elliott Trudeau, 1919-2000, His Life and Legacy », Toronto, *Maclean's*, 2000, p. 13.

# CHAPITRE 11

## « RENOUVELER LE FÉDÉRALISME »

*« Si la réponse à la question référendaire est NON, nous avons tous dit que ce NON sera interprété comme un mandat de changer la Constitution, pour renouveler le fédéralisme*[1]. »
(TRUDEAU, 14 mai 1980)

Battu aux élections de mai 1979, Trudeau avait d'abord démissionné de son poste de chef du Parti libéral du Canada le 21 novembre 1979 ; mais le 18 décembre, il décide de conserver son poste à l'annonce du référendum québécois, prévu pour le mois de mai suivant. Le Canada le rappelle aux commandes lors des élections fédérales du 18 février 1980 : « Trudeau est revenu [...] et a habilement réussi à battre Lévesque lors du référendum cette année-là. Pendant un temps, Trudeau le héros était de retour[2]. »

Peu de temps après l'élection du Parti québécois en novembre 1976, Trudeau avait mis sur pied, en 1977, le Centre d'information sur l'unité canadienne, le CIUC, ancêtre du programme fédéral de commandites qui sera en vigueur de 1996 à 2003.

---

1. Trudeau, Pierre E., « Allocution du Centre Paul-Sauvé, Montréal (Québec), 14 mai 1980 », Transcription du Cabinet du premier ministre, Ottawa, dans http://calliato.si.usherb.ca, p. 3.

2. Granatstein, J. L. dans Cohen, Andrew et Granatstein, J. L., *Trudeau's Shadow: The Life and Legacy of Pierre Elliott Trudeau*, Toronto, Vintage Canada, p. 301.

Les dépenses secrètes faites au Québec par le Centre d'information sur l'unité canadienne pendant la campagne référendaire de 1980 n'ont pas été comptabilisées par le comité du NON, et ce, au mépris de la loi québécoise sur les consultations populaires. Au lendemain du référendum québécois du 20 mai 1980, René Lévesque a dénoncé ces dépenses, comme le rappelle son biographe, Pierre Godin :

« Renversé par "l'orgie de dépenses fédérales illégales" qui, durant toute la campagne, violaient la loi 92 limitant les dépenses référendaires, il avait porté l'affaire devant les tribunaux, qui ont décrété que le pouvoir fédéral échappait à la loi référendaire québécoise. Autant dire que tous les moyens étaient bons pour empêcher les Québécois de quitter le Canada[3]. »

## LE CHANGEMENT DEMANDÉ

La question posée lors du référendum québécois du 20 mai 1980 était la suivante :

« Le gouvernement du Québec a fait connaître sa proposition d'en arriver, avec le reste du Canada, à une nouvelle entente fondée sur le principe de l'égalité des peuples ;

cette entente permettrait au Québec d'acquérir le pouvoir exclusif de faire ses lois, de percevoir ses impôts et d'établir ses relations extérieures, ce qui est la souveraineté — et, en même temps, de maintenir avec le Canada une association économique comportant l'utilisation de la même monnaie ;

aucun changement de statut politique résultant de ces négociations ne sera réalisé sans l'accord de la population lors d'un autre référendum ;

en conséquence, accordez-vous au gouvernement du Québec le mandat de négocier l'entente proposée entre le Québec et le Canada ? Oui. Non. »

(Message du gouvernement du Québec, *Le Devoir*, 19 mai 1980, p. 16)

3. Godin, Pierre, *René Lévesque, l'homme brisé (1980-1987)*, Montréal, Les Éditions du Boréal, 2005. p. 12.

## L'ASSOCIATION AVEC CUBA OU HAÏTI

Quelques semaines avant le référendum, Trudeau ridiculisait l'offre d'association avec le Canada, comme l'a rappelé René Lévesque dans ses mémoires :

« Le 2 mai 80, d'abord, il s'amenait à la Chambre de commerce et, devant cet auditoire réceptif, commençait par ironiser lourdement sur notre couardise, nous qui n'avions pas osé aller droit au but, mitraillette au poing... comme le Zimbabwe ou l'Algérie. [...] " Supposons, dit-il, que Cuba ou Haïti vienne nous proposer de s'associer avec nous, parce que, là-bas, on aime la prospérité canadienne, on aime la campagne canadienne, on aime les femmes canadiennes... [...] Est-ce que nous, au nom de la démocratie, on serait obligés d'accepter ?" [...] Propos qui devraient à mon avis figurer en bonne place dans un petit manuel sur " la façon d'insulter impunément ceux qui ne pensent pas comme soi". Manuel des plus minces, car peu nombreux dans l'histoire sont les hommes qui ont adressé à tant des leurs de si grossières outrances[4]. »

## LE « SANG ÉTRANGER » ET LE « SANG PUR »

Quelques jours après ces « grossières outrances » de Trudeau, le premier ministre du Québec, dans le cadre de la campagne référendaire, aurait tenu des propos rapportés par Julia Turner du *Globe and Mail.* Elle est la seule journaliste, semble-t-il, à avoir entendu la réponse de René Lévesque à une question hostile :

« Après avoir parlé à des personnes âgées de St-Léonard, dans la partie nord de Montréal, jeudi [le 8 mai], il a dit à une personne qui l'interrogeait, avec une certaine amertume et un certain sarcasme, que le second nom de M. Trudeau, " Elliott", revêt beaucoup d'importance parce qu'il montre qu'il est partiellement anglophone. " Il a décidé de tenir davantage compte de la partie anglo-saxonne de son patrimoine", a dit M. Lévesque, sous-entendant que M. Trudeau n'était pas un vrai Québécois puisqu'il soutenait la cause fédéraliste[5]. »

---

4. Lévesque, René, *Attendez que je me rappelle...*, Montréal, Québec Amérique, 1986, p. 413.

5. Turner, Julia, « Revived Levesque Aims Pitch At Crucial Francophone Voters », *The Globe and Mail*, 12 mai 1980, p.15.

Or le 14 mai 1980, deux jours après la parution de l'article de la journaliste, Trudeau reprend ces interprétations lors de son important discours au Centre Paul-Sauvé et attribue à René Lévesque le sous-entendu de la journaliste selon lequel il ne serait « pas un vrai Québécois ». Il va même jusqu'à prétendre que cela signifie qu'il y aurait différentes sortes de Québécois :

« Il faut dire NON au mépris, parce c'est là qu'ils en sont rendus. On me disait que monsieur Lévesque, pas plus tard qu'il y a deux (2) jours[6] disait que dans mon nom il y a Elliott et puis Elliott, c'est le côté anglais et ça s'explique que je suis pour le Non, parce que, au fond, voyez-vous, je ne suis pas un Québécois comme ceux qui vont voter OUI. Eh bien, c'est ça, le mépris, mes chers amis, c'est de dire qu'il y a différentes sortes de Québécois, c'est dire que les Québécois du NON ne sont pas d'aussi bons Québécois et puis ont peut-être un petit peu de sang étranger, alors que les gens du OUI ont du sang pur dans les veines[7]. »

René Lévesque promettait au contraire, dès le lendemain de l'élection du Parti québécois le 15 novembre 1976, « un gouvernement qui soit aussi vraiment celui de tous les Québécois de toutes les régions, de tous les milieux et de toutes les origines. » (*Le Devoir*, 17 novembre 1976, p. 5)

Et il a toujours reconnu Pierre Trudeau comme un vrai Québécois ayant parfaitement le droit de supporter la cause fédéraliste, comme l'ont d'ailleurs fait environ 60 % des Québécois de toute origine lors du référendum.

Trudeau lui-même avait déjà expliqué que c'était pour provoquer les nationalistes qu'il avait ajouté le nom de sa mère à celui de son père : « J'ai commencé à signer Elliott, le nom de ma mère que j'avais également reçu à mon baptême, et je ne nierai pas que c'était, au moins en partie, pour contrarier les nationalistes[8]. »

---

6. Propos qui auraient été tenus le 8 mai, mais rapportés par la journaliste le 12 mai, soit deux jours avant le discours de Trudeau du 14 mai 1980.

7. Trudeau, « Allocution du Centre Paul-Sauvé », *op. cit.*, p. 10.

8. Gzowski, Peter, « Portrait of an Intellectual in Action », *Maclean's*, 24 février 1962, p. 29.

### RÉSULTAT DU RÉFÉRENDUM QUÉBÉCOIS DU 20 MAI 1980

Le Parti québécois avait été élu pour la première fois le 15 novembre 1976. Un mois plus tard, Trudeau faisait la prédiction suivante : « S'il y a un référendum, je pense que nous allons flanquer une raclée si dure au PQ lors du référendum qu'il ne pourra plus se relever et qu'il devra démissionner ou renier son engagement envers la séparation[9]. »

Le 20 mai 1980, les Québécois disent OUI à la souveraineté-association à 40,4 %. Le soir du référendum, Trudeau a commencé son discours en paraphrasant René Lévesque par « un "*Je n'ai jamais été aussi fier d'être Québécois — et Canadien*" quelque peu narguant, puisqu'il renvoit [sic] au célèbre "*Je n'ai jamais été aussi fier d'être Québécois*" prononcé par René Lévesque lors de la victoire du PQ en novembre 1976[10] ».

Mais le 13 avril 1981, les Québécois reportent le Parti québécois au pouvoir, contrairement à la prédiction de Trudeau.

## LE CHANGEMENT PROMIS

En 1972, quatre ans avant que le Parti québécois ne soit porté au pouvoir à Québec, Trudeau, alors premier ministre du Canada, « a affirmé qu'une « indépendance-association » comme en désirent les séparatistes québécois existait déjà au pays, puisque les provinces étaient indépendantes et souveraines dans plusieurs domaines. » (*La Presse*, 13 septembre 1972, p. A 12)

René Lévesque a répondu ainsi à Trudeau lors d'une entrevue à *La Presse*, comme le rapporte Pierre Saint-Germain :

« "Trudeau ment comme un démagogue quétaine. Le Québec n'est pas déjà, comme il prétend, un État souverain associé au Canada." [...] M. René Lévesque a donné cette précision — et bien d'autres — dans une interview qu'il a accordée hier à *La Presse* [...] "S'il y a confusion au sujet de

9. Trudeau, Pierre Elliott, « Entrevue, 26 décembre 1976, CTV, Bruce Phillips », Fonds Pierre-Elliott-Trudeau, Archives nationales du Canada, MG 26 0 13, p. 19.

10. Burelle, André, *Pierre Elliott Trudeau : l'intellectuel et le politique*, Montréal, Fides, 2005, p. 205.

l'éventuelle association Québec-Canada, elle est surtout créée par la profonde et totale malhonnêteté de petit démagogue dont fait preuve Trudeau, qui n'a pas le droit de mépriser les gens au point où il l'a fait dans ses premières interventions électorales."» (*La Presse,* 16 septembre 1972, p. A-9)

## UNE « ASSOCIATION NOUVELLE »

En mars 1977, soit quelques mois après l'élection du Parti québécois, Trudeau promettait aux Québécois une « association nouvelle » lors d'une entrevue avec des journalistes de *La Presse*:

« Si le P.Q. veut vraiment discuter d'une forme d'association nouvelle, je suis ravi. On va se mettre à table. [...] Ou bien ils veulent l'indépendance ou bien ils veulent l'association. Ils n'ont pas besoin de faire l'indépendance pour faire l'association. [...]

Je veux savoir s'ils veulent être indépendants ou associés. S'ils veulent être associés, j'ai pas de problèmes. [...]

Q. Est-ce qu'on doit en conclure que tant que le gouvernement Lévesque n'aura pas renoncé formellement au projet d'indépendance, de votre côté, l'association nouvelle dont vous parlez, vous n'êtes pas prêt à en discuter?

R. Non, il faut conclure que je ne suis pas prêt à en discuter pour le moment[11]. »

## « PAS BESOIN DE RÉFÉRENDUM »

Le 18 mai 1980, à deux jours du référendum québécois, Trudeau s'adresse une dernière fois à la population au réseau de télévision TVA; au cours de cette émission, Marc Laurendeau demande au premier ministre:

« Q. Le Québec et l'Ontario en 1864 étaient ensemble. C'était l'Union. [...] Le Québec s'est, à ce moment-là [en 1867], séparé de l'Ontario pour faire l'association économique avec le reste du Canada.

R. Bien sûr.

Q. Souveraineté-association négociée en même temps.

R. Puis il n'y avait pas besoin de référendum à ce moment-là. Alors pourquoi avoir fait [en 1980] le référendum? [...] Si on ne voulait pas seulement améliorer la

11. Trudeau, Pierre Elliott, « Entrevue, 10 mars 1977, *La Presse*, Montréal, Québec », Fonds Pierre-Elliott-Trudeau, Archives nationales du Canada, MG 26 0 13, p. 4, 5, 16, 20.

Constitution, mais séparer le Québec, à ce moment-là c'était utile d'avoir un référendum qui l'aurait demandé. Justement, ils ne l'ont pas demandé. [...] On [le parti du OUI] dit qu'il n'est pas question de faire la séparation. Alors, qu'est-ce qu'ils veulent ? Un fédéralisme renouvelé ? Si oui, pourquoi avoir tenu le référendum[12] ? »

Au début de cette émission, Trudeau avait déclaré : « S'il y a eu un avantage au référendum québécois, c'est que cela a éveillé dans l'esprit de la population, non seulement du Québec mais de tout le pays, la réalité qu'il faut vraiment déboucher un peu sur une nouvelle Constitution[13]. »

## « RENOUVELER LE FÉDÉRALISME »

Lors de son important discours au Centre Paul-Sauvé, le 14 mai 1980, Trudeau promet de « renouveler le fédéralisme » :

« Le gouvernement du Canada, le gouvernement de toutes les provinces se sont déjà exprimés clairement. Si la réponse à la question référendaire est NON, nous avons tous dit que ce NON sera interprété comme un mandat de changer la Constitution, pour renouveler le fédéralisme. [...]

Si je m'adresse solennellement à tous les Canadiens des autres provinces, nous mettons notre tête en jeu, nous, députés québécois, parce que nous le disons aux Québécois de voter Non, et nous vous disons à vous des autres provinces que nous n'accepterons pas ensuite que ce Non soit interprété par vous comme une indication que tout va bien puis que tout peut rester comme c'était auparavant. Nous voulons du changement, nous mettons nos sièges en jeu pour avoir du changement[14]. »

La promesse de Trudeau a eu un impact considérable sur les Québécois, comme l'a rappelé Pierre O'Neill : « "Nous mettons nos sièges en jeu pour avoir du changement." Il n'en fit rien, mais sa promesse a eu un impact médiatique d'une telle puissance que le camp du OUI ne s'en est jamais remis. » (*Le Devoir*, 20 mai 2000, p. A 12)

---

12. Trudeau, Pierre Elliott, « Entrevue, 18 mai 1980, TVA, Marc Laurendeau », Fonds Pierre-Elliott-Trudeau, Archives nationales du Canada, MG 26 0 13, p. 12-13.

13. *Ibid.*, p. 2.

14. Trudeau, *op. cit.*, p. 3-4.

## LE SENS DU RENOUVELLEMENT

Claude Ryan affirmait, la veille du référendum, que les changements promis devraient aller dans le sens des revendications du Parti québécois, comme l'a rapporté Claude-V. Marsolais :

« Le chef du camp du "non", M. Claude Ryan, a indiqué, hier, à ses partisans que dans l'éventualité d'une victoire du "non", il faudrait songer à incorporer l'idéologie du Parti québécois dans un large consensus de tous les Québécois. [...] Il avait déjà abordé ce thème la veille, à Québec, en indiquant que les militants fédéralistes devraient tenir compte des aspirations importantes et de l'idéologie véhiculée par le Parti québécois depuis une douzaine d'années. » (*La Presse*, 19 mai 1980, p. A 9)

Et vingt ans plus tard, Claude Ryan, déçu, a encore la même interprétation des changements promis par Trudeau :

« M. Trudeau a fait des promesses de changements, a rappelé Claude Ryan en entrevue au *Soleil* cette semaine. Nous, nous avions compris qu'il s'agissait de changements allant dans le sens de notre livre beige. Ce document proposait une révision du partage des pouvoirs et la reconnaissance du caractère biculturel du Canada. Ce qui est arrivé a été très différent. Les changements de fond, globaux, ceux que le Québec souhaitait, ne se sont pas produits. Il faut le dire en toute honnêteté. J'espérais beaucoup mais j'ai désenchanté assez vite. » (Jean-Marc Salvet, *Le Soleil*, 20 mai 2000, p. A 19)

René Lévesque avait retenu une interprétation semblable, comme il l'a écrit dans ses mémoires :

« Compte tenu du passé et de tant de revendications maintes fois répétées, un esprit droit ne pouvait s'attendre à rien de moins qu'une autonomie québécoise plus large et plus assurée. Sinon, ce n'était que promesse en l'air ou, ce qu'aucun démocrate ne saurait se permettre en un moment aussi solennel, pure fourberie[15]. »

Trois historiens québécois ont donné leur interprétation du changement promis par Trudeau: « Le premier ministre Trudeau avait formulé son engagement de manière à ce que la population l'interprète dans le sens d'un renouvellement du fédéralisme qui correspondrait à ses aspirations historiques[16]. »

## LE CHANGEMENT EFFECTUÉ

Comme l'a rappelé Marcel Adam, « Trudeau entreprit au lendemain de cette consultation une réforme qui devait se terminer par l'imposition au Québec, contre la volonté de son gouvernement, d'une réforme qui diminuait ses compétences législatives. » (*La Presse*, 4 mars 1989)

L'ancien conseiller et rédacteur de discours de Trudeau, André Burelle, a été déçu:

« J'ai prêté, en effet, ma plume à M. Trudeau durant le référendum de mai 1980 pour vendre aux Québécois un Canada "des petites patries sous la plus grande" à la Mounier, mais après avoir semblé acheter mes idées (partagées par bien d'autres fédéralistes) pour amadouer le Québec, M. Trudeau les a mises au rancart aussitôt la bataille référendaire terminée[17]. »

Quelques mois après le référendum, « les propositions d'Ottawa montrent que les autorités fédérales n'ont aucune intention de donner suite à ce que les Québécois avaient compris de leur engagement référendaire[18]. »

Selon Trudeau, « quand le gouvernement canadien tenta encore une fois de relancer le processus d'évolution constitutionnel, il rencontra un barrage de dix provinces qui [...]

15. Lévesque, René, *Attendez que je me rappelle...*, Montréal, Québec Amérique, 1986, p. 414.

16. Lacourcière, Jacques, Provencher, Jean et Vaugeois, Denis, *Canada-Québec, synthèse historique, 1934-2000*, Sillery, Les éditions du Septentrion, 2000, p. 518.

17. Burelle, *op. cit.*, p. 424.

18. Lacourcière, Provencher et Vaugeois, *op. cit.*, p. 518.

s'étaient inscrites à l'école du chantage dont le Québec était le fondateur et le diplômé *summa cum laude*[19].»

Claude Morin a résumé ainsi la suite des événements:

«Au bout du compte, Ottawa et les neuf provinces anglophones s'allièrent, en novembre 1981, pour imposer, en l'absence (voulue par les fédéraux) de tout membre de la délégation québécoise, une constitution qui, entre autres choses, niait le caractère distinct du Québec, réduisait ses droits collectifs et diminuait unilatéralement ses pouvoirs en matière de langue. Le plus grand changement constitutionnel depuis 1867 s'effectuait ainsi de manière illégitime et au détriment de la seule population du Canada envers qui on avait pris des engagements en vue de la faire opter pour le NON.» (*L'Action nationale*, mars 1996, p. 23)

## LA NUIT DES LONGS COUTEAUX

Dans ses *Mémoires politiques*, Trudeau a révélé la stratégie qu'il a utilisée lors de la conférence fédérale-provinciale sur la constitution de 1981:

«Le mercredi 4 novembre, nous devions réussir à diviser la Bande des Huit[20]. [...] Je me tournai vers Lévesque et lui proposai [...]: "Et si nous n'arrivons toujours pas à nous entendre, nous pourrons trancher la question par voie référendaire. Je suis certain qu'un démocrate comme toi ne peut pas s'opposer à la tenue d'un référendum?" Lévesque bondit sur l'appât. [...] Je venais de lâcher le chat parmi les pigeons et j'ajournai la séance pour le repas du midi. En quittant la salle, j'ai annoncé la naissance d'un axe Québec-Ottawa et m'en fus dîner assez content de mon coup[21].»

René Lévesque a raconté la réaction des autres provinces:

«Nos ex-alliés eurent un mouvement de recul, presque d'horreur. Ils n'avaient pas plus le goût d'un référendum que d'une charte. [...] Après le déjeuner cependant, on devait découvrir qu'il s'agissait en réalité d'une astuce politicienne

---

19. Trudeau, Pierre Elliott, *À contre-courant, textes choisis, 1939-1996*, Montréal, Stanké, 1996, p. 237.

20. Entente du 16 avril 1981 entre huit provinces opposées au projet de Trudeau, incluant le Québec, mais pas l'Ontario ni le Nouveau-Brunswick.

21. Trudeau, Pierre Elliott, *Mémoires politiques*, Montréal, Le Jour, 1993, p. 288-289.

plutôt répugnante. [...] Avant qu'un référendum eût lieu, il faudrait obtenir l'aval *de toutes et chacune des provinces*[22]. » [sic, en italique]

Au cours de la soirée et de la nuit du 4 au 5 novembre, « à l'insu de la délégation québécoise, les discussions reprennent entre le fédéral et les provinces anglophones[23]. »

Denis Lessard a commenté la suite : « Le front commun des provinces éclata rapidement quand Pierre Trudeau [...] accepta l'ajout d'une clause " dérogatoire" pour faire accepter sa Charte aux provinces. » (*La Presse,* 29 septembre 2000, p. A 10)

Ce n'est que le lendemain matin, à la reprise des travaux, que le Québec est informé des tractations nocturnes : « Le coup de poignard au milieu de la nuit[24]. »

René Lévesque a téléphoné d'Ottawa à son épouse, Corinne Côté :

« Je ne l'avais jamais vu dans un état pareil, se souvient-elle. Il ne s'était jamais senti aussi floué, et d'une façon machiavélique en plus. Il était cassé. Je pense que René est mort une première fois après la nuit des longs couteaux[25]. »

Pierre Godin rapporte que de retour à Québec, « à son premier conseil des ministres, René Lévesque laisse éclater sa rage contre Pierre Trudeau, " la duplicité faite homme," accuse-t-il. » (*Le Devoir* 13 avril 2002 p. G 2)

Selon René Lévesque, « pour obtenir l'adhésion du Canada anglais, le premier ministre canadien a accepté une diminution des pouvoirs de l'Assemblée nationale » du Québec. (*Le Journal de Québec*, 6 novembre 1981, p. 7)

Dans ses mémoires, René Lévesque écrit : « Le 20 mai 80 avait été jour de deuil, infiniment triste. Ce 5 novembre 81, c'était jour de rage et de honte. Nous étions trahis par des hommes qui n'avaient pas hésité à déchirer leur propre

---

22. Lévesque, René, *Attendez que je me rappelle...*, Montréal, Québec Amérique, 1986, p. 446.

23. Lacourcière, Provencher et Vaugeois, *op. cit.*, p. 518.

24. Lévesque, *op. cit.*, p. 448.

25. Godin, Pierre, *René Lévesque, l'homme brisé (1980-1987)*, Montréal, Les Éditions du Boréal, 2005, p. 189.

signature[26] [...] De la "nuit des longs couteaux" à la "plus méprisable trahison", je ne trouvais plus de termes assez forts pour exprimer tout le ressentiment qui me brûlait[27]. »

Le lendemain de la nuit des longs couteaux, un quotidien québécois titrait en première page, sous la photo de Trudeau et Jean Chrétien riant à gorge déployée: « Lévesque trahi par ses alliés. » (*Le Journal de Québec*, 6 novembre 1981)

André Burelle, l'ancien rédacteur de discours de Trudeau, a décrit en 2005 ses sentiments à la fin de la conférence du 5 novembre 1981:

« Je suis sorti ce jour-là du Centre des conférences avec le sentiment d'avoir été trompé en même temps que tous les Québécois et Québécoises à qui M. Trudeau avait promis un fédéralisme renouvelé inspiré du *Rapport Pépin-Robarts*, du *Livre beige* de Claude Ryan voire du *Temps d'agir*, en échange d'un NON majoritaire à la souveraineté-association que leur proposait René Lévesque[28]. »

Un an après la nuit funeste de novembre 1981, suivie par la modification de la constitution canadienne le 17 avril 1982, Claude Ryan écrivait à titre de député à l'Assemblée nationale du Québec:

« Dans l'agression dont le Québec fut victime à Ottawa au début de novembre 1981, l'agresseur, ce fut Pierre Elliott Trudeau. [...] Le fossoyeur du droit de veto du Québec, ce fut en définitive le premier ministre actuel du Canada. [...]

Les justifications que M. Trudeau multiplie à ce sujet sont du pur cabotinage intellectuel, de la démagogie mensongère. » (*Le Devoir*, 30 décembre 1982, p. 13)

## « LE CONSENTEMENT UNANIME DES PROVINCES »

En 1967, quelques mois avant de devenir premier ministre, Trudeau écrivait:

« Le fédéralisme repose essentiellement sur un compromis et un pacte. Sur un compromis: si le consensus national dans *tous* les domaines n'est pas désirable ou ne peut facilement être atteint, on le réduit à *certains* domaines. Sur un pacte ou

26. Entente du 16 avril 1981 du Québec avec sept autres provinces.

27. Lévesque, *op. cit.*, p. 448, 450.

28. Burelle, *op. cit.*, p. 361.

quasi-traité: on ne peut unilatéralement en modifier les termes. Ceux-ci ne sont pas pour autant fixés pour l'éternité, mais en les changeant, on doit faire tous les efforts voulus pour éviter de détruire le consensus sur lequel se fonde la nation fédérale[29]. »

Puis à la Chambre des communes le 25 avril 1969, Trudeau critiquait le point de vue de ceux qui pensaient que le fédéral devrait pouvoir récupérer un champ de compétence provincial quand un problème était d'envergure nationale (« nation-wide in scope ») :

« Ce point de vue revient à dire que le Parlement devrait pouvoir changer la Constitution de manière unilatérale, sans en discuter avec les provinces dont les compétences seraient modifiées. Le problème avec ce point de vue, c'est qu'il ne s'agit pas véritablement de fédéralisme : à bien des égards, il correspond davantage au fonctionnement d'un État unitaire. Et un État unitaire ne fonctionnera tout simplement pas au Canada[30]. »

Et en mai 1979, il prétendait encore respecter les champs de juridiction des provinces :

« Les fondateurs de ce pays ont donné des pouvoirs réels et une souveraineté réelle aux provinces, si bien que dans le domaine de l'éducation, par exemple, on ne peut pas faire des lois. [...] Je n'ai jamais voulu rien enlever de tout cela aux provinces, et au Québec... [...] Je ne changerai pas un iota des pouvoirs provinciaux. Je n'enlèverai pas une once de juridiction à aucune des provinces. Tout ce que je demande c'est que la Constitution soit ici[31]. »

Enfin, le 18 mai 1980, deux jours avant le référendum québécois, Trudeau s'adresse une dernière fois à la population au réseau de télévision TVA. « Pour amender la Constitution, surtout dans le partage des pouvoirs, [...] l'habitude veut que

29. Trudeau, Pierre Elliott, *Le fédéralisme et la société canadienne-française*, Montréal, Hurtubise HMH, 1967, p. 203.

30. Modern Canadian Library, *The Best of Trudeau*, Toronto, 1972, p. 56.

31. Trudeau, Pierre Elliott, « Entrevue, 17 mai 1979, Radio-Canada, Denise Bombardier », Fonds Pierre-Elliott-Trudeau, Archives nationales du Canada, MG 26 0 13, p. 7, 11.

l'on ne puisse pas l'amender sans le consentement unanime des provinces et du gouvernement fédéral[32]. »

## « PRESQUE UN PUTSCH, UN COUP DE FORCE » CONSTITUTIONNEL

Mais après le référendum de 1980, Trudeau a déjà oublié que « le fédéralisme repose essentiellement sur un compromis et un pacte[33] ».

Il juge maintenant qu'il y a deux moyens de réaliser le « changement » promis aux Québécois :

« Le gouvernement du Canada pouvait accepter la " théorie du contrat " [...] des provinces qui s'étaient librement unies pour former une vague confédération. Ou bien le gouvernement du Canada [...] pouvait rejeter la théorie du contrat [...] et procéder unilatéralement au rapatriement de la constitution[34]. »

Il a évidemment choisi la démarche unilatérale, le rapatriement lui servant de prétexte pour modifier la Constitution. Mais le Québec, le Manitoba et Terre-Neuve ont contesté devant leurs cours d'appel cette menace de rapatriement unilatéral. Le 28 septembre 1981, la Cour suprême du Canada statue « que le projet de rapatriement unilatéral est légal au sens strict, mais qu'il est illégitime parce que contraire à une [...] convention constitutionnelle[35]. » En effet, « la Cour suprême détermine que la procédure choisie par Ottawa, si elle satisfait à la légalité stricte, reste illégitime faute de l'approbation d'une majorité de provinces[36]. » Or « en droit constitutionnel, assure [...] Louis Bernard, la légitimité importe autant que la légalité[37]. » Comme

32. Trudeau, Pierre Elliott, 18 mai 1980, TVA, *op. cit.*, p. 2.

33. Trudeau, Pierre Elliott, 1967, *op. cit.*, p. 203.

34. Trudeau, Pierre Elliott, *À contre-courant, textes choisis, 1939-1996*, Montréal, Stanké, 1996, p. 253.

35. Turp, Daniel, *Nous, peuple du Québec: un projet de Constitution du Québec*, Québec, Éditions du Québécois, 2005, p. 20

36. Lacourcière, Jacques, Provencher Jean et Vaugeois, Denis, *Canada-Québec, synthèse historique, 1934-2000*, Sillery, Les éditions du Septentrion, 2000, p. 518.

37. Godin, Pierre, *René Lévesque, l'homme brisé (1980-1987)*, Montréal, Les Éditions du Boréal, 2005, p. 151.

le rappelle Daniel Turp, « cet avis de la Cour suprême du Canada a pour effet de relancer des négociations constitutionnelles et d'obliger le gouvernement du Canada à tenir compte de l'accord interprovincial conclu par huit provinces canadiennes, dont le Québec, le 16 avril 1981. Ces nouvelles négociations sont à l'origine de l'accord du 5 novembre 1981 conclu entre le gouvernement du Canada et les gouvernements des neuf provinces canadiennes, sans l'accord du Québec[38]. »

Puis en 1982, « la Cour suprême du Canada concluait qu'il n'existe pas de convention constitutionnelle requérant l'accord du Québec à une modification en profondeur de la constitution canadienne comme celle opérée par la *Loi constitutionnelle de 1982*: *Renvoi: Opposition à une résolution pour modifier la Constitution*, [1982] 2 R.C.S. 793. L'accord d'un nombre suffisant de provinces, quelles qu'elles soient, était, selon la Cour suprême, suffisant: *Renvoi: Résolution pour modifier la Constitution,* [1981] 1 R.C.S. 753[39]. » La Cour suprême a « statué que le Québec n'a jamais disposé d'un droit de veto officiel et que seule la coutume [convention] constitutionnelle en fondait l'existence[40]. »

Trudeau a donné un exemple de ce qui était, à ses yeux, légal, soit « conforme à la loi » selon le dictionnaire, par opposition à qui était légitime, c'est-à-dire « fondé en raison, en droit, en justice[41] » :

« Prenons les mots de la Cour. C'est légal, mais ce n'est pas suivant les conventions, c'est-à-dire les pratiques. C'est comme, disons, le référendum de M. Lévesque sur la souveraineté-association. C'était légal, mais ce n'était pas conventionnel[42]. »

Lors de la nuit des longs couteaux, Trudeau réussit à obtenir l'accord de toutes les provinces anglophones, puis modifie et rapatrie la Constitution, malgré le refus du Québec :

---

38. Turp, *op. cit.*, p. 20.

39. Brouillet, Eugénie, *La négation de la nation*, Sillery, Les éditions du Septentrion, 2005, p. 442, note 712.

40. Godin, Pierre, *op. cit.* p. 140.

41. *Le Petit Larousse*, Grand format, Paris, 1992.

42. Trudeau, Pierre Elliott, « Entrevue, Radio-Canada, *Noir sur blanc*, Denise Bombardier », 17 octobre 1981, Fonds Pierre-Elliott-Trudeau, Archives nationales du Canada, MG 26 0 13, 1981, p. 3.

« Le Québec n'a pas besoin de signer : il est bel et bien lié par la Constitution, en vertu des règles du jeu définies par la Cour suprême. [...] Nous avons eu l'appui d'un nombre suffisant de provinces. Alors de quoi se plaint-on ? » (*Cité libre*, mars-avril 1997, p. 11)

Trudeau n'est pas préoccupé par ce « grave déficit de légitimité politique », comme le rappelle Eugénie Brouillet :

« Bien que la *Loi constitutionnelle de 1982* s'applique juridiquement au Québec comme à toutes les autres provinces, elle fait face à un grave déficit de légitimité politique : le Québec, une des provinces fondatrices de la fédération et le berceau de la culture francophone en Amérique, n'y a jamais consenti[43]. »

Marcel Adam a ainsi qualifié le geste de Trudeau :

« Le mot fraude n'est pas trop fort pour qualifier un coup de force politique sans précédent chez nous — et peut-être sans équivalent dans les autres démocraties fédérales — destiné à imposer au Québec une réforme qui a donné un résultat contraire à celui qui était escompté des engagements pris à son endroit pour le garder dans la fédération. » (*La Presse,* 4 mars 1989)

Trudeau a d'ailleurs reconnu que c'était là « presque un putsch, un coup de force » :

« Disons simplement, expliqua-t-il plusieurs années plus tard [en 1986], qu'à cette dernière étape il fallait presque un putsch, un coup de force[44]. »

Peu après son accession au poste de premier ministre du Québec en 1996, Lucien Bouchard a montré la différence entre le geste unilatéral de Trudeau et l'acceptation par René Lévesque, lors de la conférence constitutionnelle de novembre 1981, d'un éventuel référendum canadien sur la modification de la Constitution canadienne : « M. Trudeau nous pousse donc à choisir entre un démocrate qui se serait plié à la volonté populaire et un premier ministre fédéral planifiant "presque un putsch, un coup de force". » (*Le Devoir,* 10 février 1996, p. A 11)

---

43. Brouillet, *op. cit.*, p. 375.

44. McCall, Christina et Clarkson, Stephen, *Trudeau : l'homme, l'utopie, l'histoire*, Montréal, Les Éditions du Boréal, 1990, p. 257 et note p. 407.

La promesse de changement faite aux Québécois, Trudeau l'a réalisée… pour le reste du Canada ! Dans son dernier écrit, il tente de se justifier :

« Ce n'est pas comme si nous n'avions pas apporté de changement. Nous avons donné au Canada une constitution et une Charte des droits. […] Si nous n'avions pas procédé au rapatriement de la constitution à cette époque, nous ne l'aurions jamais fait. C'est pourquoi je crois que bon nombre de ceux qui se plaignent maintenant de la manière dont nous l'avons fait sont des pleurnicheurs[45]. »

Le sociologue Marcel Rioux a porté le jugement suivant sur Trudeau :

« Le maître à penser de M. Trudeau, Lord Acton, ne disait-il pas que le pouvoir corrompt et que le pouvoir absolu corrompt absolument ? Soyons justes et magnanimes, à notre tour ! En treize ans de pouvoir, il n'a ostensiblement succombé que trois fois à la tentation totalitaire qui le travaille et qu'il a les moyens de satisfaire : 1970 (Mesures de guerre), et deux fois en 1980 : le Référendum et le coup de force constitutionnel[46]. »

## « SANS L'ACCORD DE QUEEN'S PARK » ?

Le successeur de Trudeau à Ottawa, Brian Mulroney, a posé cette question très pertinente, citée par Marcel Adam : « Croyez-vous un seul instant que M. Trudeau et ses collègues auraient procédé, en 1981-1982, au rapatriement de la constitution sans l'accord de Queen's Park (la Législature ontarienne) ? » (*La Presse*, 14 mars 1989)

La réponse est évidente ! Trudeau n'a pas osé imposer l'article 133 à l'Ontario[47], et encore moins modifier la constitution canadienne sans son accord, comme il l'a avoué lors d'une entrevue au *Devoir* le 16 juin 1983, publiée deux jours plus tard :

45. Trudeau, Pierre Elliott, avec la collaboration de Ron Graham, *Trudeau : l'essentiel de sa pensée politique*, Montréal, Le Jour, 1998, p. 156-158.

46. Rioux, Marcel, *Pour prendre publiquement congé de quelques salauds*, Montréal, L'Hexagone, 1980, p. 76.

47. L'article 133 de la constitution canadienne de 1867 imposait au Québec l'usage du français et de l'anglais au Parlement provincial et devant les tribunaux ; cet article s'est appliqué par la suite au Manitoba et au Nouveau-Brunswick.

« Les gens me disaient : “Mais vous avez imposé la clause de l’éducation au Québec, pourquoi n’avez-vous pas imposé l’article 133 à l’Ontario ?” Pour une raison bien simple, c’est que j’allais à Londres sans allié. J’avais besoin d’au moins une ou deux provinces[48], comme j’avais besoin du NPD pour me présenter là[49]. »

René Lévesque a dénoncé ce “marchandage odieux”, comme l’a rappelé son biographe :

« L’injustice pour lui, c’est que le bilinguisme officiel ne sera pas imposé à l’Ontario, dont la minorité francophone est pourtant aussi importante que la minorité anglophone québécoise. Le *French power* a plié devant Bill Davis. [...] René Lévesque dénonce ce “marchandage odieux” au cours duquel Pierre Trudeau a troqué la reconnaissance institutionnelle du français en Ontario contre l’appui de Bill Davis à sa guerre contre le bloc des huit[50]. »

Lors d’une rencontre avec les étudiants d’Osgoode Hall à Toronto le 5 février 1981, Trudeau avait tenté de se justifier de ne pas avoir imposé l’article 133 à l’Ontario. Après avoir lu les questions et les réponses, son ami et ancien ministre Gérard Pelletier a jugé fausses les raisons invoquées par Trudeau, comme il l’écrivait à André Burelle le 30 mai 1981, en citant des notes personnelles :

« Ce qu’il (Trudeau) peut raisonner faussement pour se défendre de n’avoir pas inclus dans sa Déclaration des Droits, l’application de l’article 133 à l’Ontario ! Je suis prêt à le suivre dans son argumentation fondée sur le réalisme politique. Mais son acharnement à trouver un pendant québécois à la concession qu’il consent à Davis, devient grotesque. Il dit :

*Je n’impose pas (le bilinguisme institutionnel) à l’Ontario ni ne suggère que nous ne l’imposions, pour la même raison que je n’impose pas au Québec une mesure qui semblerait juste (*fair*)*

48. En plus de celles déjà acquises.

49. Trudeau, Pierre Elliott, « Entrevue, 16 juin 1983, *Le Devoir* », Fonds Pierre-Elliott-Trudeau, Archives nationales du Canada, MG 26 0 13, p. 23.

50. Godin, Pierre, *René Lévesque, l’homme brisé (1980-1987)*, Montréal, Les Éditions du Boréal, 2005, p. 178.

*aux Ontariens, à savoir l'absolue liberté de choix pour les parents québécois entre l'école française et l'école anglaise.*

Comme si on pouvait mettre sur le même pied les Québécois francophones qui se refusent à eux-mêmes le droit de mettre leurs enfants à l'école anglaise, et les Ontariens anglophones qui refusent aux autres, i.e. à leur minorité francophone, le droit de parler français au Parlement provincial et devant les tribunaux. Quel raisonnement boiteux[51]. »

## « DU NATIONALISME MAJORITAIRE »

« Ce rapatriement marque " une rupture du lien de confiance avec une des populations fondatrices ", souligne le politologue de l'Université McGill, Alain Gagnon. Le Canada est entré dans " l'ère du nationalisme majoritaire ". Désormais, la majorité canadienne-anglaise peut apporter des changements fondamentaux à la Constitution du pays sans tenir compte de la volonté d'une communauté politique établie. » (Robert Dutrisac, *Le Devoir*, 13 avril 2002, p. G 7)

## DE LA DÉMOCRATIE

« Le 9 novembre [1981], à l'occasion du message inaugural de la nouvelle session, René Lévesque laisse d'abord fuser ses fustigations contre " la brutalité proprement totalitaire " avec laquelle les fédéraux ont placé le Québec au pied du mur, sans aucun mandat et sans l'ombre d'une consultation démocratique[52]. »

Pierre Godin a rapporté les commentaires de Maurice Duverger, spécialiste de la sociologie électorale, trois mois après la nuit des longs couteaux :

« Maurice Duverger, sociologue français de renommée internationale, pose la question : les Québécois sont-ils maintenant un " peuple enchaîné " ? Les authentiques fédérations, rappelle-t-il, reposent sur un accord volontaire, non sur la force. Le droit des peuples à disposer d'eux-

51. Burelle, André, *Pierre Elliott Trudeau : l'intellectuel et le politique*, Montréal, Fides, 2005, p. 334.

52. Godin, Pierre, *René Lévesque, l'homme brisé (1980-1987)*, Montréal, Les Éditions du Boréal, 2005, p. 193.

mêmes est reconnu par des conventions internationales que "les démocraties authentiques n'ont pas l'habitude de violer[53]".»

## «LA COLLABORATION JOYEUSE»

Le 2 décembre 1981, le parlement canadien a adopté la résolution demandant au Parlement du Royaume-Uni de modifier la Constitution du Canada, ce qu'il fit en 1982. Le *Canada Act (Loi sur le Canada),* dont l'annexe B est la *Loi constitutionnelle de 1982* qui sera promulguée le 17 avril 1982 par la reine Élisabeth II. Cette loi fondamentale modifiait la constitution canadienne malgré l'opposition du Québec. La Société Saint-Jean-Baptiste de Montréal a alors fait publier un message dans lequel il est écrit: «Le Canada anglais a trouvé, pour accomplir son forfait, le concours actif, la collaboration joyeuse de plusieurs des nôtres.» (*Le Devoir* du 4 décembre 1981)

Michel Vastel en a rappelé la preuve:

«Le 17 avril 1982, la reine Élisabeth II viendra elle-même porter la nouvelle Constitution au Parlement du Canada. En plus de sa signature, celle-ci portera celle de trois Québécois: Pierre Trudeau, Jean Chrétien et André Ouellet.» (*Le Soleil,* 3 novembre 2001)

À l'Assemblée nationale du Québec ce jour-là, René Lévesque met le drapeau en berne et déclare:

«Chez nous, ces jours-ci, on n'a pas le cœur à la fête. Que d'autres célèbrent, s'ils le veulent, cet événement "historique". Quant aux auteurs de cette Constitution qui n'est pas la nôtre, tôt ou tard, ils auront des comptes à rendre à tout un peuple dont ils ont abusé de la confiance[54].»

## «UNE COLONIE CONSTITUTIONNELLE CANADIENNE»

Rodrigue Tremblay a précisé le nouveau statut du Québec:

«À moins de considérer que les coups de force en politique sont l'essence de la démocratie, celui de Trudeau en 1981-82 était profondément antidémocratique, et dans le cas du Québec dont le Parlement s'y opposa à la presque unanimité, clairement

---

53. *Ibid.* p. 193-194, d'après *Le Devoir* du 16 février 1982.

54. *Ibid.*, p. 198.

illégitime. [...] De colonie constitutionnelle britannique, le Québec est *de facto* devenu, le 17 avril 1982, une colonie constitutionnelle canadienne. » (*L'Action nationale*, novembre 2000, p. 77-78)

## NON VEUT DIRE OUI

L'Assemblée nationale du Québec s'est prononcée une première fois, le 2 octobre 1981, contre le projet de modification de la constitution du Canada : 92,5 % des députés s'y sont alors opposés, y compris la plupart de ceux de l'opposition libérale.

Il y a eu ensuite « la nuit des longs couteaux », à Ottawa, le 5 novembre 1981. Environ un mois après ce funeste événement, l'Assemblée nationale du Québec s'est prononcée une deuxième fois, le 1er décembre 1981, contre le projet de modification de la constitution du Canada : 64,8 % des députés n'ont pas pu accepter le projet, ce pourcentage étant cependant un peu moins élevé que lors du vote précédent parce que les députés du Parti libéral du Québec n'ont pas osé tenir tête une deuxième fois au grand frère fédéral, le Parti libéral du Canada.

Malgré cette seconde opposition du Québec, le projet de Trudeau a été quand même approuvé par Ottawa le 2 décembre 1981 : 91,1 % des députés au Parlement canadien (246 sur 270), dont 70 des 75 députés québécois à Ottawa (93,3 %), ont voté pour ce projet, comme on peut le constater dans le tableau 4.

### LES DÉPUTÉS DU QUÉBEC QUI « ONT APPROUVÉ L'ENTENTE »

Trudeau a tenté par la suite de transformer le « NON » du Québec en un « OUI » à son projet de modification de la constitution canadienne; pour y parvenir, il a d'abord additionné les votes des députés québécois au Parlement

**Tableau 4: Votes des députés à l'Assemblée nationale du Québec et au Parlement canadien au sujet de la modification de la constitution canadienne**

| | Votes lors des deux motions de l'Assemblée nationale du Québec | | | | Votes des députés québécois au Parlement canadien le 2 décembre 1981 lors de la motion sur le projet de rapatriement de la constitution du Canada | | | Votes des députés québécois au Parlement canadien le 2 décembre 1981 plus les votes des députés à l'Assemblée nationale du Québec à chacune des deux dates | | | | | |
|---|---|---|---|---|---|---|---|---|---|---|---|---|---|
| | le 2 octobre 1981 au sujet du «projet fédéral concernant la Constitution du Canada» et par laquelle elle «réclame du gouvernement fédéral qu'il renonce à sa démarche unilatérale» | | 1er décembre 1981 par laquelle elle «déclare qu'elle ne peut accepter le projet de rapatriement de la Constitution sauf si celui-ci rencontre les conditions suivantes» dont la reconnaissance «que les deux peuples qui ont fondé le Canada sont foncièrement égaux» | | | | | Les votes du 2 octobre 1981 | | | Plus les votes le 1er décembre 1981 | | |
| | Nb | % | Nb | % | | Nb | % | Nb | % | Moyenne pondérée | Nb | % | Moyenne pondérée |
| Pour la motion | 111 | 92,5% | 70 | 68,4% | Contre la motion | 5 | 6,7% | 116 | 59,5% | 49,6% | 75 | 41,0% | 35,75% |
| Contre la motion | 9 | 7,5% | 38 | 35,2% | Pour la motion | 70 | 93,3% | 79 | 40,5% | 50,4% | 108 | 59,0% | 64,25% |
| Total | 120 | 100% | 108 | 100% | Total | 75 | 100% | 195 | 100% | 100% | 183 | 100% | 100% |

canadien à ceux des députés à l'Assemblée nationale du Québec, et ensuite il n'a tenu compte que de l'une des deux motions de l'Assemblée nationale du Québec à ce sujet.

Ainsi, faisant fi de la première motion de l'Assemblée nationale du Québec le 2 octobre 1981 et ne retenant que la deuxième motion le 1er décembre 1981, Trudeau en arrive à la conclusion suivante dans ses *Mémoires politiques* :

« Si vous ajoutez le nombre des législateurs de l'Assemblée nationale qui ont refusé de désapprouver l'entente [38] au nombre des élus québécois qui l'ont approuvée aux Communes [70], vous constatez qu'une moyenne pondérée de 65 p. 100 des députés élus au Québec ont approuvé l'entente sur le rapatriement. On peut certes contester cette analyse arithmétique en prétendant que seul le gouvernement du Québec peut parler pour les Québécois. Mais cette prétention constitue la définition même du séparatisme[55]. »

On peut d'abord s'amuser à « contester cette analyse arithmétique » : la moyenne pondérée de 64,25 % peut être arrondie à 64 %, et non à 65 % !

« Cette analyse » pose ensuite un problème de signification, de sens : les députés de l'opposition à l'Assemblée nationale de Québec qui ont « refusé de désapprouver l'entente » lors du deuxième vote n'ont pas nécessairement « approuvé l'entente », comme le montre leur vote lors de la première motion : trente-trois des quarante-deux députés libéraux présents, dont le chef de l'opposition, M. Claude Ryan, avaient alors voté pour la motion d'opposition au projet fédéral. Ce dernier écrivait, quelques jours après la mort de Trudeau :

« Cette opération [de changement constitutionnel] déboucha sur l'adoption de la *Loi constitutionnelle de 1982*, laquelle fut adoptée contre l'opposition formelle d'une très forte majorité de députés de l'Assemblée nationale. » (*La Presse*, 30 septembre 2000. p. A 26)

## LES DÉPUTÉS DU QUÉBEC QUI « S'OPPOSAIENT IRRÉDUCTIBLEMENT À L'ENTENTE »

Après la publication de ses *Mémoires politiques* en 1993, Trudeau a dû se rendre compte de la faiblesse de son

55. Trudeau, Pierre Elliott, *Mémoires politiques*, Montréal, Le Jour, 1993, p. 295.

argumentation selon laquelle « une moyenne pondérée de 65 % des députés élus au Québec ont approuvé l'entente sur le rapatriement[56] ». C'est sans doute pourquoi, en 1996, il insiste sur le faible pourcentage de ceux qui se sont opposés à cette entente : « Ainsi, moins de 40 pour 100 des députés élus au fédéral [soit 5] et au provincial [soit 70] par les citoyens du Québec s'opposaient irréductiblement à l'entente constitutionnelle[57]. »

En réalité, c'était plus de 40 % (soit 41 %) de tous ces députés qui « s'opposaient irréductiblement à l'entente constitutionnelle » (une moyenne pondérée d'environ 36 %), et toujours selon les votes de décembre 1981. Mais en retenant plutôt le premier vote de l'Assemblée nationale du Québec, le 2 octobre 1981, on peut alors dire que près de 60 % (soit 59,5 %) « des députés élus au fédéral [soit 5] et au provincial [soit 111] par les citoyens du Québec s'opposaient irréductiblement à l'entente constitutionnelle » (une moyenne pondérée d'environ 50 %). C'est pourquoi Lucien Bouchard, alors qu'il était premier ministre du Québec, a pu conclure :

« M. Trudeau trafique à ce sujet les dates et les votes. Dans son livre[58], M. Ryan juge sévèrement ces tentatives de "faire croire qu'une majorité des parlementaires siégeant à Québec et à Ottawa avaient approuvé son projet". Il conclut que M. Trudeau s'adonne à "une déformation de l'histoire" » (*Le Devoir*, 10 février 1996)

## « PARLER POUR LES QUÉBÉCOIS »

Du point de vue de la démocratie représentative, « on peut certes contester cette analyse arithmétique en prétendant que seul le gouvernement du Québec peut parler pour les Québécois [...] sans pour autant que "cette prétention constitue la définition même du séparatisme[59]." Qui sont les députés le plus en mesure de défendre les intérêts du Québec :

---

56. Ibid., p. 295.

57. Trudeau, Pierre Elliott, *À contre-courant, textes choisis, 1939-1996*, Montréal, Stanké, 1996, p. 283-284.

58. Claude Ryan a écrit un livre sur le fédéralisme en 1995, intitulé *Regards sur le fédéralisme canadien*.

59. Trudeau, Pierre Elliott, *Mémoires politiques*, Montréal, Le Jour, 1993, p. 295.

les députés québécois à Ottawa qui sont inféodés à un parti pancanadien (sauf ceux du Bloc québécois), et au sein duquel ils constituent une faible minorité, ou les députés siégeant à l'Assemblée nationale du Québec ? Poser la question, c'est aussi y répondre, Trudeau lui-même a déjà admis, le 2 avril 1968, soit quelques semaines avant de devenir premier ministre du Canada, qu'il ne parlait pas au nom du Québec : « Sait-on vraiment ce que pense le peuple québécois ? Je refuse pour ma part de proclamer que je parle en son nom[60]. »

Et il ajoutait, deux ans avant son décès : « Si vous croyiez au Canada, vous reconnaîtriez que le gouvernement du Québec parle au nom des Québécois dans certains champs de compétence comme l'éducation et la santé[61]. » Pourtant, Trudeau a imposé au Québec en 1982 des modifications constitutionnelles qui touchent précisément à l'« instruction, au niveau primaire ou secondaire, en français ou en anglais. » (article 23 de la Charte canadienne des droits et libertés)

## UN COUP DE FORCE « FONCIÈREMENT ILLÉGITIME »

Un an après la "nuit des longs couteaux" de novembre 1981, prélude au vote du 2 décembre 1981 à Ottawa, suivi du coup de force constitutionnel d'avril 1982, le premier ministre du Québec, René Lévesque, a rappelé à Trudeau le point de vue du Québec dans une lettre rendue publique le 17 décembre 1982 :

« Entente nocturne signée il y a un peu plus d'un an entre les gouvernements anglophones du Canada et le vôtre, [...] le Canada Bill n'en demeure pas moins foncièrement illégitime, et par conséquent absolument inacceptable aux yeux du Québec, de son gouvernement et j'en suis convaincu, de l'immense majorité des Québécois. Il sera donc impossible pour tout gouvernement digne de ce nom au Québec d'accepter une telle réduction draconienne et unilatérale des pouvoirs de notre Assemblée nationale. » (*Le Devoir*, 18 décembre 1982)

---

60. Pelletier, Gérard, Olivier, Pierre, *Réponses de Pierre Elliott Trudeau*, Montréal, Éditions du Jour, 1968, p. 128.

61. Trudeau, Pierre Elliott, avec la collaboration de Ron Graham, *Trudeau : l'essentiel de sa pensée politique*, Montréal, Le Jour, éditeur 1998, p. 163.

# UNE CHARTE DES DROITS ET LIBERTÉS

La modification et le rapatriement de la constitution canadienne avaient principalement comme objectif d'imposer au Québec la *Charte canadienne des droits et libertés*, partie I de la *Loi constitutionnelle de 1982*. Cette charte commence par le considérant suivant :

« Attendu que le Canada est fondé sur des principes qui reconnaissent la suprématie de Dieu et la primauté du droit [...]. »

## APRÈS LE QUÉBEC

Le Québec avait déjà une *Charte des droits et libertés de la personne* quand Trudeau a fait adopter sa charte canadienne, comme l'a rappelé le premier ministre du Québec, Bernard Landry, à l'Assemblée nationale le 17 avril 2002 :

« Il importe de rappeler que le Québec s'est donné une charte des droits et libertés exemplaire dès [le 27 juin] 1975, sept ans avant Ottawa. La charte québécoise protège les droits fondamentaux des citoyens et des citoyennes, tandis que la charte canadienne comporte des articles qui viennent réduire les pouvoirs de notre Assemblée nationale. » (*La lettre, Parti québécois*, 18 avril 2002)

## DES RAISONS OFFICIELLES

Dans son manifeste de 1964 intitulé *Pour une politique fonctionnelle*, signé conjointement par six autres personnes, dont Marc Lalonde, Trudeau déplorait que la justice soit mal administrée au Québec : « Très souvent, des personnes dont le seul tort est d'être soupçonnées sont arrêtées, détenues et interrogées, dans la plus stricte illégalité. » (*Cité libre*, mai 1964, p. 12)

Trudeau ajoutait en février 1968, de façon prémonitoire :

« On me demande pourquoi nous avons besoin d'une charte au Canada. [...] Des personnes appréhendées au milieu de la nuit[62] sont gardées au secret pour plusieurs jours. [...] On a pu les obtenir [des preuves] par des moyens frauduleux, la police les a peut-être volées, ou obtenues sans mandat de

62. Comme le 16 octobre 1970 au Québec !

perquisition, ou en pénétrant par effraction[63] dans des lieux privés[64]. »

C'est précisément ce que Trudeau a fait. Une sommité juridique a confié à Yves Boisvert : « "La Charte [1982], c'est comme si, pour l'écrire, ils avaient imaginé l'exact contraire de ce qui s'est passé en 1970", dit un éminent juriste, qui ne veut pas s'identifier publiquement. » (*La Presse*, 29 septembre 2000, p. A 9)

Jacques Parizeau n'a pas oublié, comme le rapporte Pierre Duchesne :

« Évoquant le rôle de Pierre Elliott Trudeau lors des évènements d'octobre, Jacques Parizeau affirme, cinglant, qu'il "y a deux types d'individus que je ne peux pas sentir dans le monde. Il y a les tueurs et les emprisonneurs. Après avoir fait une chose semblable, on ne présente pas une Charte des droits[65] !" »

## LA VRAIE RAISON

En 1967, Trudeau écrivait que « les présentes institutions constitutionnelles sont satisfaisantes pour notre Province puisqu'elles lui reconnaissent une juridiction pleine et entière sur l'éducation[66]. »

Puis lors de la crise sur la langue d'enseignement à Saint-Léonard en 1968, Trudeau déclare que, « en ce qui concerne l'éducation proprement dite sous la Constitution actuelle, nous [le gouvernement fédéral] n'avons aucune juridiction[67]. » Or en 1982, Trudeau a quand même imposé au Québec sa « charte des droits dont l'un des objectifs était de mettre en

63. Comme pour l'opération Ham de la GRC contre le Parti québécois en janvier 1973.

64. Conférence constitutionnelle, Ottawa, du 5 au 7 février 1968, dans Trudeau, Pierre Elliott, *À contre-courant, textes choisis, 1939-1996*, Montréal, Stanké, 1996, p. 221.

65. Duchesne, Pierre, *Jacques Parizeau, Tome I : Le Croisé, 1930-1970*, Montréal, Québec Amérique, 2001, p. 558.

66. Trudeau, Pierre Elliott, *Le fédéralisme et la société canadienne-française*, Montréal, Hurtubise HMH, 1967, p. 42.

67. Trudeau, Pierre Elliott, « Entrevue, "Deux plus un", 15 septembre 1968, Fonds Pierre-Elliott-Trudeau, Archives nationales du Canada, MG 26 0 13, p. 14.

échec la loi 101 » au sujet de la langue d'enseignement, comme l'a écrit Claude Morin. (*Le Devoir*, 1er novembre 2001, p. A 7)

Le sénateur Michael Kirby l'a lui aussi confirmé, comme l'a écrit l'ancien conseiller de Trudeau, André Burelle :

« Michael Kirby ne s'y trompait pas, la charte voulue par M. Trudeau visait bel et bien à neutraliser en priorité la Loi 101. Les droits linguistiques s'y trouvent en effet élevés au rang de droits fondamentaux des individus soustraits à la clause nonobstant, tandis que les autres droits de la personne, même les plus fondamentaux, y sont assujettis à la clause dérogatoire[68]. »

En 1992, dix ans après le coup de force constitutionnel de 1982, Trudeau a quand même répété à peu près la même chose qu'en 1968, lors de la crise sur la langue d'enseignement à Saint-Léonard. En effet, il écrit encore : « Le Québec est maître de l'éducation sur son territoire. Il a tout pouvoir en matière d'éducation depuis le début de la confédération[69]. »

En 1998, soit deux ans avant sa mort, il a fini par reconnaître implicitement que, depuis sa charte, le Québec n'avait plus « tout pouvoir en matière d'éducation » ; en effet, dans un recueil d'extraits de ses écrits intitulé *Trudeau : l'essentiel de sa pensée politique*[70], il a repris un fragment d'un texte de 1961, mais en supprimant les mots « *où pourtant nous avions tous les droits* ». Dans la citation non amputée de 1961, il dénonçait « l'étroitesse, l'incompétence et l'esprit d'imprévoyance qui ont toujours caractérisé la politique d'éducation de la province de Québec, <u>où pourtant nous avions tous les droits</u> [je souligne]. Et il en allait ainsi dans tous les domaines où nous nous prétendions lésés: religion, finances, élections, fonctionnarisme, et le reste. » (*Cité libre,* mars 1961, p. 4) L'amputation de cette citation en 1998 est décrite à la page 199 (note 138) comme une « légère modification » qui avait sans doute pour but de tenir compte de l'effet de sa charte !

68. Burelle, André, *Pierre Elliott Trudeau : l'intellectuel et le politique*, Montréal, Fides, 2005, p. 85.

69. Trudeau, Pierre Elliott, *Trudeau : ce gâchis mérite un beau NON*, Montréal, L'Étincelle, 1992, p. 30.

70. Trudeau, Pierre Elliott, avec la collaboration de Graham, Ron, *Trudeau : l'essentiel de sa pensée politique*, Montréal, Le Jour, 1998, p. 101 et 199, citation 138.

Les conséquences de la charte de Trudeau sur la charte québécoise de la langue française ont été rappelés par Eugénie Brouillet :

« De nombreuses dispositions de la Charte de la langue française, instrument juridique dominant de la politique linguistique québécoise, ont été déclarées inconstitutionnelles par la Cour suprême du Canada par l'application de certaines libertés et de certains droits garantis par la charte canadienne. [...] La capacité du Québec de légiférer en matière de langue de façon à assurer une intégration des immigrants à la majorité francophone est intrinsèquement liée à la survie de la société québécoise en tant que peuple distinct. Or la Charte canadienne des droits et libertés limite de façon significative cette capacité[71]. »

René Lévesque avait compris le stratagème de Trudeau, comme il l'a dit dans le discours inaugural à l'Assemblée nationale en juin 1981 :

« Sous le couvert de donner aux citoyens une nouvelle charte des droits, le projet d'Ottawa est en fait une attaque sans précédent contre les pouvoirs de l'Assemblée nationale du Québec, qu'il viendrait limiter et encadrer notamment en matière de langue d'enseignement[72]. »

Selon l'ancien proche conseiller de Trudeau, André Burelle, « point n'est besoin d'être grand clerc pour s'apercevoir que l'anglais et le français ne luttent pas à armes égales en Amérique du Nord et que s'en remettre strictement au libre choix linguistique, c'est favoriser l'anglais, langue du plus fort en contexte nord-américain. » (*Le Devoir*, 1er mai 1993, p. A 13) Comme l'a déjà dit avec humour Yves Michaud, je crois, « au Québec, mettre les deux langues sur le même pied, c'est mettre les deux pieds sur la même langue. »

Gilbert Lavoie a révélé que dans une lettre adressée le 29 janvier 1981 à Mme Helen Sallmen d'Ottawa, « le premier ministre ontarien, M. William Davis, estime que la charte des droits du gouvernement Trudeau ne changera rien à la situation des Franco-Ontariens, mais qu'elle était devenue

71. Brouillet, Eugénie, *La négation de la nation*, Sillery, Les éditions du Septentrion, 2005, p. 339, 375.

72. Lévesque, René, *Attendez que je me rappelle...*, Montréal, Québec Amérique, 1986, p. 441.

nécessaire pour contrer les législations adoptées par les gouvernement Bourassa et Lévesque en matière linguistique au Québec.» (*La Presse*, 23 novembre 1981)

Pourtant, deux mois après l'élection du Parti québécois en novembre 1976, Trudeau avait annoncé à Québec son préalable à la révision constitutionnelle: «Pour la constitution, je n'ai qu'un préalable: le respect des droits de l'homme et de la femme, le respect des droits humains, et probablement le respect de l'aspect collectif de ces droits humains; je pense à la langue, je pense aux droits des régions.» (*Le Devoir*, 29 janvier 1977, p. 1)

Mais dans sa charte, il n'a pas enchâssé le «respect de l'aspect collectif» des droits de la langue officielle minoritaire au Canada, comme il l'a d'ailleurs avoué en 1990: la Charte «contient des dispositions pour protéger certaines collectivités minoritaires [...:] "les peuples autochtones du Canada" [...] et [...] "la valorisation du patrimoine multiculturel des Canadiens". [...] Quant à la Charte, à l'exception des deux cas[73] mentionnés [...] elle cherche à définir les droits exclusivement en fonction de la personne plutôt que de la collectivité [...] Chose notoire, cette préférence est maintenue même quand il s'agit des langues officielles: ce ne sont pas les groupes linguistiques qu'elle protège, ce sont les individus dans leur droit d'utiliser l'une ou l'autre langue[74].»

Ainsi, Trudeau accepte de «protéger certaines collectivités minoritaires», mais pas le Québec. «Naturellement, pas de reconnaissance de la société distincte, malgré les évidences non seulement culturelles mais juridiques. En effet, depuis l'Acte de Québec de 1774 qui a réintroduit le droit civil français, le Québec se distingue des autres provinces qui, elles, sont régies par la *common law* britannique[75].»

---

73. Après le départ de Trudeau en 1984, la Charte a été modifiée pour ajouter deux autres collectivités: «la communauté linguistique française et la communauté linguistique anglaise du Nouveau-Brunswick.» (article 16.1) Deborah Coyne, la mère de la fille de Trudeau, «juriste qu'on dit brillante et trudeauiste, [...] a contesté devant les tribunaux [...] [cette] modification constitutionnelle apportée en 1993.» (Hélène Buzetti, *Le Devoir*, 8 décembre 2005, p. A 2)

74. Axworthy, Thomas S. et Trudeau, Pierre Elliott, *Les années Trudeau, la recherche d'une société juste*, Montréal, Le Jour, 1990, p. 388.

75. Godin, Pierre, *René Lévesque, l'homme brisé (1980-1987)*, Montréal, Les Éditions du Boréal, 2005, p.177.

André Burelle a critiqué l'attitude de son ancien patron :

« Le problème de l'approche Trudeau est qu'en " absolutisant " les droits des individus et en atomisant les droits collectifs pour en faire des droits individuels, elle réécrit par la bande le contrat social et politique qui a donné naissance au Canada et que, plus fondamentalement encore, elle ignore la nécessité des communautés comme instruments de transmission de la langue et de la culture, qui sont, pour tout être humain, une hérédité sociale avant d'être un droit individuel[76]. »

Comme l'a écrit Burelle, « une langue est, par sa nature même, une création collective, un bien communautaire qui appartient à tous et à personne » :

« Et parce qu'une langue est essentiellement une création collective régie par l'usage, elle a besoin, pour demeurer vivante, d'une communauté dotée d'un territoire où l'on travaille, commerce, communique et invente quotidiennement dans cette langue. Tant et si bien que garantir des droits linguistiques à des individus sans accorder à la communauté porteuse de leur langue les droits territoriaux et les pouvoirs nécessaires à sa survie et à son épanouissement, c'est à plus ou moins long terme vouer ces droits individuels à l'extinction[77]. »

Une trentaine d'intellectuels et d'artistes québécois ont dénoncé ainsi la charte des droits de Trudeau :

« Aucun individu, groupe ou société minoritaire ne saurait faire reposer ses droits sur des garanties strictement individuelles. [...] Distorsion et dépossession surtout que cette imposition forcée d'une charte des droits de la personne par celui-là même qui a violé ces mêmes droits en 1970, en imposant une loi des mesures de guerre qui privait de leurs droits et libertés des centaines d'intellectuels, de créateurs et de simples citoyens pacifiques, coupables seulement de dissidence idéologique avec le pouvoir politique incarné par M. Trudeau. » (*Le Devoir*, 11 décembre 1980, p.11)

---

76. Burelle, André, « Le mal canadien », Montréal, Fides, 1995, p. 66-67, Burelle, André, *Pierre Elliott Trudeau : l'intellectuel et le politique*, Montréal, Fides, 2005, p. 445.

77. Burelle, André, *Pierre Elliott Trudeau : l'intellectuel et le politique*, Montréal, Fides, 2005, p. 446.

Au lendemain de la mort de Trudeau, le premier ministre du Québec, Lucien Bouchard, a confié à des journalistes: « Nous ne pouvons pas oublier que cette Charte des droits a été adoptée simultanément à la diminution des pouvoirs de l'Assemblée nationale, que la Constitution qui en a résulté a été rejetée par le Québec d'alors et jamais entérinée par aucun gouvernement depuis. » (selon Lia Lévesque, *Presse canadienne*, *Le Devoir,* 30 septembre 2000, p. A2)

## LA LIBERTÉ D'OPINION

La Commission McDonald a révélé les exigences de Trudeau auprès de la Gendarmerie royale du Canada:

« À la fin des années 60, le gouvernement fédéral s'attendait que la GRC recueille des renseignements sur l'effectif et les finances des organisations séparatistes (exigences formulées par Pierre Trudeau à la réunion du Cabinet du 19 décembre 1969). Il était donc dans la logique des choses que la GRC en déduise qu'elle avait le pouvoir d'enquêter sur le Parti québécois[78]. »

Au sujet de cette réunion du comité du Cabinet sur la sécurité, le 19 décembre 1969, Trudeau lui-même écrit dans ses *Mémoires politiques*:

« On obtenait récemment le procès-verbal où sont rapportées mes exhortations aux policiers. Effectivement, en décembre 1969, près d'un an avant la crise d'Octobre, un comité ministériel se penchait sur les problèmes de sécurité publique en général et celui du FLQ en particulier. Et je disais entre autres choses aux responsables de la GRC que je comptais sur eux pour "amasser de l'information sur [1] [79] les sources de financement des mouvements séparatistes au Québec, [2] l'influence séparatiste au sein du gouvernement du Québec, de la fonction publique, des partis politiques, des universités, des syndicats et des professions, [3] enfin sur les troubles politiques au Québec[80]". »

---

78. Commission McDonald, 1981, dans Godin, Pierre, *René Lévesque, héros malgré lui (1960-1976)*, Montréal, Les Éditions du Boréal, 1997, p. 596.

79. La numérotation [1, 2, 3] est de l'auteur de ce livre.

80. Trudeau, Pierre Elliott, *Mémoires politiques*, Montréal, Le Jour, 1993, p. 119-120.

On ne peut pas être plus clair : « amasser de l'information sur [...] l'influence séparatiste au sein [...] des partis politiques, des universités, des syndicats et des professions. »

Toujours au sujet de cette réunion du 19 décembre 1969, le journaliste Gilles Paquin rapporte que le chef des Services secrets de la GRC, John Starnes, a déclaré au *Globe and Mail*, le 22 mars 1992 :

« " Il n'y a aucun doute qu'on a demandé à la GRC d'obtenir cette information de façon méthodique et complète ", a-t-il dit. Sous sa direction, les services de sécurité ont ensuite effectué 47 opérations clandestines connues sous le nom de code de " PUMA " ; l'une de celles-ci, portant le nom " HAM ", visait le vol de la liste des membres du PQ, en 1973. » (*La Presse*, 25 mars 1992, p. A 2)

L'opération « Ham » a eu lieu dans la nuit du 8 au 9 janvier 1973 :

« L'opération, impliquant des membres des sections G (antisubversion québécoise), E (écoute électronique), I (*Watchers*) et quelques autres, fut, techniquement, un des succès de l'histoire moderne des SS[81]. Le résultat : une pile de papier imprimé d'ordinateur, de 16 pouces sur 12 pouces et de... 6 pieds de haut[82]. »

Le témoignage de Starnes devant la Commission McDonald en novembre 1978 est éloquent :

« Starnes déclara aux enquêteurs : " Le premier ministre était parfaitement au courant de la surveillance continuelle que nous exercions à l'endroit du mouvement séparatiste. " Le témoignage de Starnes prouve, sans l'ombre d'un doute, que l'attitude adoptée par Trudeau durant la crise d'Octobre répondait à un double objectif : a) en finir avec le FLQ, b) en finir avec le séparatisme. " Ils voulaient écraser le séparatisme. Ils voulaient lui porter un coup mortel " affirme un ministre de l'époque en parlant de Trudeau, de Marchand et de Lalonde. [...] Comme l'expliquait une seconde note de Starnes, ses activités consistaient à " élaborer, à partir de situations existantes, des machinations complexes et

81. « Des services secrets canadiens [...] que les Mounties appellent, entre eux et sans ironie, les SS. » (Lisée, Jean-François, *Dans l'œil de l'Aigle : Washington face au Québec*, Montréal, Les Éditions du Boréal, p. 147).

82. Lisée, *Ibid.*, p. 173.

soigneusement mises au point, comme des luttes pour le pouvoir, des histoires de sexe, l'utilisation frauduleuse de fonds, des dénonciations relatives à la consommation de drogues, etc., afin de provoquer la dissension au sein des groupes séparatistes/terroristes et, par voie de conséquence, leur éclatement[83]". »

Le 4 janvier 1971, Trudeau a averti de ses intentions les représentants du comité des huit, dont Guy Rocher, Claude Ryan et Pierre Harvey, venus lui demander d'« abolir la loi d'urgence [la loi Turner] et libérer les gens qui n'ont rien à voir avec le FLQ. [...] Pierre Trudeau s'emporte : "Vous autres, les universitaires, vous êtes dans les nuages ! Vous ne le savez pas, mais l'université, c'est un nid de felquistes ! On commence à avoir des renseignements et je vous avertis qu'à l'avenir il n'y aura plus une christ de faculté qui n'aura pas d'espions[84]". »

## LA LIBERTÉ DE PRESSE

En 1958, Trudeau déplorait les « atteintes à la liberté de parole, de presse » au Québec dans « Un manifeste démocratique » : « L'immoralisme électoral et civique des Canadiens français, [...] le peu de cas qu'ils font (dans l'ensemble) des atteintes à la liberté de parole, de presse et d'association, [...] un peuple où la démocratie ne peut pas être prise pour acquise. » (*Cité libre*, octobre 1958, p. 17-18)

Et en 1964, un peu plus d'un an avant son élection comme député à Ottawa, il prêtait des intentions aux « séparatistes » :

« Ils veulent abolir la liberté et imposer la dictature de leur minorité. [...] Ils font nombre dans les salles de rédaction de nos journaux, ils pullulent à Radio-Canada et à l'Office du Film, ils pèsent de tout leur poids ( ?) [sic] sur les mass-media. » (*Cité libre*, mai 1964, p. 5)

Quelques années plus tard, devenu ministre de la Justice, Trudeau vouait plutôt ces organismes à une autre mission :

« Un des moyens de contrebalancer l'attrait du séparatisme, c'est d'employer un temps, une énergie et des sommes énormes au service du nationalisme fédéral. [...] Il

83. Gwyn, Richard, *Le Prince*, Montréal, France-Amérique, 1981, p. 146, 156.

84. Godin, Pierre, *René Lévesque, héros malgré lui (1960-1976)*, Montréal, Les Éditions du Boréal, 1997, p. 524-525.

faut affecter une part des ressources à des choses comme [...] les sociétés de diffusion radiophonique et de télévision, les offices du film[85]. »

Devenu le premier ministre du Canada, et donc le pourvoyeur de Radio-Canada, il adresse à la société d'État une mise en garde le 19 octobre 1969, devant des militants libéraux :

« M.Trudeau a dénoncé [...] le séparatisme chez beaucoup de fonctionnaires, et jusqu'à Radio-Canada où "c'est devenu une maladie de l'esprit" au point qu'il n'hésitera pas à prendre ses responsabilités et "à mettre la clé dans la boîte"; et d'ajouter : "Si c'est nécessaire, on peut en faire des programmes (de télévision) ! Si on ne peut pas, on montrera des vases chinois : ça cultivera les gens !" » (M. R., *Le Devoir*, 20 octobre 1969, p. 1)

Jérôme Proulx a décrit la fin de ce discours de Trudeau : « Au beau milieu d'une envolée remplie de tension hystérique, il cria, l'œil hagard et la lèvre tendue, son tonitruant : " Finies les folies" en sommant Radio-Canada, la voix du peuple, de se taire[86]. » Le lendemain de cette diatribe, Trudeau répond aux questions de Gérald Gravel à l'émission *Format 30* de Radio-Canada :

« M. Gravel : À partir de ce que vous dites et à partir de l'accent que vous avez eu hier soir, on se demande si on parlait pas d'une sorte de statut de tutelle pour Radio-Canada.

M. Trudeau : C'est possible, justement.

M. Gravel : C'est possible ?

M. Trudeau : Oui... [...] Ce ne serait pas difficile de réduire les budgets de Radio-Canada. [...] Puisque Radio-Canada sert de canons électroniques pour tirer à boulet rouge sur le gouvernement fédéral, avec l'argent du contribuable fédéral, ils les auront pas, ces argents-là[87]. »

Puis le 13 octobre 1970, en pleine crise à la suite des deux enlèvements par le FLQ, Trudeau avertit les journalistes au sujet des prisonniers politiques : « Et j'ai dit que vous, de la

---

85. Trudeau, Pierre Elliott, *Le fédéralisme et la société canadienne-française*, Montréal, Hurtubise HMH, 1967, p. 204.

86. Proulx, Jérôme, « Le panier de crabes », 1971, dans Potvin, André, Létourneux, Michel et Smith, Robert, *L'anti-Trudeau, Choix de textes*, Montréal, Éditions Parti-pris, 1972, p. 131.

87. Trudeau, Pierre Elliott, « Entrevue, *Format 30* », 20 octobre 1969, 7 mai 1971, Fonds Pierre-Elliott-Trudeau, Archives nationales du Canada, MG 26 0 13, p.13, 14, 18.

presse, devriez cesser de les appeler des prisonniers politiques. Ils ne sont pas des prisonniers politiques. Ils sont des hors-la-loi, des prisonniers criminels. Ils ne sont pas des prisonniers politiques, ils sont des bandits: c'est pourquoi ils sont en prison.» (*Le Devoir,* 15 octobre 1970, p.11)

Les fédéralistes auraient peur de s'exprimer selon Trudeau: «Combien de fédéralistes québécois, même parmi les chefs d'entreprises les plus puissants, hésitent à dire publiquement ce qu'ils pensent, de crainte de mettre en péril leur poste, leurs subventions ou leurs amitiés[88] ?»

Pourtant, lors du coup de la Brinks, peu avant les élections au Québec, en avril 1970, lors de la menace de déménagement de la Sun Life en 1978 et lors des référendums québécois de 1980 et 1995, on a entendu «les chefs d'entreprises les plus puissants» annoncer sur toutes les tribunes des catastrophes économiques en cas de victoire du OUI!

Lors du référendum québécois de 1995, il y a même eu «refus de Radio-Canada de diffuser les publicités favorables au OUI, ce qui correspond clairement à une violation du principe de la liberté d'expression, pourtant fondamentale et essentielle à la notion de démocratie.» (Sasha-Alexandre Gauthier, *Le Devoir*, 6 février 2004)

Après le référendum québécois de 1995, la mise en place du Bureau d'information du Canada (le BIC), office fédéral de propagande rebaptisé Communication Canada et dont relevait le programme de commandites, ne rassure pas encore Trudeau qui plaint toujours en 1997 les pauvres fédéralistes: «Combien connaissez-vous de gens qui pensent comme vous mais qui n'osent pas le dire publiquement à cause de leur emploi, de leurs subventions, etc.? Les gens ont peur de s'attaquer au séparatisme.» (*Cité libre,* février-mars 1997, p. 14)

Des personnes qui «ont peur», et ce, «à cause de leur emploi», on en connaît beaucoup, mais bizarrement c'est dans le camp du OUI! Norman Lester lui n'a pas eu «peur de s'attaquer au»... Canada anglais:

«Radio-Canada considérait qu'en publiant *Le livre noir du Canada anglais,* alors que j'étais journaliste, je compromettais sa réputation de neutralité et d'objectivité. Au fil des chapitres

88. Trudeau, Pierre Elliott, avec la collaboration de Ron Graham, *Trudeau: l'essentiel de sa pensée politique*, Montréal, Le Jour, 1998, p. 97.

de ce livre [tome 2], on constatera le rôle d'instrument de propagande du gouvernement fédéral qu'a joué la SRC aux moments critiques des conflits entre le Québec et le Reste du Canada[89]. »

En ce qui concerne les subventions, ce sont en fait celles du gouvernement canadien qui sont refusées aux organismes québécois qui ne s'engagent pas à assurer une grande visibilité au drapeau canadien, par exemple le Jardin zoologique de Québec en janvier 2001.

## UN CHANGEMENT TOUJOURS INACCEPTABLE

L'historien Michel Brunet a signalé les dangers de la Charte de Trudeau :

« Sa Charte enlève au Québec une partie de ses pouvoirs au niveau scolaire afin de favoriser l'expansion de la langue anglaise et introduit le principe de la libre circulation des biens et des personnes. [...] Dans ce nouveau contexte, des mouvements migratoires sont à prévoir. À long terme, ils pourraient même entraîner la minorisation des Québécois francophones. Cette échéance ne peut que réjouir ceux qui refusent de reconnaître l'existence d'une nation québécoise. Plusieurs d'entre eux, dont Trudeau lui-même, sont convaincus que le progrès personnel des individus francophones canadiens exige d'eux le renoncement à tout projet collectif distinct de celui des Canadians [sic, souligné] » (*Cahiers d'histoire,* automne 1981, p. 5)

Un an après le coup de force constitutionnel de Trudeau, Claude Ryan écrivait dans *Le Devoir,* à titre de député libéral à l'Assemblée nationale du Québec :

« Il aura fallu qu'il ait à sa tête un premier ministre francophone issu du Québec pour que le gouvernement fédéral ose proposer, voire imposer contre la volonté formellement exprimée du Québec, la solution inacceptable que définit la *Loi constitutionnelle de 1982.* » (*Le Devoir*, 30 décembre 1982, p. 13)

89. Lester, Normand, *Le livre noir du Canada anglais 2,* Montréal, Les Intouchables, 2002, p. 10.

L'ancien conseiller de Trudeau, André Burelle, a décrit ainsi le « renouvellement du fédéralisme » promis par son patron aux Québécois lors du référendum de 1980 :

« Il décida d'employer la manière forte pour abattre le nationalisme québécois en imposant au Québec sans son consentement : 1) une charte des droits qui limite unilatéralement ses pouvoirs souverains en matière de langue ; 2) une formule de modification de la constitution qui le prive d'un droit de veto indispensable à la protection de son statut de seule province majoritairement francophone au sein du Canada ; et 3) une Cour suprême dont les juges nommés par Ottawa ont mission de trancher les querelles de juridiction entre les deux ordres de gouvernement et d'interpréter la charte des droits et libertés dans une perspective *one nation* pancanadienne[90]. »

Le 17 avril 2002, à l'occasion du vingtième anniversaire de l'entrée en vigueur du « Canada Act », les 106 députés présents à l'Assemblée nationale du Québec ont adopté à l'unanimité la motion suivante :

« L'Assemblée nationale réaffirme qu'elle n'a jamais adhéré à la *Loi constitutionnelle de 1982*, qui a eu pour effet de diminuer les pouvoirs et les droits du Québec sans le consentement du gouvernement québécois et de l'Assemblée nationale et que celle-ci est toujours inacceptable au Québec. » (*Le Devoir*, 18 avril 2002, p. A 8)

Les auteurs d'un livre qui émane de l'assemblée de fondation du Rassemblement pour l'indépendance du Québec (RIQ), tenue en 2000, concluent :

« Sortir le Canada du Québec, c'est mettre fin à l'Indirect Rule, système politique qui utilise les élites locales pour assurer sa mainmise sur les populations conquises. Mis en place en 1774 au Québec par le Parlement britannique, ce système fut reconduit en 1791 et en 1840. En 1867 et en 1982, le Canada l'a reproduit sans consulter le peuple du Québec[91]. »

---

90. Burelle, André, *Pierre Elliott Trudeau : l'intellectuel et le politique*, Montréal, Fides, 2005, p. 90.

91. Bariteau, Claude et al., *Sortir le Canada du Québec*, Montréal, Les Intouchables, 2002, page 4 de couverture.

# CHAPITRE 12

## « DURER MILLE ANS »

*« La fédération allait*
*pouvoir durer mille ans ! »*
(TRUDEAU, *La Presse*, 27 mai 1987)

Trudeau a quitté son poste de premier ministre du Canada le 30 juin 1984, mais il a continué à hanter les débats constitutionnels canadiens, veillant sur sa constitution proclamée par la reine Élisabeth II en 1982.

## « LE MONSTRE DU LAC MEECH »

### L'ACCORD

En 1987, le successeur de Trudeau à Ottawa, le conservateur Brian Mulroney, tente, avec la collaboration du nouveau premier ministre du Québec, le libéral Robert Bourassa, de réparer l'isolement imposé au Québec par Trudeau, comme l'explique Marcel Adam :

« Il est bon de rappeler que l'Accord constitutionnel du lac Meech est un geste de réparation à l'endroit du Québec, par suite du marché de dupes dont il a fait les frais lors des négociations relatives au rapatriement de la constitution en 1981. [...] Parce que la réforme Trudeau était méprisante quant à la manière et frauduleuse quant à son contenu, le Québec est en droit d'attendre réparation. » (*La Presse,* 4 mars 1989)

Mulroney obtient, en juin 1987, la signature des premiers ministres de toutes les provinces à l'Accord du lac Meech qui « reconnaît la "société distincte" et les cinq conditions minimales posées par le gouvernement québécois. [L'accord] doit être ratifié par les législatures provinciales avant le 24 juin 1990[1]. »

## UNE « TÊTE HIDEUSE »

Trudeau sort de sa retraite pour s'opposer à la tentative de Mulroney de réparer, par l'entente du lac Meech, l'isolement qu'il avait lui-même imposé au Québec en 1982. Il écrira :

« Sous le couvert de la réconciliation nationale, le premier ministre Mulroney était en train de démanteler le Canada au profit des provinces ; et sous le noble prétexte de "réconcilier" le Québec, il était en voie de créer exactement la sorte de dualisme dont rêvent les séparatistes : un Canada exclusivement anglophone à côté d'un Québec exclusivement francophone[2]. »

***

« Les politiciens provincialisants, qu'ils siègent à Ottawa ou à Québec [...] ont besoin d'un ghetto québécois comme repaire. [...] Ils firent alliance avec les nationalistes pour exiger un statut particulier pour le Québec. » (*La Presse,* 27 mai 1987)

Il avait sa solution : « On aurait dû simplement renvoyer se rhabiller cette bande de pleurnichards, les enjoignant d'en finir avec leurs crises d'adolescents gâtés. [...] Comme gâchis total il serait difficile d'imaginer mieux. » (*La Presse,* 27 mai 1987)

Selon Trudeau, « tout cela s'était tramé dans le secret d'une profonde nuit, au bord d'un joli petit lac québécois du nom de Meech. Le Canada n'a jamais été aussi divisé que depuis cette nuit[3]. » En paraphrasant ainsi Racine (« C'était pendant l'horreur d'une profonde nuit[4] »), Trudeau voulait peut-être

1. Lacourcière, Jacques, Provencher Jean et Vaugeois, Denis, *Canada-Québec, synthèse historique, 1934-2000,* Sillery, Les éditions du Septentrion, 2000, p. 563.

2. Axworthy, Thomas S. et Trudeau, Pierre Elliott, *Les années Trudeau, la recherche d'une société juste,* Montréal, Le jour, 1990, p. 407.

3. *Ibid.,* p. 406.

4. Racine, Jean, *Athalie,* acte II, scène V, dans Fourcassié, Jean, *Racine, œuvres choisies,* Paris, Librairie A. Hatier, 1978, p. 760.

détacher[5] de la nuit des longs couteaux du 5 novembre 1981 toute l'horreur des négociations secrètes contre le Québec, pour rattacher plutôt cette horreur aux négociations ayant conduit à l'entente du lac Meech avec l'accord du Québec.

Mais Trudeau est rassuré :

« La Cour suprême [...] statua que le Québec était bel et bien lié par la Constitution canadienne de 1982. (Par conséquent point besoin de l'Accord du lac Meech pour “intégrer le Québec à la Constitution”; ceux qui prétendent le contraire [...] n'expriment que des billevesées.) [...] Le Canada s'en portera mieux si le monstre du Lac Meech retournait se noyer au fond d'un lac d'où n'aurait jamais dû surgir sa tête hideuse. » (*La Presse,* 10 mars 1989)

## « EN FONCTION D'UNE RACE »

Le 27 août 1987, Trudeau comparaît devant le comité mixte du Sénat et des Communes le même jour que son ancien ministre, Eric Kierans, qui s'en souvient :

« Il s'est lancé dans une attaque méprisante contre l'Accord du lac Meech en se fondant sur son obsession selon laquelle toute diminution des pouvoirs du gouvernement fédéral entraînerait le chaos, la balkanisation et des accès de nationalisme[6]. »

Devant ce comité, Trudeau a déclaré : « À mon avis, nous devons réaliser que le Canada n'est pas immortel ; mais s'il doit mourir, faisons en sorte qu'il meure avec fracas plutôt qu'en pleurnichant[7]. »

Sept mois plus tard, il revient à la charge :

« Le 30 mars 1988, Pierre Elliott Trudeau s'adresse au Sénat [canadien] pendant six heures — exclusivement en anglais — pour demander que l'Accord du lac Meech soit mis à la poubelle. L'homme qui a imposé la *Loi sur les mesures de guerre* au Québec

---

5. Repère psychanalytique proposé, le déplacement : « Fait que l'accent, l'intérêt, l'intensité d'une représentation est susceptible de se détacher d'elle pour passer à d'autres représentations originellement peu intenses, reliées à la première par une chaîne associative. » (Laplanche, Jean et Pontalis, J.-B., *Vocabulaire de la psychanalyse*, Paris, P.U.F., 7e édition, 1981, p. 117)

6. Kierans, Eric et Stewart, Walter, « Remembering », Toronto, Stoddart, 2001, p. 237.

7. « Pierre Elliott Trudeau, 1919-2000, His Life and Legacy », Toronto, *Maclean's*, 2000, p. 160.

et fait emprisonner quelque 500 personnes sans mandat durant la Crise d'octobre 1970 dit craindre que les libertés civiles soient menacées dans un Québec distinct. Trudeau va loin dans la démagogie[8]. »

Trudeau va même jusqu'à dire alors, devant le Sénat canadien :

« Nous avons, a-t-il dit, des exemples dans l'histoire où un gouvernement devient totalitaire parce qu'il agit en fonction d'une race et envoie les autres dans les camps de concentration[9]. »

Le rédacteur en chef du *Devoir,* Paul-André Comeau, a commenté ainsi la prestation de Trudeau devant le Sénat : « Il a poursuivi son combat avec le même talent, la même hargne, la même superbe. [...] Tenaces obsessions ? Son refus viscéral de la notion de "société distincte" s'inscrit en ligne droite dans son interprétation du Québec d'avant la Révolution tranquille : une société distincte à la québécoise pourrait brimer libertés civiles et droits individuels. Et de là, les exagérations à peine voilées qui laissent apparaître le spectre de l'État totalitaire. » (*Le Devoir*, 2 avril 1988, p. A 10)

Pierre Godin a retracé la source de ces obsessions de Trudeau :

« La semaine dernière, au Sénat, notre dinosaure national a agité une fois de plus le cauchemar duplessiste qui l'habite depuis le berceau et qui l'amène, même trente ans après la mort du *tyran*, à continuer de caricaturer le milieu politique québécois, ravalé au rang de cimetière des libertés civiles le jour où l'entente du lac Meech le consacrerait comme société distincte. [...] Jetons-la vite à la poubelle car Pierre Trudeau tremble aussi fort que sous Duplessis pour le respect de la démocratie dans un Québec confirmé constitutionnellement dans sa différence. » (*Le Devoir*, 7 avril 1988, p. A 8)

De son côté, le libéral Claude Ryan a jugé sévèrement les interventions de Trudeau contre l'Accord du lac Meech : « Quand on relit les textes que Trudeau rédigea alors, on constate qu'ils

8. Lester, Normand, *Le livre noir du Canada anglais 2*, Montréal, Les Intouchables, 2002, p. 105.

9. Gauthier, Gilles, « Trudeau craint pour les libertés civiles dans un "Québec distinct" », *La Presse*, 31 mars 1988, p. A 1.

étaient farcis de demi-vérités, de dangers imaginaires et de sophismes. » (*La Presse,* 30 septembre 2000, p. A 26)

André Burelle, qui a été conseiller de Trudeau puis de Mulroney, a qualifié ainsi les attaques du premier ministre contre l'Accord du lac Meech obtenu par son successeur :

« La violence et la hargne de ses attaques, dont tentèrent en vain de le dissuader Gérard Pelletier, Jean Marchand et Jean Le Moyne, pour ne nommer que ceux dont les interventions m'ont été personnellement confirmées[10]. »

Le premier ministre du Québec, Lucien Bouchard, a résumé ainsi la contribution de Trudeau au naufrage de l'entente du lac Meech :

« M. Trudeau, qui omet de citer son propre rôle et celui de M. Jean Chrétien dans l'échec de Meech, ne se gênait pas, à l'époque, pour affirmer : "Meech me terrifie" [...] Il traitait "d'eunuques" et de "pleutres" les premiers ministres du Canada et des provinces qui avaient signé l'accord. Ils se rendaient coupables à ses yeux de modifier ainsi "sa" Constitution de 1982 qui devait, disait-il en empruntant une véritable référence à une sinistre idéologie des années 30, "durer mille ans". » (*Le Devoir,* 10 février 1996)

## LE NAUFRAGE

En juin 1990, deux législatures provinciales refusent de ratifier l'accord : le Manitoba et Terre-Neuve, dont le premier ministre, Clyde Wells, est un fidèle de Trudeau.

Trudeau a finalement réussi à maintenir l'isolement du Québec : « En 1990, l'intervention passionnée de Pierre Trudeau dans les médias et au Sénat avait joué un rôle clé dans le renversement d'opinion qui allait empêcher l'adoption finale de l'accord constitutionnel de 1987, dit Accord du lac Meech. » (*L'actualité*, Supplément, 1er octobre 1992, p. I)

« Quoi qu'on dise et quoi qu'on fasse »

À la suite du rejet de l'Accord du lac Meech, le premier ministre du Québec, Robert Bourassa, a fait la déclaration suivante à l'Assemblée nationale le 22 juin 1990 :

« Le Canada anglais doit comprendre de façon très claire que, quoi qu'on dise et quoi qu'on fasse, le Québec est,

---

10. Burelle, André, *Pierre Elliott Trudeau : l'intellectuel et le politique*, Montréal, Fides, 2005, p. 89.

aujourd'hui et pour toujours, une société distincte, libre et capable d'assumer son destin et son développement[11].»

## LE «GÂCHIS» DE CHARLOTTETOWN

Trudeau sort de sa retraite une deuxième fois en 1992 pour combattre férocement l'Accord de Charlottetown.

### LE RISQUE D'UNE NOUVELLE DÉPORTATION

Le 2 octobre 1991, à Montréal, Trudeau s'adresse à micros fermés à plus de 300 personnes, comme le rapporte l'éditeur de la *Gazette*, Norman Webster:

«La dernière question portait sur ce qu'il pensait des nouvelles propositions constitutionnelles du gouvernement fédéral. [...] Voici ce qu'il a dit: [...] Le gouvernement est allé encore plus loin en précisant la signification de "société distincte". Une des définitions, dit Trudeau, affirme qu'il y aura toujours une majorité de francophones au Québec. [...] Trudeau a demandé comment on pouvait s'assurer que cette majorité demeure. Qu'arriverait-il si les affiches en français seulement ne suffisaient pas? Qu'arriverait-il si la population francophone diminuait?

Il a dit: " Cela donnera au gouvernement de cette société le pouvoir de dire: " Eh bien déportons quelques centaines de milliers de Québécois ne parlant pas français... Nous avons le droit d'expulser des gens, et certainement de les faire taire s'ils croient qu'ils peuvent parler anglais en public." [...]

Quand il a fait cette déclaration, Trudeau ne songeait pas à toutes les possibilités logiques, comme aurait pu le faire un professeur essayant d'inciter ses élèves à réfléchir davantage. Il avait dit cela sèchement, durement, sans aucune nuance. Et ce qu'il a dit est stupide. [...] Les anglophones du Québec ont beaucoup de sujets de préoccupation, mais je ne pense

11. Lester, 2002, *op. cit.*, p. 127.

pas que la déportation en fasse partie. Il semble pourtant qu'au moins une personne le pense[12]. »

Ces propos de Trudeau, rappelle Josée Boileau, ont été tenus quelques jours avant la Semaine culturelle acadienne à Montréal:

« L'un des invités au lancement, le vice-président du Parti québécois, Bernard Landry n'a pu s'empêcher de lancer, en rappelant l'histoire acadienne: "*Déportation* est un mot que l'on croyait appartenir au vocabulaire politique du passé. Et pourtant..." » (*Le Devoir*, 8 octobre 1991, p. A-3)

Fier de son ascendance acadienne, Bernard Landry, comme tous les Québécois et tous les Acadiens, n'avait pas oublié la honteuse déportation d'environ 7 000 Acadiens par les Britanniques en 1755, véritable épuration ethnique. Mais Pierre Elliott Trudeau semble l'avoir oublié, lui dont l'ancêtre Robert Elliott avait épousé en 1788 Louise Élisabeth Savoie, fille de Simon Savoie, né en Acadie en 1739, et qui avait fui au Québec lors de la déportation des Acadiens.

La déclaration de Trudeau a été vivement dénoncée au Québec, comme l'a noté Paul Cauchon:

« "Répugnante démagogie", ajoute Jean Dorion, président de la Société Saint-Jean-Baptiste de Montréal.

"Personne n'a plus que M. Trudeau violé les droits des citoyens de façon aussi flagrante, en faisant mettre en prison 500 personnes sans que des charges soient portées contre elles", ajoute Jacques Parizeau d'un ton grave, évoquant la crise d'Octobre de 1970. [...]

Quant à Bernard Landry [...] "c'est manier l'injure collective à un niveau rarement atteint dans l'histoire du Canada". » (*Le Devoir*, 7 octobre 1991, p. 1, 4)

En éditorial, Lise Bissonnette a qualifié les propos de Trudeau de « méprisable terrorisme intellectuel. » (*Le Devoir*, 8 octobre 1991, p. A-8)

## UN RÉFÉRENDUM DANS LE ROC ET AU QUÉBEC

« Le 28 août 1992, à Charlottetown, Ottawa, les provinces, les représentants de [sic] territoires et des autochtones, concluent un accord sur lequel la population se prononce le

12. *The Gazette*, 5 octobre 1991, p. B-3.

26 octobre suivant, lors de deux référendums simultanés, un pancanadien, s'appliquant aux provinces anglophones, et un québécois, sur la même question[13]. »

## « UN GÂCHIS »

Dans sa dernière intervention publique importante devant les amis de *Cité libre*, le 1er octobre 1992, à La Maison Egg Roll, Trudeau commente ainsi cet accord : « Pour le moment, ils ont fait un gâchis et ce gâchis mérite de recevoir un gros Non[14]. »

## « LES MAÎTRES CHANTEURS »

Dans ce même discours, il déclarait : « Le droit à l'autodétermination du Québec, [...] ça veut dire quoi ça ? Ça signifie que le chantage va continuer si vous votez Oui[15]. »

Le même jour, dans un pamphlet, il écrivait aussi :

« Il se trouve encore au Canada anglais de bonnes âmes [...] Ils n'ont pas encore compris, les pauvres, que la soif nationaliste est inaltérable et que chaque nouvelle rançon payée pour écarter la menace de scission encourage les maîtres chanteurs à renouveler la menace et à doubler la rançon. » (*L'actualité*, Supplément, 1er octobre 1992, p. VII)

## « NOS DROITS "COLLECTIFS" »

Dans ce pamphlet de 7 pages, publié moins d'un mois avant les référendums sur l'Accord de Charlottetown dans *L'actualité* et *Maclean's*, Trudeau se méfie de « nos droits "collectifs" » :

« Les droits fondamentaux et inaliénables de tous les Canadiens sans distinction [...] dans la province de Québec ces droits pourront être supprimés par des lois provinciales dont le but est de promouvoir une société distincte, et plus précisément d'avantager la "majorité francophone" qui possède une culture "unique en son genre" et "une tradition de droit civil". Or, il y a fort à parier que le Québécois d'origine

---

13. Lacourcière, Jacques, Provencher, Jean et Vaugeois, Denis, *Canada-Québec, synthèse historique, 1934-2000*, Sillery, Les éditions du Septentrion, 2000, p. 520.

14. Trudeau, Pierre Elliott, *Trudeau : ce gâchis mérite un beau NON*, Montréal, L'Étincelle, 1992, p. 36.

15. *Ibid.*, p. 35.

irlandaise, juive ou vietnamienne — même s'il parle parfaitement le français — aurait du mal à se réclamer de notre " société distincte" afin de protéger l'exercice de ses droits fondamentaux contre des lois abusives adoptées par une législature où il est minoritaire. [...]

Nous réclamons la protection de nos droits « collectifs » par la suppression, s'il le faut, des droits fondamentaux des « autres » [...]

La collectivité anglophone [...] la loi québécoise nie qu'elle puisse avoir des droits collectifs dans certains domaines : l'école et l'affichage, par exemple. [...] Sommes-nous en présence d'une notion carrément raciste où l'on assigne aux citoyens le rang de première, deuxième ou troisième classe, selon leur langue et leur naissance ? Rien n'est sûr. » (*L'actualité*, Supplément, 1er octobre 1992, p.V-VI)

Commentant ce pamphlet de Trudeau, Louis Cornellier dénonce « la rage avec laquelle il s'attaque au concept de " société distincte" et le mépris dont il fait preuve ce faisant. » (*Cité libre*, février-mars 1993, p. 39)

Dans *Trudeau : l'essentiel de sa pensée politique*, l'ancien premier ministre ajoute :

« Même en tant que politicien, je n'aurais jamais pu accepter ni l'accord Meech ni l'entente de Charlottetown. [...] Il en aurait résulté un pays gravement affaibli, dans lequel le gouvernement fédéral aurait été asservi aux provinces en ce qui a trait à la nomination des sénateurs et des juges de la Cour suprême, en plus d'être à la merci du Québec en raison de la clause de la société distincte[16]. »

Son ancien proche collaborateur André Burelle n'était pas du même avis :

« Si nous voulons, une fois pour toutes, nous libérer l'esprit des critiques mal fondées de M. Trudeau contre les accords de Meech et de Charlottetown, ce qu'il faut contester, c'est son principe de départ, sa vision même d'un Canada d'inspiration unitaire, bâti strictement sur les droits des individus et sauvé de la désunion et du " tribalisme" provincial par le *nation building* tutélaire d'Ottawa. » (*Le Devoir*, 30 avril 1993, p. A 9)

16. Trudeau, Pierre Elliott, avec la collaboration de Ron Graham, *Trudeau : l'essentiel de sa pensée politique*, Montréal, Le Jour, 1998, p. 82.

Une douzaine d'années plus tard, Burelle ajoutait :

« Les contre-vérités, les péchés d'omission et les sophismes dont M. Trudeau fit usage dans son combat contre les accords de Meech et de Charlottetown, montrent qu'avec le temps sa passion antinationaliste aveuglante avait effacé chez lui tout scrupule intellectuel[17]. »

## LE NON QUÉBÉCOIS ET LE NON DE L'OUEST CANADIEN

L'Accord de Charlottetown a été rejeté par le Québec, « parce qu'il représentait trop peu eu égard à leurs revendications constitutionnelles fondamentales », et aussi par le ROC, « essentiellement parce qu'il reconnaissait le caractère distinct du Québec[18]. »

Mais pour une fois, Trudeau a voté NON comme la majorité des Québécois ! Son interprétation des résultats de ce référendum a toutefois été dénoncée par la rédactrice en chef du *Devoir*, Lise Bissonnette, dans ses commentaires sur les *Mémoires politiques* de Trudeau :

« Aux lecteurs non avertis, ceux qu'il cible clairement, il veut donner l'impression d'avoir terrassé son ennemi. C'est un véritable système chez lui, dont la malhonnêteté atteint son summum aux dernières pages, dans sa relation du référendum sur l'Accord constitutionnel de Charlottetown. Il s'y présente comme le champion du NON [...] " Les Canadiens, fait-il écrire, s'étaient comportés exactement comme je le souhaitais."

Et c'est tout, point. L'analyse des résultats du référendum de 1992 a établi hors de tout doute que le NON québécois et le NON de l'Ouest rejetaient sa vision, tandis que le Oui provenait de sa famille politique, celle des Libéraux, du NPD, de l'establishment intellectuel et culturel du Canada anglais. [...]

Poussée à ce point, la négation de la réalité relève ou d'une pathologie, ou du mensonge tout cru. Et nous savons tous que Pierre Trudeau ne déraille pas : conçu pour préserver son culte

17. Burelle, André, *Pierre Elliott Trudeau : l'intellectuel et le politique*, Montréal, Fides, 2005, p. 84.

18. Brouillet, Eugénie, *La négation de la nation*, Sillery, Les éditions du Septentrion, 2005, p. 376.

au Canada anglais, le livre consolide la mystification sur laquelle il a fondé sa carrière. Les Québécois votent pour moi car ils épousent mes idées, n'a-t-il cessé de raconter au Canada, tout en étant parfaitement conscient du contraire. » (*Le Devoir*, 15 novembre 1993)

### « L'ESPRIT DE NOTRE IDENTITÉ »

Michel Vastel a rapporté les paroles prononcées par le fils aîné de Pierre Elliott Trudeau lors de ses funérailles : « Justin s'est permis de rappeler l'épisode difficile pour bien des notables québécois présents dans l'église : " Même s'il a quitté la politique en 1984, dit-il en effet, [Pierre Trudeau] est revenu, lors des négociations de Meech et de Charlottetown, nous ramener à l'esprit de notre identité et [nous rappeler] les choses dont nous sommes tous capables ". » (*Le Soleil*, 4 octobre 2000, p. A 1)

## 1995 : « ILS N'AVAIENT PAS BESOIN DE MOI »

En 1983, moins d'un an avant de démissionner, Trudeau refusait de croire à la tenue d'un autre référendum sur l'indépendance du Québec :

« C'est curieux. Je n'arrive pas à me convaincre qu'on va faire encore cette bêtise. […] Alors, est-il encore possible que l'on verse les énergies de ce petit peuple minoritaire dans le cloaque d'un autre référendum ? C'est d'ailleurs pourquoi j'en ai toujours voulu à de Gaulle. C'est qu'il a légitimé cette espèce d'obsession que nous avions pour la question nationale. Dieu sait, on en avait assez sans lui. Mais il a légitimé cela comme étant une option valable du point de vue d'un homme d'État[19]. »

En effet, dès 1965, de Gaulle déclarait à son conseil des ministres : « Le Québec ira tôt ou tard à l'indépendance[20]. » Puis

19. Trudeau, Pierre Elliott, « Entrevue, 16 juin 1983, *Le Devoir* », Fonds Pierre-Elliott-Trudeau, Archives nationales du Canada, MG 26 0 13LD, p. 35.

20. Le 10 novembre 1965, dans Peyrefitte, Alain, *De Gaulle et le Québec*, Montréal, Stanké, 2000, p. 47.

le 24 juillet 1967, au balcon de l'hôtel de ville de Montréal, de Gaulle lançait son fameux « *Vive le Québec libre* » qui fit le tour de la planète.

Lors de son retour à Orly le 27 juillet 1967, de Gaulle disait à ses ministres venus l'accueillir, à 3h30 du matin : « Le peuple du Québec est en train de se libérer. Il était dans une situation humiliante d'infériorité dans son propre pays, construit par ses ancêtres. C'était une situation typiquement coloniale[21]. »

## LA QUESTION

Au référendum québécois du 30 octobre 1995, on posait la question suivante :

« Acceptez-vous que le Québec devienne souverain, après avoir offert formellement au Canada un nouveau partenariat économique et politique, dans le cadre du projet de loi sur l'avenir du Québec et de l'entente signée le 12 juin 1995[22] ? »

## LA DÉMOCRATIE À LA CANADIENNE

À ce référendum, le gouvernement canadien n'a pas respecté la loi québécoise sur le financement lors des consultations populaires, comme on peut le déduire des propos de Charles Guité qui était alors responsable du Secteur de la publicité et de la recherche sur l'opinion publique (SPROP) et futur responsable du Programme des commandites :

« En juillet 2002, lors d'un témoignage à huis clos devant ce même comité fédéral [des comptes publics], Charles Guité a dit avoir dépensé huit millions de dollars lors du référendum de 1995 afin de louer, au nom d'Ottawa, tous les panneaux publicitaires extérieurs disponibles au Québec. [...] Les comités du OUI et du NON ne devaient pourtant pas dépenser plus de 5 086 980 $ chacun en vertu de la loi (un dollar par électeur). » (Tommy Chouinard, *Le Devoir,* 7 avril 2004)

D'après Pierre-F. Côté, qui était à l'époque Directeur général des élections du Québec, les dépenses fédérales lors du référendum québécois ont été beaucoup plus élevées que ne l'a reconnu Charles Guité. Selon M. Côté, il faut en particulier

---

21. Peyrefitte, Alain, *De Gaulle et le Québec*, Montréal, Stanké, 2000, p. 64

22. Lacourcière, Jacques, *Une histoire du Québec*, Sillery, Les éditions du Septentrion, 2002, p. 191.

ajouter les dépenses secrètes de la mystérieuse Option Canada, créée le 7 septembre 1995, soit quelques semaines avant le début officiel, le 1er octobre, de la période pendant laquelle les dépenses référendaires des comités du OUI et du NON étaient limitées par la *Loi sur la consultation populaire*:

« On voit les déclarations de Chuck Guité, c'est 11,8 M $. Mon calcul que c'est 11,8 M $, plus les 4,8 M $ [d'Option Canada, soit] plus de 15 M $ avant le référendum. Ce qui est surprenant, c'est que ça ne soulève pas le dégoût ! On veut nous acheter, pis on ne dit pas un mot. On arrête là. On est à vendre[23]. »

Option Canada a servi entre autres à motiver encore plus les gens d'affaires fédéralistes:

« Le plus grand rassemblement en faveur du NON, avant la dernière semaine de la campagne référendaire, a été organisé par le Conseil québécois des gens d'affaires pour le Canada, le mercredi 18 octobre 1995, au Palais des congrès de Montréal. [...] Les documents comptables d'Option Canada démontrent que le Conseil québécois des gens d'affaires pour le Canada a reçu en tout 343 760,15 $ d'Option Canada pendant la campagne référendaire[24]. »

Le ROC a même tenté d'utiliser les nations autochtones pour faire peur aux Québécois, comme l'a avoué John Honderich à Robin Philpot, le 28 septembre 2004:

« John Honderich, qui dirigeait le plus important quotidien au Canada, *The Toronto Star*, proclame: " [...] L'une des choses que nous avons faites au *Toronto Star* avant le référendum, et nous avons probablement violé les lois du Québec en le faisant, c'est que nous avons publié gratuitement une publicité des Cris. " En effet, une publicité pleine page avec carte partitionniste du Québec a paru dans *The Toronto Star* le samedi 28 octobre 1995, à deux jours du référendum[25]. »

---

23. Entrevue avec Pierre-F. Côté, 25 août 2004, dans Philpot, Robin, *Le référendum volé*, Montréal, Les Intouchables, 2005, p. 63.

24. Lester, Normand et Philpot, Robin, *Les secrets d'Option Canad*a, Montréal, Les Intouchables, 2006, p. 83.

25. Philpot, Robin, *Le référendum volé*, Montréal, Les Intouchables, 2000, p.103-104.

## « TOUT SEUL DU HAUT DE CE PERCHOIR »

Normand Lester a rappelé qu'« à la demande des stratèges fédéralistes, Trudeau est resté coi durant la campagne référendaire afin de ne pas nuire aux chances du NON. On était en effet conscient à Ottawa de la répulsion que l'ancien premier ministre suscitait chez les Québécois francophones[26]. »

Le vendredi 27 octobre 1995, trois jours avant le référendum, entre 100 000 et 150 000[27] Canadiens sont venus à Montréal clamer leur amour des Québécois lors d'une immense démonstration publique nommée *love-in* à la Place du Canada, inondée par une mer de drapeaux rouges. Les frais de transport avaient été assumés en grande partie par le " Corporate Canada". La compagnie « les Lignes aériennes Canadien a rapidement annoncé que l'entreprise allait offrir un "*national unity or référendum fare*" (tarif pour l'unité nationale ou tarif référendaire) qui représentait un rabais de 90 %. Air Canada a offert le même tarif et Via Rail a emboîté le pas en offrant un tarif pour l'unité avec un rabais de 60 %[28]. »

De nombreux autobus avaient été nolisés par des compagnies canadiennes dont le *Toronto Star* :

« J'ai décidé moi-même de louer les autobus et de les annoncer dans notre journal. [...] Nous avons organisé le départ pour Montréal de beaucoup d'autobus à partir des bureaux du *Toronto Star*. Le journal les a payés[29]. »

Le gouvernement canadien a lui aussi contribué généreusement au *love-in*. Selon l'ancien Directeur général des élections du Québec, « les 4,8 M$ versés par Patrimoine Canada [à Option Canada], on a fait des enquêtes là-dessus. On n'a jamais été capable de savoir où est allé l'argent. Il y avait un bureau à Montréal quelque part. Ils n'ont jamais voulu répondre à nos questions. On est à peu près certain

---

26. Lester, Normand, *Le livre noir du Canada anglais 2*, Montréal, Les Intouchables, 2002, p.203.

27. Estimation de Brian Tobin lors d'une entrevue en anglais avec Robin Philpot à Toronto, le 3 décembre 2004, dans Philpot, *op. cit.*, p. 109.

28. Philpot, *op. cit.*, p. 112.

29. Entrevue avec John Honderich, Toronto, 28 septembre 2004, dans Philpot, *op. cit.*, p. 115.

que les 4,8 M$ ont servi à l'organisation de la marche pour l'unité, le *love-in*[30]. »

Mais les stratèges du NON ont jugé préférable de ne pas exhiber l'auteur de « presque un putsch, un coup de force » de 1982, selon ses propres mots[31]. Le jour du *love-in*, présent à son étude juridique, Trudeau confiait à Jerry Levitan que « le bureau de Chrétien lui avait demandé de ne pas trop se faire remarquer. "Ils ont peur que je sois la cause d'une insurrection", dit-il d'un air songeur. » En sortant de l'immeuble, raconte Levitan, « nous entendions les discours au loin. J'étais là, près du plus grand orateur canadien de ma génération, et il était muet, en exil volontaire, dans une cage de verre[32]. »

Trudeau assiste donc de loin à cette démonstration d'amour programmé, du « 25e étage du 1250, boulevard René-Lévesque [...] regardant ce rassemblement tout seul du haut de ce perchoir », comme l'a noté BW Powe[33].

C'est du même endroit que Trudeau répond aux questions de Powe en mai 1997 :

« C'est ici que vous étiez pendant le rassemblement en 1995 ? [...]

R. : Oui, c'est ici. Je regardais en bas les gens et les drapeaux. Je pouvais tout voir.

Q. : On ne vous a pas demandé de prendre la parole ? [...]

R. : Non, on ne me l'a pas demandé.

Q. : On ne vous a pas demandé de seulement faire une apparition publique ? [...]

R. : Non. Les organisateurs pensaient qu'ils n'avaient pas besoin de moi. [...]

Q. :Et pour le référendum ?

---

30. Entrevue avec Pierre-F. Côté, 25 août 2004, dans Philpot, *op. cit.*, p. 60-61.

31. McCall, Christina et Clarkson, Stephen, *Trudeau : l'homme, l'utopie, l'histoire*, Montréal, Les Éditions du Boréal, 1990, p. 257.

32. Southam, Nancy, (dir.), *Trudeau tel que nous l'avons connu*, Montréal, Fides, 2005, p. 400, 401.

33. Cohen, Andrew and Granatstein, J. L., *Trudeau's Shadow : The Life and Legacy of Pierre Elliott Trudeau*, Toronto, Vintage Canada, 1999, p. 398-399.

R. :Les choses ont été bâclées. Aucun plan de rechange. Ça ressemblait à du désespoir à la fin. Je suppose que ç'en était. Tout céder de cette façon[34]. »

## « QUASI-VICTOIRE DU OUI » EN 1995

« Dirigé par Jacques Parizeau qui a remplacé Pierre Marc Johnson, le Parti québécois revient au pouvoir en 1994. [...] L'entrée en scène de Lucien Bouchard, chef du Bloc québécois, ainsi que l'accent mis sur le partenariat avec le Canada et l'adhésion de l'Action démocratique du Québec au projet soumis transforment la consultation en quasi-victoire du Oui : 49,4 % (plus de 60 % des francophones[35]). »

De plus, « il faut souligner les 56 000 électeurs inscrits qui, selon le Directeur général des élections du Québec, ont voté lors de ce référendum sans en avoir le droit... Le référendum de 1995 a été perdu par 54 288 voix. » (Sasha-Alexandre Gauthier, *Le Devoir,* 6 février 2004)

## UNE SOCIÉTÉ DISTINCTE

Un mois après le référendum québécois, le gouvernement fédéral consent enfin à reconnaître que le Québec constitue une société distincte :

« Le gouvernement fédéral a présenté à la Chambre des communes une résolution qui reconnaît que le Québec forme au sein du Canada une société distincte qui comprend notamment une majorité d'expression française, une culture qui est unique et une tradition de droit civil. Dans cette résolution, adoptée le 11 décembre 1995, la Chambre et le gouvernement s'engagent à se laisser guider par cette réalité[36]. »

Mais comme le rappelle Eugénie Brouillet, « la résolution relative à la société distincte n'a aucune valeur juridique[37]. »

---

34. *Ibid.*, p. 399-400.

35. Lacourcière, Jacques, Provencher, Jean et Vaugeois, Denis, *Canada-Québec, synthèse historique, 1934-2000*, Sillery, Les éditions du Septentrion, 2000, p. 523.

36. Brouillet, Eugénie, *La négation de la nation*, Sillery, Les éditions du Septentrion, 2005, p. 444, note 7.

37. *Ibid.*, p. 384.

## « UNE DÉMAGOGIE HARGNEUSE »

En février 1996, quelques jours après que Lucien Bouchard est devenu premier ministre du Québec, Trudeau a écrit :

« J'accuse Lucien Bouchard d'avoir trompé la population du Québec durant la campagne référendaire d'octobre dernier. En dénaturant l'histoire politique de sa province et de son pays, en semant la discorde entre les citoyens par son discours démagogique, en prêchant le mépris pour les Canadiens qui ne partagent pas ses opinions, Lucien Bouchard a outrepassé les bornes de l'honnête débat démocratique. [...] Appelant des faussetés et des contre-vérités au soutien d'une démagogie hargneuse, Lucien Bouchard a trompé l'électorat lors du référendum d'octobre dernier. Il a par ce fait même souillé la bonne réputation démocratique de la province du Québec. » (*La Presse*, 3 février 1996)

Lucien Bouchard lui a répondu la semaine suivante :

« Le premier ministre canadien qui a suspendu les libertés civiles en 1970, ouvrant la voie à l'emprisonnement sans raison, sans acte d'accusation et sans recours de 500 citoyens — dont quelques poètes — pour simple délit d'opinion et cautionnant 3 000 perquisitions sans mandat, est mal placé pour donner des cours de démocratie. » (*Le Devoir* 10 février 1996)

Question de mépris, Trudeau avait sans doute aussi oublié ses écrits au sujet des Québécois, cette « nation indolente et ignorante » (*Cité libre*, avril 1962, p.13), « ce petit peuple arriéré ». (*Cité libre*, mai 1964, p.3)

Et question de « bonne réputation démocratique », Trudeau avait sans doute aussi oublié ses « Réflexions sur la politique au Canada français » : « Pour des raisons historiques et religieuses, nous sommes prévenus contre le système démocratique sans l'avoir loyalement mis à l'essai ». (*Cité libre*, décembre 1952, p. 56)

Il est devenu le héros du ROC après avoir maintes fois « souillé la bonne réputation démocratique de la province du Québec », en particulier dans son article intitulé « Quelques obstacles à la démocratie au Québec », publié avec d'autres écrits en français en décembre 1967 et en anglais en février 1968, soit quelques mois avant d'être choisi comme chef du Parti libéral du Canada.

# « UNE DÉCISION CLAIRE », « UN CHOIX CLAIR »

Dans son livre *Trudeau : l'essentiel de sa pensée politique*, il écrit : « Les Québécois ne peuvent plus continuer de réclamer simultanément le fédéralisme et la séparation, l'indépendance et l'association. Il nous faudra prendre une décision claire, fondée sur un choix clair[38]. »

Étrange ou heureuse coïncidence, le dépôt légal de ce livre, au 3e trimestre de 1998, a eu lieu à peu près au même moment que le *Renvoi relatif à la sécession du Québec*, le 20 août 1998, dans lequel la Cour suprême du Canada parle aussi de « majorité claire » et de « question claire », mais arrive à une conclusion qui n'exclut pas l'indépendance et l'association :

« Nos institutions démocratiques permettent nécessairement un processus continu de discussion et d'évolution, comme en témoigne le droit reconnu par la Constitution à chacun des participants à la fédération de prendre l'initiative de modifications constitutionnelles. Ce droit emporte l'obligation réciproque des autres participants d'engager des discussions sur tout projet légitime de modification de l'ordre constitutionnel. Un vote qui aboutirait à une majorité claire au Québec en faveur de la sécession, en réponse à une question claire, conférerait au projet de sécession une légitimité démocratique que tous les autres participants à la Confédération auraient l'obligation de reconnaître. [...]

Toutefois, il reviendra aux acteurs politiques de déterminer en quoi consiste " une majorité claire en réponse à une question claire", suivant les circonstances dans lesquelles un futur référendum pourrait être tenu. [...] La conciliation des divers intérêts constitutionnels légitimes relève nécessairement du domaine politique plutôt que du domaine judiciaire. [(2) Question 1] [...]

Dans ce contexte, nous parlons de majorité " claire" au sens qualitatif. Pour être considérés comme l'expression de la volonté démocratique, les résultats d'un référendum doivent

38. Trudeau, Pierre Elliott, avec la collaboration de Ron Graham, *Trudeau : l'essentiel de sa pensée politique*, Montréal, Le Jour, 1998, p. 116.

être dénués de toute ambiguïté en ce qui concerne tant la question posée que l'appui reçu. [paragraphe 87][39] »

## « UNE QUESTION CLAIRE »

À l'occasion du vingtième anniversaire de la modification de la Constitution canadienne par Trudeau avec l'accord des neuf provinces majoritairement anglophones, et ce, sous prétexte de la rapatrier au Canada, six professeurs de droit du Québec, dont Henri Brun, et quatre autres professeurs signaient un article dans *Le Devoir* :

« Peut-être pour se racheter de ses décisions antérieures qui marginalisent le Québec dans le cadre constitutionnel, la Cour suprême du Canada n'est pas allée aussi loin que l'aurait voulu le gouvernement fédéral et a reconnu au Québec, en dépit des textes constitutionnels, le droit de rechercher à réaliser la sécession. Le Parlement du Canada a cependant tenté de refermer rapidement cette ouverture en adoptant en juin [15 mars] 2000 cette inique loi sur la clarté [loi C-20], qui vise à neutraliser les effets de l'avis de la Cour suprême et à faire que le Parlement fédéral et, en définitive, le gouvernement d'Ottawa pourraient détenir un droit de veto sur les actes de l'Assemblée nationale et la volonté du peuple du Québec. » (*Le Devoir,* 17 avril 2002, p. A 9)

Pour préparer sa loi sur la clarté référendaire (*le Clarity Bill*), le gouvernement canadien pensait peut-être à la clarté obscure de la question posée lors du plébiscite canadien sur la conscription, le 27 avril 1942 :

« Consentez-vous à libérer le gouvernement de toute obligation résultant d'engagements antérieurs restreignant les méthodes de mobilisation pour le service militaire[40] ? »

Quelques mois avant l'adoption du Clarity Bill, le gouvernement du Québec a fait paraître le message suivant dans les journaux du Québec :

« La Chambre des communes voudrait à la fois maîtriser la question référendaire et la majorité requise, quand on sait pertinemment que 75 % des députés proviennent de l'extérieur

39. Cour suprême du Canada, « Renvoi relatif à la sécession du Québec », [1998] 2 R.C.S. 217.

40. Lacourcière, Jacques, Provencher, Jean et Vaugeois, Denis, *Canada-Québec, synthèse historique, 1934-2000*, Sillery, Les éditions du Septentrion, 2000, p. 433.

du Québec.» (Message du gouvernement du Québec dans *Le Devoir*, 12 février 2000)

Le premier ministre du Québec, Bernard Landry, déclarait à l'Assemblée nationale, le 17 avril 2002: «Soyons clairs, cette loi C-20 est tout aussi antidémocratique que le rapatriement unilatéral» [de 1982 par Trudeau]. (Dans *La lettre, Parti québécois*, 18 avril 2002)

## «UNE MAJORITÉ CLAIRE»

Trudeau avait déjà accepté, en 1958, la règle démocratique du cinquante et un pour cent:

«La démocratie prouve vraiment sa foi dans l'homme[41] en se laissant ainsi guider par la règle du cinquante-et-un [sic] pour cent. Car si tous les hommes[42] sont égaux, et si chacun est le siège d'une dignité suréminente, il [s'en]suit inévitablement que le bonheur de 51 personnes est plus important que celui de 49; il est donc normal que *ceteris paribus* et compte tenu des droits inviolables de la minorité, les décisions voulues par les 51 l'emportent.» (*Vrai*, 5 juillet 1958)

Mais après le référendum québécois de 1995, gagné de justesse par les partisans du NON, Trudeau a senti le besoin d'ajouter en 1998 le commentaire suivant à la suite du rappel de la citation précédente:

«C'est aussi pourquoi, s'il s'agit d'une décision très importante et difficile à renverser, telle l'indépendance du Québec, mieux vaut que la majorité soit considérable. Sinon, la société sera divisée en deux moitiés opposées, et il en résultera une instabilité permanente. Par conséquent, pour que soit assurée une plus grande stabilité sociale, le droit démocratique n'accepte pas toujours la règle du cinquante et un pour cent[43].»

Quant à l*a Loi sur l'exercice des droits fondamentaux et des prérogatives du peuple québécois et de l'État du Québec*, sanctionnée le 13 décembre 2000, elle stipule à son article quatre:

---

41. Le mot «homme» a été remplacé par «peuple» dans Trudeau et Graham, *op. cit.*, p. 70.

42. Après «tous les hommes», les mots «et toutes les femmes» ont été ajoutés dans Trudeau et Graham, *op. cit.*, p. 70.

43. Trudeau et Graham, *op. cit.*, p. 71.

« Lorsque le peuple québécois est consulté par un référendum en vertu de la *Loi sur la consultation populaire*, l'opinion gagnante est celle qui obtient la majorité des votes déclarés valides, soit cinquante pour cent de ces votes plus un vote. »

### « FAIRE DES CHOIX FONDAMENTAUX »

Eugénie Brouillet a rappelé les choix qui s'offrent aux Québécois :

« Face à ce caractère très improbable, voire utopique, d'une réhabilitation de " l'idéal " fédératif dans le sens des aspirations culturelles collectives des Québécois, ceux-ci auront à faire des choix fondamentaux, choix qui auront des effets déterminants sur la survie de leur nation. D'abord, ils peuvent choisir d'accepter, par conviction, dépit ou résignation, de laisser une majorité, qui leur est culturellement différente, décider de leur avenir collectif. [...]

Mais, s'ils décidaient à l'inverse de continuer d'exister en tant que nation distincte, les Québécois auront à choisir, à l'issue d'une décision démocratique, de reprendre les rênes de leur destin collectif en assumant les pleins pouvoirs d'un État souverain[44]. »

## JUGEMENT DE L'HISTOIRE

Lors de l'annonce de la démission de Trudeau en 1984, René Lévesque avait noté dans son journal : « Un démocrate peut finir dans la peau d'un petit potentat[45]. »

En 1997, un groupe de 25 historiens canadiens, dont 3 Québécois, ont porté un jugement collectif sur les 20 premiers ministres du Canada depuis 1867 ; ils ont accordé à Trudeau le cinquième rang après Louis Saint-Laurent (4^e^), Wilfrid Laurier (3^e^), John A. Macdonald (2^e^) et W.L. Mackenzie King (1^er^) :

44. Brouillet, Eugénie, *La négation de la nation*, Sillery, Les éditions du Septentrion, 2005, p. 384.

45. Lévesque, René, *Attendez que je me rappelle...*, Montréal, Québec Amérique, 1986, p. 489.

Trudeau « était admiré par beaucoup de gens parce qu'il était intelligent et parce qu'il avait battu René Lévesque lors du premier référendum, en 1980. Toutefois, de nombreux universitaires ont cru que Trudeau avait aggravé les difficultés avec le Québec par l'imposition de la *Loi sur les mesures de guerre* en 1970 et en menant le combat diviseur qui avait débouché sur le rapatriement de la Constitution en 1982 ; d'autres encore ont été irrités par son arrogance et par le gaspillage des gouvernements qu'il avait dirigés, augmentant ainsi la dette nationale[46]. »

Richard Gwyn a commenté ainsi ce jugement collectif des historiens :

« Même cette évaluation relativement modeste a exagéré l'idée que se faisaient de lui les historiens. Les rédacteurs ont souligné qu'en réussissant à demeurer si longtemps en poste, Trudeau [...] avait gagné des points supplémentaires qui s'ajoutaient au nombre comparativement restreint de points que lui avaient valu ses véritables politiques et programmes. Les historiens ont été durs, presque méprisants, en ce qui concernait ses états de services. "La déception du siècle... qui a laissé le Canada beaucoup plus divisé et beaucoup plus pauvre qu'il ne l'était à son arrivée", a déclaré Desmond Morton du McGill Institute for the Study of Canada. "Un échec retentissant, tant en matière de finances publiques que d'unité nationale", concluait René Durocher de l'Université de Montréal[47]. »

Selon Jérôme Proulx, le rôle historique de Trudeau aura été le contraire de celui qu'il visait : « Pierre Elliott Trudeau, tel Lord Durham, est, de tous les politiques, celui qui a le plus fait avancer la cause des Québécois. Et cela aura été le rôle historique de Trudeau, en refusant tout dialogue, de favoriser la poussée nationaliste et la sortie du Québec hors de la Confédération[48]. »

---

46. Hillmer, Norman et Granatstein, J. L., « Historians rank the Best and the W Canadians Prime Ministers », *Maclean's*, 21 avril 1997, p. 37.

47. Cohen, Andrew and Granatstein, J. L., *Trudeau's Shadow: The Life and Legacy of Pierre Elliott Trudeau*, Toronto, Vintage Canada, 1999, p. 23.

48. Proulx, Jérôme, « Le panier de crabes », 1971, dans Potvin, André, Létourneux, Michel et Smith, Robert, *L'anti-Trudeau, Choix de textes*, Montréal, Éditions Parti-pris, 1972, p. 131.

C'est en tout cas ce que les sondages et les élections suggèrent, et que les référendums confirment. En effet, quand Trudeau est venu à Ottawa en 1965 pour sauver le Canada, environ 15 % des Québécois étaient pour la souveraineté, selon Desmond Morton, directeur du McGill University Institute for the Study of Canada[49]. Au référendum de 1980, quelques années avant que Trudeau ne quitte son poste de premier ministre du Canada, plus de 40 % des Québécois ont dit OUI à la souveraineté ; et enfin, au référendum de 1995, quelques années avant la mort de Trudeau, près de 50 % des Québécois ont voté pour la souveraineté.

Kenneth McRoberts arrive à une conclusion semblable :

« Il y a amplement matière à ironie. Une stratégie conçue pour changer la façon dont les Québécois francophones voient le Canada connaît un échec au Québec, mais change profondément le reste du pays — la stratégie fonctionne auprès du " mauvais " groupe. Plutôt que de susciter un sentiment d'unité, elle contribue à dresser les Canadiens les uns contre les autres. Et après avoir demandé aux Canadiens, alors qu'il était essayiste, de transcender le nationalisme et d'autres formes de sensiblerie, Trudeau, en tant que premier ministre, devient l'incarnation même d'un nouveau nationalisme canadien. [...] En conséquence, le Canada est maintenant plus profondément divisé que jamais auparavant. Et c'est là l'ambiguïté, et peut-être même la tragédie, de l'héritage de Trudeau[50]. »

Le philosophe québécois Fernand Dumont écrivait, dès 1971 : « Dans un avenir qui n'est pas très lointain, les historiens montreront que M. Trudeau a détruit la Confédération canadienne faute d'en avoir perçu à temps les failles et d'avoir proposé quelques réformes sérieuses[51]. »

À l'occasion du vingtième anniversaire de l'entrée en vigueur de la *Loi constitutionnelle de 1982*, quatorze grandes associations syndicales (CSQ, CSN, FTQ, FIIQ, SFPQ, SPGQ), culturelles (AQPF, UNEQ), artistiques (UDA) et nationalistes

49. Desmond Morton dans « Pierre Elliott Trudeau, 1919-2000, His Life and Legacy », Toronto, *Maclean's*, 2000, p. 63.

50. McRoberts, Kenneth, dans *Maclean's*, p. 105.

51. Dumont, Fernand, *La vigile du Québec, Octobre 1970 : l'impasse ?*, Montréal, Hurtubise HMH, 1971, p. 193.

du Québec ont signé dans *Le Devoir* une déclaration commune intitulée *Cette constitution n'est pas la nôtre*:

«Son texte avait été adopté par dix gouvernements, celui d'Ottawa et ceux des neuf provinces, tous majoritairement anglophones. Il avait été refusé par le seul gouvernement représentant un peuple à majorité francophone, celui du Québec, en particulier parce qu'il réduisait les pouvoirs du Québec en matière de langue et d'éducation. [...] Cette constitution illégitime de 1982, imposée au Québec par les représentants du Canada anglais, n'a jamais été entérinée par aucun référendum. Ni le peuple du Canada anglais ni celui du Québec n'ont eu l'occasion de se prononcer sur cette loi fondamentale.» (*Le Devoir,* 18 avril 2002, p. A 7)

# CONCLUSION

L'analyse des écrits, des paroles et des actes de Trudeau, tant dans sa vie privée que dans sa vie publique, a permis de mettre en évidence certains de ses traits de caractère, en particulier « une certaine hostilité envers l'autorité[1] » et ses représentants. Le fait qu'il ait affiché un franc nationalisme dans sa jeunesse et qu'il ait par la suite radicalement changé, dirigeant alors son agressivité principalement contre les défenseurs de la nation québécoise, a représenté jusqu'ici une énigme que j'ai tenté de résoudre. J'ai suivi la piste psychanalytique que Trudeau lui-même nous avait suggérée. Cette piste part du conflit œdipien et des identifications familiales, passe par les identités sociales et conduit finalement aux identités nationales.

Trudeau est manifestement resté toute sa vie très attaché à sa mère, résidant chez elle jusqu'à 51 ans. C'est moins de deux ans avant la mort de cette dernière gravement malade qu'il décide finalement de se marier. Ayant perdu son rival paternel à l'adolescence, il n'a pas eu, faute d'adversaire, « à renoncer à la possession exclusive de sa mère[2] ». Il avouera : « Il est mort avant que je sois jamais entré ouvertement en conflit avec lui[3]. » Comparant sa mère à son père, il jugea qu'« elle aimait plus que lui la liberté[4] ». Le conflit œdipien classique entre

1. Radwanski, George, *Trudeau*, Montréal, Fides, 1979, p. 51.

2. Lagache, Daniel, *La psychanalyse*, Paris, coll. « Que sais-je ? » P.U.F., 1982, p. 31.

3. Radwanski, *op. cit.*, p. 60.

4. *Ibid.*, p. 62.

l'amour du fils pour son père, dont la perte l'a profondément marqué, et la haine contre son père qui pourtant l'aimait, ne semble pas s'être résolu de façon satisfaisante. Trudeau ne s'est jamais vraiment senti proche de son père, se disant tantôt admiratif parce que, « du moins aux yeux du monde où je vivais, il avait réussi[5] », tantôt critique, trouvant ce dernier sévère et imprévisible : « En fait, je ne l'aimais pas beaucoup. On ne savait jamais à quoi s'attendre avec lui[6]. »

C'est plutôt son grand-père maternel qui prend, dès l'âge de 13 ans, une place importante dans ses identifications familiales, comme le révèle la photographie de famille de 1933, au départ du bateau pour l'Europe. Peu après la mort de son père, alors qu'il a 15 ans, il ajoute à son patronyme le nom de famille de ce grand-père maternel, Elliott. Un autre personnage occupe aussi une place importante dans ses identifications masculines. Un an après la mort de son père, à 16 ans, il est fortement influencé sur le plan politique par son professeur de littérature française, un jésuite originaire du Manitoba, qui le convainc que « vous pouvez être un très bon Canadien-français à l'extérieur du Québec[7]. » L'analyse de l'ensemble de ses identifications familiales et masculines, de son échec amoureux avec une Montréalaise de l'élite francophone et de sa crise identitaire au début de la trentaine, tout cela indique que, finalement, il ne s'est pas identifié au peuple québécois.

Très tôt, Trudeau a manifesté de l'hostilité envers toute forme d'autorité : « C'était une sorte d'agressivité refoulée entre les autorités et moi[8]. » Cette agressivité, déjà présente dans l'enfance envers son frère et sa sœur, à l'égard de ses camarades à l'école primaire et au collège, n'a pas pu s'exprimer envers son père. Après la mort de ce dernier en 1935, Trudeau dirige son agressivité contre ses professeurs, puis contre le premier

5. Radwanski, *op. cit.*, p 60.

6. McCall, Christina et Clarkson, Stephen, *Trudeau : l'homme, l'utopie, l'histoire*, Montréal, Les Éditions du Boréal, 1990, p. 32.

7. Iglauer, Edith, « Prime minister/Premier ministre », *The New Yorker*, 5 juillet 1969, p. 39.

8. McKenzie, Robert et Dempsey, Lotta, « Pierre Trudeau : "I became accustomed very young to rowing against the current" », *Toronto Daily Star*, 8 avril 1968, p. 8.

ministre du Québec, Maurice Duplessis, porté au pouvoir en 1936. Le lendemain de la mort de Trudeau, Guy Fournier révélait à la télévision publique qu'il était son ami et déclarait que « Trudeau avait la hantise de Duplessis ; si Duplessis n'avait pas été là, peut-être que Trudeau n'aurait pas eu la même attitude par rapport au nationalisme. » (Radio-Canada, 29 septembre 2000) L'agressivité de Trudeau se manifestera ensuite contre le peuple québécois. Après la mort de Duplessis en 1959, cette agressivité s'exprimera envers plusieurs autres premiers ministres du Québec.

Trudeau avait pourtant assimilé de nombreux repères identitaires des deux côtés de sa famille : prénoms de son grand-père paternel Joseph et de son grand-père maternel Philip, nom de famille Trudeau et nom de famille Elliott, langue française de son père et langue anglaise de sa mère, religion catholique de son père et de sa mère, qui était aussi la religion de sa grand-mère paternelle et de sa grand-mère maternelle. Mais il a vécu des sentiments complexes et ambivalents vis-à-vis de son identité biculturelle. Finalement, il a choisi une série d'identifications, au détriment du côté paternel.

Son agressivité envers la nation québécoise ne se démentira jamais. Devenu ministre de la Justice et procureur du Canada, il écrira en 1967 : « Il ne faut pas chercher d'autre constante à ma pensée que celle de s'opposer aux idées reçues [...] cela m'a conduit au pouvoir[9]. » Et, en effet, l'opposition « aux idées reçues » du Québec lui permettra quelques mois plus tard de devenir premier ministre du Canada, suscitant chez les francophones et chez les anglophones des attentes contraires : « Les Canadiens anglais, comptant sur son sens de l'autorité, attendaient de lui qu'il mette les Français à leur place ; les Canadiens français, comptant sur le fait qu'il était des leurs, s'attendaient à ce qu'il les écoute avec sympathie[10]. »

Trudeau a souvent masqué ses motivations profondes sous différents prétextes. Avant d'être élu au fédéral, il accusait le nationalisme canadien de « porter le masque pieux de la démocratie » et il accusait les « Canadiens de langue anglaise

---

9. Trudeau, Pierre Elliott, *Le fédéralisme et la société canadienne-française*, Montréal, Hurtubise HMH, 1967, avant-propos, p. V.

10. Stewart, Walter, « Shrug : Trudeau in power », Toronto, New Press, 1971, p. 50.

[...] de voiler leur intolérance sous le couvert de la règle majoritaire[11] ». Par la suite, malgré sa prétendue opposition à toute forme de nationalisme, il a lui-même utilisé la couverture de « la démocratie [qui] recherche le plus grand bien du plus grand nombre[12] » pour faire la promotion du nationalisme canadien : « Parlez de nationalisme si vous le voulez, moi je préfère appeler cela "patriotisme" ou "bien commun[13]." »

Sous le couvert de la loi et de l'ordre pendant la crise d'octobre 1970, il a laissé exploser son agressivité contre la partie francophone de son héritage. Après le référendum québécois de 1980, sous prétexte de renouveler le fédéralisme et de rapatrier la constitution canadienne, il a imposé une charte des droits modifiant de façon importante les pouvoirs du Québec en matière de langue d'enseignement, et ce, en contradiction avec ses engagements antérieurs et malgré l'opposition de l'Assemblée nationale du Québec.

L'attitude de Trudeau envers les Québécois a été bien résumée par la déclaration suivante faite par une trentaine d'intellectuels et d'artistes québécois, quelques mois après le référendum québécois de mai 1980 :

« M. Trudeau reçoit de ses concitoyens du Québec une sorte de délégation confiante et discrétionnaire de leurs intérêts collectifs dont il s'apprête pourtant à user de la manière expéditive propre aux pires assimilateurs anglophones qui se soient trouvés, depuis Lord Durham, pour mater les aspirations culturelles des Québécois. Erreur sur la personne qui s'est répétée lamentablement avec les Laurier, avec les Saint-Laurent, avec tous ces ex-colonisés montés en grade et qui prétendaient défendre à Ottawa l'honneur du peuple méprisé dont ils étaient enfin sortis. » (*Le Devoir,* 11 décembre 1980, p. 11)

---

11. Trudeau, Pierre Elliott, *Cité libre*, avril 1962, p. 8.

12. Trudeau, Pierre Elliott, *Cité libre*, novembre 1953, p. 3.

13. Trudeau, Pierre Elliott, avec la collaboration de Ron Graham, *Trudeau : l'essentiel de sa pensée politique*, Montréal, Le Jour, 1998, p. 103.

# ANNEXE 1

## REPÈRES CHRONOLOGIQUES

**Annexe 1: Repères chronologiques**

| Dates | Québec | Canada | Trudeau |
|---|---|---|---|
| 1919 | | | Naissance le 18 octobre à Outremont. |
| 1920 | Louis-Alexandre Taschereau, Parti libéral du Québec (PLQ), devient 1er ministre, | | |
| 1935 | | William Lyon Mackenzie King, Parti libéral du Canada (PLC), redevient 1er ministre (23 octobre). | Mort de son père alors qu'il a 15 ans. |
| 1936 | Adélard Godbout, Parti libéral du Québec, devient 1er ministre (11 juin).<br><br>Maurice Duplessis, Parti de l'union nationale (UN), le remplace comme 1er ministre (26 août). | | |
| 1939 | Adélard Godbout, Parti libéral du Québec, redevient 1er ministre du Québec (8 novembre). | Le Canada déclare la guerre à l'Allemagne (10 septembre). | |
| 1942 | Plébiscite sur la conscription (27 avril): le NON obtient 71% des votes au Québec.<br><br>Fondation du Parti du bloc populaire du Canada, parti politique fédéral et provincial (octobre). | Le OUI obtient 80% des votes au Canada excluant le Québec, mais 64% dans l'ensemble du Canada. | En novembre, il fait un discours pour Drapeau, candidat des opposants à la conscription dans le comté d'Outremont. |
| 1944 | Maurice Duplessis, Parti de l'union nationale, redevient 1er ministre (30 août). | | |
| 1948 | Adoption du fleurdelisé comme drapeau du Québec. | Louis Stephen St.-Laurent, Parti libéral du Canada, devient 1er ministre du Canada (15 novembre). | |

| Dates | Québec | Canada | Trudeau |
|---|---|---|---|
| 1949 | Grève de l'amiante à Asbestos (de février à juillet). | | Fonctionnaire au Conseil privé (septembre 1949 à octobre 1951). |
| 1950 | | | Cofondateur de la revue *Cité libre.* «En voie de devenir un dégueulasse peuple de maîtres chanteurs.» (Trudeau, *Cité Libre,* juin 1950, p. 24) |
| 1956 | | | Il rédige le premier chapitre et l'épilogue de l'œuvre collective *La grève de l'amiante.* |
| 1957 | Raymond Barbeau fonde l'Alliance laurentienne (janvier). | John George Diefenbaker, Parti progressiste-conservateur du Canada, devient 1er ministre du Canada (21 juin). | |
| 1959 | Décès de Maurice Duplessis, 1er ministre (7 septembre); Paul Sauvé lui succède le 11 septembre. | | |
| 1960 | Décès de Paul Sauvé, 1er ministre (2 janvier); Antonio Barrette lui succède le 8 janvier.<br><br>Jean Lesage, Parti libéral du Québec, devient 1er ministre (5 juillet). Début de la Révolution tranquille.<br><br>Raoul Roy fonde l'Action socialiste pour l'indépendance du Québec (9 août), première union entre la gauche et le nationalisme.<br><br>Marcel Chaput et André D'Allemagne fondent le Rassemblement pour l'indépendance nationale (RIN) le 10 septembre. | | |

| Dates | Québec | Canada | Trudeau |
|---|---|---|---|
| 1961 | Début de l'assurance-hospitalisation. | | Il obtient enfin un poste de professeur adjoint de droit constitutionnel à l'Université de Montréal. |
| 1962 | Nationalisation des compagnies d'électricité. | | «Une nation indolente et ignorante». (Trudeau, *Cité libre,* avril 1962, p.13). |
| 1963 | 8 mars: Premiers attentats du Front de libération du Québec. | Lester Bowles Pearson, Parti libéral du Canada, devient 1er ministre (22 avril). | Il fait campagne pour Charles Taylor, candidat du Nouveau Parti démocratique (NPD) dans Mont-Royal. |
| 1964 | Fondation du Regroupement national qui deviendra le Ralliement national (RN) dirigé par Gilles Grégoire. | | «Mettre ce petit peuple arriéré à l'heure de la planète.» (Trudeau, *Cité libre,* mai 1964, p.3) |
| 1965 | Création de la Caisse de dépôt et placement du Québec.<br><br>Daniel Johnson publie *Égalité ou indépendance.* | Rapport préliminaire de la Commission Laurendeau-Dunton sur le bilinguisme et le biculturalisme.<br><br>Adoption de l'unifolié comme drapeau canadien. | Il est élu député du comté de Mont-Royal à Ottawa (Parti libéral du Canada) le 8 novembre. |
| 1966 | Daniel Johnson, Parti de l'union nationale, devient 1er ministre (16 juin). | | |
| 1967 | Exposition universelle à Montréal.<br><br>De Gaulle à Montréal: «Vive le Québec libre» (24 juillet).<br><br>René Lévesque fonde le Mouvement Souveraineté-Association (MSA) le 19 novembre.<br><br>États généraux du Canada français (23 au 26 novembre). | | Il est nommé ministre de la Justice et procureur général du Canada (4 avril).<br><br>Livre de Trudeau sur *Le fédéralisme et la société canadienne-française:* «Des sommes énormes au service du nationalisme *fédéral.*» (p. 204) |

| Dates | Québec | Canada | Trudeau |
|---|---|---|---|
| 1968 | En mars, publication du livre de Pierre Vallières: *Nègres blancs d'Amérique.*<br><br>Le 24 juin: émeute causée par la présence de Trudeau lors de la parade de la Saint-Jean-Baptiste à Montréal, la veille de l'élection fédérale.<br><br>Décès de Daniel Johnson, 1er ministre (26 septembre); Jean-Jacques Bertrand lui succède (2 octobre).<br><br>Le 14 octobre, le Mouvement pour la souveraineté-association (MSA) fondé par René Lévesque et le Ralliement National (RN) deviennent le Parti québécois (PQ); dissolution du Rassemblement pour l'indépendance nationale (RIN). | Le 25 juin, le Parti libéral du Canada, dirigé par Pierre Elliott Trudeau, obtient la majorité des sièges à Ottawa. | En février, affrontement télévisé Trudeau/Johnson.<br><br>Il est assermenté comme 1er ministre du Canada (Parti libéral du Canada) le 20 avril. |
| 1969 | Le 31 octobre, manifestation monstre à Québec contre le Bill 63 du gouvernement de l'Union nationale permettant la liberté de choix de la langue d'enseignement. | Le 7 juillet, Loi concernant les langues officielles au Canada. | |
| 1970 | Robert Bourassa, Parti libéral du Québec, devient 1er ministre (12 mai); le Parti québécois fait élire 7 députés le 29 avril.<br><br>Début de la crise d'Octobre le 5.<br>Le 15, l'armée canadienne envahit le Québec.<br>Le 17, mort de Pierre Laporte.<br><br>Instauration de l'assurance maladie. | Le 16 octobre, proclamation de la *Loi des mesures de guerre.*<br><br>Le 3 décembre, pour faire suite à la *Loi des mesures de guerre,* la *Loi de 1970 concernant l'ordre public (mesures provisoires),* appelée la loi Turner, est sanctionnée. | Trudeau, premier ministre: «*Just watch me*» (13 octobre). (*Le Devoir,* 15 octobre 1970, p. 11-12) |
| 1971 | | Le 4 janvier, l'armée canadienne met fin à l'occupation du Québec.<br><br>Le 30 avril, la loi Turner cesse de s'appliquer au Québec. | Le 4 mars, à 51 ans, il épouse Margaret-Joan Sinclair, âgée de 22 ans. |

| Dates | Québec | Canada | Trudeau |
|---|---|---|---|
| 1972 | | Élection d'un gouvernement libéral minoritaire (30 octobre). | Il obtient un 2e mandat comme 1er ministre. |
| 1973 | Le Parti libéral du Québec est réélu avec 102 députés sur 108 (29 octobre); le Parti québécois ne fait élire que 6 députés. | | |
| 1974 | Loi 22 proclamant le français langue officielle du Québec (30 juillet). | Élection d'un gouvernement libéral majoritaire (8 juillet). | Il obtient un 3e mandat comme 1er ministre. |
| 1976 | XXIes Jeux olympiques à Montréal.<br><br>Le Parti québécois remporte les élections (15 novembre); René Lévesque devient 1er ministre le 25 novembre. | | |
| 1977 | Adoption de Loi 101, Charte de la langue française (26 août). | | |
| 1979 | | Charles Joseph Clark, Parti progressiste-conservateur, devient 1er ministre (4 juin). | Il démissionne comme chef du Parti libéral du Canada (21 novembre), mais le redevient le 18 décembre. |
| 1980 | Le 20 mai, 1er référendum sur la souveraineté du Québec; le OUI obtient 40,4% des votes. | Élection d'un gouvernement majoritaire libéral. | Il redevient 1er ministre le 3 mars (4e mandat).<br><br>Il promet de «renouveler le fédéralisme» («Allocution du Centre Paul-Sauvé, Montréal (Québec), 14 mai 1980», Transcription du Cabinet du premier ministre). |
| 1981 | Le 13 avril, le Parti québécois est réélu. | | Le 5 novembre à Ottawa: la nuit des longs couteaux. |

| Dates | Québec | Canada | Trudeau |
|---|---|---|---|
| 1982 | | Proclamation de la *Loi constitutionnelle* de 1981, malgré le refus du Québec (17 avril). | « À cette dernière étape, il fallait presque un putsch, un coup de force. » (Trudeau dans Clarkson et McCall, 1990, p. 257). |
| 1984 | | John Turner, Parti libéral du Canada, devient 1er ministre (30 juin); Brian Mulroney, Parti progressiste-conservateur, le remplace le 17 septembre. | Il démissionne comme chef du Parti libéral du Canada le 29 février et quitte ses fonctions de premier ministre le 30 juin. |
| 1985 | René Lévesque démissionne comme chef du Parti québécois: Pierre Marc Johnson lui succède comme 1er ministre le 3 octobre; le 12 décembre, Robert Bourassa, Parti libéral du Québec, redevient 1er ministre du Québec. | | |
| 1987 | Le 1er novembre, décès de René Lévesque. | Accord constitutionnel du lac Meech signé par le premier ministre du Canada et ceux des provinces en juin. | Il sort de sa retraite pour fustiger làccord : « Comme gâchis total il serait difficile dlmaginer mieux » (*La Presse,* 27 mai 1987). |
| 1988 | Adoption de la Loi 178 sur l'affichage commercial. | Le gouvernement conservateur de Brian Mulroney est réélu.<br><br>Signature de l'accord de libre-échange entre le Canada et les États-Unis (ALENA). | |
| 1989 | Réélection du gouvernement libéral de Robert Bourassa. | | |
| 1990 | Crise amérindienne à Oka pendant l'été. | L'Accord du lac Meech devient caduc en juin.<br><br>Lucien Bouchard fonde le Bloc québécois, parti luttant sur la scène fédérale pour l'indépendance du Québec. | |

| Dates | Québec | Canada | Trudeau |
|---|---|---|---|
| 1991 | Rapport de la Commission Bélanger-Campeau sur l'avenir politique du Québec. | | |
| 1992 | Le 26 octobre, référendum sur l'Accord de Charlottetown tenu selon la loi québécoise: il est rejeté par le Québec. | Le même jour, le même référendum, mais tenu selon la loi canadienne: il est aussi rejeté par le reste du Canada. | Le 1er octobre, il signe un pamphlet contre l'Accord de Charlottetown dans les revues *L'actualité et Maclean's.* |
| 1993 | Adoption de la Loi 86 sur l'affichage commercial. | Kim Campbell, du Parti progressiste-conservateur, devient première ministre (13 juin); Jean Chrétien, du Parti libéral du Canada, la remplace le 25 octobre; le Bloc québécois forme l'opposition officielle. | Il publie ses *Mémoires politiques.* |
| 1994 | Daniel Johnson (fils), Parti libéral du Québec, devient 1er ministre (11 janvier); le 26 septembre, Jacques Parizeau, Parti québécois, le remplace comme 1er ministre. | | |
| 1995 | Le 30 octobre, 2e référendum sur la souveraineté du Québec: le Oui obtient 49,4% des votes; démission de Jacques Parizeau. | Quelques jours avant le référendum, le ROC organise un immense *love-in* à la Place du Canada à Montréal. | «Les organisateurs pensaient qu'ils n'avaient pas besoin de moi.» (Trudeau dans Cohen et Granatstein, p. 400).<br><br>«Ils ont peur que je sois la cause d'une insurrection.» (Trudeau dans Southam, Nancy, p. 400). |

| Dates | Québec | Canada | Trudeau |
|---|---|---|---|
| 1996 | Lucien Bouchard devient 1er ministre le 29 janvier.<br><br>« Déluge » au Saguenay, en juillet. | Lucien Bouchard démissionne comme chef du Bloc québécois. | Il écrit un article virulent contre le premier ministre du Québec, Lucien Bouchard, dans *La Presse* du 3 février. |
| 1997 | | Le 2 juin, réélection du Parti libéral du Canada, dirigé par Jean Chrétien. | |
| 1998 | Tempête de verglas à Montréal en janvier.<br><br>Le Parti québécois est réélu en novembre. | | Il publie, en collaboration avec Ron Graham, Trudeau: *l'essentiel de sa pensée politique.* |
| 2000 | | | Le 28 septembre, il décède. |

# ANNEXE 2

## REPÈRES PSYCHANALYTIQUES

## MÉCANISMES DE DÉFENSE

« D'une façon générale, la notion de mécanisme de défense englobe tous les moyens utilisés par le moi pour maîtriser, contrôler, canaliser les dangers internes et externes[1]. »

### ANNULATION RÉTROACTIVE

« Mécanisme psychologique par lequel le sujet s'efforce de faire en sorte que des pensées, des paroles, des gestes, des actes passés ne soient pas advenus ; il utilise pour cela une pensée ou un comportement ayant une signification opposée[2]. »

### DÉPLACEMENT

« Fait que l'accent, l'intérêt, l'intensité d'une représentation est susceptible de se détacher d'elle pour passer à d'autres représentations originellement peu intenses, reliées à la première par une chaîne associative[3]. »

---

1. Dorion, Roland et Parot, Françoise, *Dictionnaire de psychologie*, Paris, P.U.F., 1991, p. 177.

2. Laplanche, Jean et Pontalis, J.-B., *Vocabulaire de la psychanalyse*, Paris, P.U.F., 7e édition, 1981, p. 29.

3. *Ibid.*, p. 117.

## FORMATION RÉACTIONNELLE

« Attitude ou habitus psychologique de sens opposé à un désir refoulé, et constitué en réaction contre celui-ci (pudeur s'opposant à des tendances exhibitionnistes par exemple[4]). »

## INTELLECTUALISATION

« Processus par lequel le sujet cherche à donner une formulation discursive à ses conflits et à ses émotions de façon à les maîtriser. [...] (par ex. en invoquant son "opposition à l'autorité" au lieu de parler de ses relations avec son père[5]. »

## NÉGATION

« Procédé par lequel le sujet, tout en formulant un de ses désirs, pensées, sentiments jusqu'ici refoulé, continue à s'en défendre en niant qu'il lui appartienne[6]. »

## PROJECTION

« Opération par laquelle le sujet expulse de soi et localise dans l'autre, personne ou chose, des qualités, des sentiments, des désirs, voire des "objets", qu'il méconnaît ou refuse en lui[7]. »

## RATIONALISATION

« Procédé par lequel le sujet cherche à donner une explication cohérente du point de vue logique, ou acceptable du point de vue moral, à une attitude, une action, une idée, un sentiment, etc., dont les motifs véritables ne sont pas aperçus[8]. »

4. *Ibid.*, p. 169.

5. *Ibid.*, p. 204.

6. *Ibid.*, p. 112.

7. *Ibid.*, p. 344.

8. *Ibid.*, p. 387.

# STADES DE DÉVELOPPEMENT DE L'ENFANT

Selon l'école psychanalytique, le développement de l'enfant passe par une suite de stades[1] :

– le stade oral, de la naissance à un an ;
– le stade sadique-anal, de un à trois ans ;
– le stade génital précoce ou phallique, de trois à six ans ;
– la période de latence, de six ans à la puberté ;
– le stade génital définitif, à partir de la puberté.

# COMPLEXE D'ŒDIPE

C'est au stade génital précoce ou phallique que l'enfant connaît le complexe d'Œdipe. Il peut se définir comme un :

« ensemble organisé de désirs amoureux et hostiles que l'enfant éprouve à l'égard de ses parents. [...] Selon Freud, le complexe d'Œdipe est vécu dans sa période d'acmé entre trois et cinq ans, lors de la phase phallique ; son déclin marque l'entrée dans la période de latence. Il connaît à la puberté une reviviscence et est surmonté avec plus ou moins de succès dans un type particulier de choix d'objet [d'amour]. Le complexe d'Œdipe joue un rôle fondamental dans la structuration de la personnalité et dans l'orientation du désir humain[2]. »

Dans sa forme complète, le complexe d'Œdipe se présente à la fois sous sa forme positive et sa forme négative, et ce, à des degrés variables. Selon Daniel Lagache :

« chez le garçon, le *complexe d'Œdipe positif* consiste dans le fait que, intensifiant son amour pour sa mère, il ressent un conflit entre son amour pour son père (basé sur son identification au père) et sa haine contre le père (basé sur les privilèges paternels qui lui sont refusés) ; l'angoisse de castration l'amène à renoncer à la possession exclusive de la mère ;

---

1. Voir Abraham, Karl, *Œuvres complètes/II, 1915-1925*, Paris, Payot, 1965, p. 222 ; Lagache, Daniel, *La psychanalyse*, Paris, coll. « Que sais-je ? », P.U.F., 1982, p. 30-31.

2. Laplanche, Jean et Pontalis, J.-B., *Vocabulaire de la psychanalyse*, Paris, P.U.F., 7e édition, 1981, p. 79-80.

on parle de *complexe d'Œdipe négatif* lorsque c'est la mère qui est ressentie comme gênant l'amour pour le père[3]. »

## UNE TRIADE DE TRAITS DE CARACTÈRE

Si le conflit œdipien vécu au stade génital précoce ou phallique n'est pas résolu de manière satisfaisante, cela peut entraîner une régression à la position antérieure valorisée, le stade sadique-anal, et, conséquemment, le développement de traits de caractère propres à ce stade.

Dans un article publié en 1908, Freud écrit :

« Nous sommes portés à reconnaître, dans les traits de caractère si fréquemment accusés par les anciens tenants de l'érotisme anal — être ordonné, économe et entêté —, les résultats les plus directs et les plus constants de la sublimation de l'érotisme anal[4]. »

Selon lui, la relation « entre l'érotisme anal et cette triade de traits de caractère » laisserait chez l'adulte une « empreinte particulière » :

« S'il y a quelque fondement réel à la relation, dont j'ai affirmé l'existence, entre l'érotisme anal et cette triade de traits de caractère, on ne pourra s'attendre à rencontrer aucune empreinte particulière du " caractère anal" chez les personnes qui ont conservé pour leur vie adulte la propriété érogène de leur zone anale[5]. »

Selon l'école psychanalytique, ce caractère se manifeste par une combinaison variable de traits[6] qui peuvent résulter :

---

3. Lagache, Daniel, *La psychanalyse*, Paris, coll. « Que sais-je ? », P.U.F., 1982, p. 31.

4. Freud, Sigmund, « Caractère et érotisme anal », [1908], *Névrose, psychose et perversion*, Paris, P.U.F., 1978, p. 145.

5. *Ibid.*, p. 148.

6. Voir Freud, Sigmund, « Caractère et érotisme anal », [1908], *Névrose, psychose et perversion*, Paris, P.U.F., 1978, p. 143-148 ; Abraham, Karl, *Œuvres complètes/II, 1915-1925*, Paris, Payot, 1965, p. 227-244 ; Jones, Ernest, « Traits de caractère se rattachant à l'érotisme anal », [1919], *Théorie et pratique de la psychanalyse*, Paris, Payot, 1969, p. 378-398.

– d'une part, de l'expression de l'érotisme anal de façon directe (rétention des objets, des idées, des émotions, de l'action) ou de façon contraire (prodigalité, conformisme, sensibilité, témérité) par suite des mécanismes de défense contre ces pulsions, le mécanisme le plus fréquent étant la formation réactionnelle ;

– d'autre part, de l'expression du sadisme anal de façon directe (désordre, agressivité, lutte contre l'autorité) ou de façon contraire (ordre, bonté, respect de l'autorité).

# ANNEXE 3

## CITATIONS ORIGINALES EN ANGLAIS

### INTRODUCTION

1. « To many people, Pierre Elliott Trudeau has seemed enigmatic and paradoxical : […] a French Canadian proud of his identity and culture, yet a biting critic of French-Canadian society, determined to destroy its mythology and illusions. »

3. « Just as Trudeau's youth shaped his personality, it also helped to shape his political views. »

### CHAPITRE 1 : BIOGRAPHIE SOMMAIRE DE PIERRE TRUDEAU

1. « His exact age is a mystery. His sister has said he was born in 1919, his brother that it was in 1920. The parliamentary guide says 1921. Trudeau's official biography, put out by his campaign organization, gave his birthday as October 18, 1921. »

2. « I am 48 or 46, I am not quite sure. »

7. « She [Suzette] says English was normally spoken at home except when the children went to visit the paternal grandparents at St-Michel. »

8. « Pierre habitually speaks English to his sister [Suzette], a Montreal matron, and French to his brother, an architect. »

16. « The family chauffeur drove the three Trudeau children to school — Pierre, his younger brother Charles and his older sister, Suzette. »

25. « My father died when I was in my first teens and it was a tragedy. »

27. « After our father died I often consulted him even though I was eldest and supposed to be boss. »

32. « Pierre was a brother, just like other brothers. He teased me. He worked hard. […] If he wanted to know how a violin was played, he would take a few lessons. If he wanted to know what it was like to waterski [sic] behind a kite, he did that. Once he made me mad when he broke open my doll to see what was inside. Pierre did all the things he wanted to do. »

40. « At the age of forty, Pierre was still living at home with his mother on Mc Culloch Avenue. »

48. « The things I will do after I retire. […] Perhaps learn to play the piano better. […] I guess I always wished I had been able to be more of an artistic creator. I would have loved to have been a good musician or a good poet or a good novelist. I think I can write prose pretty well but I don't have the fantasy to learn or […] that my mother had or that I hope my children will have. I am fanciful but I don't have the creative genius of a real artist. »

55. « […] officially described as a correspondent for *Le Devoir*. »

57. « Gagnon's ambition was to cross the Florida Straits to Cuba in a canoe rigged with oars that could be operated by foot power […] accompagnated by a shrimper that Gagnon had hired. […] The three kept rowing through the day but by 7 p.m., after covering 50 miles in 19 hours of rowing, the winds had reached 40 miles per hour and the attempt had to be abandoned. »

60. « Where you a late developer ? – I don't know. I suppose you'd have to ask a clinical psychologist this kind of question. […] I suppose if I wished anything for my children it would be that they perhaps develop into a whole person a little younger than I did at 30, without the extreme rigour that, and even a sense of intolerance for people with other values that I had when a was a teenager. »

75. « Trudeau was involved in some capacity or other — legal adviser, essayist, or simply demonstrator – in most big Quebec labor conflicts of the 1950s. These include the strikes at Arvida, Murdochville, Louiseville and Noranda. »

89. « One day, he said that for a small people, the French-Canadians, there is nothing else than socialism. And he said it in his Jaguar. »

108. « Sacha has a degree in philosophy from McGill University, the school from which Justin also graduated. (Michel graduated from Dalhousie

University in Halifax.) […] Except for one brief period, at least one of them lived with him until his death. »

110. « In 1977, when Trudeau and Margaret separated, the children shuttled between 24 Sussex and a house Margaret owned three blocks away. »

112. « Over the eight years that Pierre and I used to see each other, from 1976 to 1983, we spent many glorious days and nights at the lake during the summer and autumn months. […] On a couple of occasions, Pierre had suggested that, although he never intended to be married again, he would be happy to have us live together and share a child. […] "If you ever decide to marry, you must give me first choice," he whispered, but I knew that in many ways, with his independent spirit, he would be happier living alone. »

114. « While his sons figure prominently in Trudeau's *Memoirs* [1993], there is no reference to his fourth child — his daughter, Sarah, who was born on May 5, 1991 — or her mother, the constitutional lawyer Deborah Coyne. Yet the two of them were regular visitors at Trudeau's country place. »

116. « Most weekends, Trudeau retreated to his home in the Laurentians, on 2,000 acres with two lakes, 85 km northwest of the city. The small house on the property was designed by Trudeau's friend, the celebrated Canadian architect Arthur Erikson. »

117. « I wasn't very strong or healthy, I became very self-demanding about the things which might improve my health. I stayed away from smoking, or coffee, or drinking. »

## CHAPITRE 2 : DES ANCÊTRES PATRIOTES ET LOYALISTES

5. « There was a certain farmhouse, for instance, just west of Laprairie along the St. Lawrence. When Pierre Elliott Trudeau and his sister Suzette were being driven down to St-Remi to visit their grandmother in the 1920s, they waited for Aunt Graziella to point out the house, and tell them how one of the family played Paul Revere in the political rebellions of 1837, galloping through the district one night to warn the people that the soldiers were coming. »

7. « Even when he finally learned to write his own name, he never spelled it the same way twice. »

9. « Joseph Trudeau farmed from a brick house on the Petite Côte road, his seventy-odd acres adjoining the farms of his father and three of his four

brothers. [...] moved three miles away to a six-room brick house opposite a blacksmith's forge in St-Rémi, a fairly thriving farming-centre town of several thousand. »

10. « The Trudeaus shared a reputation for being tough, severe, hardworking men who "held to their ideas". But Joseph was also easygoing, a short, wiry man who loved conviviality and good times. [...] For all his amiability he was known as a hard bargainer, "a man who was tight with his pennies. He didn't spend", recalled the village curé. »

16. « The eighth of them, born on July 6, 1887, and baptized simply Joseph the next day, grew up known a Charles-Emile. »

18. « Their first home was a five-room floor-through flat on Atwater and St. James, handy to Charley's office. »

23. « After Mass he often drove Grace and the children down to St-Remi where his sister Graziella, the "old maid Trudeau," still kept house for her mother Malvina. »

25. « In 1928 they pioneered a thriving Canadian summer colony at Old Orchard on the rocky Maine coast near Kennebunk. For two months the kids lived on the wide sweep of breach, and on his weekend visits Charles-Emile sparked his own passion for sports. »

27. « Houde, who was running for the leadership of the Quebec Conservative Party, got free gas from the Trudeau stations. Houde would drive up and tell Trudeau Sr. — " J'ai besoin d'oxygène" (I need oxygen) — his way of asking for a loan. »

29. « Roddy Choquette, 68, a cost accountant who became general manager of the stations and a personal friend of Trudeau's father. [...] He was an inveterate poker player, according to Choquette, playing several nights a week for "quite stiff-stakes." Games averaged $1,000 to $1,500 an evening [...] A detail Choquette remembers vividly about him is that he always dropped whatever he was doing at 5.15 p.m. to go home to see his children. He would go over their lessons with them, talk to them about their day and then usually at 6.30 he would leave again for dinner with friends in town. »

33. « At the age of 47, he went on an annual trip to the Royal's winter training camp near Deland, Fla., caught pneumonia and died. »

35. « One early April day [1935] Charley was out in a spring rain. He caught a "light grippe" which turned into pneumonia. For a time Trudeau seemed to rally, then suffered a relaps. On April 10, Grace Trudeau and her

seventeen-year-old-daughter Suzette flew down from Montreal with the family physician, Dr. Turgeon. They arrived at the Orange General Hospital just a few hours before Charles-Emile died. »

37. « He was a capable businessman, a hard worker and very respected. He expected excellence of us all, and I guess Pierre was the one with the real capacity to carry this out. »

40. « "Pierre was his favorite," says Choquette. »

45. « The Scottish Elliotts first settled in New England, but during the American Revolution stayed loyal to the crown. [...] After the war, [...] they and three others Loyalist families — the Dunns, Armstrongs and Hibbarts — made their way up to the nominally British territory of Lower Canada [...] The four families stuck together and pioneered the settlement of a Protestant parish in St-Gabriel-de Brandon, north of Sorel. [...] Philip was a United Empire Loyalist. »

46. « Edward [...] was a born woodsman who spent most of his life in the fabled lumber country of the St. Maurice River above Trois-Rivières. »

47. « Philip [...] spoke fluent French. »

50. « Home for the Elliotts was 110 Sherbrooke Street, a four-story greystone house with stables for their three horses behind. »

53. « Agnes Clark, spoke nothing but French. »

54. « Yet Sarah herself spoke English to her own children, and her brother, John Sauvé, belonged to the Irish Hibernian lodge in Montreal. »

57. « Grace Elliott Trudeau as she liked to be known. »

59. « Sarah [Sauvé] herself spoke English to her own children. [...] She [Grace] and her two brothers learned to speak French in their summers on Grand-maman Sauvé's farm. [...] She [Grace] spoke broken French with an English accent. »

67. « Mrs Trudeau was a shy, very economical woman. »

68. « "looking very distinguished, very correct, very English." [...] Others saw her as "a quiet, intelligent, lonely woman with great practical sense and great respect for others". »

## CHAPITRE 3 : LE CONFLIT ŒDIPIEN

6. « She wasn't always off to parties. »

15. « Until recently, Pierre often used to accompany his mother to concerts and things [...] I know Pierre admires her greatly.... »

20. « He was very deferential to his mother — very considerate, full of little cares, telling her nice things like 'You look good today'. »

## CHAPITRE 4 : LES IDENTIFICATIONS

5. « Sarah's father, Séraphin, came from a proud French-Canadian family rooted in Quebec since 1696 ; and her mother, Agnes Clark, spoke nothing but French. »

7. « Yet Sarah herself spoke English to her own children. »

8. «Her brother, John Sauvé, belonged to the Irish Hibernian lodge in Montreal. »

9. « She says English was normally spoken at home except when the children went to visit the paternal grandparents at St-Michel. »

17. « Pierre habitually speaks English to his sister [Suzette], a Montreal matron, and French to his brother, an architect. »

20. « Q. If you were to be suddenly woken in the middle of the night by someone shaking you, would your first words be in French or in English ?
A. Dear...shaking me.
Q. Either lovingly or violently, it's just shaking. We're not characterizing the shaking.
A. It might be a grunt ; it might be, I guess, very much predicted on who I thought would be in my room at that particular time. I also don't know. Sometimes it would be in English, sometimes... [...]
Q. That's why I had them shaking you, see ? They didn't speak, so as not give you that copout, you see. »

22. « His English was better than his French : his mother was a very strong woman. »

25. « The Elliotts' first child, Grace, born in April 1890, was baptized a Roman Catholic — a decision Grand-maman Sauvé must had have a hand in, since it took place in St-Zotique when Sarah brought her four-month-old baby down for a summer visit to the farm. But the two younger children, Allan and Gordon, were christened Anglican. »

37. « born on July 6, 1887, and baptized simply Joseph the next day, grew up known as Charles-Emile. »

38. «When I first entered *college classique*, he recalled, there was another Pierre Trudeau and I became Pierre-Philippe. Philippe was one of my baptismal names. »

45. « I began signing Elliott, my mother's name, with which I was also baptized, and I won't deny that is was at least partly to spite the nationalists. »

55. « He was an inveterate poker player, according to Choquette, playing several nights a week for "quite stiff-stakes." Games averaged $1,000 to $1,500 an evening. »

56. « Mrs Trudeau was a shy, very economical woman. »

59. « I have the kind of memory most children have of their father — of a rather formidable and rather authoritarian man. »

64. « My father taught me order and discipline, and my mother freedom and fantasy. »

65. « Order and discipline I think I manage to teach them. [...] Freedom and fantasy? I think I teach them too. [...] But I would suspect that they will learn more about freedom in the time they spend with their mother than in their time they spend with me. »

79. « "I suppose the man who most influenced me as a student was Father Robert Bernier, a French Canadian from Manitoba," the Prime Minister said, a warm note in his voice. [...] "Father Bernier was the most highly cultivated man I had met, and he confirms what I am always saying — that you can be a damned good French Canadian outside Quebec. Bernier was the man who talked politics to me. He was my teacher of letters — of French literature [...] That Bernier's mind was wonderful !" »

## CHAPITRE 5 : TRAITS DE CARACTÈRE

8. « A friend who has known him since he was 10 years old at the Querbes school says his first and lasting impression of the man was his "discipline". »

9. « One school-mate, Pierre Vadeboncoeur, recalls that the Jesuit demand for self-discipline and control "fitted him like a glove". [...] He disciplined himself and worked as hard at law as he had at Brébeuf. One fellow student and friend recalled that his timetable was tight. »

12. « At the age of about 6, he began a rigorous program of physical exercise. »

14. « Friends also insist on how "systematic" and "organized" he is. On a hiking trip, he organizes his day so that there are always two meals around the same times. "He never liked to waste a moment of his time," said Roger Rolland, [...] "He would organize his day with time for skiing and time for doing something else". »

16. « His discipline was amazing. He had the Greek notion of developing both the mind and the body to perfection. I remember that it was important for him to dive well — not so that he could compete, but for himself. »

24. « Margaret says that Trudeau brought the same rigour and discipline to parenting that he did to other areas of his life. »

27. « I like to say that I had a lot of discipline but it had to be self-imposed. I didn't like others to impose their discipline on me. But I think I have had a rather disciplined life, and a disciplined approach to politics and studies. »

28. « One of his colleagues, describing him, said, "While he keeps his perspective on the whole picture, he wants to tie a bow on each point and move on to the next one. He has a distaste, almost a repugnance, for taking things in the wrong order". »

44. Q : « Are you, apart from your preoccupation with physical fitness, notably ascetic ? » [...]
A : « I think basically, particularly when I was younger, I believed in the virtue of certain hard life, I guess, in the pleasures of living outdoors in uncomfortable circumstances and doing things which challenged your physical comforts. A certain rigorousness, I hope, which is intellectually oriented and which translates itself in my physical conduct. »

47. « Why did Trudeau discipline himself so carefully ? What were his goals ? – "Those are questions I cannot answer, and even if I could, I would not," said Mme Decarie firmly. "They are for Mr. Trudeau". »

54. « If you don't stop that, I'll kick you right in the ass. »

56. « Trudeau's contribution to labour relations was to push the bottom to lower his car window, thumb his nose at the pickers, and shout his contempt. »

59. « tells protestors to "get off your ass" at an unemployment demonstration in Vancouver. »

67. « I realized that I was not amongst the geniuses and I would have to work harder if I wanted to perform with some degree of excellence. »

68. « This friend remembers Trudeau working with "tremendous application" as a law student at the University of Montreal. [...] "He was always as precise as a time clock, meticulous in everything he did, whether at work or play. But it is this very meticulousness and application that is his greatest fault". »

69. « When he was in his room he didn't answer anybody, he worked so hard. To get in we had to slip a piece of paper below the door saying, 'we want to see you'. »

70. « One day he decided that no one was ever going to get the better of him. He threw himself into sports, boxing, diving, skiing, what have you. »

74. « I don't know a more serious man. If he dives, he won't dive just for the fun of it but will try to improve his technique. [...] If he is going to enjoy himself, he has to plan for it ahead. »

77. « Often when we were together Pierre would take half an hour just to think about a problem. There would be absolute silence, and then he would come back to the conversation. »

78. « "He would write out his articles by hand, taking great pains, proceeding with great caution," recalls Hébert. Sometimes, even when the type was being set for the weekly edition, Trudeau would rush in saying "I know it may be too late — but could I change this comma?" »

82. « His obsession with the written and spoken word caused him endless frustration. [...] He was highly uncomfortable when the letters were acknowledged without him seeing the replies. [...] He spent hours redrafting many of them, [...] Trudeau was equally uncomfortable using speech writers. [...] With crises raging in the halls and meeting rooms around him, he could sit at his desk for hours and concentrate on one letter, one speech, one book, or one file. »

86. « "He is no playboy," said Miss Giguere, referring to Trudeau's public image. "He doesn't like waste — of people or things". »

92. « Rioux remembers being embarrassed on occasions when Trudeau, who with Rolland had brought his Harley-Davidson to Paris and was obviously well-off, would carefully scrutinize his bill after a meal. »

93. « Pierre's office was nearby, and we used to eat in a very simple restaurant on the corner-really quite a poor one [...] Well, Pierre is the kind of man who won't pick up the check for his friends — even if it is only a dollar and a half — because it would destroy a kind old dignity in their relationship. »

95. « He didn't like paying anything out of his own pocket. I guess in about 25 times that we went out together, he never picked up the check once except in Jamaica, where Margaret forced him to do it. [...] We went to dinner to a Swiss restaurant in Jamaica [en 1971 ou 1972]. And Margaret put the gun right to him: "It's your turn, finally, Pierre". I used to laugh with Jean Marchand an Gérard Pelletier, his good pals. They could never remember Pierre picking up the check. »

98. « Trudeau is cautious in another respect according to close friends — he is careful about money and any kind of waste. When he was at *Cité libre*, he used to write his articles on the backs of sheets of paper which had already been used for something else. A friend told of writing Trudeau and putting a 5-cent stamp on the envelope when only a 4-cent stamp was needed. Trudeau pointed the fact out in his reply. »

99. « A member of the parliamentary Press Gallery in Ottawa went to Trudeau's office for a copy of his latest book when he was unable to find it readily in a bookstore. Trudeau arrived as an assistant was handing over the volume and suggested that any reporters who wanted his books should go out and buy them. »

119. « "Here's a Christmas present for you," he said, handling me two can of maple syrup from a crate he had been given by a government minister, Marc Lalonde. Pierre was never generous with gifts, and I always paid for my plane tickets to and from Ottawa. Even Margaret had accused him of being "parsimonious," and I suspect it was partly this aspect of his personality that had driven her to write her candid books, since he offered her and the boys only minimal support.
One time I hinted that a little memento might be appreciated. [...] Pressed, he rummaged in his drawer and came up with a gold-dipped peanut on a necklace chain that was given to him by Jimmy Carter's brother, Billy, and an embossed leather box of Ceylon tea from the Sri Lankan Summit Conference — merely trinkets to him, but in my hands, treasures. [...] Luckily for us, neither Margaret nor I were materialistic, as generosity was hardly Pierre forte. »

120. « He loaded me up with souvenir Summit Conference matches, fruit and chocolate bars, which I stuffed into my bulging handbag. Pierre was always magnanimous with superfluous hotel-room goodies. »

126. « While at Harvard, Trudeau seems to have gone through a crisis of conscience. He wrote a letter to his friend of Jean de Brébeuf years in Montreal, Pierre Vadeboncoeur, asking him for advice. According to Vadeboncoeur Trudeau was considering giving away his personal fortune. Vadeboncoeur says he wrote back and "told him not to give away the

money because he would probably get into politics and he'd need his financial independence".»

128. «Friends of Pierre Elliott Trudeau say he exhibits a [...] melange of generosity and caution. [...] Trudeau's own life is in some ways quite spartan despite his obviously extensive wardrobe — much of it tailored on Savile Row in London — his expensive Mercedes sports car and his vacations in places like Tahiti.»

129. «Trudeau always had a reputation for being stingy, but there was another charitable side. "When he was in Harvard," remembers Vadeboncoeur, "I wrote him a letter with a stamp that cost two cents more than necessary. He mentioned it to me. But he was generous with his friends, including me. When I bought a house in 1963, I didn't have any money, and I had five children. He assumed the second mortgage. He didn't do it just for me, but for a second friend, too. When I bought my house and we were signing the contract, he put in the contract a letter saying he was aware of the risk he was taking, but he was taking it anyway. It was crazy.»

131. «the former prime minister frequently visited his daughter in Toronto, where he stayed in residence at the University of Toronto to save money.»

134. «He said that if he ever heard of them fighting brother against brother again, he'd disinherit them and leave all his money to the charities and churches in Canada's North.»

145. «I always considered myself as a loner. [...] I wasn't a team man, I wasn't a team player. With very few exceptions I acted by myself and not collectively.»

149. «an advocate of extensive state power who denies that anyone knows better than he what is good for him.»

150. «There was no withdrawal. There was perhaps a return to the private individual and a bite of the solitary person you were describing, but I can't remember any sadness or withdrawal symptoms.»

151. «Solitary, I think so, it goes with the rest of the character traits I was describing. I think in a sense I am my judge and for that reason I am also I hope to a large degree my master. And that means that I don't need other people's approval and to a certain degree I don't need their company.»

152. «I was impertinent to my father, to my teachers — to everybody. It got me into trouble, but when I was intimidated, I had to have the last word. As I became more mature, I would state my case and sit back, which is a form of answering.»

155. « I liked listening to Pierre as he argued with his professors about philosophy, literature and just about everything else. He was never easily convinced he was wrong and if someone tried to correct him, he just went right on arguing. »

170. « "I think we were all loved in the family," says Trudeau, "but we were not very expansive in our feelings. We were rather reserved as far as any noisy or joyous manifestations were concerned. We all liked each other but we minded our own business. I think it has stayed that way. We are very united in the family but each respects the other's freedom and there are very few accounts to render or explanations to give". »

173. « My personal friends do not talk about me in public. If they do, they are not friends, but passing acquaintances. »

174. « He is an enigmatic bachelor with a fantastic barrier of reserve. There are whole areas of himself — his youth, his university days — that he never discusses. »

175. « Acquaintances often found him "the coldest man alive." Friends, on the other hand, realized that Pierre was an intensely private person like his mother, brother and sister. Their reticence and reserve — and Pierre's cavorting — were often seen as arrogance. "Nobody's cold in that family," said Nina Bruneau-Choquette. "But they seem cold to strangers. Silent, too". »

176. « before coming to power, the Jesuit-trained lawyer was socially shy and diffident. One woman who knew him found him so "emotionally repressed" she would not have been surprised to find out he had ended up a monk. »

189. « He wasn't a skilful people manipulator : he couldn't relate. It was all here. (Turner points to his head.) »

193. « He had an icicle for a heart. That was what made him incomplete, that was what turned him into an emotional cripple incapable of genuine response, and that was why the people stopped trusting him. We recognised him as the man in the iron mask. He never changed. But we did. »

211. « He has a sense of... *fantaisie.* You could be talking to him seriously at a party and, at the moment you least expect it, his feet would go up and he would stand on his head. »

212. « Trudeau bought a big Harley-Davidson motorcycle [...] One afternoon in Trudeau's final year of law, [...] Rolland donned the German uniform and Trudeau the French one. Then they raced off to the country to surprise some friends staying at St. Adolphe de Howard. »

215. « I was a rather eccentric individual in their eyes and more eccentric than a troublemaker. »

216. « There, to the great chagrin of his guide and interpret, he was discovered throwing snowballs at a statue of Stalin. […] Such tactics — whose results have not always been so amicable — has sometimes led to Trudeau's being dismissed as nothing more than a clown. »

217. «He loved to go to the Bolshoi ballet. He had a trick there which I saw him do several times. He wouldn't applaud, he would stand in the aisle and just fall flat on his hands without bending his knees. »

218. « We were walking in the hall of a big hotel and he has an interpreter on one side and an economist on the other. He was talking with them while he was walking. Probably he was annoyed, or something. Because all of a sudden, he made a perfect somersault, and then continued talking as if nothing had happened. »

219. « Trudeau, the Mercedes-driving dandy from Outremont was not exactly "cool" in the circles that matters in French-speaking Quebec. »

220. « He came down to the first meeting and it was a disaster. His shirt was open almost to the navel and he arrived in a sports roadster with golf clubs sticking out. He looked like a hippie. His attitude was, 'if you want me, I'm available'. »

222. « When he was a bachelor Cabinet minister, his personal eccentricities fascinated a country […] He would go to his office in Ottawa's austere Parliament. Buildings in sports jacket, ascot, and sandals ; he might stand on his head, walk on his hands, dive into a swimming pool fully clothed, or slide down bannisters in public places ; he would drive a motorcycle or the latest-model sports car while wearing a leather coat, perhaps in the company of a ravishing beauty of less than half his age. »

226. « And not least, he was the darling of the media. They — we — loved his style : his irreverence, his independence, his playboy lifestyle, his Mercedes convertible and his chutzpah in appearing in sandals and an ascot on Parliament Hill. […] As trudeaumania swept the land, matrons swooned and their daughters begged for a kiss. »
Citation après la note 226. « It is because of you people in the media, making him a god. He was so beautiful, he was so lovely, he was so gorgeous, he was so intellectual, and he could quote from Descartes and Socrates. And everybody was having orgasms every time he opened his mouth. » (*Maclean's*, 6 avril 1998, p. 25)

228. « Pierre Trudeau never achieved, in his home province, the cult status that Canadians elsewhere bestowed on him — awestruck and watery-eyed — when he burst upon the scene in 1968. »

229. « Trudeau arrived like a movie star, in costume and with all the props. He wore a black cape and fancy fedoras. [...] Whether the role of urban dandy or buckskinned outdoorsman, he became the star of his own movie, the remote and rakish symbol who made women swoon. »

233. « Trudeau was known [...] especially, for his boyish impulse for foolery, especially within range of a camera. »

234. « He took his office seriously but never himself. There was an imp in Pierre Trudeau always waiting to burst out. »

236. « He's the poll-conscious political gunslinger, his thumbs hooked in his belt loops like John Wayne. »

238. « He magicked us. He was the dancing man, sliding down banisters, dodging picketers, pirouetting behind the Queen's back, vaulting onto platforms, or standing his ground, thumbs hooked into his belt loops. [...] yell "Mangez de la merde!" at striking mail-truck drivers; skin-dive, high-dive, and unicycle ride; earn a brown belt in judo; date some of the world's most desirable women, marry a sexy 22-year-old, and have two of his three sons born on the same day as Jesus Christ. »

Citation après la note 240. « He once told me one of the reasons he liked me was that I didn't carry a pen. The camera was only able to capture what he wished to expose. » (*Maclean's*, 6 avril 1998, p.2)

244. « Most people assumed that the notorious pirouette Trudeau enacted at Buckingham Palace, in the presence of Queen Elizabeth, was simply a spontaneously rude and impulsive gesture. In fact, he planned it hours before because he strongly opposed the palace protocol that separated heads of state from heads of government. The well-rehearsed pirouette was a way of showing his objection without saying a word. »

246. « His slide down the banister of stately Lancaster House as fellow Commonwealth heads of government descended the staircase step by step. In Stockholm, he showed his skill with a yo-yo. »

247. « On the international stage, Pierre de la Pirouette [...] occasionally cavorted with blowsy ladies. »

248. « He enjoyed and required solitude to read, think, and write. More surprisingly, he also used his time alone to rehearse — for he was an actor.

The public saw Trudeau as a quick-witted, almost insouciant man who tossed off casual remarks, slid down royal banisters, or made faces and gestures on whim. But he did and said little publicly that was not carefully rehearsed in advance. [...] Trudeau's little-known need to rehearse created an interesting political problem. Most of his colleagues never understood why he refused to invite people into his car while he drove to a political event [...] Trudeau, who rode alone simply because he wanted the time to rehearse the logic, words, mood, and gestures for the next event.»

252. «Trudeau liked to show off, which may seem odd for a person so private. [...] "Since his childhood, he liked to compensate for his shyness by performing", Vadeboncoeur told *Maclean's*. "In college and university, he used to do ski jumping, not at the Olympic level, but still dangerous. He was a bit exhibitionist".»

253. «If not precisely an exhibitionist, he is unafraid of displaying his zest for airplanes, fast cars, leather coats, young women and breezy one-liners. [...] He is bewitched by a mark of vanity, not necessary about his formidable intellect, but about his age and his determination to keep youthful and athletic.»

254. «A brown-belt judoist, a skier, and a diver — a man who slid down banisters in Buckingham Palace and dared to wear sandals to the office. Canadians adored his eccentricities at first.»

259. «Psychology was not taught at that time at the University of Montreal and Trudeau could not leave the country because of the war.»

269. «In the later years these so-called studies were mainly convenient excuses for enjoying himself in Paris and London (so he says, anyway).»

272. «He gave me the impression at that time of being a gadfly, both intellectually and in the sense of flitting about to various parts of the countries we visited. [...] I recall rather vaguely several conversations I had with other staff members on our seminar about Trudeau — those who knew him (or at least knew his reputation) confirmed that he had a penchant for stirring things up and then running from the consequences.»

274. «This same mixture of daring and caution is apparent throughout Trudeau's life — as schoolboy, student, world traveller, sportsman and political essayist. [...] This attention to detail, the willingness to take risks — but only calculated risks — is brought up repeatedly by people who know Trudeau. [...] "He projects the image of a breakneck type," says Pelletier, "but he is actually extremely careful. He is physically very courageous but in a calculated way".»

275. « In the summer of 1941, he paddled 1,000 miles to Hudson Bay with a friend, Guy Viau. Trudeau had insisted that Viau have his appendix removed before the trip, saying it was stupid to risk an attack of appendicitis hundreds of miles from civilization. Viau dutifully had an appendectomy. It was only later that he learned that Trudeau had never had his removed. »

276. « It was there that Trudeau, five years after persuading Viau to have his appendix out for their canoe trip, had an attack of appendicitis. He was rushed to the American Hospital for an appendectomy. »

279. « Pierre Trudeau is a lawyer, economist, globetrotter and rich man's son who has rarely done what many people would call an honest day's work. »

283. « I think he envied me a certain gift for action. I was more involved, because I had to earn a living, »

288. « Suggested that he has never been able to commit himself completely to anything. This explained his bachelorhood. »

298. « At the meeting where I tossed the coin I had already made up my mind. I had done that a day or so earlier, while walking around the Parliament Buildings until two o'clock in the morning. »

299. « Canada had chosen as its prime minister a man who, when you think about it, had never really held a job. »

301. « Trudeau is decisive once he has made up his mind, but he makes up his mind slowly, considering alternatives as long as he can and continuing to question himself until it is time to choose one course of action over another. For him, a tight schedule is an entrapment, and where another man might do his best when pressed, Trudeau rebels. [...] "The most important thing I do is to try and give him time to maneuver," Gordon Gibson has said. "Whenever I can, I postpone pressing him to do things as long as possible, so that he can do them voluntarily It's not as tidy planning, but it gives him more freedom and flexibility". »

308. « "It became a cliché to call me a dilettante, just because I didn't live on the same rhythm as other people", the Prime Minister said impatiently. He was clearly annoyed; his eyes were icy blue. "Just because I wasn't in court or teaching every day, people didn't realize that I worked. Many of my friends didn't even realize that I had an office. I would be working for a trade union, or I would go off for six months, and they didn't know I had written three articles, or a third of *L'Amiante*, while I was away. I wasn't married and settled down, and I wasn't showing up to toot my horn. [...] But if he is reading or writing sixteen hours a day and not doing things that people can see, he is a dilettante". »

316. « One of his clearest memories of Pierre as a boy is his fighting instinct. He remembers particularly that Pierre wasn't averse to striking the first blow. »

324. « Suddenly before a startled audience, Trudeau produced a pistol, pointed it at the judge and fired with a resounding bang and a puff of smoke. It was a blank of course. "That will put some stuffing into your head," Trudeau told the judge.»

325. « He would lean out and disengage the arm connecting the streetcar to the electric wires overhead, bringing it grinding to a halt. Usually, this manœuvre would finish by annoying at least one passenger. Trudeau would then invite the passenger into a back alley to settle the matter "between men". Filion says Trudeau invariably gave the other fellow a pasting. »

327. « Trudeau admits the reason he was in so many hot spots at the crucial moment is that he "tempted fate. I did it a little deliberately. [...] I scrounged around everywhere and when I found some unsavory looking types, I tagged along with them. I liked to make experiments, push things to the limits, run risk... adventure". »

332. « Me personally, I'm not charismatic. If I play the role of prime minister or if that role take over I can be all these things I suppose, arrogant, aggressive, maybe charismatic, and so on. »

349. « The shameful incompetence of the average Liberal M.P. from Quebec was a welcome asset to a government that needed little more than a herd of *ânes savants* to file in when the division bell rang. The party strategists had but to find an acceptable stable master — Laurier, Lapointe, St. Laurent — and the trained donkeys sitting in the back benches could be trusted to behave. Even the choice of front-benchers very often smacked of shysterism. Excepting the French-Canadian leader, who was usually a man of quality, many ministers of that ethnic group were chosen not so much for their ability to serve democracy as for their ability to make democracy serve the party; their main qualification was familiarity with machine politicians and schemers, and until lately they were traditionally put at the head of patronage departments such as the Post Office and Public Works. »

353. « He was fair, but could be devastating when disappointed. »

357. « He can give a bright, satisfactory answer — or engage in debate in impressive style — and then alienate everyone by being contemptuously sarcastic. Last July, during a particularly bitter exchange, some M.P.'s shouted, "Heil Hitler." Trudeau retaliated with such vindictive personal assaults that several members walked out of the chamber in protest. Trudeau urged them on: "I think we should encourage members of the

Opposition to leave. Every time they do, the I.Q. of this house rises considerably." Such haughtiness distresses old hands, among then David Lewis. »

359. «Oh, for Christ's sake, shut up.»

363. « On my return, I was denounced by all the frogs from holy water basins who were scratching and writing here. »

369. « Ask the Prime Minister about Canada's position on Biafra. Trudeau [...] said facetiously, "Biafra? Where's that?" It came out on television screens across Canada. »

377. « Trudeau consciously exploited visual images. Just as his speeches were carefully rehearsed, he acted quite deliberately in striking the several memorable photographic poses that became icons of the man. An early symbol of his physical and political courage were news photos of Trudeau facing the hecklers and bottle-throwers at the Montreal St.-Jean-Baptiste parade on the eve of the 1968 election. [...] This picture of Trudeau, "standing up for Canada," swept the front pages and TV screens, helping to catapult him to a majority victory. »

378. « In Germany, 30 years ago, Jewish citizens had to wear the Star of David on their arms. This was their ticket to the furnaces... This was possible because a small fanatical gang in the country did away with the directors, the authorities. »

390. « I think that there are some of my ironical remarks, or remarks that I meant as a means of starting reflection which when taken in isolation have done me a fair amount of damage. So in that sense, if it were to be done again, I would have used another method to elicit response or reflection. [...]
Q. The famous bleeding hearts quote or your unusual dietary instructions to postal drivers.
A. I don't think the latter is of any consequence. It was used tactically by the union [...] And I feel it was a tactical victory on their part. [...] The bleeding hearts remark? No, I think it was a severe judgement of my critics which, looked at objectively, I think I would still make today. »

391. « There's no doubt that I'm arrogant with some people. I hope that it is only with people who are arrogant with me. I hope I am reasonably modest with people who are modest with me, but I would admit the charge. I hope that I have learned a little bit and matured a little bit. »

392. « I would guess that my aggressiveness, sometimes appearing as arrogance, is generally in response to some rather strong provocation.

[…] I suppose if I have any failing in that regard is that though I am meek by nature, I tend to disguise myself as being overly meek in the hopes that somebody will punch me in the nose so I can have the pleasure of punching them back. […] I like the verbal, intellectual exchanges and very often the bodily ones, you know. I used to like judo a great deal, and boxing, and I guess there is an element of aggressiveness in myself, in me anyhow, and it is generally kept, I would think, under control except when people hit out at me, I just hit back. »

400. « I became accustomed very young to rowing against the current, attacking authority and not giving a damn for public opinion. […] It was a kind of pent-up aggressivity between the authorities and me. […] I didn't like authority. Consequently, I liked to be able to contradict people who said I didn't have the right to do such and such a thing… »

403. « You know, a marriage can be a regressive institution. You are young, you're free, you've at last got rid of parental authority. Suddenly you get married, and authority is there again. You don't have to report to your mother, you have to report to your wife. »

405. « I was rather undisciplined and I was expelled several times. […] But I did penitence and I was taken back. It was a kind of pent-up aggressivity between the authorities and me. […] I was always taking the opposite stand from people, from my teachers, and this used to get them quite annoyed, but it wasn't really serious… »

409. « Most significantly, Trudeau is rowing with the current in English Canada in his belief that Quebec's drive for greater powers should now be curbed — but at the same time, he's paddling against a flood of opposition from political leaders and opinion makers in his home province. »

416. « Trudeau himself admits that some part of his life as a social critic — "if you want to look at it psychoanalytically" – has been motivated by a desire simply to throw snowballs at authority. »

417. « Probably I lost the object of my revolt in the family and didn't have to fight my father, so I went out and fought other people like my teachers, or the church, or politicians, or whatever happened to be established. »

420. « I was impertinent to my father, to my teachers — to everybody. It got me into trouble. »

432. « Trudeau says he is happy he chose law because "it was quite characteristic of my nature. I have always loved justice. I have always loved a sense of balance"… »

433. « I wanted to know my rights in order to be able to push them to the limit. »

## CHAPITRE 6 : TROUVER L'OBJET

8. « The most favourite secret about Trudeau whispered to me by some of the most intelligent members of the Press Gallery was that Trudeau was either gay or bisexual or both. »

14. « Will you give up your Mercedes ?
*Trudeau* : Are you talking of the car now, or the girl ?
Q : The car.
*Trudeau* : I won't give up either. »

15. « Asked about the future of Liberalism, he replied : "An exciting political party should have both blonds and brunets." Prime ministers don't talk like that. »

16. « Oh, don't be such a bitch. You want me to talk like that ? »

38. « When we lived in Paris Pierre was always going for long walks and bicycle rides. Once we walked from Paris to Chartres — it took three days. »

41. « Miller remembers Trudeau being so tremendously impressed with the ballerina, Lepechinskaia, that when he returned to Canada he took up ballet for a time. » (SDT, p. 54)

44. « He has been interested in a lot of women. There were a couple who I thought might become my sister-in-law, but it did not happen. I think he would have liked to get married, but as a man gets on one thinks less about it. »

47. « for the most part, Trudeau's romantic attachments were brief flirtations with women half his age. »

50. « Trudeau was not classically handsome — he was short and balding with his hair swept forward like a Roman centurion — but he understood the power of seduction. [...] As if at a Beatles concert, young girls and girls not-so-young screamed and demanded kisses when the unpredictable 48-year-old politician swept into their towns. Trudeau gloried in the adulation. »

53. « Trudeau had made the rounds of some of London's fashionable spots in the company of an actress, Jennifer Hales, or of Mrs Eva Rittinghausen, a blond who proclaimed her determination to marry the Prime Minister.

Then, unexpectedly, Trudeau lit into correspondents, accusing them of invading his privacy and that of his companions by phoning them to ask questions. [...] If he insisted on such exhibitionism — commentators said — why did he resent it when the news media catered to his ego? [...] Undoubtedly Trudeau likes the company of a woman young enough to be his daughter, and it may be that he enjoys the sensation this creates.»

64. «One suggested that he has never been able to commit himself completely to anything. This explained his bachelorhood.»

91. «She says Trudeau made her write a handwritten note at 2 a.m. one morning in 1977, giving up any right to the considerable personal wealth he inherited from his father — and to the children. He also took back the wedding and engagement rings he gave her. [...] In 1984, when Trudeau quit as Liberal leader and moved back to Montreal, the estranged couple finally divorced. Trudeau demanded sole custody of the kids. In return, Margaret received a financial settlement.»

92. «In September 1974, it was revealed that Margaret had been admitted to Montreal's Royal Victoria Hospital for what a press release by the PMO later referred to as "severe emotional stress".»

## CHAPITRE 7: L'IDENTITÉ SOCIALE

13. «In Quebec, people are moved too often by passion and too little by intelligence.»

15. «I entered federal politics as a Quebecker at a time when most of the action was not in Ottawa but in Quebec City, at a time Quebec government, the provincial government, was drawing to it most of the young people with ideas, most of the groups with dynamic thoughts, and so on.»

36. «The professors used to tell the stories about French-Canadian triumphs with great dramatic flair and when they would come to the climax of a battle that we won the students would burst into applause. That rather amused — and annoyed — me, and when we got to the result of the battle of the Plains of Abraham, I remember, I broke into applause myself. I was alone».

37. «I used to take part in the discussions just to take the contrary view and annoy my friends,» he says. «Since they were nearly all nationalists. I would say I wasn't. And when, during history class, they used to applaud the victories of the French armies. I, on the contrary, would applaud the victories of the English armies.»

48. « If I were to quote all the material proving that French Canadians fundamentally do not believe in democracy, [...] I would "exhaust time and encroach upon eternity". [...] For such is the legacy of a history during which — as a minority — they hammered the process of parliamentary government into a defensive weapon of racial warfare, and — as Catholics — they believed that authority descendeth from God in God's good time ».

59. « When we talk of two official languages, [...] this does not have anything to do, in my view [...] with so-called founding races or historical right. [...] We are talking of one Canada with two official languages. Why? Because the language concept is operational. [...] The more [languages] you have, the more difficult it is, of course. We are trying with two. Let us make a success of two. We will think about the third or fourth later on. »

67. « "Mr. Trudeau, you say that the feeling in Quebec is a feeling of nationalism. What about the possible alternative feeling that there is a realization that the french community is in danger of disappearing?" A transcript Trudeau's reply reads: Trudeau: "And what about it? ... LAUGHS [sic]...APPLAUSE [sic]..." »

86. « I thought I would like to fight on the federal side against the provincial side. »

88. « Trudeau make himself the champion of a strong federalism and the enemy of any kind of special constitutional status for Québec. [...] Immediately he was seen and embraced by English Canada as a hero. [...] He owed much of his swift rise to two factors — a hunger among English Canadians for a strong man to "put Quebec in its place" and his discovery by the one medium to which he is perfectly suited — television. [...] Trudeau's television appearance during the constitutional conference in early 1968, when he debated with Daniel Johnson and made all the put-downs English Canada was longing to hear, catapulted him into the first rank of contenders for Pearson's uncertain crown. »

90. « What English Canada was buying from Trudeau was identity — style, vision, attitude, a future. In Quebec, others have already been busy for some time doing just that: forging and selling identity. [...] The clash was not just a political conflict between separatists and federalists. The opposition ran much deeper, between two different sets of values, and it expressed itself in a variety of ways, from the choice of words to the choice of clothes, from economic models to cultural icons. »

91. « Johnson compares his ideas on Canada to those of Lord Durham two centuries ago and has dubbed Trudeau "Lord Elliott". »

## CHAPITRE 8 : L'IDENTITÉ NATIONALE

1. « Just as Trudeau's youth shaped his personality, it also helped to shape his political views. »

3. « Father Robert Bernier, a French Canadian from Manitoba, [...] you can be a damned good French Canadian outside Quebec. »

12. « I am taking a dig at our own separatists who, as I see it, are rather like African tribalists. »

15. « Anyone who says " I'm going to get out of this tribal spirit, I'm going to leave the wigwam and I'm going to try to and make a place for my tribe in the whole of this damned country " — he is a traitor. And this to me is the indication of the basic masochism or sickness of a lot of these people. »

17. « His statement on multiculturalism was kind of a diminishing force on Quebec : you are just another ethnic group. »

22. « Would you feel, then, that perhaps the division of Canada would not be such a tragedy ? [...] – I think it would be a terrible tragedy for Canada, for the world, for the United States, but most particularly for the French Canadians. [...] I think it would be a very great human tragedy if Quebeckers withdrew from Confederation. »

23. « English Canada was puzzled, asking, "What does Quebec want ?" and demonstrators in Quebec were shouting back : " Le Québec aux Québécois ! " »

24. « If the rest of Canada is generous enough — or fool enough — to give Quebec the powers these people demand and then let Quebec impose its will on the whole country, then that is fine. »

26. « Special status, associate state, two nations, and so on [...] middle-of-the-road solutions are not genuine solutions, they are not real options. [...]
Q. But aren't these all federalist solutions, aren't they all part of the federalist approach ?
A. Well that's your opinion, but it's not mine. »

41. « I was always fascinated by consistency, by reason in politics as opposed to passion, as opposed to demagogy. »

49. « Trudeau's the self-declared anti-nationalist, is embraced by much of English-Canada as the 'saviour' of the Canadian nation and ultimately emerges as the champion of Canadian nationalism. »

51. « What good has this economic nationalism done for Canada, aside from irritate a few American businessmen?
A: What you call nationalism which can be, I suppose, called patriotism or in a more involved language the desire to control your own destiny, is the will of most countries. »

58. « In the late 1960s, many people outside Quebec were looking for a national identity (unlike Quebec francophones, who already had one). [...] Trudeau and his vision of the country became the basis for a new Canadian nationalism. This nationalism was at the root of Trudeaumania. »

73. « One Canada, one nation with two languages, no special privileges to any province. »

77. « English Canadians, counting on his sense of authority, expected him to put the French in their place; French Canadians, counting on the fact that he was one of them, expected a sympathetic hearing. »

## CHAPITRE 9 : « LA RÈGLE MAJORITAIRE »

34. « It should also be kept in mind that Quebec does meet generally accepted criteria for national self-determination in the sense of ethnic distinctiveness in a clearly defined geographic area with an existing separate legal and governmental system. There is also no question regarding the basic long-term viability of an independent Quebec in the economic sense or in regards to its ability to be a responsible member of the family of nations. The unresolved and determining factor is and must be the will of the people of Quebec. »

35. « Q; You said and other constitutional experts have pointed out that there is no lawful basis for the separation of this country into separate parts. [...]
A: I think because the Constitution hasn't provided a means to do something, it doesn't mean that it can't be done. I think the way our democracy works is that any idea which isn't against the Criminal Code or against, directly against the Constitution, any idea can be circulated in the country. We have admitted that reality and we said that the way to fight separatism is not to outlaw it. If it uses democratic means, the way to fight it is in the marketplace of ideas and to show that the federalist, the Canadian option is the better one. »

40. « I'm letting people know that they shouldn't count on me as a leader to keep Quebec in by the force of arms if Quebec overwhelmingly decides that it doesn't want to be a country in Canada, you know and there's all kinds of precautions there. I would think it would have to be a massive

decision by the people and not just the will of a government which was elected without a mandate. [...] I'm just saying that I would not be the man to lead Canada into a civil war, but I don't say there wouldn't be others who would not want to take arms and hence the danger is not one that I'm minimizing. »

42. « The logic of democracy itself provides no specific criteria to guide one's vote or identify just which people and territories are to be included in the polity. Why should or should not a given group of people in a given area join or secede from some larger political entity? [...] Democracy has always emerged in distinct communities. [...] Whether we like it or not, nationalism is historical force that has provided the political units for democratic government. "Nation" is another name for "We the People." »

## CHAPITRE 10 : « JUST WATCH ME »

14. « The case for imposition [of the War Measures Act] was, even within the cabinet room, fuzzy, ill defined, and supported by almost no concrete evidence. [...] The ministers ask questions, they are answered by Lalonde, not the prime minister, and what he tells us is that Quebec is ready to explode. If swift and stern action is not taken at once, the best information from the best experts is that there will be riots, political assassinations, chaos. »

16. « Douglas opposed the legislation — and, Stanfield later confessed [en 1986], "I wish personally I had done what (deputy NDP leader) David Lewis and Tommy Douglas did : they voted for their convictions". »

17. « In contrast, in the fifteen month ending April 30, 1970, there had been 4,300 bombings in the United States, resulting in forty-three deaths and 384 injuries. New York City at this time had a bombing on an average of once every other day.
In our immediate crisis, we had, so far, two kidnappings. No one in New York was proposing the elimination of all safeguards against unlawful arrest, but that was exactly what we were doing. »

34. « During the October Crisis in 1970, the anglo Press Gallery interpreted the War Measures Act as an example of Trudeau putting the frogs in their place. They loved him for that. »

38. « "Prime minister, if we wrote about you the way you wrote about the politicians in Quebec in the '50s, you would send the RCMP after us." Trudeau responded with a twinkle in his eye : "Not the RCMP — the army". »

49. « His only political weapon — the bludgeon. He began wielding that weapon against Quebec almost from the day he came to power. »

54. « Claude Ryan, long a wavering federalist, has indicated that, given a choice between Lévesque's separatism and Trudeau's anti-democratic tendencies, he would choose Lévesque. »

60. « Because in today's world...(applause)...you see, things are unstable, to say the least. The parameters are changing, to use a big word. And that means that there is fire and blood in the Middle-East, in Afghanistan, in Iran, in Vietnam. »

61. « Trudeau's performance during the October Crisis remained his most popular act as prime minister — followed closely by his role in leading the victorious federalist forces in the Quebec independence referendum of 1980. »

## CHAPITRE 11 : « RENOUVELER LE FÉDÉRALISME »

2. « Trudeau came back [...] and proceeded to defeat Lévesque handily in the referendum that year. For a time, Trudeau the hero was back. »

5. « After speaking to senior citizens in St. Leonard in Montreal's north end on Thursday, he told a questioner, with a degree of bitterness and sarcasm, that Mr. Trudeau middle name "Elliott" is significant because it shows he his partly Anglophone. "He's decided to follow the Anglo-Saxon part of his heritage," Mr. Levesque said, implying that Mr. Trudeau is not a true Quebecker since he supports the federalist cause. »

8. « I began signing Elliott, my mother's name, with which I was also baptized, and I won't deny that it was at least partly to spite the nationalists. »

9. « If there is a referendum, I think we can clobber the PQ so badly at the referendum that they will have no longer any leg to stand on and either they'll resign or have to reneg on their separatist commitment. »

30. « This view amounts to saying that Parliament ought to be able to amend the constitution, unilaterally, without reference to the provinces whose jurisdiction is being changed. The trouble with this view is that it is not really federalism: In many ways it is much more consistent with the operation of a unitary state. And a unitary state simply will not work in Canada. »

## CHAPITRE 12 : « DURER MILLE ANS »

6. « He launched into a scornful attack on Meech Lake, based on his obsession with the notion that any diminution of the federal powers would lead to chaos, balkanization, and outbursts of nationalism. »

7. « I think we have to realize that Canada is not immortal ; but if it is going to go, let it go with a bang rather than a whimper. »

12. « As a final question, he was asked what he thought of the federal government's new constitutional proposals. [...] He said this : [...] the government has gone even further by defining what "distinct society" means. One of the definitions, Trudeau said, says there will always be a majority of French speakers in Quebec. [...] Trudeau asked how that majority could be insured. What if French-only signs were not enough ? What if the French-speaking population were declining ?
He said : "It will give the government of this society the power to say : 'Well, let's deport a couple of hundred thousand of non-French-speaking Quebecers.... We have a right to expel people, certainly to shut their traps up if they think they can speak English in public.' " [...]
When he made his statement, Trudeau was not musing about all logical possibilities, as a professor might when trying to make his class think more deeply. He said what he said flatly, harshly, without qualification. And what he said is bosh. [...] Quebec anglophones have many things to worry about, but I do not think deportation is one of them. Someone, though, apparently does. » (*The Gazette*, 5 octobre 1991, p. B-3)

33. « on the twenty-fifth floor of 1250 René-Lévesque Boulevard [...] watching that rally alone from that perch. »

34. « This is where you stood during the rally in '95 ? [...]
From here. Yes. I looked down that day at the people and the flags. I could see it all.
You weren't asked to speak ? [...]
No, I wasn't asked.
You weren't asked to just show up ? [...]
No, he said. The organizers felt they didn't need me. [...]
And with the referendum ?
It was poorly handled. No backup plan. Looked like desperation in the end. Which I suppose it was. Giving everything away like that. »

46. Trudeau « was admired by many for his intelligence and for defeat René Levesque in his first referendum in 1980. Many academics, however, believed that Trudeau had exacerbated difficulties with Quebec with his imposition of the War Measures Act in 1970 and the divisive struggle he waged leading to the patriation of the Constitution in 1982 ; still others

bristled at his arrogance and his spendthrift governments that ran up the national debt. »

47. « Even this comparatively modest assessment exaggerated the historian's appreciation of him. The writers noted that Trudeau's achievement in surviving office for so long [...] had earned him bonus marks in addition to the comparatively scanty number he had accumulated by his actual policies and programs. The historians were harsh, almost contemptuous, about his record. "The desappointment of the century...who left Canada dramatically more divided and drastically poorer than he found it," declared Desmond Morton of the McGill Institute for the Study of Canada. "A resounding failure, both on the grounds of public finance and national unity," concluded René Durocher of Université de Montréal." »

50. « Ironies abound. A strategy designed to transform how Quebec francophones see Canada fails in Quebec, but profoundly changes the rest of the country — the strategy works but with the "wrong" population. Rather than creating unity, it serves to set Canadians against each other. And after having called on Canadians, in his days as an essayist, to transcend nationalism, and other forms of emotionalism, Trudeau, as prime minister, becomes the embodiment of a new Canadian nationalism. [...] As a result, Canada is now more profoundly divided than ever before. That is the ambiguity, perhaps even tragedy, of the Trudeau legacy. »

## CONCLUSION

7. « you can be a damned good French Canadian outside Quebec. »

8. « It was a kind of pent-up agressivity between the authorities and me. »

10. « English Canadians, counting on his sense of authority, expected him to put the French in their place; French Canadians, counting on the fact that he was one of them, expected a sympathetic hearing. »

# BIBLIOGRAPHIE

Abraham, Karl, *Œuvres complètes/II, 1915-1925*, Paris, Payot, 1965, 302 p.

*Almanach du peuple 2001*, « Pierre Elliott Trudeau, La mort d'un homme d'État », Montréal, Groupe Polygone Éditeurs, 2001, p. 349-383.

Axworthy, Thomas S. et Trudeau, Pierre Elliott, *Les années Trudeau, la recherche d'une société juste*, Montréal, Le jour, 1990, 428 p.

Bariteau, Claude, « L'Acte de Québec (1774), assises de l'Indirect Rule toujours d'actualité », *L'Action nationale*, avril 2000, p. 65-75.

Bariteau, Claude et al., *Sortir le Canada du Québec*, Montréal, Les Intouchables, 2002, 172 p.

Beauchemin, Jacques, *L'histoire en trop, La mauvaise conscience des souverainistes québécois*, Montréal, VLB Éditeur, 2002, 213 p.

Bergeron, Adrien, *Le grand arrangement des Acadiens au Québec: Notes de petite histoire, Généalogies France, Acadie, Québec, de 1625 à 1925*, vol. VII (7), Montréal, Éditions Élysée, 1981, p. 277-279.

Bernard, Jean-Paul, *Les rébellions de 1837-1838*, Montréal, Boréal Express, 1983, 351 p.

Bombardier, Denise, « Les entretiens privés de Denise Bombardier : Danielle Ouimet », *Dernière heure*, 21 mai 1994, p. 84-87.

Bouchard, Gérard, *Genèse des nations et cultures du Nouveau Monde*, Montréal, Les Éditions du Boréal, 2000, 503 p.

Bouchard, Gérard, *Les deux chanoines: contradiction et ambivalence dans la pensée de Lionel Groulx*, Montréal, Les Éditions du Boréal, 2003, 313 p.

Bourdon, Yves et Lamarre, Jean, *Histoire du Québec, une société nord-américaine*, Laval, Beauchemin éditeur, 1998, 320 p.

Bourgeois, Patrick, *We are Québécois when ça nous arrange*, Montréal, Les Intouchables, 2005, 158 p.

Bourgeois, Patrick, *Nos ennemis les médias. Petit guide pour comprendre la désinformation canadienne*, Québec, Éditions du Québécois, 2005, 207 p.

Boyd, Liona, *In My Own Key: My Life in Love and Music*, Toronto, Stoddart, 1998.

Breslin, Catherine, « The Other Trudeaus », *Châtelaine*, septembre/octobre 1969, p. 32-33, 108-113, octobre 1969, p. 42, 78-87.

Brière, Marc, *Pour sortir de l'impasse : un Québec républicain*, Montréal, Les Éditions Varia, 2002, 246 p.

Brouillet, Eugénie, *La négation de la nation*, Sillery, Les éditions du Septentrion, 2005, 481 p.

Brun, Henri, « La Cour suprême du Canada et le droit à l'école publique anglaise au Québec », *L'Action nationale*, novembre/décembre 2005, p. 75-87.

Brunelle, Dorval, *Les trois colombes*, Montréal, VLB Éditeur, 1985, 308 p.

Brunet, Michel, *Cahier d'histoire*, automne 1981.

Brunet, Michel, L'*historien Michel Brunet juge Pierre Elliott Trudeau*, Montréal, Guérin, 2000, 90 p.

Brymner, Douglas, *Rapport sur les Archives du Canada, 1891*, Ottawa, S. E. Dawson, imprimeur, 1892, 350 p.

Burelle, André, *Pierre Elliott Trudeau : l'intellectuel et le politique*, Montréal, Fides, 2005, 477 p.

Centre de généalogie S. C., *Répertoire des mariages de la paroisse Saint-Louis-de-France de Montréal*, Ottawa, 1987.

Chaloult, René, *Mémoires politiques*, Montréal, Éditions du Jour, 1969, 295 p.

Chartrand, Luc, « L'affaire Roux », *L'actualité*, 15 novembre 1996, p. 17-28.

Clark, Gerald, « Trudeau without Trudeaumania — Canada's P.M. is not a simple swinger nor a radical reformer », *The New York Times Magazine*, 25 janvier 1970.

McCall, Christina et Clarkson, Stephen, *Trudeau: l'homme, l'utopie, l'histoire*, Montréal, Les Éditions du Boréal, 1990, 479 p.

McCall, Christina et Clarkson, Stephen, *Trudeau and Our Times, volume I, The Magnificent Obsession*, Toronto, McClelland & Stewart, 1990, 502 p.

Clavette, Suzanne, *Les dessous d'Asbestos. Une lutte idéologique contre la participation des travailleurs*, Sainte-Foy (Québec), Les Presses de l'Université Laval, 2005, 566 p.

Cochrane, Felicity, *Margaret Trudeau*, Montréal, Les Éditions de l'Homme, 1978, 160 p.

Cohen, Andrew et Granatstein, J. L., *Trudeau's Shadow: The Life and Legacy of Pierre Elliott Trudeau*, Toronto, Vintage Canada, 1999, 408 p.

Collard, Chantal, « Parenté et communauté à Rivière-Frémiotte, 1880-1960 », *Anthropologie et Sociétés*, vol. 9, no 3, 1985, p. 57-85.

Comeau, Paul-André, *Le Bloc populaire 1942-1948*, Montréal, Québec Amérique, 1982, 478 p.

Cournoyer, Jean, *La mémoire du Québec de 1534 à nos jours*, Montréal, Stanké, 2001, 1859 p.

Côté, Rock, *Québec 1999*, Montréal, Fides, 1998, 399 p.

Côté, Roch, Venne, Michel, *L'annuaire du Québec 2003*, Montréal, Fides, 2002, 705 p.

Cour suprême du Canada, *Renvoi relatif à la sécession du Québec*, [1998] 2 R.C.S. 217.

Crepeau P.-A., Macpherson, C. B., *The future of Canadian federalism*, Toronto, University of Toronto Press, 1965.

Davey, Keith, *The rainmaker*, Toronto, Stoddart, 1986, 383 p.

Delannoy, Gil, *Sociologie de la nation, fondements théoriques et expériences historiques*, Paris, Armand Collin, 1999, 192 p.

Deutch, Karl Wolfgang, *Tides among nations*, New York, Free Press, 1979, p. 297-317.

*Dernière Heure*, éditeurs, « Pierre Elliott Trudeau, son enfance, sa vie familiale, sa carrière, sa retraite », Les grandes biographies, Montréal, Magazines TVA inc., 2000, 48 p.

Djwa, Sandra, *F. R. Scott, Une vie*, Montréal, Les Éditions du Boréal, 2001, 686 p.

Dorion, Roland et Parot, Françoise, *Dictionnaire de Psychologie*, Paris, P.U.F., 1991.

Drouin, Institut généalogique, *Répertoire alphabétique des mariages des Canadiens Français*, Longueuil.

Duchaîne, Jean-François, *Rapport sur les événements d'octobre 1970*, Ministère de la Justice, Gouvernement du Québec, deuxième édition, 1981.

Ducharme, G., éditeur, *Histoire de Saint-Gabriel-de-Brandon et de ses démembrements: Saint-Damien, Saint-Didace, Saint-Charles-de-Mandeville, Saint-Cléophas, Saint-Edmond, etc.*, Montréal, 1917.

Duchesne, Pierre, *Jacques Parizeau, Tome I: Le Croisé, 1930-1970*, Montréal, Québec Amérique, 2001, 624 p.

Duchesne, Pierre, *Jacques Parizeau, Tome II: Le Baron, 1970-1985*, Montréal, Québec Amérique, 2002, 535 p.

Duchesne, Pierre, *Jacques Parizeau, Tome III: Le Régent, 1985-1995*, Montréal, Québec Amérique, 2004, 604 p.

Dufour, Rose, *Naître rien: des orphelins de Duplessis, de la crèche à l'asile*, Sainte-Foy (Québec), Éditions Multimondes, 2002, 324 p.

Dumont, Fernand, *La vigile du Québec, Octobre 1970: l'impasse?*, Montréal, Hurtubise HMH, 1971, 234 p.

Fine, Agnès, Ouellette, Françoise-Romaine (sous la direction de), *Le nom dans les sociétés occidentales contemporaines*, Toulouse, Presses universitaires du Mirail, 2005, 252 p.

Flem, Lydia, *Freud et ses patients*, Paris, Hachette, 1986, 256 p.

Fournier, Louis, *FLQ. Histoire d'un mouvement révolutionnaire*, Montréal, Lanctôt éditeur, 1998, 533 p.

Fraser, Sylvia, « The Private Trudeau », *Star Weekly*, 29 juin 1968, p. 2-7.

Freud, Sigmund, « Caractère et érotisme anal », [1908], *Névrose, psychose et perversion*, Paris, P.U.F., 1978, p. 143-148.

Freud, Sigmund, *Le mot d'esprit dans ses rapports avec l'inconscient*, trad. M. Bonaparte et M. Nathan, Paris, NRF, 1905.

Freud, Sigmund, *Trois essais sur la théorie de la sexualité*, Paris, Gallimard, 1962, 189 p., dans *Cinq psychanalyses*, Paris, P.U.F., 1981, p. 199-261.

Gagnon, Alain-G., *Québec: État et Société, tome 2*, (Débats), Montréal, Québec Amérique, 2003, 588 p.

Gallichan, Gilles, *Honoré Mercier, La politique et la culture*, Sillery (Québec), Les éditions du Septentrion, 1994, 212 p.

Gareau, G.-Robert, *Étienne Truteau, maître charpentier*, 1977.

Garneau, Brigitte, « Identité et noms de personne à Bois-Vert (Québec) », *Anthropologie et sociétés*, vol. 9, no 3, 1985, p. 33-55.

Gauthier, Gilles, « Trudeau craint pour les libertés civiles dans un "Québec distinct" », *La Presse*, 31 mars 1988, p. A1.

Godin, Pierre, *René Lévesque, héros malgré lui (1960-1976)*, Montréal, Les Éditions du Boréal, 1997, 736 p.

Godin, Pierre, *René Lévesque, l'espoir et le chagrin, (1976-1980)*, Montréal, Les Éditions du Boréal, 2001, 631 p.

Godin, Pierre, *René Lévesque, l'homme brisé (1980-1987)*, Montréal, Les Éditions du Boréal, 2005, 604 p.

Godin, Pierre, *René Lévesque, un enfant du siècle (1922-1960)*, Montréal, Les Éditions du Boréal, 1994, 476 p.

Gouvernement du Canada, *Biographie: Le très honorable Pierre Elliott Trudeau*, octobre 2000, p. 2, dans www.pch.gc.ca/trudeau/bio.

Gray, John, *Paul Martin, un homme de pouvoir*, Laval, Guy Saint-Jean Éditeur, 2003, 336 p.

Gwyn, Richard, *Le Prince*, Montréal, France-Amérique, 1981, 481 p.

Gzowski, Peter, « Portrait of an Intellectual in Action », *Maclean's*, 24 février 1962, p. 17-30.

Gzowski, Peter, « Un capitaliste socialisant: Pierre Elliott Trudeau », *Maclean's*, mars 1962, p. 25, 52-55.

Hamel, François, « Les funérailles de P. E. Trudeau », *Dernière heure*, 14 octobre 2000, p. 10-16.

Hamel, François, « Margaret Trudeau brise le silence », *Dernière heure*, 21 mai 1994, p. 5-11.

Harrap's shorter, « Dictionnaire Anglais-Français / Français-Anglais », Edinburgh, Chambers Harrap Publishers Ltd, 1996.

Hermet, Guy, *Histoire des nations et du nationalisme en Europe*, Paris, Seuil, 1996, 312 p.

Hertel, François, *Cent ans d'injustice? Un beau rêve: le Canada*, Montréal, Les Éditions du Jour, 1967, 95 p.

Hertel, François, *Du séparatisme québécois*, Apt (Vaucluse), Les Éditions de la Diaspora française, 1963, 27 p.

Hillmer, Norman et Granatstein, J. L., « Historians rank the Best and the W Canadians Prime Ministers », *Maclean's*, 21 avril 1997, p. 34-39.

Horguelin, Christophe, *FLQ. Manifeste d'octobre 1970*, Montréal, Comeau & Nadeau, 1998, 57 p.

Iglauer, Edith, « Prime minister/Premier ministre », *The New Yorker*, 5 juillet 1969, p. 36-60.

Johnson, Daniel, *Égalité ou indépendance*, Montréal, Les Éditions de l'Homme, 1965, 125 p.

Jones, Ernest, « Traits de caractère se rattachant à l'érotisme anal », [1919], *Théorie et pratique de la psychanalyse*, Paris, Payot, 1969, p. 378-398.

Kaplan, H. I. et Sadock, J., *Comprehensive textbook of psychiatry/IV*, Baltimore, Williams & Wilkins, 1985, 2054 p.

Keable, Jacques, *Le dossier noir des commandites*, Montréal, Lanctôt éditeur, 2004, 181 p.

Keable, Jean F., *Rapport de la Commission d'enquête sur les opérations policières en territoire québécois*, Ministère de la Justice, Gouvernement du Québec, 1981, 451 p.

Kelly, Stéphane, *Les fins du Canada*, Montréal, Les Éditions du Boréal, 2001, 287 p.

Kierans, Eric, et Stewart, Walter, *Remembering*, Toronto, Stoddart, 2001, 288 p.

Lacourcière, Jacques, *Histoire populaire du Québec, tome IV, 1896 à 1960*, Sillery, Les éditions du Septentrion, 1997, 411 p.

Lacourcière, Jacques, *Une histoire du Québec*, Sillery, Les éditions du Septentrion, 2002, 193 p.

Lacourcière, Jacques, Provencher, Jean et Vaugeois, Denis, *Canada-Québec, synthèse historique, 1934-2000*, Sillery, Les éditions du Septentrion, 2000, 591 p.

Lagache, Daniel, *La psychanalyse*, coll. « Que sais-je? », Paris, P.U.F., 1982, 126 p.

Lalonde, Grunberg et collaborateurs, *Psychiatrie clinique: approche bio-psycho-sociale*, Montréal, Gaëtan Morin, éditeur, 1988, 1348 p.

Lamonde, Yvan, *Histoire sociale des idées au Québec, vol. 1, 1760-1896*, Montréal, Fides, 2000, 574 p.

Lamonde, Yvan et Corbo, Claude, *Le rouge et le bleu*, Montréal, P.U.M., 1999, 576 p.

Lamonde, Yvan, Pelletier, Gérard, *Cité libre: une anthologie*, Montréal, Stanké, 1991, 415 p.

Lapierre, Michel, « Trudeau et le cynisme de l'histoire », *L'aut'journal*, n° 196, février 2001, www.lautjournal.info

Laplanche, Jean et Pontalis, J.-B., *Vocabulaire de la psychanalyse*, Paris, P.U.F., 7e édition, 1981, 523 p.

Laurendeau, André, « Sur cent pages de Pierre Elliott Trudeau », *Le Devoir*, 6, 10, 11 octobre 1956.

Laxer, James et Laxer, Robert, *Le Canada des libéraux, Pierre Elliott Trudeau et la survivance de la confédération*, Montréal, Éditions Québec Amérique, 1978, 281 p.

Lazure, Denis, *Médecin et citoyen, souvenirs*, Montréal, Les Éditions du Boréal, 2002, 402 p.

Lebel, Gérard, « Nos origines: l'ancêtre des Trudeau », *Revue Sainte Anne de Beaupré,* octobre 1975, p. 424-425.

*Le Petit Larousse*, Grand format, Paris, Larousse, 1992.

Leroux, Manon, *Les silences d'octobre: Le discours des acteurs de la crise de 1970*, Montréal, VLB Éditeur, 2002, 173 p.

Lessard, François-J., *Messages au « frère » Trudeau*, Pointe-Fortune (Québec), Éditions de ma grand-mère, 1979, 191 p.

Lester, Normand, *Le livre noir du Canada anglais*, Montréal, Les Intouchables, 2001, 304 p.

Lester, Normand, *Le livre noir du Canada anglais 2*, Montréal, Les Intouchables, 2002, 303 p.

Lester, Normand, *Le livre noir du Canada anglais 3*, Montréal, Les Intouchables, 2003, 351 p.

Lester, Normand et Philpot, Robin, *Les secrets d'Option Canada*, Montréal, Les Intouchables, 2006, 171 p.

Lévesque, René, *Attendez que je me rappelle...*, Montréal, Québec Amérique, 1986, 525 p.

Lewis, Robert, « Rating the prime ministers », *Maclean's*, 21 avril 1997, p. 2.

Lewis, Robert, « When we where young », *Maclean's*, 6 avril 1998, p. 16-17.

Lisée, Jean-François, *Dans l'œil de l'Aigle : Washington face au Québec*, Montréal, Les Éditions du Boréal, 1990.

Lussier, André, *Le nationalisme québécois sur le divan*, Montréal, Fides, 2002, 203 p.

Maltest, Piel Petjo, *Citations de P. E. T.*, Montréal, Petjo Maltest éditeur, 1968, 191 p.

Martin, Lawrence, *The Antagonist, Lucien Bouchard and The Politics of Delusion*, Toronto, Penguin Books, 1997, 357 p.

McCall, Christina et Clarkson, Stephen, *Trudeau and Our Times, volume 2, The Heroic Delusion*, Toronto, McClelland & Stewart, 1994, 588 p.

McCall, Christina et Clarkson, Stephen, *Trudeau : l'illusion héroïque*, Montréal, Les Éditions du Boréal, 1995, 526 p.

McCall-Newman, Christina, *Les rouges*, Montréal, Les Éditions de l'Homme, 1983, 530 p.

McKenzie, Robert et Dempsey, Lotta, « Pierre Trudeau : "I became accustomed very young to rowing against the current" », *Toronto Daily Star*, 8 avril 1968.

« Pierre Elliott Trudeau, 1919-2000 : His life and legacy », Toronto, *Maclean's*, 2000, 160 p.

*Mémoire de la Fédération des unions industrielles du Québec (Conseil canadien du travail) à la Commission royale d'enquête sur les problèmes constitutionnels (Province de Québec)*, Montréal, Fédération des Unions industrielles du Québec, 1955.

Memni, Albert, *Portrait du colonisé, portrait du colonisateur*, Paris, Gallimard, 1985.

Messier, Alain, *Dictionnaire encyclopédique et historique des patriotes 1837-1838*, Montréal, Guérin, 2002, 497 p.

Miron, Gaston, *L'homme rapaillé, Les poèmes*, Paris, Gallimard, 1999, 203 p.

Modern Canadian Library, *The Best of Trudeau*, Toronto, 1972, 160 p.

Newman, Peter C., « The iron mask », *Maclean's*, 6 avril 1998, p. 26-27.

Mongeau, A., Laliberté, J. M., *Les mariages de Sorel*, Sillery, Éditions B. Pontbriand, 1967.

Nodia, Ghia, « Nationalism and Democracy », dans Diamond L., Plattner F. : *Nationalism ethnic conflicts and democracy*, Baltimore, Johns Hopkins University Press, 1994, p. 3-22.

O'Hara, Jane, « Heady days », *Maclean's*, 6 avril 1998. p. 29-30.

Otherwise Inc., Editions, *Trudeau Albums*, Toronto, 2000, 159 p.

Paquette, Pierre, *Pour envisager l'avenir autrement*, Montréal, Éditions Saint-Martin, 2002, 64 p.

Parti libéral du Canada, *Pierre Elliott Trudeau, premier ministre du Canada : une biographie*, Ottawa, 1981, 16 p.

Peacock, Donald, *Journey to Power - The Story of a Canadian Election*, Toronto, Ryerson,1968, 387 p.

Pellerin, Jean, *Le phénomène Trudeau*, Paris, Seghers, 1972, 234 p.

Pelletier, Gérard, *La crise d'octobre*, Montréal, Éditions du Jour, 1971, 268 p.

Pelletier, Gérard, *L'aventure du pouvoir, 1968-1975*, Montréal, Stanké, 1992, 303 p.

Pelletier, Gérard, *Le temps des choix, 1960-1968*, Montréal, Stanké, 1986, 384 p.

Pelletier, Gérard, *Les années d'impatience 1950-1960*, Montréal, Stanké, 1983, 320 p.

Pelletier, Gérard, Olivier, Pierre, *Réponses de Pierre Elliott Trudeau*, Montréal, Éditions du Jour, 1968, 144 p.

Pérusse, Denise, *L'Homme sans rivages. Portrait d'Alain Grandbois*, Montréal, L'Hexagone, 1994, 215 p.

Peyrefitte, Alain, *De Gaulle et le Québec*, Montréal, Stanké, 2000, 184 p.

Philpot, Robin, *Le référendum volé*, Montréal, Les Intouchables, 2005, 207 p.

Picard, Jean-Claude, *Camille Laurin: l'homme debout*, Montréal, Les Éditions du Boréal, 2003, 561 p.

Potvin, André, Létourneux, Michel et Smith, Robert, *L'anti-Trudeau, Choix de textes*, Montréal, Éditions Parti-pris, 1972, 273 p.

Pratte, André, *L'énigme Charest*, Montréal, Les Éditions du Boréal, 1998, 358 p.

Prévost, Robert, *Petit dictionnaire des citations québécoises*, Montréal, Libre Expression, 1988, 262 p.

Proulx, Gilles, *Les premiers ministres du Canada et du Québec*, Outremont, Éditions du Trécarré, 2002, 187 p.

Proulx, Steve, *Les saisons du parc Belmont: 1923-1983*, Montréal, Libre Expression, 2005, 187 p.

Provencher, Jean, *Chronologie du Québec*, Montréal, Les Éditions du Boréal, 1991, 220 p.

Quebecor, Éditions, *Trudeau*, Montréal, 1984, 95 p.

Racine, Jean, *Athalie*, acte II, scène V, dans Fourcassié, Jean, *Racine, œuvres choisies*, Paris, Librarie A. Hatier, 1978, p. 760.

Radwanski, George, *Trudeau*, Montréal, Fides, 1979, 402 p.

Reid, Hubert, *Dictionnaire de droit québécois et cana*dien, Montréal, Wilson & Lafleur, 2001.

Rentchnick, Pierre, *Ces malades qui font l'histoire*, Paris, France Loisirs, 1984, 330 p.

Rey-Debove, Josette et Rey, Alain (dir.), *Le nouveau Petit Robert*, Paris, Les Dictionnaires Le Robert, 1993, 2490 p.

Rioux, Marcel, *La question du Québec*, Paris, Seghers, 1969, 197 p.

Rioux, Marcel, *Les Québécois*, Paris, Seuil, 1974, 189 p.

Rioux, Marcel, *Pour prendre publiquement congé de quelques salauds*, Montréal, L'Hexagone, 1980, 76 p.

Rolland, Roger, *Pierre Trudeau, un chef exceptionnel*, Sélection du Reader's Digest, juillet 1984, p. 75-79.

Ryan, Claude, *Le Devoir et la crise d'Octobre 1970*, Montréal, Éditions Leméac, 1971, 285 p.

Sauvé, J. R. M., *Géopolitique et avenir du Québec*, Montréal, Guérin, 1994, 349 p.

Savoie, Claude, *Les crises de Pierre Elliott Trudeau*, Montréal, Guérin, 1979, 224 p.

Seymour, Michel, *Le pari de la démesure. L'intransigeance canadienne face au Québec*, Montréal, L'Hexagone, 2001.

Shaw, Brian, *The gospel according to Saint Pierre*, Richmond Hill, Pocket Books, 1969, 240 p.

Somerville, David, *Trudeau Revealed By His Actions and Words*, Richmond Hill, BMG Publishing Ltd, 1978, 225 p.

Southam, Nancy, *Pierre: colleagues and friends talk about the Trudeau they knew*, Toronto, McClelland & Stewart, 2005, 288 p.

Southam, Nancy, (dir.), *Trudeau tel que nous l'avons connu*, Montréal, Fides, 2005, 336 p.

Stanké, Alain, *Pierre Elliott Trudeau: Portrait intime*, Montréal, Stanké, 1977, 175 p. Tiré d'une émission de Télé-Métropole, le 6 mai 1977.

Stevens, Geoffrey, « Breaking the mould », *Maclean's*, 6 avril 1998, p. 24-25.

Stewart, Walter, *Shrug: Trudeau in power*, Toronto, New Press, 1971.

Stuebing, Douglas, Marshall, John et Oakes, Gary, *Trudeau, l'homme de demain !*, Montréal, Hurtubise HMH, 1969, 240 p.

Toupin, Gilles, *Le déshonneur des libéraux - Le scandale des commandites*, Montréal, VLB Éditeur, 2006, 346 p.

Tremblay, Rodrigue, « L'héritage politique controversé de Pierre Elliott Trudeau », *L'Action Nationale*, novembre 2000, p. 72-82.

Trent, Bill, « I Remember Pierre », *Toronto Star*, 12 octobre 1982, p. F1, F4.

Trudeau, Margaret, *À cœur ouvert*, Montréal, Les Éditions Optimum, 1979, 279 p.

Trudeau, Margaret, *Les conséquences*, Montréal, Les Éditions Optimum Internationales, 1982, 191 p.

Trudeau, Pierre Elliott, *À contre-courant, textes choisis, 1939-1996*, Montréal, Stanké, 1996, 335 p.

Trudeau, Pierre E., Allocution du Centre Paul-Sauvé, Montréal (Québec), 14 mai 1980, Transcription du Cabinet du premier ministre, Ottawa, dans http ://calliato.si.usherb.ca

Trudeau, Pierre Elliott, « Entrevue, 15 septembre 1968, *Deux plus un* », Fonds Pierre-Elliott-Trudeau, Archives nationales du Canada, MG 26 0 13.

Trudeau, Pierre Elliott, « Entrevue, 29 septembre 1968, Francine Laurendeau », Fonds du très honorable Pierre Elliott Trudeau, Archives nationales du Canada, MG 26 0 13.

Trudeau, Pierre Elliott, « Entrevue, 16 décembre 1968, BBC, Robert Mackenzie », Fonds Pierre-Elliott-Trudeau, Archives nationales du Canada, MG 26 0 13.

Trudeau, Pierre Elliott, « Entrevue, 13 mars 1969, *Châtelaine* », Fonds Pierre-Elliott-Trudeau, Archives nationales du Canada, MG 26 0 13.

Trudeau, Pierre Elliott, « Entrevue, 3 avril 1969, *Maclean's*, Charles Templeton », Original transcript, Fonds Pierre-Elliott-Trudeau, Archives nationales du Canada, MG 26 0 13.

Trudeau, Pierre Elliott, « Entrevue, 16 juin 1969, Radio-Canada, Lucien Millet », Fonds Pierre-Elliott-Trudeau, Archives nationales du Canada, MG 26 0 13.

Trudeau, Pierre Elliott, « Entrevue, 20 octobre 1969, 7 mai 1971, *Format 30* », Fonds Pierre-Elliott-Trudeau, Archives nationales du Canada, MG 26 0 13.

Trudeau, Pierre Elliott, « Entrevue, 3 mai 1970, Télé-Métropole, *Une heure en compagnie du premier ministre du Canada* », Fonds Pierre-Elliott-Trudeau, Archives nationales du Canada, MG 26 0 13.

Trudeau, Pierre Elliott, « Entrevue, 9 juin 1970, 3 novembre 1970, *Format 60* », Fonds Pierre-Elliott-Trudeau, Archives nationales du Canada, MG 26 0 13.

Trudeau, Pierre Elliott, « Entrevue, 12 décembre 1971, Télémédia, Gilles Racine », Fonds Pierre-Elliott-Trudeau, Archives nationales du Canada, MG 26 0 13.

Trudeau, Pierre Elliott, « Entrevue, 28 février 1973, Madame Solange Chaput-Rolland », Fonds Pierre-Elliott-Trudeau, Archives nationales du Canada, MG 26 0 13.

Trudeau, Pierre Elliott, « Entrevue, 2 avril 1973, *Appelez-moi Lise* », Fonds Pierre-Elliott-Trudeau, Archives nationales du Canada, MG 26 0 13.

Trudeau, Pierre Elliott, « Entrevue, 12 avril 1973, *Madame est servie*, Jean Duceppe et Roger Beaulu », Fonds Pierre-Elliott-Trudeau, Archives nationales du Canada, MG 26 0 13.

Trudeau, Pierre Elliott, « Entrevue, 24 février 1974, *Politique Atout*, André Payette », Fonds Pierre-Elliott-Trudeau, Archives nationales du Canada, MG 26 0 13.

Trudeau, Pierre Elliott, « Entrevue, 11 mars 1975, BBC-Lord Chalfont », Fonds du très honorable Pierre Elliott Trudeau, Archives nationales du Canada, MG 26 0 13.

Trudeau, Pierre Elliott, « Entrevue, 4 novembre 1975, Radio-Canada, *Le 60*, André Payette », Fonds Pierre-Elliott-Trudeau, Archives nationales du Canada, MG 26 0 13.

Trudeau, Pierre Elliott, « Entrevue, 26 décembre 1976, CTV, Bruce Phillips », Fonds Pierre-Elliott-Trudeau, Archives nationales du Canada, MG 26 0 13.

Trudeau, Pierre Elliott, « Entrevue, 26 décembre 1976, TVA Network », Fonds Pierre-Elliott-Trudeau, Archives nationales du Canada, MG 26 0 13. (Original en français non disponible, retraduction par l'auteur).

Trudeau, Pierre Elliott, « Entrevue, 27 février 1977, NBC-TV, *Meet the Press*, Washington », Fonds Pierre-Elliott-Trudeau, Archives nationales du Canada, MG 26 0 13.

Trudeau, Pierre Elliott, « Entrevue, 10 mars 1977, *La Presse*, Montréal, Québec », Fonds Pierre-Elliott-Trudeau, Archives nationales du Canada, MG 26 0 13.

Trudeau, Pierre Elliott, « Entrevue, 6 octobre 1977, *Montreal Star* », Fonds Pierre-Elliott-Trudeau, Archives nationales du Canada, MG 26 0 13.

Trudeau, Pierre Elliott, « Entrevue, 1er janvier 1978, CJOH-TV, Bruce Phillips », Fonds Pierre-Elliott-Trudeau, Archives nationales du Canada, MG 26 0 13.

Trudeau, Pierre Elliott, « Entrevue, 30 octobre — 1er novembre 1978, Radio-Canada, Paul Racine », Fonds Pierre-Elliott-Trudeau, Archives nationales du Canada, MG 26 0 13.

Trudeau, Pierre Elliott, « Entrevue, 17 mai 1979, Radio-Canada, Denise Bombardier », Fonds Pierre-Elliott-Trudeau, Archives nationales du Canada, MG 26 0 13.

Trudeau, Pierre Elliott, « Entrevue, 11 novembre 1979, Télé-Métropole, *Les gens qui font l'événement*, Marc Laurendeau, Montréal », Fonds Pierre-Elliott-Trudeau, Archives nationales du Canada, MG 26 0 13.

Trudeau, Pierre Elliott, «Entrevue, 18 mai 1980, TVA, Marc Laurendeau », Fonds Pierre-Elliott-Trudeau, Archives nationales du Canada, MG 26 0 13.

Trudeau, Pierre Elliott, « Entrevue, 17 octobre 1981, Radio-Canada, *Noir sur blanc*, Denise Bombardier », Fonds Pierre-Elliott-Trudeau, Archives nationales du Canada, MG 26 0 13.

Trudeau, Pierre Elliott, «Entrevue, 16 décembre 1981, TVA, Michel Jasmin », Fonds Pierre-Elliott-Trudeau, Archives nationales du Canada, MG 26 0 13.

Trudeau, Pierre Elliott, « Entrevue, 23 février 1982, Global T.V., David Frost », Fonds Pierre-Elliott-Trudeau, Archives nationales du Canada, MG 26 0 13.

Trudeau, Pierre Elliott, « Entrevue, 26 avril 1982, *Les lundis de Pierre Nadeau*, Pierre Nadeau », Fonds Pierre-Elliott-Trudeau, Archives nationales du Canada, MG 26 0 13.

Trudeau, Pierre Elliott, « Entrevue, 16 juin 1983, *Le Devoir* », Fonds Pierre-Elliott-Trudeau, Archives nationales du Canada, MG 26 0 13.

Trudeau, Pierre Elliott, *Federalism and the French Canadians*, Toronto, The McMillan Co. of Canada, 1968, 212 p.

Trudeau, Pierre Elliott, en collaboration, (sous la direction de), *La grève de l'amiante*, Montréal, Les éditions Cité libre, 1956, 430 p.

Trudeau, Pierre Elliott, *Le fédéralisme et la société canadienne-française*, Montréal, Hurtubise HMH, 1967, 229 p.

Trudeau, Pierre Elliott, *Les cheminements de la politique*, Montréal, Éditions du jour, 1970, 142 p.

Trudeau, Pierre Elliott, *Mémoires politiques*, Montréal, Le Jour, 1993, 347 p.

Trudeau, Pierre Elliott, « Some Obstacles to Democracy in Quebec », *The Canadian Journal of Economics and Political Science*, août 1958, p. 297-311.

Trudeau, Pierre Elliott, *Trudeau : ce gâchis mérite un beau NON*, Montréal, L'Étincelle, 1992, 77 p.

Trudeau, Pierre Elliott, *Trudeau en direct*, Montréal, Éditions du jour, 1972, 141 p.

Trudeau, Pierre Elliott et Bay, Charles, *Pierre Elliott Trudeau/Charles Bordeleau*, Montréal, Éditions Héritage, 1978, 160 p.

Trudeau, Pierre E., Breton, Albert et coll., « Pour une politique fonctionnelle », *Cité libre*, mai 1964, p. 11-17.

Trudeau, Pierre Elliott, avec la collaboration de Graham, Ron, *Trudeau : l'essentiel de sa pensée politique*, Montréal, Le Jour, 1998, 208 p.

Turner, Julia, « Revived Levesque Aims Pitch At Crucial Francophone Voters », *The Globe and Mail*, 12 mai 1980, p. 15.

Turp, Daniel, *Nous, peuple du Québec : un projet de Constitution du Québec*, Québec, Éditions du Québécois, 2005, 175 p.

Vadeboncoeur, Pierre, *Un génocide en douce*, Montréal, L'Hexagone/Parti pris, 1976, 190 p.

Vastel, Michel, *Chrétien, un Canadien pure laine*, Montréal, Les Éditions de l'Homme, 2003, 255 p.

Vastel, Michel, *Landry, le grand dérangeant*, Montréal, Les Éditions de l'Homme, 2001, 447 p.

Vastel, Michel, *Trudeau le Québécois*, Montréal, Les Éditions de l'Homme, nouvelle édition 2000, 313 p.

Venne, Michel, *L'annuaire du Québec 2004*, Montréal, Fides, 2003, 1007 p.

Venne, Michel, et coll., *Penser la nation québécoise*, Montréal, Québec Amérique, 2000, 309 p.

Westell, Anthony, *Trudeau, le paradoxe*, Montréal, Les Éditions de l'Homme, 1972, 382 p.

Wilson-Smith, Anthony, « The Lion in Winter », *Maclean's*, 6 avril 1998, p. 18-21.

Zink, Lubor J., *Trudeaucracy*, Toronto Sun Publishing, 1972, 150 p.

# LISTE DES TABLEAUX ET FIGURES

## TABLEAUX



## FIGURES

# TABLE DES MATIÈRES

MARQUIS
MEMBRE DU GROUPE SCABRINI
Québec, Canada
2006